高等学校应用型特色规划教材　经管系列

保险原理与实务

孙　蓉　兰　虹　主编

清华大学出版社

北京

内 容 简 介

本书着重分析了保险学的基本原理及相关实务问题,内容主要由:风险与风险管理、保险概述、保险的起源与发展、保险合同、人身保险、财产保险、保险合同的基本原则、保险经营、保险基金和保险投资、保险市场共十章组成。本书力求将保险学原理与保险实务、中国国情与国际惯例相结合,使体例规范统一,内容、结构完整,反映保险理论及实践的最新动态,使本书成为一本面向市场、面向未来的保险学教材。

本书适宜于作为高等院校保险专业课的教材,也可作为各类保险培训教材,还可供对保险感兴趣的读者参阅。

图书在版编目(CIP)数据

保险原理与实务/孙蓉,兰虹主编. —北京:清华大学出版社,2012 (2022.3重印)
(高等学校应用型特色规划教材 经管系列)
ISBN 978-7-302-28081-1

Ⅰ. ①保… Ⅱ. ①孙… ②兰… Ⅲ. ①保险学—高等学校—教材 Ⅳ. ①F840

中国版本图书馆 CIP 数据核字(2012)第 027340 号

责任编辑:温 洁
封面设计:杨玉兰
版式设计:北京东方人华科技有限公司
责任校对:李玉萍
责任印制:丛怀宇
出版发行:清华大学出版社
    网 址:http://www.tup.com.cn, http://www.wqbook.com
    地 址:北京清华大学学研大厦 A 座 邮 编:100084
    社 总 机:010-83470000   邮 购:010-62786544
    投稿与读者服务:010-62776969, c-service@tup.tsinghua.edu.cn
    质量反馈:010-62772015, zhiliang@tup.tsinghua.edu.cn
    课件下载:http://www.tup.com.cn, 010-62791865
印 装 者:三河市龙大印装有限公司
经 销:全国新华书店
开 本:185mm×230mm 印 张:19 字 数:408 千字
版 次:2012 年 4 月第 1 版   印 次:2022 年 3 月第 9 次印刷
定 价:48.00 元

产品编号:029885-02

出版说明

应用型人才是指能够将专业知识和技能应用于所从事的专业岗位的一种专门人才。应用型人才的本质特征是具有专业基本知识和基本技能，即具有明确的职业性、实用性、实践性和高层次性。应用型人才的培养，是"十二五"时期教育部关于进一步深化本科教学改革，全面提高教学质量的目标之一，也是协调高等教育规模速度与市场人才需求关系的重要途径。

教育部要求"十二五"期间有相当数量的高校致力于培养应用型人才，以满足市场对应用型人才的巨大需求。为了培养高素质应用型人才，必须建立完善的教学计划和高水平的课程体系。在教育部有关精神的指导下，我们组织全国高校的专家教授，努力探求更为合理有效的应用型人才培养方案，并结合我国当前的实际情况，编写了这套《高等学校应用型特色规划教材 经管系列》丛书。

为使教材的编写真正切合应用型人才的培养目标，我社编辑在全国范围内走访了大量高等学校，拜访了众多院校主管教学的领导以及教学一线的系主任和教师，掌握了各地区各学校所设专业的培养目标和办学特色，推进了优质教育资源进课堂，并广泛、深入地与用人单位进行交流，明确了用人单位的真正需求。这些工作为本套丛书的准确定位、合理选材、突出特色奠定了坚实的基础，同时逐步形成了反映时代特点、与时俱进的教材体系。

◇ 教材定位

➤ 以就业为导向。在应用型人才培养过程中，充分考虑市场需求，因此本套丛书充分体现"就业导向"的基本思路。

➤ 符合本学科的课程设置要求。以高等教育的培养目标为依据，注重教材的科学性、实用性和通用性，融入实践教学环节。

➤ 定位明确。准确定位教材在人才培养过程中的地位和作用，紧密结合学科专业发展和教育教学改革，正确处理教材的读者层次关系，面向就业，突出应用。

➤ 合理选材、编排得当。妥善处理传统内容与现代内容的关系，大力补充新知识、新技术、新工艺和新成果。根据本学科的教学基本要求和教学大纲的要求，制定编写大纲(编写原则、编写特色、编写内容、编写体例等)，突出重点、难点。

➤ 建设"立体化"的精品教材体系。提倡教材与电子教案、学习指导、习题解答、课程设计、毕业设计等辅助教学资料配套出版。

✧ 丛书特色

> 围绕应用讲理论，突出实践教学环节及特点，包含丰富的案例，并对案例作详细解析，强调实用性和可操作性。

> 涉及最新的理论成果和实务案例，充分反映岗位要求，真正体现以就业为导向的培养目标。

> 国际化与中国特色相结合，符合高等教育日趋国际化的发展趋势，部分教材采用双语形式。

> 在结构的布局、内容重点的选取、案例习题的设计等方面符合教改目标和教学大纲的要求，把教师的备课、授课、辅导答疑等教学环节有机地结合起来。

✧ 读者定位

本系列教材主要面向普通高等院校和高等职业技术院校，以满足培养应用型人才的高等院校的教学需要。

✧ 关于作者

丛书编委特聘请执教多年且有较高学术造诣和实践经验的教授参与各册教材的编写，其中有相当一部分的教材主要执笔者是各专业精品课程的负责人，本丛书凝聚了他们多年的教学经验和心血。

✧ 互动交流

本丛书的编写及出版过程，贯穿了清华大学出版社一贯严谨、务实、科学的作风。伴随我国教育教学改革的不断深入，要编写出满足新形势下教学需求的教材，还需要我们不断地努力、探索和实践。我们真诚希望使用本丛书的教师、学生和其他读者提出宝贵的意见和建议，使之更臻成熟。

清华大学出版社

前　言

　　胡适言："保险，只是今日作明日的准备，生时作死时的准备，父母作儿女的准备，儿女小时作儿女长大的准备，如此而已。今天预备明天，这是真稳健；生时预备死时，这是真旷达；父母预备儿女，这是真慈爱。能做到这三点的人，才算是现代人。"一个美国老师认为，有两种人可以上天堂，一种是买保险的，一种是卖保险的，因为有爱心的人才会买保险，有功德心的人才能推销保险。[①] 中国的保险业尽管发展迅速但仍处于初级阶段，与天堂的境界还有不少距离。作为高等院校的教育工作者，我们期待能够运用保险教育、教学及教材的平台，传导现代人的风险意识和保险意识，传递爱心和责任感，并为在中国达成这样的保险境界、为和谐社会的构建，贡献自己的绵薄之力。

　　自改革开放以来，中国的保险业务由中国人民保险公司独家经营，发展到百余家保险公司在市场上的同台竞技，2009 年全国保费收入已突破 1 万亿元人民币，保险业已逐渐成为朝阳产业。保险市场主体不断增加，消费者的保险意识不断增强，保险法律法规体系不断建立和完善。保险监管不断加强，保险市场不断拓展，保险理论研究不断深化，保险实践更加贴近市场需求。伴随着保险业的发展，保险教育事业也在不断发展，保险教材也经历了从无到有，从单一到逐渐丰富的历程。

　　我校是全国首批设置保险专业的四所高校之一。1983 年率先在国内设立了保险专业，并从 1984 年起开始招收在职保险干部专科生，1985 年开始招收保险本科生，发展至今我校保险学院已具有本科、硕士、博士及博士后等各种层次，成为国内普通高校培养规模最大的保险专业学院。为满足高等院校保险学专业课程的教学需要，我校从 1993 年开始，先后编写了《基础保险学》、《保险学基础》和《保险学原理》等教材。应清华大学出版社之邀，我们在原有的保险学教材基础上重新编写了这本教材。

　　保险学是交融了社会科学和自然科学的一门综合性的学科，涉及的内容十分广泛。本书着重分析了保险学的基本原理及相关实务问题，内容主要由：风险与风险管理、保险概述、保险的起源与发展、保险合同、人身保险、财产保险、保险合同的基本原则、保险经营、保险基金和一些保险投资、保险市场共十章组成。为了便于教师授课和学生学习，除了每章有正文和复习思考题外，在教材的最后我们附录了《中华人民共和国保险法》、产寿险公司的投保单和保险条款，并列出了较为详细的参考文献。本书力求将保险学原理与保险实务、中国国情与国际惯例相结合，使体例规范统一，内容、结构完整，反映保险理论及实践的最新动态。本书适宜于作为高等院校保险专业课的教材，也可作为各类保险培

---

　　① 转引自台湾保险学会理事长王事展 2005 年在《中国保险业 200 周年纪念大会暨保险业诚信建设高峰论坛》上的发言。

训教材,还可供对保险感兴趣的读者参阅。

本书由孙蓉教授拟定大纲、编写教材规划及要求并负责全书的总纂工作。兰虹为本书的编写和出版作了不少工作,既编写了本书四章的内容,又对本书的结构提出了不少建设性意见。本书的具体编写分工如下:前言孙蓉编写;第一章:第一节孙蓉编写,第二节 胡秋明编写;第二章:孙蓉编写;第三章:第一节 孙蓉编写;第二至三节 韦生琼、杨馥编写;第四章:孙蓉编写;第五章:韦生琼编写;第六至八章:兰虹编写;第九章:彭雪梅编写;第十章:兰虹编写。

另外,本书配有电子课件,以适应多媒体教学的需要。课件下载网址:www.tup.com.cn。

本书的编写以孙蓉、兰虹主编(西南财经大学出版社出版)的《保险学原理》(共三版)教材为基础(因为作为教材的内容应该具有相对稳定性),但又明显区别于《保险学原理》。主要区别如下:第一,部分作者的变化。全书共涉及三个作者及相关内容的调整、修改。第二,章节结构有较大的变化。与《保险学原理》第三版相比,原第一章的三节内容压缩为本书的两节;原第二章和第四章第一节合并为本书的第二章,并在第三节新增"保险的代价"内容;原第四章第二节和第三节扩展为本书的第五章和第六章两章共九节的内容;原第六章第四节和第五节合并为现第七章第四节;原第七章第一节"保险经营概述"改为现第八章第一节"保险经营的原则",第二节扩展为第二节和第三节;原第八章第一至三节调整为现第九章第一节;原第九章全部重新编写为现第十章的内容。第三,其他调整、修改。重新编辑了附录的内容,修改了复习思考题和参考文献;结合保险市场的最新发展状况,根据2009年新修订的《中华人民共和国保险法》的条款及相关内容进行修改;部分内容进一步系统化、深化或简化;修改调整了在教学过程中发现的教材问题。根据本科教学的特点,我们对各章的结构和内容做了不同程度的调整,以更好地满足本科教学的需要。

本书在编写过程中受到了不少作者思想及观点、内容的启示,在此一并致谢!在编写出版的过程中,得到了清华大学出版社责任编辑的大力支持,可以说没有责任编辑的督促,这本书早就淹没在大量的事务性工作中了。感谢四川省保监局、中国人民财产保险股份有限公司、中国人寿保险股份有限公司和中国太平洋保险公司对本书提供的支持!

限于编写者的学识水平,本书错漏之处在所难免,恳请各位同仁及读者指正。

编 者

目 录

第一章

风险与风险管理

　　无风险、无损失，就不需要风险管理，也就不可能产生保险。风险的存在是保险产生的基础。保险是风险管理的重要方式之一。因此，分析保险需要建立在对风险与风险管理的认识基础上。

第一节　风　　险

一、风险的含义

　　从一般的意义上讲，风险是指未来结果的不确定性。只要某一事件的发生结果与预期的不同，就存在着风险。风险的不确定性体现为某一事件的发生可能导致三种结果：损失、无损失或收益。如果未来结果低于预期情况就称为损失；如果未来结果高于预期价值就称为收益。在未来不确定的三种结果中，损失尤其值得我们关注。因为，如果事件发生的结果不会有损失，就没有必要谈论风险。换言之，正是因为损失发生的不确定性可能引起将来的不利结果，才需要对风险进行管理，需要作为风险管理方式之一的保险的产生与发展。因此，保险理论中的风险，通常是指损失发生的不确定性。

　　只要风险存在，就一定有发生损失的可能。在风险存在的情况下，损失可能发生，也可能不发生，但如果发生损失的可能性为零或百分之百，则不存在风险。因为无论发生损失的可能性为零，还是发生损失的可能性为百分之百，其结果都是确定的，与风险的含义相违背。

　　根据概率论，风险的大小取决于损失的概率，若损失的概率是 0 或 1，就不存在不确定性，而当损失的概率在(0, 1)之间时，概率越大，则风险越大。从概率论的角度来分析认识问题，就不难理解风险的含义。

　　风险具有下列一些特征。

1. 客观性

　　风险是客观存在的，自然界的地震、台风、洪水，人类社会中的瘟疫、意外事故等风险，都是不以人的意志为转移的。人们只能在一定的时间或空间内改变风险存在和发生的

条件，降低风险发生的频率和损失程度，却难以彻底消除风险。

2. 普遍性

人类社会自产生以来，就面临着各种各样的风险。随着科学技术的发展、生产力的提高、社会的进步，新的风险不断产生，且风险事故造成的损失也越来越大。在现代社会，个人及家庭、企事业单位、机关团体乃至国家都面临着各种各样的风险，风险渗入到社会生活的方方面面。因此，风险的发生具有普遍性，风险无时不在、无处不在。

3. 可测性

个别风险的发生是偶然的，但是通过对大量风险的观测可以发现，风险往往呈现出明显的规律性，从而体现出风险是可以测量的特性。如果我们根据以往的大量资料，运用概率论及数理统计的方法，去处理大量相互独立的偶发风险事故，就可以测算风险事故发生的概率及其损失范围，对风险损失的大小进行较为准确地预测，从而可以较为准确地反映风险发生的规律性。可见，通过对偶发事件的大量观测分析，可以揭示出风险潜在的规律性，使风险具有可测性。

4. 可变性

在一定的条件下，风险可能发生变化。随着科学技术的发展与普及，可能产生一些新的风险，而有些风险会发生性质的变化；随着人们对风险认识程度的增强和风险管理方式的完善，有些风险在一定程度上得以控制，可降低其发生频率和损失程度，导致风险量的变化；还有一些风险可能在一定的时间和空间范围内被消除。总之，随着人类社会的进步与发展，既可能产生新的风险，也可能使原有的风险发生变化。

5. 社会性

风险具有社会属性，而不具有自然属性。就自然现象本身而言无所谓风险，各种自然灾害、意外事故，可能只是大自然自身运动的表现形式，或者是自然界自我平衡的必要条件。然而，当灾害事故与人类相联系，对人类的财产、生命等造成损失时，对人类而言就成为了风险。因此，没有人类社会，就没有风险可言，正体现出风险的社会性。

二、风险的构成要素

风险的构成因素主要包括风险因素、风险事故和损失。

1. 风险因素

风险因素又称为风险条件，是指促使某一特定风险事故发生、增加损失机会或加重损失程度的原因或条件[①]。风险因素是风险事故发生的潜在原因，是造成损失的间接的、内在的原因。风险因素的存在，有可能增加风险事故发生的频率、增大风险损失的程度。风险因素可分为实质风险因素、道德风险因素和心理风险因素。

(1) 实质风险因素。它是指某一标的本身所具有的足以促使风险事故发生、增加损失机会或加重损失程度的原因或条件[②]。实质风险因素一般表现为有形的风险因素。有形的风险因素是指那些看得见的、影响损失频率和程度的环境条件。例如，建筑物的位置、构造及占有形式等，都可以归入实质风险因素。实质风险因素与人为因素无关，故又被称为物质风险因素。

(2) 道德风险因素。它是与人的道德修养及品行有关的无形的风险因素，即由于个人的行为不端、不诚实、居心不良或有不轨企图，故意促使风险事故发生，以致引起社会财富损毁和人身伤害的原因和条件。

(3) 心理风险因素。它是与人的心理状态有关的无形的风险因素。即由于人的主观原因，如疏忽、过失、侥幸心理或依赖保险心理等，以致引起风险事故发生的机会增大。

道德风险因素和心理风险因素都是无形的风险因素，由于它们都与人的因素密不可分，因而，可以统称为人为因素。

2. 风险事故

风险事故是指造成人身伤亡或财产损失的偶发事件，是造成损失的直接的、外在的原因。即只有通过风险事故的发生，才会导致人身伤亡或财产损失。风险事故意味着风险的可能性转化为现实性，即风险的发生。

对于某一事件，在一定条件下，可能是造成损失的直接原因，则它成为风险事故；而在其他条件下，可能是造成损失的间接原因，则它又成为风险因素。比如，下冰雹以致路滑而引起车祸，造成房屋被撞毁，这时冰雹是风险因素，车祸是风险事故；若冰雹直接将行人砸伤，则它是风险事故。

3. 损失

风险是指损失发生的不确定性，因而风险的存在，意味着损失发生的可能性。一般而言，损失是指非故意的、非预期的和非计划的经济价值的减少或灭失[③]。在保险实务中，将损失分为直接损失和间接损失，前者指实质性的、直接引起的损失；后者是指额外费用损失、收入损失、责任损失、信誉损失、精神损失等。

风险是由风险因素、风险事故和风险损失三者构成的统一体，其关系如图1-1所示。

[①] 全国保险业标准化技术委员会. 保险行业标准: 保险术语. 北京: 中国财政经济出版社, 2007, 9

[②] 全国保险业标准化技术委员会. 保险行业标准: 保险术语. 北京: 中国财政经济出版社, 2007, 9

[③] 全国保险业标准化技术委员会. 保险行业标准: 保险术语. 北京: 中国财政经济出版社, 2007, 16

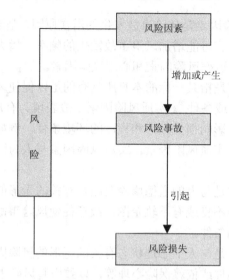

图 1-1　风险的构成要素

三、风险的分类

人类面临着各种各样的风险。按照不同的分类方式，可以将风险分为不同的类别。

1. 按风险的性质分类

按风险的性质分类，可将风险分为纯粹风险与投机风险。

(1) 纯粹风险。纯粹风险是指造成损失可能的风险，其所致结果有两种，即损失和无损失。或者说纯粹风险是指只有损失机会而无获利可能的风险。各种自然灾害、意外事故的发生，都可能导致社会财富的损失或人员的伤害，因此，都属于纯粹风险。纯粹风险的变化较为规则，有一定的规律性，可以通过大数法则加以测算；而且，纯粹风险的发生结果往往是社会的净损失。因而，保险人通常将纯粹风险视为可保风险。

(2) 投机风险。投机风险是指既有损失机会又有获利可能的风险。投机风险是相对于纯粹风险而言的。投机风险发生的结果有三种，即损失、无损失和收益。例如，赌博、买卖股票等行为的风险，都可能导致亏本、赚钱和不亏不赚三种结果。投机风险的变化往往是不规则的，无规律可循，难以通过大数法则加以测算；且投机风险的发生结果往往是社会财富的转移，而不一定是社会的净损失。因此，保险人通常将投机风险视为不可保风险。

2. 按风险对象分类

按风险对象分类，可将风险分为财产风险、责任风险、信用风险和人身风险。

(1) 财产风险。财产风险是指导致一切有形财产发生毁损、灭失或贬值的风险。例如，火灾、爆炸、雷击、洪水等事故，可能引起财产的直接损失及相关的利益损失，因而都是财产风险。财产风险既包括财产的直接损失风险，又包括财产的间接损失风险。

（2）责任风险。责任风险是指因个人或团体的行为造成他人的财产损失或人身伤害，根据法律规定或合同约定，应承担赔偿责任的风险[1]。如驾驶汽车不慎撞伤行人，构成车主的第三者责任风险等。责任风险较为复杂和难以控制，其发生的赔偿金额也可能是巨大的。

（3）信用风险。信用风险是指在经济交往中，因义务人违约或违法致使权利人遭受经济损失的风险[2]。例如，借款人不按期还款，就可能影响到贷款人资金的正常周转，从而使贷款人因借款人的不守信用而遭受损失。

（4）人身风险。人身风险是指由于人的生理生长规律及各种灾害事故的发生导致的人的生、老、病、死、残的风险。人生的过程离不开生、老、病、死，部分人还会遭遇残疾。这些风险一旦发生可能造成本人、家庭或其抚养者、赡养者等难以预料的经济困难乃至精神痛苦等。人身风险所致的损失包括人的生、老、病、死、残所引起的收入损失及额外费用损失或灾害事故的发生导致人的身体伤害等。

3. 按风险产生的原因分类

按风险产生的原因分类，可将风险分为自然风险、社会风险、政治风险、经济风险和技术风险。

（1）自然风险。自然风险是指由于自然力的不规则变化引起的种种现象，所造成的财产损失及人身伤害的风险。如洪灾、旱灾、火灾、地震等，都属于自然风险。自然风险是客观存在的，不以人的意志为转移，但是，其形成与发生具有一定的周期性。自然风险是人类社会普遍面临的风险，一旦发生可能波及面很大，使人类蒙受巨大的损失。

（2）社会风险。社会风险是指由于个人或团体的故意或过失行为等所致的损失风险。例如，盗窃、玩忽职守等引起的财产损失或人身伤害。

（3）政治风险。政治风险是指因种族、宗教、利益集团和国家之间的冲突，或因政策、制度的变革与权力的交替造成损失的风险[3]。如战争所致的损失。

（4）经济风险。经济风险是指个人或团体的经营行为或者经济环境变化而导致的经济损失的风险。例如，在生产或销售过程中，由于市场预期失误、经营管理不善、消费需求变化、通货膨胀、汇率变动等所致产量的增加或减少、价格的涨跌等风险。

（5）技术风险。技术风险是指伴随着科学技术的发展、生产方式的改变而产生的风险。例如，核辐射、空气污染等风险。

---

① 全国保险业标准化技术委员会. 保险行业标准：保险术语. 北京：中国财政经济出版社，2007

② 全国保险业标准化技术委员会. 保险行业标准：保险术语. 北京：中国财政经济出版社，2007，7

③ 全国保险业标准化技术委员会. 保险行业标准：保险术语. 北京：中国财政经济出版社，2007，8

第二节 风险管理

一、风险管理的概念

人类的发展历史，就是一部人类与各种各样的风险作斗争的历史。但作为一门系统的管理科学，风险管理(Risk Management)的概念是美国宾夕法尼亚大学所罗门·许布纳(S.S.Huebner)博士于 1930 年在美国管理协会的一次保险研讨会上首次提出的。20 世纪 80 年代以来，风险管理成为世界各国普遍重视的管理策略。国外有学者甚至认为，20 世纪是保险业的世纪，21 世纪将是风险管理的世纪。

1. 关于风险管理的各种定义

风险无时不在、无处不在，且永远都在运动变化中，风险管理的内涵也非常宽泛且处于不断变革发展过程中。在保险与风险管理领域，专家学者们从各自不同的角度来定义风险管理[①]。

美国风险管理领域的权威 C. 小阿瑟·威廉斯等在其早期的《风险管理与保险》(第六版)一书中指出，风险管理是通过对风险的识别、估计和控制，以最少费用支出将风险所致的种种不利后果减少到最低限度的一种科学管理方法。这一定义的特色首先在于它揭示了风险管理的实质是以最经济合理的方式消除风险导致的各种灾害性后果；其次，它指出了风险管理是包括风险识别、风险衡量、风险控制等一整套系统而科学的管理方法，并将风险管理纳入了现代科学管理系统，使之成为一门新兴的管理科学，而不是将风险管理仅仅视为处置风险的一种技术；再次，威廉斯在其最新版本的《风险管理与保险》(第八版)一书中强调了现代风险管理的业务范围在扩展、职能在创新，强调风险管理由传统的纯粹风险管理向纯粹风险与动态风险(比如财务风险)整合性管理变革[②]。

英国特许保险学会(CII)教材从广义上界定了风险管理：从广义上说，风险管理是为了减少不确定事件的影响，通过组织、计划、安排、控制各种业务活动和资源，以消除各种不确定事件的不利影响[③]。

美国风险管理与保险学者斯科特·哈瑞顿(Scott E. Harrington)在其新近出版的《风险管理与保险》一书中，着重从管理过程的角度来认识风险管理，包括识别风险、衡量潜在的损失频率和损失程度、开发并选择能实现企业价值最大化的风险管理方法、实施所选定的

---

① 由于有关风险管理定义部分的引用均属于间接引用(在原文的基础上综合而成)，因而难以标明具体页码。

② [美]C.小阿瑟·威廉斯等. 风险管理与保险. 北京：经济科学出版社，2000.

③ 中国保险学会保险教材参考资料(内部资料)。

风险管理方法并进行持续地监测。而且，斯科特·哈瑞顿(Scott E. Harrington)非常强调风险管理的理念和方法正广泛地应用于诸如价格风险等动态风险的管理控制中[1]。

我国台湾地区保险界的权威人士袁宗蔚在其《保险学——危险与保险》一书中，将风险管理定义为：风险管理是旨在对风险的不确定性及可能性等因素进行考察、预测、收集分析的基础上制定出包括识别风险、衡量风险、积极管理风险、有效处置风险及妥善处理风险所致损失等一整套系统而科学的管理方法[2]。

综上所述，本书得出对风险管理的定义：风险管理是指为实现一定的管理目标和策略，在全面系统及动态风险分析基础上，对各种风险管理方法进行选择和组合，制定并监督实施风险管理总体方案的决策体系、方法与过程的总称。

2. 如何理解风险管理的概念

对风险管理概念的理解，应强调以下几点。

(1) 风险管理是一门新兴的管理学科，而不仅仅是一种管理技术。作为一门管理学科，风险管理同其他管理学科日益趋同，体现为计划、组织、指挥和协调各类组织的有关活动的管理过程，并强调以合理的风险管理费用支出将组织面临的各类不确定性风险控制到可接受的限度。

(2) 风险管理过程不仅强调具体的组织框架、风险管理工具与方法的广泛运用，而且非常强调风险管理决策框架和整体思维框架的至关重要性。具体而言，现代风险管理的发展，强调秉承整体风险管理的理念，综合运用多种风险管理工具与方法，以最小的风险成本实现组织价值最大化的目标。

(3) 明确风险管理应遵循不同的经营目标和策略。显然，不同的组织和机构，其经营环境和管理目标不同，风险管理的组织框架和具体的风险管理方法也会有所差异。风险管理以减少各种组织面临的不确定性、实现相应的管理目标为宗旨。

(4) 强调系统、全面和动态的风险分析在整个风险管理决策框架和方法中的基础性作用。更进一步地讲，风险分析既包括通过完善客观概率统计方法去提高风险识别与衡量的能力，也包括提升风险管理者主观认知风险和衡量评价风险的能力。

(5) 风险管理不应仅仅关注纯粹风险或静态风险，而且应当积极介入投机风险或动态风险的管理。现代风险管理的业务范围不仅仅停留在自然灾害和意外事件的管理，而且日益关注诸如市场价格波动之类的财务风险管理。伴随着全球经济的集中度和关联度的提高，金融服务的一体化和自由化进程加快及新技术、新材料的广泛使用，各类组织面临的不确定性增加。相应地，风险管理的业务范围也越来越宽泛，适用的领域也越来越广，全面整体的风险管理也将受到日益广泛的重视。

---

① Scott E.Harrington. 风险管理与保险. 北京：清华大学出版社，2001.

② 袁宗蔚. 保险学——危险与保险. 北京：首都经贸大学出版社，2000.

(6) 风险管理的主体。风险管理的主体是各类组织，包括个人、家庭、企业的风险管理，也包括政府公共部门、非营利性的社会团体的风险管理。当然，不同的风险管理主体，其管理目标会有所差异，风险管理的决策框架和实施的风险管理方法也会有差异。

二、风险管理的产生与发展

1. 风险管理的产生

作为一门系统的管理科学，风险管理最早产生于美国。1921 年，美国著名经济学家富兰克·H. 奈特(Frank Hyneman Knight)在其经典著作《风险、不确定性和利润》一书中，将不能度量的不确定性和可以度量的风险进行了区分，认为"意外"是普遍存在的，并警告人们不要过分依赖以往发生事故的概率对未来作出推断。1931 年，美国管理协会保险部开始率先倡导风险管理，并通过举办学术会议和研讨班的形式集中研究风险管理和保险问题。1932 年，美国纽约几家大公司组织成立了纽约保险经纪人协会，该协会定期讨论有关风险管理与保险的理论和实践问题，后来逐渐发展成为全美范围的"美国保险管理协会"，并进而发展为"风险和保险管理协会"，极大地推动了现代风险管理的兴起和发展。

2. 风险管理在 20 世纪 50 年代至 70 年代的发展

是学者们加速了风险管理的发展，还是商业实践激发了学者们的灵感，这一问题仍存有一定的争执。然而，毫无疑问的是，1955—1964 年，诞生了现代的、学术性的和职业化的风险管理。1955 年，加勒赫尔(Gallagher)明确提出"专业的保险管理者也应是专业风险管理人员"。1956 年《哈佛商业评论》发表了加勒赫尔的论文"风险管理：成本控制的一个新阶段"，将风险管理引入实践阶段。20 世纪 60 年代初，多伦多的一位保险经理巴罗(Barlow)在比较了自有资本损失、保费支出、损失控制成本及预收管理成本总额之后，发展了风险成本的理念，使风险管理的思想不仅仅局限于保险领域，并开始缓慢地向外拓展。1973 年，著名的日内瓦协会，即保险经济学研究国际学会(International Association for the Study of Insurance Economics)成立，开始了对风险管理、保险和经济学的综合研究，为促进风险管理原则的发展提供了重要的科学基础。1974 年，瑞典的哈密尔顿(Hamilton)创立了风险管理周期模型，描述了风险管理过程——从风险评估、风险控制到制定相关措施和检验实施效果，并对各环节之间的相互作用进行检查，促进了风险管理系统的发展。1975 年，"美国保险管理协会"正式更名为"风险和保险管理协会"(Risk and Insurance Management Society, RIMS)，这是风险管理发展进程中的一个大事件。该协会通过广泛的教育计划和风险管理咨询服务，推进了风险管理在美国及世界其他地区的快速发展。

需要指出的是，风险管理在 20 世纪 50—70 年代的发展，很大程度上还得益于同一时期美国一些大公司发生的重大损失使公司高层决策者开始认识到风险管理的重要性。其中一次是 1953 年 8 月 12 日通用汽车公司在密歇根州的汽车变速箱厂因火灾损失了 5 000 万美元,成为美国历史上损失最为严重的 15 起重大火灾之一。这场大火与 20 世纪 50 年代其他一些偶发事件一起,推动了美国风险管理活动的兴起。1979 年 3 月美国三里岛核电站的爆炸事故,1984 年 12 月 3 日美国联合碳化物公司在印度的一家农药厂发生的毒气泄漏事故,以及 1986 年原苏联切尔诺贝利核电站发生的核泄漏事故等一系列事件,大大推动了风险管理在世界范围内的发展。

3. 风险管理在 20 世纪 80 年代的发展

20 世纪 80 年代风险管理发展的显著特点是风险管理思维方式的进一步提升和风险管理在全球范围的推进。

1980 年,风险分析协会(The Society for Risk Analysis,SRA)在美国华盛顿成立。风险分析协会旨在系统、综合地反映公共政策、风险管理理论及环境风险管理的进展,到 1999 年,该协会已有 22 000 多个会员,活跃在欧洲和日本。由于风险分析协会的努力,风险评估、风险管理等术语频繁出现在北美和欧洲议会的讨论中,将风险管理扩展至更广泛的决策议程。

1983 年,在美国风险和保险管理协会年会上,世界各国的专家云集纽约,共同讨论并通过了"101 条风险管理准则",对风险管理的一般准则、技术与方法、管理等达成了基本共识,以用于指导各国风险管理的实践。"101 条风险管理准则"共分为 12 个部分:风险管理一般准则;风险识别与衡量;风险控制;风险财务处理;索赔管理;职工福利;退休年金;国际风险管理;行政事务处理;保险单条款安排技巧;交流;管理哲学。"101 条风险管理准则"的通过,标志着风险管理发展达到了一个新的水平。

1986 年,英国风险管理学会(Institute of Risk Management,IRM)在伦敦成立。该协会设立了一套风险管理学会会员的国际资格认证考试,这是一个着眼于风险管理全方位的长期性教育计划。而同年在新加坡召开的风险管理国际研讨会表明,风险管理已由大西洋向太平洋区域发展,成为由北美到欧洲再到亚太地区的全球性风险管理运动。

总体来看,20 世纪 80 年代风险管理思维发展的一个重要的特征,乃是强调风险管理不应该仅仅关注技术与财务风险,而且应当充分关注风险的人文层面。传统风险管理的思维方式受到严重挑战,开始向客观风险管理与主观风险管理并重的方向融合发展,财务风险管理与灾害风险管理也逐渐趋于融合。

4. 20 世纪 90 年代以来风险管理的发展

长期以来,风险管理关注的对象主要是那些可能带来损失的风险。在 20 世纪 90 年代以前,风险管理的理论、方法和实践基本上是围绕纯粹风险展开的,而对诸如价格波动风险之类的动态风险则很少问津。究其原因,主要是因为大多数现代风险管理形式是从保险购买实践中发展而来的,保险一直作为传统风险管理的主要手段。长期以来,风险管理的发展就深深地打上了保险的烙印。研究风险管理的人大多来自保险界，具有实用意义的风险管理手段也通常是针对纯粹风险的，这在一定程度上限制了风险管理的发展。

我们知道，人类进入 20 世纪 70 年代后，由于布雷顿森林体系崩溃带来了汇率风险，原油价格攀升引发了产品价格风险，金融自由化浪潮下衍生性金融商品的滥用及金融服务一体化进程带来了金融风险和金融危机，所有这些变化均导致了 20 世纪 80 年代对财务风险管理需求的爆发性增长。然而，尽管财务风险管理应该被认为是风险管理的一个重要组成部分，但 20 世纪 80 年代以来财务风险管理的发展并没有引起风险管理和保险学界的充分重视。究其原因，一是因为与财务风险管理有关的部门主要是商业银行、投资银行等，并不是保险公司；二是人们思维定式的惯性，仍然认为风险管理和保险所应解决的问题主要是纯粹风险的管理。直至 1998 年，在美国风险与保险学会的年会上，财务风险管理才引起了保险学界和业界的充分重视。美国风险管理与保险学会时任主席斯蒂芬·阿瑟(Stephen P. D'Arcy)在大会的演说中特别指出：风险管理与保险的研究应该从对纯粹风险的研究转向对投资风险的研究，从对人身和财产风险管理的研究转向对财务风险管理的研究。由此，财务风险管理和金融风险管理才有了长足的发展，并成立了全球性的风险专业协会。该协会首席风险执行官(Chief Risk Officer，CRO)在北美的一些公司(主要是金融行业)中出现并受到重视。首席风险执行官负责对公司面临的所有风险进行识别和度量，以及对风险资本的有效利用。

20 世纪 90 年代以来，风险管理发展的一个显著特征是保险业自身的创新变革打破了保险市场与资本市场的界限，金融混业经营的趋势加速发展。而在混业经营背景下，风险分析和风险控制显得尤为必要。因此，财务再保险、新的财务风险评估方法，如风险价值(Value-at-Risk，VAR)的广泛运用，使财务风险管理进入更高的平台。

20 世纪 90 年代风险管理发展的另一显著特征是整合性风险管理的思维和决策体系逐步从后台步入前台，成为 21 世纪最具前景的发展领域。整合性风险管理框架受到广泛重视，使风险管理越出传统的金融和保险领域，成为企业经营管理、跨国公司经营管理的核心管理哲学，其重要性将会随着经济全球化的深化而越来越明显。

三、风险管理的目标

作为一门新兴的管理科学，风险管理的目标究竟是什么？风险管理的早期倡导者詹姆斯·克瑞斯提(James Cristy)认为："风险管理是企业或组织通过控制意外损失事故风险，以保障企业或组织盈利。"美国著名风险管理专家赫利克斯·科罗曼(Helix Kloman)认为："风险管理的目标是保存组织生存的能力，并对客户提供产品和服务，从而保护公司的人力与物力，保障企业的综合盈利能力。" 美国斯科特·哈瑞顿(Scott E. Harrington)则认为："风险管理的总体目标是通过风险成本最小化实现企业价值最大化。"如何理解不同专家学者在描述风险管理目标上的差异？我们需要以一种动态的、发展的眼光来审视风险管理的目标。伴随风险管理的理念、方法及业务范围的发展变化，风险管理的目标也会相应地作出调整。具体可以从以下三个方面来把握风险管理的目标。

1. 风险管理的总体目标

通过风险成本最小化实现企业价值最大化是风险管理的总体目标。简而言之，由于风险存在而导致企业价值的减少，构成了风险成本。纯粹风险成本包括：①期望损失成本；②损失控制成本；③损失融资成本；④内部风险抑制成本；⑤残余不确定性成本。通过全面、系统的风险管理，可以减少企业的风险成本，也就是减少企业的现金流出或增加企业的现金流入，稳定企业的净现金流量，从而实现企业价值的最大化。简而言之，风险管理的总体目标就是通过风险成本最小化实现企业价值的最大化。

2. 风险管理的损失前目标

通过加强损失控制、事先安排损失融资方式及组织内部积极采取措施抑制风险等风险管理的手段，有效地减少风险损失发生的频率及损失程度，减轻经济主体对潜在损失的烦恼和忧虑，从而优化资源配置，这是风险管理的损失前目标。

3. 风险管理的损失后目标

通过实施有效的损失融资安排及其他的风险管理方法，保证企业和组织在遭遇不确定风险损失时能够及时得到补偿，从而维持生存或是保持企业的正常经营，实现企业的稳定收益，这是风险管理的损失后目标。

四、风险管理的基本原则

为实现风险管理的目标，我们应遵循下列风险管理的基本原则。

1. 全面周详原则

要实现风险管理的目标，首先，必须全面周详地了解各种风险损失发生的频率、损失的严重程度、风险因素以及因风险出现而引起的其他连锁反应，这是实施风险管理的重要基础。其中，损失发生的频率和损失发生的严重程度会直接影响人们对损失危害后果的估计，从而最终决定着风险管理方法的选择及其效果的优劣。其次，应全面周详地安排风险管理计划，选择风险管理的方法。局部的乃至细微的疏忽，往往会给全局带来严重不利的影响，甚至会影响风险管理目标的实现。最后，应当全面周详地实施风险管理计划，并不断根据实际情形进行调整，这是实现风险管理目标的可靠保证和必备前提。所以，全面周详原则是风险管理的基本原则。

2. 量力而行原则

风险管理方法的选择必须遵循量力而行的原则。风险管理作为一种处置风险、控制风险的科学管理方法,为人们与风险损失的斗争提供了一种系统的武器。但并不是说任何企业、单位或个人都能够轻而易举地实施风险管理,达到处置风险、减少损失的目标。相反,在实施风险管理的过程中,各实施主体应根据量力而行的原则,综合采用多种风险管理方法来控制风险、转移风险损失的财务后果。如果确认某种风险是无法消除或防止的,就应该估计损失的程度,事先安排有效的损失融资方式,尽量降低该损失对企业正常生产经营活动或对个人、家庭生活水平的影响。如果风险发生后将会导致巨大的经济损失,引起企业停产、破产或使个人、家庭发生严重的经济困难,这种已超过主体自身财力所能承担的风险,就应当采取保险方式来处置。所以,在风险管理中应注重量力而行的原则。

3. 成本效益比较原则

风险管理的重要性不仅在于其提供了一套系统科学的处置风险的方法,而且在于它强调以最少的成本、最少的费用支出获得最大的风险管理效益。成本效益比较原则是风险管理应遵循的另一重要原则,尤其是在风险管理实务中,这往往成为优先考虑的因素。因而,在实施风险管理实践的过程中,如何合理、有效地选择最佳风险管理方法,应围绕以最少的费用支出获得最大的风险管理效益这一中心,无论是自留风险、保险,还是损失控制,都是在成本约束条件下选择最佳方案。上述方法无论是单独使用还是综合使用,都必须进行费用与效益的比较。只有实现以最少的费用获得最大风险管理效益之后,我们才能够说是真正实现了风险管理的宗旨和目标。如果风险的处置与控制是以付出高昂的费用成本为代价的,就不能真正体现风险管理作为现代科学管理方法的优越性。

五、风险管理的基本职能

界定风险管理的基本职能并不是一件容易的事情。风险管理的理念和方法在不断创新,其职能也在不断拓展。传统风险管理的基本职能集中于处置"可保险的风险"上。到 20 世纪 80 年代,风险管理的职能逐步扩大,拓展到处置一些诸如价格变动风险的动态风险领域。20 世纪 90 年代以后,整合性风险管理理念和系统方法的提出,进一步将风险管理的基本职能拓展至投资决策管理、金融风险管理等领域。

就一般意义来说,风险管理的基本职能可描述为"最大限度地减少组织面临的不确定性"。具体而言,风险管理的基本职能可以分解为以下方面:帮助经济组织全面、系统地识别和估计风险;实施损失控制和内部风险抑制计划;安排各类保险计划,构成经济组织最基本、最核心的风险管理职责;安排各类非保险损失融资计划,如自留风险和专业自保计划;设计和协调员工福利计划;提供风险管理的教育培训计划和提供索赔管理与法律诉讼服务等。

整合性风险管理理念和方法的发展，进一步拓展了风险管理的基本职能，包括：货币保值；资本预算；公共关系；游说政府和公司并购等。

可以这样说，现代风险管理的发展，已经使得风险管理发展成为企业管理中一个具有相对独立职能的管理领域。在围绕企业的经营和发展目标方面，风险管理与企业的经营管理、战略管理一样具有十分重要的意义，且三者之间彼此相互融合、紧密联系而不可分割，如图 1-2 所示。

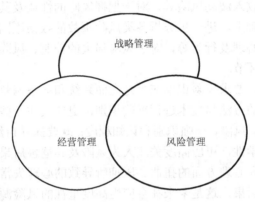

图 1-2　经济组织的三个核心职能

六、风险管理的基本程序

不论什么类型的风险，其管理过程一般都包括如下几个关键步骤：

- 确立风险管理目标；
- 识别各种可能减少企业价值(导致损失)的重大风险；
- 衡量潜在损失可能发生的频率和程度；
- 开发并选择适当的风险管理方法，其目的是增加股东的企业价值；
- 制定并实施所选定的风险管理方案；
- 持续地对经济组织的风险管理方案和风险管理战略的实施情况和适用性进行监督、评估与反馈。

1. 确立风险管理目标

确立风险管理目标是企业风险管理程序的第一步，其构成了风险管理决策行为的重要基础和首要前提。风险管理目标应该是具体可行的，并融入到企业的战略管理、运营管理过程中。正如前面所述，企业风险管理的总体目标是通过风险成本最小化实现企业价值的最大化，这是就一般意义而言的。事实上，对不同的企业而言，风险管理的具体目标可能各不相同，但都强调风险管理目标与企业的经营管理目标、战略发展目标相协调。当然，个人、家庭、非营利性社会团体及政府公共部门的风险管理目标又各有不同，则其风险管理决策和采用的风险管理方法也就略有差异。

2. 风险识别

风险识别是指对各类潜在的和现实的风险因素进行全面、系统地信息收集，并认知风险的方法与过程。将风险进行归类和细分，如物质性风险、人身风险、金融风险、财务风险、财产与责任风险、收入波动风险等，对于把握风险的性质及其危害，具有重要的指导意义。在风险感知的基础上，进一步分析各类风险事故的致损原因，准确区分相关的风险因素，如自然、社会、心理及行为等，对于风险损失的控制、风险事故发生后实施经济补偿均是必不可少的决策环节。

风险问题的复杂性，要求风险识别应当是全面系统和动态调整的过程，既需要对业已认知的各类风险运用新的方法与技术进行准确识别，更要关注一些潜在的、新兴的、可能带来某些灾害性后果的新风险，增强识别和认知程度；既要探寻自然灾害风险的运动轨迹，继续增强风险识别的科学性，更应高度关注人为风险及其危害后果。受多种复杂因素的共同作用，现代人因行为和心理方面的扭曲、压抑所导致的心理失常、精神失范，将有可能对社会带来某些灾难性后果，这是未来社会应当高度重视的风险源。从某种意义上说，人的行为失范对社会带来的负面影响甚至可能远远大于一般自然灾害的危害程度。而问题的症结在于，我们对这类风险源的诱因知之甚少。这从一个侧面说明对风险的认知和定性分析具有重要价值。

风险识别的方法有很多，并且随着人类认知风险能力的增强、科学技术的发展创新以及经验的不断积累，识别风险的方法将不断得到改进并趋于完善。在宏观领域中，决策分析、投入产出分析、统计预测分析、幕景分析、神经网络模型分析等具有重要的风险识别功能；在微观领域，生产流程图法、损失清单分析法、保险调查法、财务分析法等均是企业常用的风险识别方法。并且随着医疗技术进步与各种医疗检测手段的综合运用，对各类疾病风险的识别和检测，亦达到相当完善的水平，如心理与行为测评法、心理分析和心理疗法在识别人类自身的各种潜在行为风险时，发挥着越来越重要的作用。

3. 风险衡量

经过全面系统的风险识别之后，就进入了风险衡量阶段。风险识别与风险衡量经常被统称为风险分析。风险衡量就是运用概率论和数理统计方法对潜在损失风险发生的频率、损失的范围与程度进行估计和衡量。损失频率是指一定时期内损失可能发生的次数；损失程度是指每次损失可能发生的规模，即损失金额的大小。

风险衡量在风险管理中的重要意义体现在两个方面：一方面，有助于估计和衡量风险程度，降低损失后果的不确定状态；另一方面，有利于把握风险损失波动情况及其变化幅度，为选择风险管理方法和进行风险管理决策提供科学依据。

具体而言，风险衡量的内容应包括三个方面：首先，风险衡量要估计风险事故在一定时间内发生的频率大小，估计不同概率水平下的损失后果；其次，风险衡量要估计和衡量不同经济组织面临的平均风险损失及总损失金额的大小；最后，风险衡量要分析、估计每一次具体的风险损失偏离平均损失的程度，这对风险管理决策取向具有关键意义。

4. 开发并选择适当的风险管理方法

在确立风险管理目标和系统分析风险的基础上，根据风险管理的基本原则，开发并选择适当的风险管理方法，为风险管理决策提供可比较的方案，这是风险管理程序的一个重要组成部分。风险管理方法大致可以分为三类：损失控制、损失融资和内部风险抑制，如图 1-3 所示。

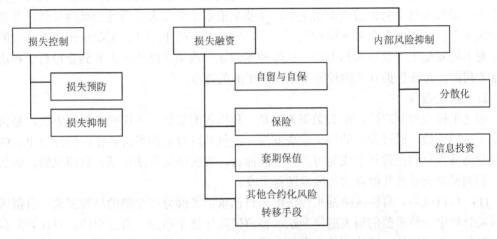

图 1-3　主要的风险管理方法

1) 损失控制

所谓损失控制，是指有意识地采取行动降低损失发生的频率或减少损失的程度。通常把主要是为了降低损失发生频率的行为称为损失预防手段，而把主要是为了减少损失程度的行为称为损失抑制手段。一般来说，损失预防是防患于未然，其行为作用于损失事故发生之前；损失抑制是"亡羊补牢"，其行为作用于损失事故发生过程中或损失事故发生之后。损失预防的一个常见例子是对飞机进行定期检查，以防止飞机机械故障的发生，从而降低了飞机坠毁的频率，但对飞机一旦坠毁的损失程度却无能为力。损失抑制的一个常见例子是安装热感或者烟感的喷淋系统，从而减少火灾事故的损失程度。但是，需要说明的是，许多损失控制手段会同时影响损失频率和损失程度，所以往往无法将它们严格归于损失预防还是损失抑制手段。例如，在汽车中安装安全气囊，在大多数情况下可以降低车祸中伤害的严重程度，但同时也可能影响到车祸伤害发生的频率。车祸伤害事故是增加还是减少，取决于由于安全气囊的保护使得虽然发生了车祸事故却没有造成伤害的次数，是否超过了由于安全气囊在不恰当的时间打开或打开太猛而造成的伤害事故的次数，以及由于安全气囊的保护作用而使司机麻痹大意造成的车祸事故与伤害的次数。

损失控制的一种极端情况就是避免风险。避免风险就是当风险损失发生的可能性很大或损失程度很严重时，可以主动放弃有可能产生风险损失的某项计划或某一事物。比如，航空公司考虑到天气恶劣而取消某次航班，就避免了该航班发生空难事故的风险。当然，我们也应该清楚地知道，避免风险的方法虽然将风险损失的概率控制到为零，但同时也丧失了风险行为可能带来的收益。

有必要着重指出的是，在整个风险管理决策框架中，风险控制[①]最为重要，它是积极主动的风险管理思维观，充分体现了人的主观能动作用，提升了人在整个风险管理框架中的关键性作用。人是风险事故的主要承受者，也是很多风险事故的重要风险源。只有重视人的作用，提升人对生命价值的深切关怀，才能从根本上关注人类所处的风险社会，并寻求其解决的办法。因而在众多风险控制工具中，安全教育的重要性，无疑远远高于一般的、具体有形的安全工程及技术和方法。风险控制的这一决策思路能否上升到管理哲学和决策思维的层面，是我们提升风险控制质量和水平的关键点。

2) 损失融资

较之于损失控制方法，损失融资方法是一种消极的措施。所谓损失融资方法，是指一旦发生风险事故，通过预先的损失融资安排，提供及时有效的经济补偿，使经济组织的生产经营迅速恢复到正常水平成为可能。一般而言，损失融资方法包括：自留风险、购买保险、套期保值交易及其他合约化风险转移手段。

(1) 自留风险。自留风险是指经济组织自己承担了部分或全部的风险损失。自留风险是风险管理中一种重要的损失融资方法。自留风险包括主动的、有意识的、有计划的自留与被动的、无意识的、无计划的自留两大类。前者是在全面的风险识别和准确的风险衡量基础上，认为对某些损失后果采取自行承担，将比转移给外部机构更经济合理，从而主动选择了自留风险，以便更好地实现股东价值的最大化；后者往往是在没有意识到风险存在或低估了风险损失的程度或无法将风险转移出去时，只能由经济组织自行承担风险损失的财务后果。

企业自留风险的损失融资安排包括：①动用企业的库存现金、银行存款或其他流动资产来补偿经济损失，然后在较短时期内摊入企业生产成本或营业成本；②建立意外损失补偿基金；③向外借入资金，比如应急贷款或特别贷款；④发行新股；⑤成立专业自保公司，为企业内部的风险损失进行自我保险。需要指出的是，在企业遭受重大风险损失后，向外举债和增发新股的难度都会比较大，或者是成本比较高。

---

① 广义上的风险控制，包括损失控制及内部风险抑制两类方法。

(2)　购买保险。保险是一种风险转移机制，是风险管理中普遍采用的一种损失融资方法。经济主体通过购买保险的方式，以确定的保险费支出获得了保险人对不确定的风险损失进行补偿的承诺。保险人通过集中大量同质性风险单位，收取保险费并建立保险基金，将少数被保险人的风险损失在众多的投保人中进行分摊，从而实现了风险分散、损失分摊的职能。

(3)　套期保值交易。套期保值交易是一种很重要的损失融资方法。诸如远期合约、期货合约、期权合约以及互换合约等金融衍生产品已经广泛应用于多种类型风险的管理中，特别是价格风险的管理。可以利用这些合约来对某些风险进行对冲，也就是对冲由于利率、价格、汇率变动而带来的损失。这里我们举一个简单的例子来说明套期保值交易如何对冲价格风险。在生产过程中要使用石油的公司会因为石油价格的意外上涨而遭受损失，而生产石油的公司则会因为石油价格的意外下跌而遭受损失。于是，这两类公司可以使用远期合约来进行套期保值。在远期合约中，生产石油的公司必须在未来某个约定的交货日以一个事先约定的价格(称作远期价格)向使用石油的公司提供约定数量的石油，而不管当时市场上石油的实际价格是高还是低。由于在签订合约时，远期价格就已经商定妥了，所以使用石油的公司与生产石油的公司都可以通过远期合约来降低价格风险。

(4)　其他合约化风险转移手段。经济主体可以通过签订合约的方式来转移财产或经营活动的风险。比如，出租人可通过财产租赁合同将财产风险转移给承租人，建筑商可通过分包合同将风险较大的工程项目转移给专业施工队，以及医院可以通过签订免责协议将手术风险转移给患者及其家属等。与避免风险不同的是，在通过签订合约转移风险的情况下，风险本身依然存在，只不过是通过合约将损失的财务或法律责任转移给其他经济主体了。

值得一提的是，随着金融、保险创新的不断深化，近年来出现了一些新的损失融资方法，比如巨灾证券化、有限风险保险、财务再保险等，有力地推进了新形势下损失融资方法的创新和发展，开辟了风险管理的新路径。

3)　内部风险抑制

目前被广泛采用的内部风险抑制方式有：①分散化；②增加信息投资。分散化是指经济组织通过将经营活动分散的方式来从组织内部降低风险，也就是人们常说的"不把所有的鸡蛋放在一个篮子里"。需要注意的是，公司股东采取投资组合来分散风险的做法，会对公司购买保险以及使用对冲手段的决策产生重要的影响。另一种重要的内部风险抑制方式是增加信息方面的投资，目的是提高损失期望估计的准确程度。增加信息投资所带来的对企业未来现金流更精确的估计或预测，可以减少实际现金流相对于期望现金流的变动[①]。这方面的例子很多，例如，增加信息投资来提高对纯粹风险损失发生频率和损失程度估计的准确性，为降低产品价格风险而对不同产品潜在需求情况进行的市场调研，以及对未来商品价格或利率进行预测等。

---

① 风险成本对企业价值的影响主要体现为实际现金流相对于期望现金流的变动。

5. 风险管理决策与实施

风险管理决策是指根据风险管理的目标和基本原则，在全面、系统的风险分析基础上，科学地选择风险管理方法及其组合，从而制定出风险管理的总体方案和管理重点。风险管理决策是风险管理程序的重要组成部分。

选择什么样的风险管理工具和方法，必须以风险管理的目标和基本原则为基本出发点。立足于这一决策基点，需要在风险分析的基础上，进一步作出购买保险决策，安排自留风险决策，尤其需要充分考虑在实施全面风险控制的前提下，保险决策与自留风险决策的科学、合理的组合，以体现风险管理决策的价值。通过各种风险管理方法的最佳组合，以最小的风险成本实现企业价值的最大化。

风险管理方案的实施，则是指将风险管理的各项任务付诸实施，并在各职能部门分配，具体实施购买保险计划、风险控制计划(包括损失控制计划与企业内部风险抑制计划)、自留风险计划等。风险管理的格言是：损失前的预防胜过损失后的补偿。因而，在风险管理方案的实施阶段，应当充分发挥损失前风险控制工具的重要作用，通过积极的风险防范措施，启动预警系统，尽可能消除隐患。在损失发生后，尽快启动抢救机制和救助机制，将损失的后果和人员伤亡程度减少到最低限度。由于风险的不确定性和复杂性，风险管理方案在实施过程中，应注意体现综合配套和灵活调整的管理原则，这对于提升风险管理的绩效具有非常重要的意义。

6. 持续地对经济组织的风险管理方案和风险管理战略的实施情况和适用性进行监督、评估与反馈

在风险管理方案的实施过程中，需要根据风险管理目标和实施的具体情况，不断地调整原有风险管理方案，使之更加符合预定的风险管理目标和实际情形。风险管理方案实施效果的监督与评估贯穿于风险管理的全过程，需要对风险管理方法的选择、风险管理决策过程、风险管理实施程序等进行系统的评估，并不断地调整风险管理方案及其实施程序。由于风险管理过程的复杂性，强化对风险管理各个环节进行动态监督与评估，不断运用反馈机制对风险管理方案进行调整，使之与风险管理的每一个具体目标都更加接近，对于风险管理总体目标的实现、提升风险管理决策水平、提高风险管理绩效等，都具有非常重要的意义。

七、整合性风险管理理念和方法的创新

企业整合性风险管理(Integrated Risk Management，IRM)理念和方法是 20 世纪 90 年代以来风险管理领域发展的最新成果之一。学者们的理论思考和商业实践的创新，共同推动着风险管理理念和方法的发展。巨灾风险的频繁发生挑战着传统保险业的承保能力；金融

自由化背景下金融衍生产品的交易量剧增，使企业面临的财务风险大大增加；制定并实施有效的风险管理策略，以最小的风险成本实现企业价值的最大化目标，则是企业风险管理战略调整的客观需要。所有这些因素，构成了企业整合性风险管理理念和方法创新的推动力。计算机技术的进步，提升了企业的风险量化分析能力；资本市场的发展与金融创新的推进，使传统的保险风险和不可保风险向资本市场的转移成为可能。毫无疑问，两者共同为整合性风险管理理念和方法的兴起提供了技术和市场条件。

1. 整合性风险管理的内涵与特征

1) 整合性风险管理的内涵

企业整合性风险管理的理念和方法是 20 世纪 90 年代以来风险管理领域发展的最新成果之一。要对整合性风险管理下一个全面而准确的定义，并非易事。整合性风险管理更多地体现为风险管理理念与方法的创新。就一般意义上而言，整合性风险管理是指对影响企业价值的众多风险因素进行识别和衡量，并将企业面临的所有风险都纳入到一个有机的具有内在一致性的管理框架中去，通过整合多种风险管理方法，实现以最小的风险成本获得最大的企业价值的风险管理总体目标。具体而言，整合性风险管理的基本思想和原则强调：以企业价值为分析基础，以整个企业所有经营和管理活动为考察对象，综合分析企业可能面临的所有风险，借助风险分析、风险交流和风险管理等现代的风险管理方法和过程，充分利用不同风险可以相互抵消、相互影响、相互关联的性质，及时、有效地发现和控制那些对企业价值有负面影响的因素，挖掘和利用企业潜在的发展和获利机会。也就是说，利用整合性风险管理的思想进行风险分析不但要考虑到纯粹风险，还应注意到投机风险；不但要分析单个事件的结果，也要意识到相关风险的综合效应；不但要注意企业的短期利益，也要兼顾企业的长期发展；不但要关注企业内部自身的损益，也要照顾到外部消费者的得失；不但要注意风险管理的成本，也要提高风险管理的效率等。总之，整合性风险管理是要从以风险损失为分析基础转变为以企业价值为分析基础，化分离式的风险管理为整合式的风险管理，变单一的损失控制为综合性的价值创造。

2) 整合性风险管理的特征

尽管整合性风险管理对于不同的组织来讲有着不同的范畴和对象，但就一般而言，整合性风险管理具备如下特征。

(1) 强调风险是一个整体的概念。整合性风险管理认为组织面临的诸多风险彼此之间并不是孤立的，从本质上来讲这些风险是不可分割的，是相互联系、相互影响的。我们只有整体地、综合地、全面地认识风险和实施风险管理，才能从根本上有效控制风险，实现组织的目标。整合性风险管理要求支配企业实施风险管理战略决策的理念从分散的、非连续的、小视野的方法向一体化的、连续的、大视野的方法转换。因此，整合性风险管理的新理念有时被称为一体化的、战略性的、经营性的或者是整个企业范围的风险管理。更进一步讲，整合性风险管理方案所管理的风险，包括会对组织实现其经营目标或成功实施其战略的能力产生负面作用的所有事件和行为。风险的范围既包括内部的也包括外部的；既包括纯粹风险，也包括投资风险；既包括意外事件导致的财产损失、人身伤害和赔偿责任，也包括利率风险、汇率风险、商品价格变动风险、信用风险及公司信誉风险。总之，它涵盖了所有有碍于组织完成其目标的因素。在一体化、经营性的或整个企业范围内的风险基础上再加上"管理"这个词语，是为了说明这是一种结构化、系统化的方法，这种方法可以将战略、程序、人、技术和知识，与评估和控制企业创造价值过程中所遇到的不确定性的目的结合起来。企业面临的不确定性既可能对组织实现目标有积极作用，也可能有消极作用，因此，整合性风险管理的目标就是通过对不确定性的管理来创造、保护和增进股东的收益。

(2) 强调组织内部不同风险管理者之间的合作。一般而言，在一个组织内部有很多岗位的员工都肩负着风险管理的职责，包括首席执行官(CEO)、财务总监(CFO)、资本运作经理、风险经理及首席投资官(CIO)。在传统的风险管理模式下，组织内部不同的风险管理者都是相对独立地工作，加之工作重点不同、目标不同、运用的风险管理模型和技术也不同，因此他们的目标不一致也就不足为奇了。

整合性风险管理的新模式强调组织内部不同风险管理者之间的合作。通过这种合作，就可以在同一框架下审视组织面临的种种风险，确定和评估组织的风险排序，进而对组织风险管理的重点以及风险管理成本有一个更清晰的认识，完成组织的战略性目标。例如，财务总监、资本运作经理和风险经理定期进行沟通合作有利于公司确定最佳资本结构。保险和非传统风险转移产品为客户提供了可以替代部分负债和所有者权益的或有资本。通过战略性保险方案，公司能够降低总体资本成本，从而捕捉到一些原先无法利用的机会。事实上，公司的资本结构不只是由负债和所有者权益决定的，它取决于负债、所有者权益和保险。直接对公司的首席执行官或财务总监负责的风险管理委员会，是实现组织内部不同风险管理者之间合作的桥梁。近几年以来，有些公司开始任命高级管理者担当"首席风险官"(CRO)——或者称"副总裁，主管风险管理"，让其总管并协调公司所有的风险管理活动。首席风险官的出现表明我们又向整合性风险管理迈进了一大步——将总揽并合理化公司各个职能部门的风险管理活动的权力授予一个人。一位称职的首席风险官将会大力推动公司内部不同的风险管理者之间的合作。

(3) 整合性风险管理往往以资本市场、保险市场的创新及相互融合为基础。一方面，近20年来金融市场的发展，特别是现代金融理论和金融工具的创新，为风险管理提供了新技术和新产品；保险市场与资本市场的融合，使可保风险的范围得到了拓宽；保险产品在创新的同时，又使保险市场从资本市场上获得了更大的承保能力。比如，传统保险市场的资本瓶颈和价格周期对非传统风险转移方案的出现和发展就起到了推动作用。另一方面，由于保险市场的无效，诸如逆选择、道德风险、信用风险及有限的承保能力，大大催生了保险产品的创新，也大大推动了非传统风险转移方案的发展。作为整合性风险管理方案的重要工具,多险种多年期产品(MMP)、多触发器产品(MTP)及有限风险(再)保险(FR)均属于保险产品创新的重要成果,这些产品同时兼有风险转移和融资的功能。而或有资本(CC)更是一个综合运用保险产品和资本市场技术设计、定价的产品,是一项出售期权,它赋予期权所有者在约定的触发事件发生时进行融资,获得资产负债表内实收资本的权利(并非义务)。保险连接型证券则体现了保险市场和资本市场的融合,通过两者的融合,保险市场拓展了承保范围,解决了传统保险市场的资本瓶颈问题;而资本市场的投资者则实现了多样化的资产组合,获得了较高的投资收益。

(4) 以最小的风险成本实现企业价值的最大化是企业整合性风险管理的总体目标。传统的风险管理方案是以风险损失作为分析基础,强调综合运用多种风险管理方法,将风险事件造成的损失控制到最小化。而整合性风险管理方案则以企业价值作为分析基础,强调立足于整个企业范围内的所有经营和管理活动,综合分析、评估企业可能面临的所有风险,充分利用不同风险之间可以相互抵消、相互影响的性质,有效配置企业的资金,力求以最小的风险成本实现企业价值的最大化目标。基于企业价值的风险管理方法,强调风险管理决策应注重风险与收益的关系,应注重企业的价值创造。从根本上说,企业价值是由企业未来净现金流量的大小、时间及变动决定的。因而,有效的风险管理决策应该促使企业的现金流量稳定,以确保企业持久发展及企业价值增加。另外,实施整合性风险管理方案,并非一味地追求将企业面临的各种风险都全部转移出去或留存下来,而是要合理地确定企业留存风险和转移风险的比例和结构,进而确定企业的资本结构,合理安排企业的实收资本和表外资本,提高企业资本的使用效率。

(5) 企业整合性风险管理理念要融入到企业文化之中。实施企业整合性风险管理方案,除了要建立一些具体的制度以外,还必须要有足够的耐心。把企业整合性风险管理的理念融入企业文化之中,要让企业的每一个员工树立这样一种意识:风险管理是优秀企业高效管理体系的组成部分,而不仅仅是附属;风险管理应该是全体员工的职责,而不是某一个人的职责,一个好的管理者也应该是一个好的风险管理者。事实上,无论从理财的角度讲,还是从资产负债表的角度讲,公司业务的运作全都是在管理风险和管理收益。企业的风险管理和战略管理、运营管理,是相互融合、紧密联系而不可分割的。将整合性风险管理的理念融入企业文化之中,关键是构建一套风险管理语境下的通用工作语言。从实际经验来看,美国加州联合石油公司主要是通过风险评估的方法来改变企业员工的原有观念,把风险意识融入到企业的日常经营决策中去的,使人们认识到风险管理是每一个员工的职责,大家都有义务遵守风险管理的制度。而微软公司则善于通过企业内部网的建设来实现信息授权,从而在整个企业范围内传播风险意识,将风险管理的意识融入每一个员工的日常决策之中。

2. 整合性风险管理的方法创新

根据整合程度不同,可以将整合性风险管理方案分成四个等级,每个等级都对应着相应的整合性风险管理方法[①]。

1) 一级整合：在给定资本结构下的市场内整合

这类整合性风险管理方法能够整合保险市场或资本市场中的多种风险，但是这种整合尚未跨越两个不同的市场。在给定企业的资本结构和风险偏好的情况下，企业的风险经理和资本运作经理可以分别实施这类整合性方案。一级整合方案早在 20 世纪 90 年代初期就已经出现了，目前大多数管理者都很熟悉这一类方案。金融市场上的篮子期权(Basket Options)和双触发器型期权(Double-trigger Options)就属于一级整合方案，这些期权在一次对冲交易中融入了利率风险、外汇风险或商品价格风险等两种或更多种的资本市场风险。同一时期，保险市场上也出现了囊括不同种类的保险风险的多险种统括保单。

2) 二级整合：在给定资本结构下的跨市场整合

这类方案可以将保险市场和资本市场的风险整合在一起，它建立在公司一定的风险偏好和资本结构基础之上，需要风险经理和资本运作经理进行合作。这类整合方案可以同时涵盖利率风险、外汇风险、商品价格风险和保险风险，其既可以以保险产品的形式出现，也可以以衍生产品的形式出现。目前常见的两种形式：①多险种/多年期产品(Multi-line and Multi-year Products，MMPs)，为保险风险和资本市场风险的损失提供综合保障；②多触发器产品(Multi-trigger Products，MTPs)，在保险事件发生时激活资本市场风险保障，或者在资本市场指数达到某一执行水平时激活保险保障。

3) 三级整合：改变资本结构，实现跨市场整合

这类整合方案可以单独或综合应用于保险市场风险和资本市场风险的管理中，被视为传统资本的替代品，可以同时改变公司的风险组合和资本结构。实施此类整合性风险管理方案需要财务总监和公司其他管理人员的广泛参与。设计三级整合方案的目的不仅仅是为了对冲风险，还是公司进行资本管理的需要。有限风险再保险(Finite Risk Reinsurance)、自然终止方案(Run-off Solution)和或有资本(Contingent Capital)均属于三级整合方案。

4) 四级整合：改变市场结构，实现跨市场整合

四级整合风险管理方案的显著特点是，实施这类整合方案不仅需要公司单方面的行动，还要求保险市场和资本市场发生结构变化，才能使其获得经济上的可行性并得以实施。四级整合风险管理方案的主要产品有两大类：保险连接型证券和保险衍生产品。迄今为止，绝大多数保险连接型证券交易都涉及巨灾债券；保险衍生产品主要包括巨灾期货和巨灾期权。

复习思考题

1. 什么是风险？

---

① (美)普拉卡什 A.希马皮等. 整合公司风险管理. 北京：机械工业出版社，2003.

2. 风险由哪些要素组成？如何区别风险因素与风险事故？

3. 风险主要可以分为哪些类别？

4. 纯粹风险与投机风险有何区别？

5. 什么是风险管理？如何理解风险管理的基本内涵？

6. 风险管理的目标是什么？简述风险管理的基本原则。

7. 风险管理的基本职能包括哪些？如何理解风险管理职能的创新与发展？

8. 简述风险管理的基本程序。

9. 如何理解整合性风险管理的基本理念？整合性风险管理的方法主要有哪些？

第二章

保 险 概 述

可保风险是保险的重要因素。保险可从法律和经济角度定义。保险与储蓄、赌博、救济等经济行为及制度有相同之处，又有不同之处。按照不同的分类方式可以将保险分为不同的类别。保险具有基本职能和派生职能，既有积极作用，也有消极影响(社会为此付出的代价)。

第一节　保险的内涵

一、可保风险

风险的存在是保险业产生和发展的自然基础，没有风险就不可能有保险，但保险人并非承保一切风险，而是只对可保风险才予以承保。因此，可保风险也就成为了保险不可或缺的要素。

作为可保风险，从广义上讲，是指可以利用风险管理技术来分散、减轻或转移的风险；从狭义上讲，则是指可以用保险方式来处理的风险。这种风险应该是不可抗力的风险，其所致的损害应该是实质损害。换言之，可保风险是保险人愿意并能够承保的风险，是符合保险人承保条件的特定的风险。一般所言的可保风险是指狭义的可保风险。

可保风险一般应具有以下五个条件。

1. 非投机性

保险人所承保的风险，应该是只有损失机会而无获利可能的纯粹风险。可保风险不具有投机性，保险人通常不能承保投机风险，因为，保险人如果承保投机风险，既难以确定承保条件，又与保险的经济补偿的职能相违背。

2. 偶然性

保险人所承保的风险，应该是偶然的。可保风险应该是既有发生的可能，又是不可预知的。因为如果风险不可能发生，就无保险的必要；同时，某种风险的发生情况不具有必然性。

3. 意外性

保险人所承保的风险，应该是意外发生的。风险的发生既不是因为被保险人及其关系人的故意行为，也不是被保险人及其关系人不采取合理的防范措施所引起的。

4. 普遍性

保险人所承保的风险，应该是大量标的均有遭受损害的可能性。保险是以大数法则作为保险人建立稳固的保险基金的数理基础，因此，可保风险必须是普遍存在的风险，即大量标的都有可能遭受损害。如果风险只是相对于一个标的或几个标的而言，那么保险人承保这一风险等于是下赌注、进行投机。只有一个标的或少量标的所潜在的或面临的风险，是不具备大数法则这一数理基础的。只有对大量标的的遭受损害的可能性进行统计和观察，才能使保险人比较精确地测算出损失及伤害的概率，以作为制定保险费率的依据。

5. 严重性

保险人所承保的风险，应该是有较为严重的，甚至有发生重大损害的可能性。风险的发生有导致重大或比较重大的损害的可能性，才会产生保险需求，保险供给也才可能因此产生。

二、保险的含义

按照《中华人民共和国保险法》[①](以下简称《保险法》)第二条的规定，保险是指投保人根据合同约定，向保险人支付保险费，保险人对于合同约定的可能发生的事故因其发生所造成的财产损失承担赔偿保险金责任，或者当被保险人死亡、伤残、疾病或者达到合同约定的年龄、期限等条件时，承担给付保险金责任的商业保险行为。

我们可以从两个不同的角度对保险进行定义。

1. 法律上的定义

从法律的意义上解释，保险是一种合同行为，体现的是一种民事法律关系。保险关系是通过保险双方当事人以签订保险合同的方式建立起来的一种民事法律关系。民事法律关系的内容体现为平等主体间的权利义务关系，而保险合同正是投保人与保险人约定保险权利义务关系的协议。根据保险合同的约定，投保人有交纳保险费的义务，保险人有收取保险费的权利，被保险人有在合同约定事故发生时获得经济补偿或给付的权利，而保险人有提供合同约定的经济补偿或给付的义务。这种保险主体间的权利义务关系正是保险这种民

---

① 以下凡未特别指明处，所言《保险法》均是指中华人民共和国第十一届全国人民代表大会常务委员会第七次会议2009年2月28日修订通过并公布、2009年10月1日起施行的《中华人民共和国保险法》。

事法律关系的体现。

2. 经济学的定义

从经济学的角度来看，保险是一种经济关系，是分摊意外损失的一种融资方式。保险体现了保险双方当事人之间的经济关系，在保险关系中，投保人把损害风险以交付保险费的方式转移给保险人，由于保险人集中了大量同质的风险，因而能借助大数法则来预测损失发生的概率，并据此制定保险费率，通过向大量投保人收取的保险费形成的保险基金来补偿其中少数被保险人的意外损害。因此，保险既是一种经济关系，又是一种有效的融资方式，它以保险人为中介，使少数不幸的被保险人的损害，在全体被保险人(包括受损者)中得以分摊。

三、保险与其他类似经济行为及制度的比较

1. 保险与储蓄

保险与储蓄都是客户以现有的剩余资金用做将来需要的准备，都是处理经济不稳定的措施。由于人身保险具有储蓄性，因此，人们往往习惯于将这两者进行比较。实际上，保险与储蓄存在着较大的区别，这主要体现在以下几个方面。

(1) 目的不同。对投保人而言，参加保险的目的是以小额的保费支出将不确定的风险转嫁给保险人，使被保险人获得生产、生活安定的保障；而对储户而言，参加储蓄的目的则是多种多样的，主要用于预计的费用支出。

(2) 性质不同。大量同质风险的集合与分散，是保险的要素之一，保险人将大量的投保人交纳的保险费集中起来，对其中少数遭遇保险事故的被保险人进行补偿或给付，从而实现了被保险人之间的互相帮助，因此，保险具有互助性质；储蓄则是单独地、个别地进行的行为，各储户之间没有什么关系，因而储蓄属于自助行为。

(3) 权益不同。保险一般是以自愿为原则，投保人投保自愿、退保自由，但投保人退保后所领取的退保金一般小于其所交纳的保险费；然而，如果投保人没有退保，一旦发生了保险事故，被保险人获得的保险金却又可能大大超过投保人所交纳的保险费；而在储蓄中，储户存款自愿、取款自由，对自己的存款有完全的随时主张权，所领取的是本金和利息之和，既不会小于本金，也不会大大超过本金。

2. 保险与赌博

由于保险与赌博，都取决于偶然事件的发生，都有可能获得大大超过支出的收入，因此，有人将二者混为一谈。实际上，保险与赌博有着显著的区别。

(1) 目的不同。如前所述，投保人参加保险是为了转嫁风险、获得保险保障；而赌博的目的则不同，赌博的参加者一般是希望以小额的赌注博得大额的钱财，或者说，赌博的

目的通常是图谋暴利。

(2) 结果不同。保险的结果是分散风险,利己利人;赌博的结果往往是制造风险、损人利己,甚至损己损人、扰乱社会秩序。

(3) 法律地位不同。保险行为以法律为依据,有法律作保障;赌博一般属于非法行为,法律严厉打击赌博。

3. 保险与救济

保险与救济都是对风险损失的补偿方式。但两者也存在着区别。

(1) 权利与义务不同。保险双方当事人按照保险合同的约定,都享有相应的权利、承担相应的义务,从总体上讲,保险双方的权利和义务是对等的,双方都要受保险合同的约束;而救济是一种任意的单方面的施舍行为,其出发点是基于人道主义精神,救济者提供的是无偿援助,救济双方没有对等的权利和义务可言。

(2) 性质不同。保险是一种互助行为;而救济是依赖外来的援助,既不是自助,更不是互助,而只是一种他助行为。

(3) 主体不同。在保险事故发生后,保险人一般是将保险金支付给保险合同约定的被保险人或者受益人;而在救济中,救济者和被救济者往往事先都无法确定,救济者可以是国家、社团组织或个人等,被救济者则可能是各种灾害事故的受灾者或贫困者等。

第二节 保险的分类

根据不同的要求或角度,可以对保险进行不同的分类。目前,国内较常见的分类方式有以下几种。

一、按保险的性质分类

按保险的性质分类,一般可分为社会保险、商业保险,与此相关的还有政策性保险。

1. 社会保险

社会保险是指以法律为保证的一种基本社会权利,是以劳动为生的人在暂时或永久丧失劳动能力或劳动机会时,能利用这种权利来维持劳动者及其家属的生活。[①]换言之,社会保险就是国家或政府通过立法形式,采取强制手段对劳动者因遭遇年老、疾病、生育、伤残、失业或死亡等社会特定风险而暂时或永久失去劳动能力、失去生活来源或中断劳动收入时的基本生活需要提供经济保障的一种制度。其主要项目包括养老保险、医疗保险、失

---

① 此定义是本书作者根据 1953 年在维也纳召开的国际社会保险会议对社会保险的定义修改得出。

业保险和工伤保险等。在现实生活中，有许多风险是商业保险不能解决的，如大规模的失业、贫困化等问题。这些风险如果得不到保障，就会造成社会动荡，直接影响经济的发展，所以只能依靠社会保险的办法来解决。社会保险一般是强制保险。

2. 商业保险

商业保险是指投保人根据合同约定，向保险人支付保险费，保险人对于合同约定的风险所致被保险人的财产损失承担赔偿责任，或当被保险人死亡、伤残、疾病或者达到合同约定的年龄、期限时，承担给付保险金责任的一种制度。商业保险一般是自愿保险。

社会保险与商业保险的主要区别是：

(1) 实施方式不同。社会保险一般是以法律或行政法规的规定，采取强制方式实施；商业保险的实施主要采取自愿方式。

(2) 管理方式不同。社会保险是维持国民基本生活需要的制度，一般是由政府直接管理或由政府的权威职能部门统一管理；商业保险则是保险公司根据投保人的需要和缴费能力所提供的保险，采用商业化管理方式，经营主体只要符合《保险法》要求的条件并得到国务院保险监督管理机构的批准，就可以经营商业保险业务。

(3) 经营目的不同。国家举办社会保险是以社会安定为宗旨，社会保险不以赢利为经营目的；而商业保险的经营主体在为社会提供保险产品的同时，以赢利为经营目的。

(4) 保障程度不同。社会保险是政府为解决有关社会问题而对国民实行的一种基本经济保障，具有保障国民最基本生活的特点，保障程度相对较低；商业保险采取市场经营原则，实行多投多保、少投少保的保险原则，可以为被保险人提供充分的保障。

(5) 保险费负担不同。社会保险的保险费一般是由国家、单位和个人三方共同负担；商业保险的保险费则是由投保方自己负担。

(6) 保障对象不同。社会保险主要以劳动者为保障对象；商业保险的保障对象既可以是财产及其有关利益，也可以是人的寿命或身体。

3. 政策性保险

政策性保险有广义和狭义之分。广义的政策性保险是国家为了推行其社会政策和经济政策而开办的保险，包括社会政策性保险(即社会保险)和经济政策性保险。狭义的政策性保险是政府为了实现某种经济政策目的，委托商业保险公司或成立专门的政策性保险经营机构，运用商业保险的技术来开办的一种保险。通常所说的政策性保险主要是指狭义的政策性保险。一般出口信用保险和农业保险都属于政策性保险业务。政策性保险往往表现出国家对于某些产业的扶持态度。由于政策性保险是国家为实现某种政策目的而举办的，体现了公共利益性和公共政策性，决定了政策性保险在经营目标上与一般的商业保险不同，即不以赢利为目标。实际上，很多国家的政府都对政策性保险业务采取补贴等方式予以扶持。

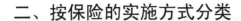

二、按保险的实施方式分类

按保险的实施方式分类，可分为自愿保险和强制保险。

1. 自愿保险

自愿保险也称任意保险，是保险双方当事人自愿签订保险合同的保险方式。自愿保险的保险关系，是当事人之间自由决定、彼此合意后所订立的合同关系。保险人可以根据情况决定是否承保，以什么条件承保。投保人可以自行决定是否投保、向谁投保，也可以自由选择保障范围、保障程度和保险期限等。

2. 强制保险

强制保险一般是法定保险，其保险关系是保险人与投保人以法律、法规等为依据而建立起来的。例如，为了保障交通事故受害者的利益，很多国家把汽车第三者责任保险规定为强制保险。强制保险具有全面性和统一性的特点，表现在：凡是在法律、法规等规定范围内的保险对象，不论是法人或自然人，不管是否愿意，都必须参加保险。实施强制保险通常是为了满足政府某些社会政策、经济政策和公共安全等方面的需要。

三、按保险标的分类

按保险标的分类，一般分为人身保险和财产保险。

1. 人身保险

人身保险是以人的寿命和身体为保险标的的保险。根据保障的范围，人身保险又可分为人寿保险、意外伤害保险和健康保险。

(1) 人寿保险。人寿保险是以被保险人的寿命为保险标的，以生存和死亡为给付保险金条件的人身保险。人寿保险是人身保险的主要组成部分，当被保险人在保险期内死亡或达到保险合同约定的年龄、期限时，保险人按照合同约定给付死亡保险金或期满生存保险金。

(2) 意外伤害保险。当被保险人因遭受意外伤害使其身体残疾或死亡时，保险人依照合同规定给付保险金的人身保险业务。在意外伤害保险中，保险人承保的风险是意外伤害风险，保险人承担赔付责任的条件是被保险人因意外事故导致的残疾或死亡。

(3) 健康保险。健康保险是以人的身体作为保险标的，在被保险人因健康原因导致医疗费用支出或收入损失等事件发生时，保险人承担赔付责任的一种人身保险业务。

2. 财产保险

财产保险是以财产及其有关利益为保险标的的保险。按照保险保障范围的不同，财产保险业务可以进一步划分为财产损失保险、责任保险和信用保证保险等。

(1) 财产损失保险。财产损失保险是狭义的财产保险，一般是以物质财产为保险标的的保险业务，其种类很多，主要险种包括火灾保险、货物运输保险、运输工具保险、工程保险等。

(2) 责任保险。责任保险是以被保险人依法应负的民事损害赔偿责任或经过特别约定的合同责任为保险标的的保险业务。一般分为公众责任保险、产品责任保险、职业责任保险、雇主责任保险等。

(3) 信用保证保险。信用保证保险是以担保为实质、承保信用风险的保险。它是由保险人作为保证人为被保证人向权利人提供担保的一类保险业务。当被保证人的作为或不作为致使权利人遭受经济损失时，保险人承担经济赔偿责任。

四、按承保方式分类

按承保方式分类，保险可分为原保险、再保险、共同保险和重复保险。

1. 原保险

原保险是指投保人与保险人之间直接签订合同所确立的保险关系。当被保险人在保险期内因保险事故所致损害时，保险人对被保险人承担赔偿或给付保险金的责任。

2. 再保险

再保险也称分保。《保险法》第二十八条第一款规定："保险人将其承担的保险业务，以分保形式部分转移给其他保险人的，为再保险。"分出业务的一方是原保险人，接受业务的一方是再保险人。原保险人转让部分保险业务的动机是避免过度承担风险责任，目的是稳定经营。再保险是保险人之间的一种业务活动，投保人与再保险人之间没有直接的业务关系。《保险法》第二十九条规定："再保险接受人不得向原保险的投保人要求支付保险费。原保险的被保险人或者受益人不得向再保险接受人提出赔偿或者给付保险金的请求。再保险分出人不得以再保险接受人未履行再保险责任为由，拒绝履行或者迟延履行其原保险责任。"

原保险与再保险之间存在的主要区别如下。

(1) 合同主体不同。原保险合同主体一方是保险人，另一方是投保人与被保险人；再保险合同主体的双方均为保险人(原保险人和再保险人)。

(2) 与被保险人的法律关系不同。原保险合同中的保险人与被保险人是直接的法律关

系；再保险合同中的保险人与被保险人是间接的法律关系。

3. 共同保险

共同保险又称为联合共保，简称共保，是由两个或两个以上的保险人联合，直接对同一保险标的、同一保险利益、同一保险事故提供保险保障的方式。共同保险的保险金额总和小于或等于保险标的的价值，发生保险损失时按照保险人各自的承保比例来进行赔款的支付。

共同保险与再保险之间存在的主要区别如下。

(1) 与被保险人的法律关系不同。共同保险合同中的所有保险人与被保险人都是直接的法律关系；再保险合同中的保险人与被保险人是间接的法律关系。

(2) 风险的分摊不同。在共同保险合同中，风险在各保险人之间被一次性地横向分摊；在再保险合同中，风险在各保险人之间被两次或两次以上纵向分摊。

4. 重复保险

重复保险是指投保人对同一保险标的、同一保险利益、同一保险事故分别与两个以上保险人订立保险合同，且保险金额总和超过保险价值的保险(《保险法》第五十六条第四款)。由于重复保险可能诱发道德风险，各国一般通过法律形式对重复保险予以限制，在发生保险事故造成保险标的损失时，通常要求按一定方式在保险人之间进行赔款的分摊计算。重复保险一般仅限于财产保险。

共同保险与重复保险之间存在的主要区别如下。

(1) 保险合同的数量不同。在共同保险中，若干保险人事先达成协议，联合起来共同承保，投保人与各保险人之间只有一个保险合同；在重复保险中，投保人与各保险人分别签订保险合同，因而存在多个保险合同。

(2) 保险金额与保险价值的关系不同。共同保险的保险金额的总和小于或等于保险标的的价值；重复保险的保险金额的总和超过保险标的的价值。

第三节　保险的职能、作用及代价

一、保险的职能

保险的职能是由保险的本质和内容决定的，它是指保险内在固有的功能。保险的职能包括基本职能和派生职能。

1. 保险的基本职能：经济补偿

保险的基本职能就是保险的原始职能，是保险固有的职能，且不会随着时间和外部环境的改变而改变。保险从产生之日起，就对保险标的发生保险事故后的经济损失进行补偿，因而，经济补偿是保险的基本职能。保险发展到现在，这一职能仍然没有改变。在保险活动中，投保人根据保险合同的约定，向保险人支付保险费，保险人对于保险合同约定的可能发生的事故，因其发生所造成的财产损失承担赔偿保险金责任，或者当被保险人死亡、伤残、疾病或者达到合同约定的年龄、期限等条件时承担给付保险金责任。

2. 保险的派生职能：融资

保险的派生职能是随着保险业的发展和客观环境的变化，在基本职能的基础上派生出来的职能。保险的派生职能是融通资金。

融资职能是指保险人将保险资金中的暂时闲置部分，以有偿返还的方式重新投入社会的再生产过程，以扩大社会再生产规模的职能。融资职能就是保险业进行资金融通的职能。

保险公司从收取保险费到赔付保险金之间存在着时间差和规模差，使保险资金中始终有一部分资金处于暂时闲置状态，从而为保险公司融通资金提供了可能性。

融资职能是在保险业实现基本职能的基础上，顺应一定的社会经济条件而派生出来的特殊职能。它最初产生于市场经济较为发达的西方国家。在市场经济社会里，资金的闲置被认为是一种不容宽恕的浪费，为防止浪费，就需要将暂时处于闲置状态的保险资金加以运用，参与社会资金周转，通过保险资金的运用产生收益，在扩大社会再生产规模的同时，增大保险资金的总量，降低保险经营成本，稳定保险公司的经营。

经济补偿的职能活动是保险人的负债业务，而利用包括负债业务形成的保险基金在内的保险资金进行的融资职能活动则是保险人的资产业务。保险资金的融通是保险公司收益的重要来源。

除以上职能外，还有不少关于保险职能及功能的提法，例如，保险的社会管理功能[①]，保险的防灾防损职能等。

二、保险的作用

保险的作用是保险职能发挥的结果，是指保险在实施职能时所产生的客观效应。保险的作用既有积极作用，又有消极作用。其积极作用又分别体现在对微观经济和宏观经济的作用上。

---

① 2003 年 9 月 28 日，中国保监会主席吴定富在出席北京大学"中国保险与社会保障研究中心成立大会"时首次提出了"现代保险功能理论"，他认为保险具有三项功能，即：经济补偿功能、资金融通功能及社会管理功能。在 2003 年 12 月 13 日"第一届中国保险业发展改革论坛暨现代保险功能研讨会"上，吴定富进一步指出：保险的社会管理功能包括社会保障管理、社会风险管理、社会关系管理及社会信用管理四个方面，由此引发了保险界对保险功能与职能的讨论，有的学者因此提出保险的职能应该包括社会管理职能。

1. 保险在微观经济中的作用

1) 保障受灾企业及时恢复生产或经营

风险是客观存在的。自然灾害、意外事故的发生，尤其是重大灾害事故的出现，会破坏企业的资金循环，缩小企业的生产经营规模，甚至中断企业的生产经营过程，导致企业产生经济损失。但是，如果企业参加保险，在遭受保险责任范围内的损失时，就能够按照保险合同的约定，从保险公司及时获得保险赔款，尽快地恢复生产或经营活动。

2) 促使企业加强经济核算

财务型的风险管理方式之一是通过保险方式转移风险。如果企业参加了保险，就能够将企业面临的不确定的、大额的损失，变为确定的、小额的保险费支出，并摊入到企业的生产成本或流通费用中，使企业以交纳保险费为代价，将风险损失转嫁给保险公司，这既符合企业经营核算制度，又保证了企业财务成果的稳定。

3) 促进企业加强风险管理

保险本身就是风险管理方式之一，而保险防灾防损职能的发挥，更促进企业加强风险管理。保险公司常年与各种灾害事故打交道，积累了较为丰富的风险管理经验，可以帮助投保企业尽可能地消除风险的潜在因素，达到防灾防损的目的。保险公司还可以通过保险费率这一价格杠杆调动企业防灾防损的积极性，共同搞好风险管理工作。尽管保险方式能对自然灾害、意外事故造成的损失进行经济补偿，但是，风险一旦发生，就可能对社会财富造成损失，被保险企业也不可能从风险损失中获得额外的利益。因此，加强风险管理符合企业和保险公司的共同利益。

4) 安定人民生活

灾害事故的发生对于个人及家庭而言同样是不可避免的。参加保险不仅是企业风险管理的有效手段，也是个人及家庭风险管理的有效手段。家庭财产保险可以使受灾的家庭恢复原有的物质生活条件；人身保险可以转嫁被保险人的生、老、病、死、残等风险，对家庭的正常生活起保障作用。也就是说，保险这种方式，可以通过保险人赔偿或给付保险金，帮助被保险人及其关系人重建家园，使获得保险保障的个人及家庭的生活，能够保持一种安定的状态。

5) 保证民事赔偿责任的履行，保障受害的第三者的利益

在日常生活及社会活动中，难免发生因致害人等的过错或无过错导致的受害的第三者的财产损失或人身伤亡引起的民事损害赔偿责任。致害人等可以作为被保险人，将这种责任风险通过责任保险转嫁给保险人。这样，既可以分散被保险人的意外的责任风险，又能切实保障受害的第三者的利益。

2. 保险在宏观经济中的作用

1) 保障社会再生产的顺畅运行

社会再生产过程包括生产、分配、交换和消费四个环节，这四个环节互相联系、互为

依存，在时间上继起，在空间上并存。但是，社会再生产过程会因遭遇各种自然灾害或意外事故而被迫中断或失衡。其中任何一个环节的中断或失衡，都将影响整个社会再生产过程的均衡发展。保险对经济损失的补偿，能及时、迅速地对这种中断或失衡发挥修补作用，从而保障社会再生产的延续及其顺畅运行。

2) 推动科学技术转化为现实生产力

现代社会的商品竞争越来越趋向于高新技术的竞争。在商品价值方面，技术附加值的比重越来越大，但是，对于熟悉原有技术工艺的经济活动主体来说，新技术的采用，既可能提高劳动生产率，又意味着新的风险。而保险的作用正是在于通过对采用新技术风险提供保障，为企业开发新技术、新产品以及使用专利"撑腰壮胆"，以促进科学技术向现实生产力的转化。

3) 促进对外经济贸易发展和国际收支平衡

在对外贸易及国际经济交往中，保险是不可缺少的重要环节。保险业务的发展，例如，出口信用保险、投资保险、海洋货物运输保险、远洋船舶保险等险种的发展，既可以促进对外经济贸易，保障国际经济交往，又能带来无形的贸易收入，平衡国际收支。因此，外汇保费收入作为一项重要的非贸易收入，已成为许多国家积累外汇资金的重要来源。

4) 促进社会稳定

社会是由千千万万的家庭和企业等构成的，家庭和企业是社会的组成细胞，家庭的安定和企业的稳定都是社会稳定的重要因素，保险通过对保险责任范围内的损失和伤害的补偿和给付，分散被保险人的风险，使被保险人能够及时地恢复正常的生产和生活，从而为社会的稳定提供切实有效的保障。

三、保险的代价

尽管保险在宏观及微观经济发展中具有积极作用，但在保险产生以后，伴随着其积极作用的发挥，社会也不得不付出相应的代价。

1. 产生道德风险，出现保险欺诈

保险产生后，道德风险也随之产生，出现了形形色色的保险欺诈现象。例如，为了获得巨额保险金而杀害被保险人的事件在国内外并不少见。

2. 增大费用支出

一方面，伴随着保险的产生，开设机构、开办业务、雇用工作人员等，使社会支出中新增了一笔保险公司的业务费用支出；另一方面，其他职业的工作者借保险之机漫天要价，例如，有的原告律师在重大责任事故的案件中，索价高昂，大大超过原告的经济损失，以图在原告多得赔款的同时自己多得诉讼费用。此外，保险欺诈带来的查勘定损乃至侦破费用，事实上也使保险经营成本增大，费用开支增加。

可见，保险会给社会带来很大的效益，也使社会付出较大的代价。但其社会效益大于其所付出的代价，此代价是社会为获得保险效益而必须作出的一种牺牲。所谓有利必有弊，有得必有失，不能因噎废食，而应尽可能充分地发挥其积极作用，尽可能降低其代价。

复习思考题

1. 什么是可保风险？可保风险需要具备哪些条件？
2. 什么是保险？
3. 概念比较：

(1)保险与储蓄；(2)保险与赌博；(3)保险与救济；(4)社会保险与商业保险；(5)财产保险与人身保险；(6)原保险与再保险；(7)再保险与共同保险；(8)共同保险与重复保险。

4. 保险具有哪些职能？你对这些职能如何看待？
5. 你怎样认识保险的作用和代价？

第三章

保险的起源与发展

保险的产生有其自然基础和经济基础。分析保险的起源与发展，需要在了解国外古代保险思想和原始形态保险的基础上，认识保险的历史演进过程，分析世界保险业发展的现状和趋势。而作为世界保险重要组成部分之一的中国保险的起源与发展，主要经历了中国古代的保险思想、旧中国的保险业和新中国的保险业三个阶段，而国内保险业务恢复以来保险业的发展以及未来发展趋势，尤其值得我们关注。

第一节　保险产生的基础

保险的产生既有其自然基础，又有其经济基础。

一、保险产生的自然基础

风险的客观存在是保险产生的自然基础。人类社会自产生以来就面临着各种各样的风险，风险的存在是不以人的意志为转移的。风险一旦发生，会影响到个人、家庭、企事业单位正常的生产和生活活动，并可能影响到国民经济的正常运行。为了保证社会生产、生活，乃至国民经济的顺畅进行，客观上需要进行风险管理，需要运用保险这一风险管理方式对风险所致的损失进行分摊和补偿。换言之，风险的存在导致损害的发生，进而衍生出对经济损失进行补偿和给付的需要，以经营风险为对象、以经济补偿和经济给付为职能的保险由此应运而生。

二、保险产生的经济基础

剩余产品的存在与商品经济的发展是保险产生的经济基础。

1. 剩余产品的存在是保险产生的物质基础

物质财富的损失只能用物质财富来补偿，因此，只有当存在着可供补偿用的剩余物质财富时，对物质财富损失的补偿才能实现，保险的产生才有物质基础。

在生产力水平极端落后的原始社会，生产的产品仅能勉强维持生产者及其家属的生存，没有剩余产品，就不能建立包括保险基金在内的后备基金。因而，自然灾害、意外事故造成的经济损失，就直接导致了社会生产规模的萎缩和社会生活水平的下降，巨灾的发生甚至还会导致个别部落的灭亡。

只有当社会生产出来的产品，不仅能满足社会的基本生活需要，而且还有一部分剩余时，才有可能存在用于补偿损失的物质财富，否则，保险的产生、保险基金的形成就是无源之水、无本之木。如果没有剩余产品的存在，人们即使得到了保险公司支付的货币，也买不到东西，这笔保险金就毫无用途，人们就不会投保，保险基金就不可能形成。所以，剩余产品的存在是保险基金形成的唯一源泉，是保险产生的物质基础。

2. 商品经济的发展是保险产生的必要前提

保险的产生是以保险关系的成立为前提的，而保险关系是一种保险人与投保人、被保险人之间的交换关系。在这种关系中，一方面，投保人以交付保险费的形式换取保险保障，保险人以收取保费为交换条件，承担被保险人遭受保险事故损害后的经济偿付责任。保险关系的产生和发展不过是交换关系本身发展的结果和表现；另一方面，保险是以众多投保人交付的保险费形成的保险基金，来补偿其中少数被保险人受到的经济损失。因此，在全社会范围内集合起大量被保险人是保险的内在要求。显然，在分散的、封闭的、小生产的自然经济条件下，是无法实现这一要求的。只有在生产社会化、商品经济发展到一定程度的条件下，生产者之间在广大的地域上形成了普遍的社会经济联系，他们才可能为求得保障而集中起来，保险才可能产生。因此，商品经济的发展是保险产生的必要前提和基础。

第二节　世界保险的起源与发展

一、国外古代的保险思想及原始保险形态

国外最早产生保险思想的国家并不是现代保险业发达的西方大国，而是处在东西方贸易要道上的文明古国，如古代的巴比伦、埃及和欧洲的希腊和罗马。据英国学者托兰纳利论证：保险思想起源于古巴比伦，传至腓尼基，再传入古希腊。对于国外古代的保险思想和原始的保险形态可从许多史实中窥见。

早在公元前4000—3000年，古埃及的石匠就组织了应付人身风险的互助团体，通过收缴会费来支付会员死亡、受伤后的丧葬费用或抚恤费。

在古希腊，一些政治、宗教组织通过会员分摊提取一定的会费，形成相当数量的公共基金，专门用于意外情况下的救济补偿。

在古罗马历史上曾出现过丧葬互助会，还出现了一种缴付会费的士兵团体，在士兵调

职或退役时发给旅费或返还本金，在其死亡时发给其继承人抚恤金。

在公元前 2500 年的巴比伦时代，国王曾命令僧侣、法官和市长等，对其辖境内的居民征收赋金，建立后备基金，以备火灾及其他天灾损失之用。

在古巴比伦王汉谟拉比时代，《汉谟拉比法典》中曾规定，在队商间若马匹货物等中途被劫或发生其他损失，经宣誓并无纵容或过失的，可免除其个人债务，而由全体商队补偿。该规定办法，后传至腓尼基，并拓展适用于船舶载运的货物。

在公元前 1000 年，以色列王所罗门对其国民从事海外贸易者课征税金，作为补偿遭遇海难者所受损失之用。

其他原始的保险形态，不胜枚举。古代犹太人结婚时所需的各种用具，强制由住民共同负担备办。巴勒斯坦人饲养骡马者，如其骡马被盗或为野兽捕噬时，其他饲养骡马者须共同负担其损失。印度古代法典禁止高利贷，但对于经营海上、森林、原野等的商旅，则破例容许；且对于从事海上贸易者，在遭遇不可抗力损失时，免除其偿还高利贷的义务。

中世纪的欧洲，被称为"基尔特"(Guild)的行会制度开始出现。到了中世纪，欧洲各国城市中陆续出现了各种行会组织，这些行会具有互助性质，其共同出资救济的互助范围包括死亡、痢疾、伤残、年老、火灾、盗窃、沉船、监禁、诉讼等人身和财产损失事故。这种行会或基尔特制度在 13—16 世纪非常盛行，并在此基础上产生了相互合作的保险组织。

然而，中世纪的欧洲处于宗教统治的黑暗时期，许多高级教会人士反对保险方式的安排。在他们看来，任何天灾都是天罚，减轻灾难和不幸是在违反上帝的意志。无疑，教会势力在这一时期严重阻碍了保险的发展。

二、国外保险产生与发展的演进历程

国外保险产生与发展的演进历程主要可以通过海上保险、火灾保险、其他财产保险和人身保险的产生与发展显现。

1. 海上保险的产生与发展

海上保险是一种最古老的保险，近代保险也首先由海上保险发展而来。

1) 共同海损是海上保险的萌芽

共同海损是指在海上凡为共同利益而遭受的损失，应由受益方共同分摊。它是航海遇难时所采取的一种救难措施，也是海上常见的一种损失事故的处理方式。共同海损大约产生于公元前 2000 年，那时地中海一带出现了广泛的海上贸易活动。当时航海是一种风险很高的活动，当发生航行危险时，最有效的抢救办法是抛弃部分承运货物，以减轻船载继续航行。为了使被抛弃的货物能从其他受益方获得补偿，当时的航海商提出了一条共同遵循的原则："一人为众，众为一人"。这个原则后来为公元前 916 年的罗地安海商法所采用，并正式规定为："凡因减轻船只载重投弃入海的货物，如为全体利益而损失的，须由全体分摊归还。"这就是著名的"共同海损"的基本原则。它可以说是海上保险的萌芽，但由于共同海损是船主与货主分担损失的方法，并非是保险补偿，因此它是否属于海上保险的起源尚有争议。

2) 船货抵押借款是海上保险的雏形

海上贸易的发展，带来了船舶抵押借款和货物抵押借款(简称"船货抵押借款")制度。这类借款在公元前 800 年到公元前 700 年就很流行，而且从希腊、罗马传到意大利，并在中世纪盛行一时。船舶抵押借款契约(Bottomry Bond)又称冒险借贷，它是指船主把船舶作为抵押品向放款人取得航海资金的借款。如果船舶安全完成航行，船主归还贷款，并支付较高的利息。如果船舶中途沉没，债权即告结束，船主不必偿还本金。船货抵押借款契约(Respondentia Bond)是向货主放款的类似安排，不同之处是其把货物作为抵押品。

这种方式的借款实际上是最早形式的海上保险。放款人相当于保险人，借款人相当于被保险人。船舶或货物是保险对象，高出普通利息的差额(溢价)相当于保险费。公元 533 年，罗马皇帝查士丁尼在法典中把这种利息率限制在 12%，而当时普通放款利率一般为 6%。在这种方式下，如果船舶沉没，借款就等于预付的赔款。由此可见，船舶和货物抵押借款具有保险的一些基本特征，作为海上保险的起源已成为定论。这两种借款形式至今仍存在，但与古代的做法不同，它们是作为船长在发生灾难紧急情况下筹措资金的最后手段。有趣的是，今日放款人可以购买保险来保护自己在抵押的船舶中的利益。

船舶和货物抵押借款后因利息过高被罗马教皇九世格雷戈里禁止，当时利息高达本金的 1/4 或 1/3。由于航海需要保险作支柱，后来出现了"无偿借贷"制度。在航海之前，由资本所有人以借款人的地位向贸易商借得一笔款项，如果船舶和货物安全抵达目的港，资本所有人不再偿还借款(相当于收取保险费)；反之，如果船舶和货物中途沉没或损毁，资本所有人有偿债责任(相当于赔款)。这与上述船舶抵押借款的顺序正好相反，与现代海上保险的含义更为接近。

3) 意大利是近代海上保险的发源地

在 11 世纪后期，十字军东征以后，意大利商人曾控制了东西方的中介贸易，并在他们所到之处推行海上保险。在 14 世纪中期经济繁荣的意大利北部出现了类似现代形式的海上保险。起初海上保险是由口头缔约，后来出现了书面合同。世界上最古老的涉及保险的单证是一个名叫乔治·勒克维伦的热那亚商人在 1347 年 10 月 23 日出立的一张承保从热那亚到马乔卡的船舶保险单[①]。这张保险单现在仍保存在热那亚国立博物馆。保单的措辞类似虚设的借款，即上面提及的"无偿借贷"，规定船舶安全到达目的地后契约无效，如中途发生损失，合同成立，由资本所有人(保险人)支付一定金额，保险费是在契约订立时以定金名义缴付给资本所有人的。保单还规定，船舶变更航道使契约无效。但保单没有订明保

---

① 也有人认为出立的是公证书，参见袁宗蔚所著的《保险学》第 151～152 页。

险人所承保的风险，因而它还不具有现代保险单的基本形式。至于最早的真正意义上的保险单，一般认为是1384年的比萨保单。到1393年，在佛罗伦萨出立的保险单已有承保"海上灾害、天灾、火灾、抛弃、王子的禁止、捕捉"等字样，开始具有现代保险形式。

当时的保险单同其他商业契约一样，是由专业的撰状人草拟，13世纪中期在热那亚就有200名这样的撰状人的。据一位意大利律师调查，1393年在热那亚的一位撰状人就草拟了80份保险单，可见当时意大利的海上保险已相当发达。莎士比亚在《威尼斯商人》一书中就写到了海上保险及其种类。第一家海上保险公司于1424年在热那亚出现。

随着海上保险的发展，保险纠纷也随之相应增多，这就要求国家制定法令加以管理。1468年威尼斯制定了关于法院保证保险单实施及防止欺诈的法令。1523年佛罗伦萨制定了一部比较完整的条例，并规定了标准保险单的格式。

善于经商的伦巴第人后来移居到英国，继续从事海上贸易，并操纵了伦敦的金融市场，并且把海上保险也带入了英国。今日伦敦的保险中心伦巴第街即因当时意大利伦巴第商人聚居该处而得名。

4) 英国海上保险的发展

在发现美洲新大陆之后，英国的对外贸易获得迅速发展，世界保险的中心逐渐转移到英国。1568年12月22日经伦敦市长批准开设了第一家皇家交易所，为海上保险提供了交易场所，取代了从伦巴第商人处沿袭下来的一日两次在露天广场交易的习惯。1575年由英国女王特许在伦敦皇家交易所内设立保险商会，办理保险单登记和制定标准保单及条款。当时在伦敦签发的所有保险单必须在一个名叫坎德勒的人那里登记，并缴付手续费。1601年伊丽莎白一世女王颁布了第一部有关海上保险的法律，规定在保险商会内设立仲裁法庭，解决日益增多的海上保险纠纷案件。但该法庭的裁决可能被大法官法庭的诉讼推翻，因此取得最终裁决可能要等待很长时间。

17世纪的英国资产阶级革命为英国资本主义的发展扫清了道路，大规模的殖民掠夺使英国逐渐成为世界贸易、航海和保险中心。1720年成立的伦敦保险公司和皇家保险交易所因各向英国政府捐款30万英镑而取得了专营海上保险的特权，这为英国开展世界性的海上保险提供了有利条件。1756—1778年，首席法官曼斯菲尔德收集了大量海上保险案例，编制了一部海上保险法案。

说到英国的海上保险，不能不对当今世界上最大的保险垄断组织之一——伦敦劳合社进行简要的介绍。劳合社从一个咖啡馆演变成当今世界上最大的保险垄断组织的历史其实就是英国海上保险发展的一个缩影。1683年，一个名叫爱德华·劳埃德的人在伦敦泰晤士河畔开设了一家咖啡馆。该处逐渐成为经营远洋航海的船东、船长、商人、经纪人和银行高利贷者聚会的场所。1691年劳埃德咖啡馆从伦敦塔街迁至伦巴第街，不久成为船舶、货物和海上保险交易的中心。当时的海上保险交易只是在一张纸上写明保险的船舶和货物以及保险金额，由咖啡馆内的承保人接受保险的份额，并在底下署名。劳埃德咖啡馆在1696年出版了每周三次的《劳埃德新闻》，着重报道海事航运消息，并登载咖啡馆内进行拍卖船舶的广告。1713 年劳埃德死后，咖啡馆由他的女婿接管，并在 1734 年又出版了《劳合社动态》。据说，除了官方的《伦敦公报》外，《劳合社动态》是英国现存的历史最悠久的报纸。

随着海上保险业务的发展，在咖啡馆内进行保险交易已变得不再便利。1771 年由 79 个劳埃德咖啡馆的顾客每人出资 100 英镑另觅新址专门经营海上保险。1774 年劳合社迁至皇家交易所，但仍然沿用劳合社的名称，专门经营海上保险，成为英国海上保险交易的中心。19 世纪初，劳合社海上承保额已占伦敦海上保险市场的 90%。在以后的时间里，劳合社以其卓著的成就使英国国会在 1871 年批准了"劳埃德法案"，使劳合社成为一个正式的社会团体，从而打破了伦敦保险公司和皇家保险交易所专营海上保险的格局。1906 年英国国会通过的《海上保险法》规定了一个标准的保单格式和条款，它又被称为劳合社船舶与货物标准保单，被世界上许多国家公认和沿用。1911 年的法令又取消了劳合社成员只能经营海上保险的限制，允许其成员经营一切保险业务。

劳合社不是一个保险公司，而是一个社团，更确切地说，它是一个保险市场。它与纽约证券交易所相似，只是向其成员提供交易场所和有关的服务，本身并不承保业务。1986 年劳合社又迁至新的大楼。劳合社有数百个承保各类风险的组合，每个组合又由许多会员组成，并有各自的承保人。传统上，会员对所在组合承保的业务承担无限责任。劳合社会员最多的时候达 3.3 万人，来自世界 50 多个国家。20 世纪 80 年代后期，由于石棉案等巨额索赔，劳合社发生了严重亏损。90 年代起，劳合社开始重建计划，会员不再承担无限责任。在长期的业务经营过程中，劳合社在全球保险界赢得了很高的声誉。劳合社曾创造过许多个第一。劳合社设计了第一份盗窃保险单、第一份汽车保险单和第一份收音机保险单，近年又是计算机犯罪保险、石油能源保险和卫星保险的先驱。劳合社承保的业务十分广泛，几乎无所不保，包括钢琴家的手指、芭蕾舞演员的双脚、赛马优胜者的腿、演员的生命，特别是在海上保险和再保险方面发挥了重要的作用。劳合社作为独立的不同承保组织组成的最大的专业保险市场，拥有提供快速决策方法、广泛选择和为客户定制风险解决方案等方面的无与伦比的能力。如今全球十大银行、十大制药公司、五大石油公司和道·琼斯指数 90% 的公司都向劳合社购买保险。近年来，劳合社的承保能力不断创出新高，2007 年劳合社的承保能力超过 160 亿英镑。劳合社由其成员选举产生的一个理事会来管理，下设理赔、出版、签单、会计、法律等部门，并在 100 多个国家设有办事处。2000 年 11 月，劳合社在我国北京设立办事处。2007 年，劳合社再保险(中国)获准在上海开业，经营中国境内非人寿险的再保险业务、转分保业务以及国际再保险业务。

5)　其他国家海上保险的发展

在 14 世纪中期，海上保险已是每个海运国家的一个商业特征。在发现美洲新大陆之后，西班牙、法国也进入对外贸易迅速发展阶段。早在 1435 年，西班牙即公布了有关海上保险的承保规则及损失赔偿手续的法令。1563 年西班牙国王腓力浦二世制定了安特卫普(地处比利时，当时为西班牙属地)法典，它分为两部分：第一部分是航海法令；第二部分是海上保险及保险单格式法令，后为欧洲各国采用。1681 年法王路易十四颁布的海上条例中也有海上保险的规定。此外，荷兰、德国也颁布了海损及保险条例。海上保险法规的出现标志着这些国家的海上保险有了进一步发展。

美国的海上保险发展较迟。在殖民地时代，美国没有独立的海上保险市场，商人被迫在伦敦投保。1721 年 5 月 25 日美国出现了第一家海上保险组织，约翰·科普森在费城市场街自己的寓所里开设了一个承保船舶和货物的保险所。1792 年 12 月 15 日，美国成立了第一家股份制保险公司——北美保险公司，该公司出售 60 000 股份，每股 10 美元，虽计划承保人寿、火灾和海上保险等业务，但最初只办理了海上保险业务。1798 年又建立了纽约保险公司。到 1845 年，美国约有 75 家经营海上保险的公司。在 1845—1860 年间，美国海上保险业务发展迅速，该时期船舶总吨位增加了 3 倍。为了扩大纽约的海上保险市场，1882 年纽约建立了类似劳合社的组织，由 100 多个成员组成纽约海上保险承保人组织。

2. 火灾保险的产生和发展

在 15 世纪，德国的一些城市出现了专门承保火灾损失的相互保险组织(火灾基尔特)。到 1676 年，由 46 个相互保险组织合并成立了汉堡火灾保险社。

1666 年 9 月 2 日伦敦发生的一场大火是火灾保险产生和发展的直接诱因。火灾的起因是普丁巷的皇家面包店烘炉过热，火灾持续了 5 天之久，延烧了整个城市，有 13 000 幢房屋和 90 个教堂被烧毁，20 万人无家可归，造成了不可估量的财产损失。这场特大火灾促使人们开始重视火灾保险。次年，一个名叫尼古拉斯·巴蓬的牙科医生独资开办了一家专门承保火灾保险的营业所，开创了私营火灾保险的先例。由于业务发展，他于 1680 年邀集了 3 人，集资 4 万英镑，设立了一个火灾保险合伙组织。该险种的保险费是根据房屋的租金和结构计算的，砖石建筑的费率定为 2.5%的年房租，木屋的费率定为 5%的年房租。正因为使用了差别费率，巴蓬才有了"现代保险之父"的称号。

18 世纪末到 19 世纪中期，英、法、德、美等国相继完成了工业革命，大机器生产取代了原先的手工操作，物质财富大量集中，对火灾保险的需求也变得更为迫切。这个时期的火灾保险发展异常迅速，而且火灾保险组织以股份制公司的形式为主。最早的股份制公司形式的保险组织是 1710 年由英国人查尔斯·波文创办的"太阳保险公司"，它不仅承保不动产保险，而且把承保业务扩大到动产保险，营业范围遍及全国，它是英国迄今仍存在的最古老的保险公司之一。英国在 1714 年又出现了联合火灾保险公司，它是一个相互保险组织，费率计算除了考虑建筑物结构外，还考虑建筑物的场所、用途和财产种类，即采用分类法计算费率，实为火灾保险的一大进步。

美国于 1752 年由本杰明·富兰克林在费城创办了第一家火灾保险社。这位多才多艺的发明家、科学家和政治活动家还在 1736 年组织了美国第一家消防组织。1792 年建立的北美保险公司在两年后开始承办火灾保险业务，现在该公司的博物馆里还陈列着当时的消防设备和驾着马车去救火场面的油画。到了 19 世纪，欧美的火灾保险公司如雨后春笋般涌现，承保能力大为提高。1871 年芝加哥的一场大火造成了 1.5 亿美元的损失，其中就有 1 亿美元损失是购买了火灾保险的，而且火灾保险从过去只保建筑物损失扩大到其他财产，承保的责任也从单一的火灾扩展到风暴、地震、暴动等。为了控制同业间的竞争，保险同业公司相继成立，共同制定火灾保险的统一费率。在美国火灾保险发展早期，保险人各自设计自己使用的保单，合同冗长且缺乏统一性。1873 年马萨诸塞州成为美国首先使用标准火险保单的州，纽约州在 1886 年也通过了类似的法律。标准火险保单的使用减少了损失理算的麻烦和法院解释的困难，也是火灾保险的一大进步。

3. 其他财产保险业务的发展

海上保险与火灾保险是两个传统的财产保险业务，它们在发展过程中其承保标的和风险范围不断得到扩展，已成为综合险的财产保险险种。19 世纪后半期，除海上保险和火灾保险外，各种财产保险新险种陆续出现，如汽车保险、航空保险、机械保险、工程保险、责任保险、盗窃保险、信用保证保险等。

与财产保险业务的迅速发展相适应，19 世纪中叶以后，再保险业务迅速发展起来。最初独立经营再保险业务的是德国于 1846 年设立的科隆再保险公司。到 1926 年，各国共建立了 156 家再保险公司，其中德国的再保险公司数目最多。对于财产保险业务而言，由于其风险的特殊性，再保险已成为保险业务经营中不可或缺的手段。再保险使财产保险的风险得以分散，特别是财产保险业务在不同国家的保险公司之间的分保，使风险在全球范围内分散。再保险的发展，又促进了财产保险业务的发展。如今，英、美、德、瑞士等国的再保险业务在国际上占据重要地位。

4. 人身保险的产生和发展

从原始的萌芽形态到具有现代意义的人身保险，人身保险经历了漫长的探索和演变。在这个时期，产生了一些对人身保险的形成和发展有重大影响的事件和人物。

1) "蒙丹斯"公债储金

12 世纪的威尼斯共和国，为了应付战时财政困难，发行了强制认购的公债。其实施办法：政府每年给予认购者一定的酬金直到认购者死亡，本金一律不退还。这种给付形式接近于同时代的终身年金保险。它对后来年金保险的产生起了很大的影响。

2) "冬蒂"方案

这是 1656 年意大利银行家洛伦佐·冬蒂(L. Tortine)所设计的一套联合养老保险方案，于 1689 年由路易十四颁布实施。该方案规定：每人认购 300 法郎发行总数为 140 万法郎的国债，每年由国库付 10%的利息，本金不退还。支付利息的办法：把所有认购者按年龄分为 14 个群体，利息只付给群体的生存者，生存者可随群体死亡人数的增加而领取逐年增加的利息，如果该群体成员全部死亡，就停止发放利息。这个办法相当于现在的联合生存者终身年金保险。

上述方案都是欧洲各国政府以聚财为目的强制推行的，必然引起人们的不满和反对，难以长期存在。同时，这些方案的费用负担都没有经过科学的、精确的计算，难以实现公平、合理。随着商品经济的发展，人们越来越要求按照等价交换原则，根据享有的权利负担费用，这引发了许多学者对人身保险计算问题的研究。

3) 生命表的研究和编制

为使人身保险符合"公平、合理"原则，不少学者开始了对人口问题的研究，并编制生命表。其中主要的的生命表：①1662 年英国的格兰特(John Graunt)编制的以 100 个同时出生的人为基数的世界上第一张生命表。此表虽不够精确，但给后来的研究以很大的启发。②1671 年荷兰数学家威特(John De Witt)编制的生命表。③1693 年英国天文学家哈雷(Edward Hally)编制的第一张最完整的生命表。此表计算出了各年龄的死亡率和生存率。④1783 年诺桑姆登的生命表以及 1815 年弥尔斯的生命表等。这些生命表的编制为人身保险的科学计算奠定了基础。

4) 均衡保费的提出

詹姆斯·道德逊(James Dodson)在 1756 年根据哈雷的死亡表计算出了各年龄的人群投保死亡保险应缴的保费，这种保费称为"自然保费"。由于自然保费难以解决老年人投保费用负担的问题，詹姆斯·道德逊又提出了"均衡保费"理论。

在人身保险计算理论研究发展的同时，人身保险业务也有了很大发展。1705 年英国友谊保险会社获得皇家特许，经营寿险业务。至 1720 年英国已有 20 家人寿保险公司。1762 年英国创办了公平人寿保险公司，这是世界上第一家科学厘定保费的人寿保险公司。该公司第一次采用均衡保费的理论计算保险费，规定每次缴费的宽限期及保单失效后申请复效的手续，对不符合标准条件的保户另行加费，使人身保险的经营管理日趋完善。该公司的创立标志着近代人身保险制度的形成。

工业革命刺激了对人身保险的需求，使得人身保险在世界范围内迅速发展。英国 1854 年开办了民营简易寿险，1864 年又开办了国营邮政简易寿险，接着团体保险也有了很大发展，至 19 世纪末，英国的寿险一直居世界首位。此后，却先后被美国、加拿大、日本等国赶超。美国的人身保险业务发展速度很快，1950 年经营人身保险的公司有 469 家，1985 年增加到 2 261 家。日本是第二次世界大战后人身保险发展速度最快的国家，目前已成为世界上人身保险最发达的国家之一，其中寿险业务[①]占 2007 年全球寿险市场份额的 21%。2007 年日本的寿险业务占其保险业务总量的 77.8%。同年全球保费收入总额中，日本寿险业的保费收入所占其比重为 58.9%。

---

① 人身保险的保费收入包括寿险及健康保险和意外伤害保险的保费收入。此处由于受到数据收集的限制，仅列举 2007 年日本寿险业保费收入的情况。

三、世界保险业发展的现状

国外保险业发展的现状主要可以通过保费收入、保险密度和保险深度、保险险种反映，而其中的保费收入、保险密度和保险深度是保险业界通行的衡量各国和地区保险业发展程度的三大重要指标。

1. 保费收入

第二次世界大战后，世界保险业得到了极大的发展，社会对保险的依赖程度越来越高。一般而言，经济越发达的国家，保险业也越发达。全球的保费收入1950年为207亿美元，1999年则达到了23 240亿美元。在近50年里平均年增长10%左右。进入21世纪，在全球经济发展态势总体向好的大趋势下，保险业步入了较平稳的增长阶段，除2000—2002年的全球保费收入增速有较大波动外[①]，以后各年总保费收入的实际增长率平均维持在3%左右。据瑞士再保险公司研究性杂志《Sigma》2008年的统计，2007年全球保费总收入为40 608.7亿美元，扣除通货膨胀率同比实际增长了3.3%，略低于长期增长趋势。其中，寿险保费收入为23 930.8亿美元，实际增长率为5.4%，除日本和西欧外，该增速超过了工业化经济体的长期保费收入增长速度。另外，新兴市场的寿险业仍维持了较高的整体增幅，达13.1%，略低于13.5%的长期增速。非寿险保费收入为16 680亿美元，实际增长放缓至0.7%，且由于持续的费率下调压力及全球经济疲软的不利影响，除亚洲新兴市场外，所有工业化地区的非寿险保费都有所缩减。美国、英国、日本、法国及德国依然名冠全球保险业保费收入前5名，其保费总收入占全球保费收入的64.25%。

2. 保险密度和保险深度

从保险密度[②]和保险深度[③]的角度考察，发达国家与发展中国家的保险发展水平凸显出较大差距。总体而言，发达国家的保险密度和保险深度一般都大大高于发展中国家。2007年，保险密度最大的国家是爱尔兰，为7 171.4美元，其他工业化国家的保险密度则多在3 000美元左右，而众多发展中国家的保险密度几乎都在100美元以下。2007年，保险深度最高的国家或地区依次是英国和中国台湾(15.7%)、荷兰(13.4%)，最低的国家是阿尔及利亚，其

---

① 2001年，全球资本市场的大幅下挫导致寿险的增长速度放缓，总保费的实际增速也由2000年的6.8%降至1%，在非寿险业务保费收入高速增长(9.2%)和寿险业务有所回温的共同作用下，2002年全球总保费收入实现了5.5%的较高增速。

② 保险密度是指按全国(或地区)计算的人均保险费。

③ 保险深度是指保费收入占国内生产总值(GDP)之比，它反映了一个国家(或地区)的保险业在整个国民经济中的地位。

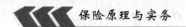

保险深度仅为 0.5%。双方差距之悬殊由此可见一斑。

3. 保险险种

保险业务范围的拓展以经济发展水平以及人们规避风险的需要为基础。一方面，经济的持续增长、人们生活水平的提高扩大了人们对保险的风险保障及投资理财等功能的需求，同时，新技术的发展推动了新工艺、新工业的产生，也带来了新的风险，从而催生了对这类风险的保障需求。例如，电气革命带来了电器设备的广泛运用，也带来了机器损坏的风险；计算机网络的普及带来了计算机犯罪的风险等。另一方面，技术的进步又使过去被认为是不可保的风险成为可保风险，这为新险种的产生提供了契机。

进入 21 世纪，全球保险市场竞争日趋激烈。在技术日新月异和自然灾害频繁发生的背景下，新险种大量涌现，并且得到了快速发展。例如，在寿险领域，具有风险保障和投资理财双重功能的投资型寿险产品发展很快，如变额寿险、万能寿险、变额万能寿险及投连险等。在健康保险领域，适应人们的健康保障需求的"疯牛病保险"、"非典保险"、"禽流感保险"在疾病爆发期迅速推出并获得成功。在财产保险领域，自然灾害的发生和意外事故的增多使险种创新的势头更为强劲，如核保险、航天保险。近几年来，恐怖事件频繁，"9·11"事件等大型恐怖活动给各国的人员、财产、经济造成了巨大损失，恐怖保险由此应运而生。总之，保险需求引发了险种创新，是新险种出现的决定性因素。

四、世界保险业的发展趋势

1. 世界保险市场全球化和金融服务一体化的趋势

当今世界，经济的发展尤其是国际贸易与国际资本市场的发展决定了市场开放的必要性，而通信、信息等高新技术的发展又为实现全球经济一体化创造了技术条件。在高新技术的推动下，全球经济一体化的趋势日益明显，作为世界经济重要组成部分的保险业，也呈现出全球化的趋势。保险全球化是指全球保险活动和风险发生机制联系日益紧密的一个过程。随着世界经济全球化的进一步发展，保险业全球化的趋势将不断加强。

在保险全球化的过程中，金融保险创新是重要的技术因素。而金融保险创新的经济制度因素，主要是指 20 世纪 80 年代以来全球的金融保险自由化，在发达国家，这种自由化主要表现为金融保险管制的放松。放松监管的主要内容包括：

(1) 放松对保险机构设立的限制。打破保险市场的进入壁垒，有利于促进保险市场效率的提高。近年来，德国、韩国等国纷纷放松了对外国保险机构进入本国保险市场的管制。

(2) 放松对保险条款费率的管制。在传统模式下，保险条款费率管制是保险监管的重要内容。但现在这一情况有了变化，例如，奉行严格监管的日本保险业实行了全面的保险条款费率自由化。对条款费率管制的放松，增强了保险市场的市场化程度。

(3) 放松对保险险种的监管。随着人们保险需求的增多，保险机构加大了保险险种的创新力度，这就促使保险监管当局不得不放松对保险险种的管制。

在发展中国家，为了适应经济全球化的潮流，各国也在作出自己的努力。如印度、东盟国家以及智利、阿根廷、委内瑞拉等国都在不同程度上开放了本国的保险市场，以吸引外国投资者。1995 年，全球多边金融服务协议达成，这意味着全球保险市场的 90% 都将开放。

世界经济金融的自由化带来了金融保险服务的一体化。1999 年 11 月 12 日，美国总统克林顿签署了《金融服务现代化法案》(Financial Service Act of 1999，又称 Gramm-Leach-Biley)。该法案的签署颁布意味着国际金融体系发展过程中又一次划时代的变革，它将带来金融机构业务的历史性变革。在金融服务全球化和一体化的浪潮中，银保联盟、保险与证券的联盟，方兴未艾，并将更加成熟。

2. 保险规模大型化和保险机构的联合与兼并的趋势

保险规模的扩大，一方面，体现在保险标的的价值越来越大，巨额保险增多；另一方面，则体现在从事保险的机构越来越多。保险标的价值的增大与经济的发展是密不可分的，新技术的运用使各种机器设备越来越复杂、精细，价值也越来越高，同时，风险的影响面由于经济主体之间关系的日益紧密也越来越大。因此，巨额保险的数量不断增加。

与此同时，保险机构的规模也日趋庞大。竞争白热化的结果必然是优胜劣汰，从而加速了保险机构之间的联合与兼并。19 世纪初，全世界只有 30 多家保险公司，到了 20 世纪 90 年代初，全世界保险公司的数量已过万家。而在面临全球化竞争的情况下，许多公司又开始进行广泛的合作，竞争与合作呈现出一种相互推动的态势。近年来，合作进一步演化成保险人之间的并购，保险市场的并购案，特别是巨额跨国并购案不断涌现，保险机构呈现大型化的趋势。1996 年，法国巴黎联合保险集团与安盛保险进行合并，成立保险集团，成为当时世界第二大保险公司。2006 年，安盛集团斥资 109 亿美元收购了瑞士丰泰集团，成为世界第三大保险集团。在再保险领域，并购之风也愈演愈烈。1996 年美国通用再保险收购了德国科隆再保险，慕尼黑再保险收购了美国再保险。2006 年瑞士再保险以 74 亿美元并购通用电器旗下的安裕再保险，成为全球最大的再保险公司。另外，在保险中介市场上，并购活动也呈增多趋势。

3. 保险经营转向以非价格竞争为主，并且更加注重事先的预防

市场竞争的白热化使保险业面临的价格压力越来越大，长期的亏损使不少保险公司破产倒闭，严重地影响了保险双方的利益。因此，保险公司越来越注重非价格的竞争，努力在保险经营上积极创新，力求在保险技术和保险服务上吸引顾客。与此同时，保险公司并

不局限于提供事后的补偿，而是积极地参与事前和事中的防灾防损，在成本收益分析的基础上，联合各类技术专家从事风险的识别、测量与预防工作，为被保险人提供各种相关的防灾防损服务。这既提高了保险公司自身的服务水平与竞争力，又减少了被保险人损害的可能和公司赔付的可能，还减弱了损害发生后可能产生的外部影响，有利于社会经济的稳定运行。

4. 保险业强化风险控制和资金管理，巨灾风险管理手段日渐丰富

保险公司将使用新的方法来控制风险和管理资金。对保险公司来说，风险控制和资金的有效管理从未显得如此重要。巨灾的频繁发生、全球性经济波动和宏观经济政策等不利影响，增大了保险公司的经营风险，并对其资本金造成了较大压力，保险公司面临着偿付能力被削弱的危机。保险公司正在尝试使用各种新方法来分析控制风险，确保资金的收益和安全。

巨灾风险以其巨大的破坏力严重影响经济、金融的发展。瑞士再保险公司的研究报告指出，20 世纪 70 年代以来，世界范围内巨灾风险的暴发频率呈持续上升趋势，其损失程度也逐年增加。20 世纪 90 年代以前，全球每年发生巨灾的数量保持在 100 起左右。进入 21 世纪，巨灾数量急剧上升，年均发生数突破 300 起。2001 年 9 月 11 日的美国恐怖袭击事件使全球保险业经受了有史以来最严峻的考验。据粗略估计，"9·11"事件造成的保险赔偿将高达 300 亿～700 亿美元，是保险史上赔付额最高的一次事件。2007 年全球共有 300 多起巨灾，包括 142 起自然灾害和 193 起人为灾害，造成超过 2.1 万人遇难，经济损失预计达 700 亿美元，其中仅 276 亿美元购买了保险(约占 40%)。面对日益频繁的巨灾风险，发达国家的保险业除继续采用补足资本金、提足准备金和扩大再保险等传统的分散风险损失的手段外，越来越多地运用金融市场工具，开发动态风险管理产品来转移巨灾风险，解决巨灾损失的补偿问题。其主要方法：一是"风险金融"、"巨灾证券化"，即针对某一特定险种，保险人通过发行保险证券的方式，从资本市场上筹集准备金，将巨灾风险直接转移到资本市场，采取的形式是发行"保险联结证券"(ILS)、"巨灾期货"、"巨灾期权"和行业损失凭证(ILW)；二是"灾害指数期货"这种新的风险管理方法，该方法将各种自然灾害以指数的形式表达，使保险人将经营风险转移给投机者。

5. 养老保险将成为保险业发展的亮点

目前，很多国家正在进行退休及养老制度改革，老龄化和社会保障福利的缩减使得养老保险的需求正日益增大，传统寿险模式逐渐向养老金驱动模式转变。未来保险公司的成败，在很大程度上将取决于其在该领域的表现。现有的保险公司将向客户提供更多的资产管理和金融服务，并逐步向金融服务公司转型。

第三节　中国保险的起源与发展

一、中国古代的保险思想和原始的保险形态

我国早在古代就有了后备与互助的保险思想和原始形态的保险。

1．中国古代的保险思想

我国古代的保险思想主要体现在下列著述中：

公元前 2500 年，我国的《礼记·礼运大同篇(节录)》有云："大道之行也，天下为公，选贤与能，讲信修睦，故人不独亲其亲，不独子其子，使老有所终，壮有所用，幼有所长，鳏、寡、孤、独、残疾者，皆有所养"。足见我国古代就有了共同谋求经济生活安定的政治思想，亦可谓世界上最古老的保险思想。

《吕氏春秋·特君览》说："凡人之性，爪牙不足以自守卫，肌肉不足以捍寒暑，筋骨不足以利辟害，勇敢不足以却猛禁悍。"这说明我国古代很早就注意到单凭个人的力量不足以自卫和谋生，必须互相帮助、共同劳动才能抵御当时的自然灾害和外来侵袭。

孟子在《滕文公》中也主张："出入相友，守望相互，疾病相扶持……"这些都反映了我国古代儒家的社会互助保险的思想。在春秋战国时期，其他的一些社会思想家也提出过类似的主张，例如，墨子就曾提出"有力者疾以助人"(见《墨子·鲁问篇》)，要求有余财的人扶助贫困的人，这也是墨子当时提出的政治纲领之一。

另据《逸周书·文传篇》引《夏箴》说："小人无兼年之食，遇天饥，妻子非其有也，大夫无兼年之食，遇天饥，臣妾舆马非共有也，国无兼年之食，遇天饥，百姓非其有也，戒之哉，弗思弗行，祸至无日矣……"同篇又引《开望》说："……二祸之来，不称之灾，天有四殃，水旱饥荒，其至无时，非务积聚，何以备之。"从这些记载来看，早在我国夏朝就重视粮食的积蓄，以防水旱之灾，这就是一种防患于未然的社会福利思想。

2．中国原始的保险形态

在实践上，我国历代有着储粮备荒以赈济灾民的传统制度。较为典型的有"委积"制度、"常平仓"制度和"义仓"制度。

1)　"委积"制度

"委积"制度出现在春秋战国时代，据《周礼·地官司徒下》载："乡里之委积，以恤民之扼；……县都之委积，以待凶荒。"《周书》说："国无三年之食者，国非其国也，家无三年之食者，子非其子也，此子谓国备。"证明当时就存在着备患之法。

2)　"常平仓"制度

"常平仓"制度属官办的仓储后备制度，它始发于战国李悝的"平籴"和西汉桑弘羊

的"平准"。历代统治者都有类似设置。它的名称则起自汉宣帝时的耿寿昌。常平仓的最盛时期是北宋。其作用是调节灾害带来的风险，保障社会安定。

3）"义仓"制度

"义仓"制度属于官督民办的仓储后备制度。它始于北齐，盛行于隋朝，其发展健全，长期有成效的当推唐代。唐贞观年间，水旱灾害频繁，各地义仓的粮食储备，对凶荒年岁的救灾起了很大的作用。虽然义仓由官督民办，但历代封建财政对义仓的控制从未放松。

上述这些都是以实物形式的救济后备制度，由政府统筹，带有强制性质。此外，宋朝和明朝还出现了民间的"社仓"制度，它属于相互保险形式。在宋朝还有专门赡养老、幼、贫、病不能自我生存的"广惠仓"，这可以说是原始形态的人身救济后备制度。

尽管我国的保险思想和救济后备制度产生很早，但因中央集权的封建制度和重农抑商的传统观念，商品经济发展缓慢，缺乏经常性的海上贸易，因此我国古代原始形态的保险，始终未能演变为商业性的保险。然而我国早期的保险思想和实践却在人类的文明史上占有很重要的地位，对我们研究早期保险的形成和发展有着十分重要的意义。

二、旧中国的保险业

1. 外商保险公司垄断时期

我国古代保险的雏形或萌芽并没有演变成现代商业保险。近代我国保险业是随着帝国主义势力的入侵而传入的。

19世纪初叶，当清朝政府仍处于闭关自守时，已完成工业革命的英国首先用坚船利炮强行打开了我国的门户，其保险商开始跟随他们的战舰抢占中国市场，近代保险制度也随之传入我国。1805年，英国保险商出于殖民目的向亚洲扩张，在广州开设了第一家保险机构，称为"谏当保安行"或"广州保险会社"。1835年，在广州设立裕仁保险公司，后将总行迁至香港。经两次鸦片战争，以英帝国主义为首的保险商，凭借一系列强加于我国的不平等条款及其在华特权，进一步在中国增设保险机构。1845年在上海这个"冒险家乐园"开设了"永福"、"大东方"两家人寿保险公司。19世纪六七十年代又开设了"扬子"、"保宁"、"香港"、"中华"、"太阳"、"巴勒"等保险公司；英商"太阳"、"怡和"洋行也增设了保险部等。

外商保险公司在我国的出现是帝国主义经济侵略的产物，他们凭借不平等条款及其在华特权，挟其保险经营的技术和雄厚资金，利用买办在我国为所欲为地扩张业务领域，并用各种手段实行垄断经营，长期霸占我国的保险市场，攫取了大量高额利润。进入20世纪前，旧中国已形成了以上海为中心，以英商为主的外商保险公司垄断中国保险市场的局面。

2. 民族保险业的诞生和兴起

鸦片战争后，外商保险资本对我国保险市场的掠夺，激起了我国人民振兴图强、维护民族权利、自办保险的民族意识。他们中的一些有识之士，民族资产阶级思想的传播者，如魏源、洪仁轩、郑观应、王韬、陈炽等人，开始把西方的保险知识介绍到国内，并主张国人创办自己的保险事业，为创建我国的保险业做了舆论准备。19 世纪中叶，外国保险在华势力急剧扩张的同时，民族保险业也脱颖而出。1865 年 5 月 25 日，中国人自己创办的第一家保险公司——"义和公司保险行"在上海诞生，它打破了外商保险公司独占我国保险市场的局面，为民族保险业的兴起开辟了先河。此后，又相继出现了一些民族保险公司：保险招商局、仁和水险公司、济和水火险公司(后二者合并为仁济和水火险公司)、安泰保险公司、常安保险公司、万安保险公司等。其中，仁济和水火险公司(一般简称为"仁济和保险公司")是我国第一家规模较大的船舶运输保险公司；香港华商、上海华安人寿保险公司和延年寿保险公司等是最早由华商经营的人寿保险公司。从 1865 年到 1911 年"中华民国"成立之前，华商保险公司已有 45 家，其中上海 37 家，其他城市 8 家。1907 年，上海有 9 家华商保险公司组成了历史上第一家中国人自己的保险同业公会组织——华商火险公会，用以抗衡洋商的"上海火险公会"，这反映出民族保险业开始迈出联合团结的第一步。同时，清政府开始逐渐关注保险这一事业，并草拟了《保险业章程草案》、《海船法草案》和《商律草案》。这些保险法规虽未颁行实施，但对民族保险业的兴起、发展，起了一定的促进作用。上述情况表明，我国的民族保险业在辛亥革命前就已形成和兴起。但这一时期民族保险业的资本和规模都不大，较之外商保险公司仍处于薄弱地位。

3. 20 世纪初期的中国保险业

1) 民族保险事业的发展

第一次世界大战期间，由于欧美帝国主义国家忙于战争，无暇东顾，致使我国民族资本有了发展的机遇，民族资本的火灾保险公司和人寿保险公司在上海、广州、香港等地相继成立。尽管第一次世界大战后因外国势力的卷土重来而陷入了一定程度的困境，但在"五四"、"五卅"运动以后，中国民族银行业的发展及对民族保险业的投入，又使保险业有了迅速的发展，并且保险业务迅速由上海等地延伸到其他口岸和内地商埠。据 1937 年《中国保险年鉴》统计，全国有保险公司 40 家，分支机构 126 家，这些分支机构遍及全国各地。

在民族保险业的发展和中外保险公司激烈竞争的形势下，一些规模较大的民族保险公司将保险业务由国内扩展到国外，开拓保险市场，扩展国外保险业务。1937 年前后，华商保险公司陆续在西贡、巴达维亚、澳门、新加坡、马尼拉等地设立了分支公司。中国保险公司并在大阪、伦敦、纽约等地设立代理处，由所在地中国银行代理保险业务。

2) 外商保险公司对中国保险市场的进一步垄断

第一次世界大战后，美、日保险在华势力迅速扩大，形成了以英、美、日为主的多国势力控制中国保险市场的局面。据 1937 年《中国保险年鉴》统计，当时外商保险公司及其代理机构设在上海的共有126家，而华资保险公司仅有24家。这些外商保险公司垄断了我国的保险市场，攫取大量的超额利润。据1937年的资料记载，中国每年流出的保费外汇达235万英镑，占全国总保险费收入的75%。

"9·18"事变后，日本帝国主义对东北沦陷区实行经济上的全面控制，对日本以外的保险公司进行重新登记，逐步采取驱逐政策，独占保险市场。

3) 官僚资本保险机构对中国保险市场的控制

1937年"七七"事变后，中华民族的抗日战争全面展开，国民党政府被迫迁都到重庆，经济中心逐渐西移，中国保险也随之西移至重庆。这促进了内地保险业的发展，大后方的保险机构大量增加。至1945年8月，川、云、贵、陕、甘5省共有保险总分支机构134处。然而，当时这些地区的保险市场却是由国民党官僚资本和政府有关部门兴办的官办保险公司所操纵和控制，它们凭借资金雄厚和其政治后台，几乎包揽了当时大部分保险业务。在重庆，四大家族的官僚资本控制了占全国90%的保险业务，形成了官僚资本对保险业的霸权地位。

第二次世界大战后，中国的保险中心又东移至上海。在抗日战争胜利气氛的鼓动下，百业渴望振兴，保险业也要求励精图治，曾一度呈现出表面繁荣的景象。但这一时期的实际情况却是官僚资本保险机构与卷土重来的外商保险公司相互利用，控制保险市场。外商公司控制官僚资本公司，而民族资本保险公司则受外商和官僚资本保险公司的双重控制。由于国民党政府的腐败统治，出现恶性通货膨胀，投机活动盛行，物价飞涨，民不聊生，国民经济陷入了崩溃状态，到1949年，华商保险公司已处于奄奄一息的境地。

近代商业保险制度在我国先后虽然经历了一百多年的时间，但却始终未能获得较大的发展，其主要原因如下。

(1) 近代商业保险是帝国主义列强用枪炮强制输入我国的，并长期统治、垄断我国的保险市场。他们经营保险的目的在于谋求最大利润，掠夺中国的财富，实行掠夺性的保险政策，其业务范围局限于当时经济较发达的通商口岸，保险对象绝大部分是工商业者，没有也不可能面向广大群众。中国的民族保险业虽曾有过发展，但由于其自身的软弱和局限性，始终步履维艰，发展缓慢，在保险市场上处于受压制的从属地位。中国各朝政府虽也曾对保险有所认识，制定了一些法律、法规，以图监督、管理保险市场，然而旧中国的半封建、半殖民地性质决定了政府作为的限制——约束不了外商保险机构，难以规范保险市场。因此，无论是民族保险，还是旧中国政府，都难以担当起培育、建设中国保险市场的重任。

(2) 近代中国长期处于半封建、半殖民地的落后状况，实行的是闭关自守、抑制商品经济发展的政策。自给自足的自然经济占主导地位。在这种经济环境下，经济非常落后，人民生活极端贫困，难以形成对保险的有效需求。同时在自给自足的小农经济条件下，人们以家庭为经济单位，以土地为生，土地的不可移动性束缚了人们之间的相互交往，滋生的是封闭式保守思想意识，对于各种风险事故引起的经济困难，习惯于依靠血缘亲属关系来解决，尚未养成保险的习惯。

(3) 近代中国长期战乱，特别是抗日战争结束后，国统区货币贬值、物价飞涨、通货膨胀严重，国民党的腐败使国民经济陷于崩溃状态，致使原本落后的保险市场难以维持，至新中国成立前夕，国内保险业几乎陷于崩溃。

三、新中国的保险业

1949 年 10 月，中华人民共和国成立，翻开了中国保险事业的新篇章。在六十多年间，中国保险事业几经波折，已逐步走向成熟和完善。

1. 新中国保险事业的形成和发展：1949—1958 年

1) 人民保险事业的创立和发展

1949 年，随着解放战争在全国范围内取得决定性胜利，建立统一的国家保险公司被提到了议事日程。1949 年 9 月 25 日至 10 月 6 日，经过紧张的筹备，第一次全国保险工作会议在北京西交民巷举行，会议讨论了一系列人民保险事业发展的方针政策问题，为新中国保险事业的发展指明了方向。1949 年 10 月 20 日，中国人民保险公司在北京成立，宣告了新中国统一的国家保险机构诞生，从此揭开了中国保险事业崭新的一页。

中国人民保险公司成立后，本着"保护国家财产，保障生产安全，促进物资交流，增进人民福利"的基本方针，配合国家经济建设，先后开办了各种保险业务。国民经济恢复时期，中国人民保险公司为配合国民经济恢复这一中心工作，开办的国内业务主要是对国有企业、县以上供销合作社及国家机关的财产和铁路、轮船、飞机的旅客实行强制保险。此外，还在农村开展自愿性的牲畜保险，以及城市中的各种自愿性质的财产保险和人身保险。这对当时国民经济的恢复和发展，起到了积极的作用。但是，由于认识上的原因以及缺乏经验，在业务经营过程中犯了盲目冒进、强迫命令的错误。因此，在"一五"期间，首先确立了"整顿城市业务，停办农村业务，整顿机构，在巩固基础上稳步前进"的方针，对保险市场进行了整顿：逐步收缩停办农村业务，集中力量发展城市中的强制保险、运输保险和火灾保险三项业务。而后为了充实国家财政和社会后备力量，又重点发展了农村保险，停办部分国营强制保险，稳步扩大城市保险业务，有计划地办理了适应群众需要的个人财产保险和人身保险。人民保险事业在整顿、巩固中稳步发展。

2) 人民政府对旧中国保险市场的整顿和改造

在创建和发展人民保险事业的同时，人民政府对旧中国的保险市场进行了整顿和改造。首先，接管了官僚资本保险公司。由于官僚保险机构大多集中于上海，所以接管工作以上海为重点。1949 年 5 月 27 日上海解放后，上海军管会财政经济接管委员会金融处立即发出保字第一号训令，接管了 324 家官僚资本保险机构。其他解放了的城市的官僚资本保险机构也由当地军管会相继接管。其次，对民族资本保险公司进行整顿和改造。对于民族资本的保险公司先行重新登记，并允许对其进行社会主义改造，几经合并，又投入了部分国家资金，最终于 1956 年成立了公私合营的专营海外保险业务的太平保险公司。最后，对外商保险公司实行限制政策。新中国成立后，为彻底改变帝国主义垄断中国保险市场的局面，维护民族独立，中国政府废除了外商保险公司的一切在华特权，对其业务经营严格管理，限制其业务经营范围，切断业务来源，对违反中国法令和不服从管理的外商保险公司进行严肃查处。至 1952 年底，外商保险公司在我国保险市场上的业务量逐年下降而陆续申请停业，最终全部自动撤离中国保险市场。

2. 新中国保险事业的停办：1958—1978 年

1958—1978 年这二十年间，我国经历了三年"大跃进"、三年自然灾害、十年"文化大革命"的剧烈跌宕，我国经济的发展受到了严重影响。国内保险市场因此偏离了正确轨道，而陷入崩溃的状态。由于受极"左"思潮的影响，1958 年全国各地刮起了"共产风"、人民公社化及"一大二公"，生、老、病、死统一由国家包下来，片面认为保险已完成了历史使命，没有存在的必要。于是，1958 年 10 月在西安召开的全国财贸会议上提出了立即停办国内保险业务的建议，同年 12 月在武汉召开的全国财政会议上正式作出了立即停办国内保险业务的决定，同时，财政部发出停办国内保险业务以后财务处理的通知。至此，除上海等个别城市还保留少量的国内业务外，全国其余各地全部停办了国内保险业务。中国人民保险公司专营国外业务，改由中国人民银行总行国外局领导，编制紧缩为三十多人的一分处，数万名保险干部转业，几千个机构被撤销，国内保险业务进入了空前的低谷时期。

1964 年，随着国民经济的好转，中国人民银行向国务院财贸办公室请示建议恢复保险公司建制获准。保险建制改为局级，对外行文用中国人民保险公司的名义。1965—1966 年，随着全国农业生产的发展，国内一些大城市的国内保险业务陆续恢复，但"文化大革命"打乱了中国经济发展的进程，保险被视为"封资修"而予以砸烂，国内业务被迫再度全部停办，国外业务也遭到严重摧残，最后中国人民保险公司只剩下 9 人从事国外保险业务工作的守摊和清摊工作，全国各地的保险机构全部瘫痪。

3. 新中国保险业的全面恢复和初步发展：1979—1991 年

1978 年 12 月召开的十一届三中全会是新中国历史上具有深远意义的伟大转折，全会确立了以经济建设为中心的指导思想，并作出实行改革开放的重大决策，为保险业的恢复和发展提供了契机。在这一大好历史背景下，为了适应社会主义现代化建设和对外开放的需要，1979 年 2 月召开的中国人民银行全国行长会议及时作出了恢复国内保险业务的重大决策。1979 年 11 月 19 日，首届全国保险会议在北京召开，会议对 1980 年恢复保险国内保险业务的工作进行了具体部署，并提出大力发展涉外业务。自此，中国保险业翻开了崭新的历史篇章，进入了全面恢复和快速发展时期。

在这十余年间，国内压抑了近二十年的保险需求得到一定程度的释放。1980 年我国保费收入仅为 4.6 亿元，1991 年到则达到 235.6 亿元，保费收入的年增长速度一直保持在 30% 以上，远高于同期国内 GDP 的增速，也大大超过同期世界保险业的保险收入的增长速度。同时，国内保险市场的主体不断增加，保险市场体系初步确立。1985 年颁布的《保险企业管理暂行条例》为保险市场主体的多元化提供了法律依据。经过中国人民银行的批准，新疆生产建设兵团农牧业生产保险公司(以下简称新疆建设兵团保险公司)、平安保险公司、太平洋保险公司相继成立，同时美、英、日等各国保险公司纷纷来华设置联络机构。

在这一背景下，保险市场供给逐渐上升，各类险种不断增加，承保范围不断扩大。国内财产保险中企业财产保险、家庭财产保险、货物运输保险及汽车保险等传统险种保费收入稳步增长，农业保险于 1982 年恢复试办后也积极探索其发展形势。1980 年国内财产保险保费收入仅为 4.6 亿元，1991 年则增长到 136.83 亿元。国内人身保险业务在 1982 年开始恢复以来，其覆盖人群逐步扩大，险种设置逐步多样化，统筹养老年金保险得到迅速推广，计划生育类保险产品一度热销。1982 年的人身保费收入仅为 159 万元，至 1991 年已增长到 41.41 亿元。图 3-1 是自 1982 年人身保险业务恢复以来，国内保险业保费收入的变动情况。

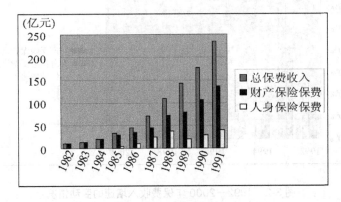

图 3-1 1982—1991 年保费收入变动情况

(资料来源：江生忠. 中国保险业发展报告 2003 年. 天津：南开大学出版社，2003，11)

4. 新中国保险业逐步开放和快速发展：1992—2000 年

1992 年邓小平"南巡讲话"以及党的十四大的召开，确立了社会主义市场经济体制，开启了我国改革开放和现代化建设的新时代。在这一历史背景下，中国保险业开始了对外开放的试点。

在逐步开放的这十年间，中国保险业步入了高速发展的快车道。2000 年全年保费收入 1 595.9 亿元，是 1992 年保费收入的近 7 倍，其中财产保险保费收入 598.4 亿元，人身保险保费收入 997.5 亿元。伴随着保险业的发展，保险的经济补偿和稳定社会的职能日益凸显。

2001 年保险公司共支付各类赔款和给付 527.36 亿元，在自然灾害和重大意外事故发生后及时提供赔付，对灾后重建和恢复生产起到积极作用。

1992 年美国友邦保险公司获准在上海设立分公司后，一批外国保险公司先后进军我国的保险市场，设立子公司或合资公司，与此同时，天安保险等中资保险公司相继成立，保险市场主体显著增加。截至 2000 年年底，国内共有中、外资保险公司 33 家，其中寿险公司 15 家，财产保险公司 18 家。保险市场主体数量的增加，改变了由少数几家国内保险公司垄断市场的格局，扩大了保险业的市场供给，促进了有效竞争，并为中资保险公司学习外国保险公司的先进经营管理技术和经验创造了有利条件。

友邦保险公司进驻上海改变了传统人身保险业务的销售方式，其引入的个人寿险营销机制促进了国内居民保险意识的提高，刺激了个人寿险的销售，并带动了个人寿险产品和服务的创新，从而推动了人身保险业的快速发展。1993 年人身保费收入出现了明显跃升，同比增长了 124.09%，实现了保险业恢复以来的最高增幅。图 3-2 反映了这一期间保费收入增速的变动趋势。

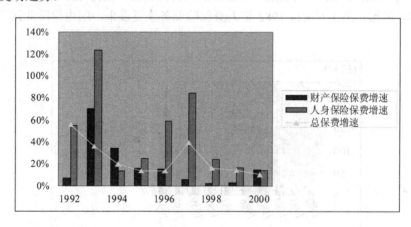

图 3-2　1992－2000 年保费收入增速的变动情况

(资料来源：汪生忠. 中国保险业发展报告 2003 年. 天津：南开大学出版社，2003，11)

伴随着国内保险业的快速发展，保险法制体系建设逐步加强和完善。1995 年《保险法》的颁布实施，标志着中国保险业进入了有法可依、依法管理的阶段。这部集保险合同法与保险业法为一体的法律，对保险合同、保险公司经营、保险监管等诸多方面进行了较为详细的系统规定，并确立了产、寿险分业经营的原则。1996 年，中国人民保险(集团)公司及其三家子公司成立，拉开了中国产、寿险分业经营的序幕。分业经营体制对防范经营风险，促进人身保险发展具有积极意义。自 1997 年起，人身险保费收入逐渐超过财产保险保费收入。至 2000 年，人身保费收入已占到总保费收入的 62.50%。

1998 年，中国保险监督管理委员会(以下简称中国保监会)成立，并设立了 31 个派出机构，标志着全国统一的保险监督管理组织体系初步形成。此后，中国保监会相继出台了一系列规章和管理文件，对偿付能力、公司治理结构及市场行为进行监管，其监管的方式也由强调市场行为监管向市场行为和偿付能力并重过渡，并最终明确建立"三支柱"的监管体制，为保护被保险人的合法权益，促进保险市场的公平竞争和持续健康发展打下坚实的基础。

5. 新中国保险业的全面开放和稳健发展：2001 年至今

历经 15 年的艰苦谈判，中国于 2001 年 12 月 11 日正式加入世贸组织，这标志着我国保险业的对外开放从试点阶段逐步进入全面开放的崭新时期。成为世贸组织的成员国后，我国承诺在五年内取消外资保险公司的地域限制和大部分业务限制。2004 年年底，保险业结束了入世三年的过渡期，率先在金融领域实现全面对外开放，顺利完成了我国保险市场与国际保险市场的对接。

在加入世贸组织后，我国保险业利用开放推动保险行业改革，促进保险市场的发展和完善。2001—2007 年，保费收入年均增长 22.7%，大大高于同期 GDP 的增长速度，保险业步入了稳健发展的阶段。2007 年实现保费收入 7 035.8 亿元，其中财产险保费收入 1 997.7亿元，人身险保费收入 5 038.02 亿元。截至 2007 年年底，保险总资产达到 2.9 万亿元，是2001 年的 6 倍；保险资金运用余额 2.7 万亿元，资金运用收益超过前五年的总和，达到 2 791.7亿元，投资收益率为历史最好水平。图 3-3 对比了这一期间 GDP 的增速和总保费收入的增速情况。

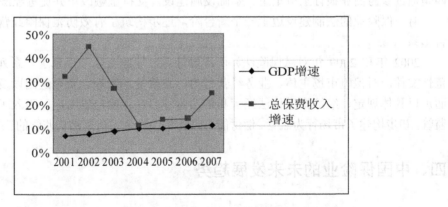

图 3-3　2001—2007 年 GDP 增速与总保费增速的变动趋势

(资料来源：吴定富. 中国保险业发展蓝皮书(2006). 北京：新华出版社，2007，42；

中国保险市场发展报告(2008). 北京：电子工业出版社，2008 年版，3～5)

1) 保险业逐步实现了"从封闭到开放、从局部开放到全面开放的平稳过渡"

截止到 2006 年年底，国内保险市场共有 41 家外资保险公司，并有 20 个国家和地区的 133 家外资保险公司设立 195 家代表处。保险业的国际合作日益加强，形成了中外保险公司和谐发展的良好局面。在对外开放过程中，中资保险公司积极走向国外资本市场，并在境外市场上市融资，先后有中国人民财产保险股份有限公司、中国人寿保险股份有限公司和中国平安保险(集团)公司在境外上市。此外，中资保险企业已在港澳、东南亚、欧洲和北美等地区设立多家保险营业机构和保险代表处。

2) 国有保险公司股份制改造取得了丰硕成果

通过保险公司境内、外上市促进其管理体制的转变，巩固和发展改制上市成果，继续推动其经营机制的转变。先后有 6 家中资保险公司在境内、外上市，多家公司实现增资扩股，引入战略投资者，优化了公司的股权结构。经过近几年的改革，大部分保险公司逐步建立了较为规范的公司治理结构框架，为建立和完善现代保险企业制度创造了有利条件。

3) 保险业的经济补偿、资金融通和社会管理职能进一步加强

随着我国保险业的不断发展和完善，其职能逐渐向经济补偿、资金融通及社会管理综合职能进行拓展：一是通过推动农业保险、参与新型农村合作医疗试点、探索农民工保险和农村计划生育保险，为社会主义新农村建设提供保障；二是通过发展企业年金和开发针对低保人群的保险产品，在完善社会保障体系中发挥更加重要的作用；三是通过推动责任保险发展以及完善交强险，充分参与社会管理，继续推进保险在公共服务方面的创新；四是通过参与商业银行上市重组、基础设施建设，支持金融改革并促进经济发展。

4) 保险业的法制建设迈上一个新台阶，逐步构筑了有效防范保险经营风险的现代监管体系

2002 年和 2009 年对《保险法》两次修订后，保监会陆续出台了一系列部门规章和规范性文件，对保险市场主体、业务经营行为、条款费率管理、资金运用以及风险防范等方面加以具体规定，继续推进依法经营和依法监管。在保险监管方面，引入了公司治理结构监管，初步构建了市场行为监管、偿付能力监管和保险公司治理结构监管的三支柱监管体系。

四、中国保险业的未来发展趋势

1. 保险业改革开放进一步深化，竞争力将不断增强

2006 年，国务院下发了《国务院关于保险业改革发展的若干意见》，明确了保险业改革发展的指导思想、总体目标和主要任务，为中国保险业未来的改革发展指明了方向。国内保险业恢复后的三十多年来，保险业经历了经营体制改革、股份制改革、公司治理结构改革等方面全方位、多层次的改革，并取得了显著的成效。

1995 年开始实施的分业经营体制改革在促进保险专业化经营、防范保险经营风险等诸

多方面发挥了重要作用。2002 年进入实质阶段的国有保险公司股份制改革，以及 2003 年以来人保、人寿、平安等 6 家国内保险公司在境内外陆续上市，增强了我国保险业的整体实力。2006 年保监会发布了《关于规范保险公司治理结构的指导意见》，初步建立起保险公司治理结构制度体系，为各公司完善治理结构提供具有操作性的指导。改革是促进我国保险业持续发展的原动力，因而未来保险业的改革必将不断深化，以期进一步优化国内保险公司的股权结构，提高其风险防范能力、偿付能力和市场竞争力。同时，将继续稳步扩大对外开放，积极参与国际竞争和国际经济合作，加快培育跨国保险公司和国际知名品牌。

2. 保险公司逐步向专业化经营和集团化经营发展

随着国内保险市场主体的增加，保险公司开始探索不同的经营方式和发展战略。一些规模较小、新设立的保险公司选择专业化经营方式，同时大型的国内保险企业则竞相通过金融控股公司实现综合化经营，以提高其自身的竞争能力和抗风险能力。

在保险专业化经营的进程中，养老保险、健康保险和农业保险领域成为"排头兵"。目前，国内共有平安等 5 家养老保险公司，瑞福德等 4 家健康保险公司，以及安信等 4 家农业保险公司。至 2006 年年底，养老保险公司已受托 295 家公司的企业年金计划，受托资产达 16.3 亿元。随着大量企业年金计划的建立，专业养老保险公司将继续保持在法人受托和投资管理方面的领先地位。尽管受限于目前的专业化程度和外部环境，与经营健康保险业务的寿险公司相比，专业健康保险公司在业务规模和保费收入等方面都无明显优势，但新一轮医疗改革的推行势必为其发展提供有利契机。2007 年，安信、安华、阳光三家农业保险公司分别实现保费收入 2.77 亿元、14.08 亿元和 5.36 亿元[①]，在发展农业保险方面的积极探索取得了较显著的成效。社会主义新农村建设的推进、国家对农业保险的政策支持都将为农业保险公司的未来发展创造有利的外部环境。

随着中国金融业开放程度的不断提高和国内外金融、保险市场竞争的日益激烈，在全球金融混业的大背景下，近几年国内的具有一定实力的保险公司，竞相通过建立金融控股公司实现综合化、集团化经营。2004 年 3 月平安集团控股的平安银行开业，标志着平安已成为以保险业务为核心，融证券、信托、银行、资产管理、企业年金等多元金融业务为一体的综合金融服务集团。截止到 2007 年年底，平安集团总资产为人民币 6 511.04 亿元，集团市值超过 6 000 亿元，成为全球 500 强及全球上榜保险公司。[②] 2005 年 11 月，由中国人保控股公司主要发起的中国人保寿险有限公司开业。至此，中国人保初步搭建了以非寿险为核心，集寿险、健康险、资产管理、保险经济业务的国际化保险集团框架。截至 2007 年年底，国内保险市场上共有 8 家保险集团控股公司。经济金融的全球化，电子、网络技术

---

① 数据来源于中国保监会网站公布的"2007 年 1—12 月财产保险公司原保险保费收入情况表 (http://www.circ.gov.cn/)，2008-9-25。

② 根据中国平安保险(集团)股份有限公司网站公布的相关资料整理。

的广泛运用，我国金融保险的创新及市场规模的扩张等，都将预示着国内保险公司的集团化经营将继续向纵深方向发展。

3. 保险监管手段将不断创新，保险市场将更加健康有序

入世、保险市场的对外开放、混业经营的趋势、保险体制的改革、保险经营的多元化和市场化等，都要求构建有效的保险监管制度、创新监管手段，以促使我国保险市场更加健康有序地发展。今后我国保险监管部门将坚持依法、审慎、公平、透明和效率的原则，加大保险监管和服务的力度，从保护被保险人的合法权益出发，转变监管思路，不断创新监管手段及监管方式。

2005 年，中国保监会在国际保险监督官协会(IAIS)的年会上提出了"建立偿付能力、公司治理结构和市场行为保险监管三支柱体系"的全新监管思想。2008 年的全国保险会议再次指出："以公司治理和内控为基础、以偿付能力监管为核心、以现场检查为重要手段、以资金运用监管为关键环节、以保险保障基金为屏障，构筑防范风险的五道防线"。在偿付能力监管方面，坚持把偿付能力作为保险监管的核心，强化偿付能力监管制度的执行力度。在公司治理结构监管方面，强化保险公司的内控监管，实施高管人员履职的全过程监管，并建立保险公司治理结构的评估机制。在市场行为监管方面，建立统一、规范的市场行为监管标准和程序，提高市场行为监管的针对性、连续性和有效性。在资金运用监管方面，以防范资金运用风险为重点，不断完善保险资产管理运作的规则。

总之，严格而科学的监管是我国保险业保持健康、可持续发展的基础。随着我国保险市场的快速发展，新情况、新问题和新矛盾不断出现，对保险监管工作提出了更新、更高的要求。今后，我国保险业的监管方式、监管观念、监管手段都将不断创新、与时俱进。

4. 加强诚信建设，保险行业形象将整体提升

诚信是保险业健康发展的基石，也是保险行业先进文化的核心。2002 年年初，中国保监会决定积极推动保险信用体系建设，努力从制度上约束和规范保险信用行为，由此在全国保险行业内外掀起了一个讲诚实、守信用的宣传和教育高潮。今后保险业仍将通过广泛的诚信宣传和教育，强化保险公司依法经营、诚信服务的意识，增加客户价值，促进保险公司和行业的长远发展。同时，中国保监会将加强对各保险经营主体市场行为的监管，突出检查重点，依法处置保险经营中的非理性价格竞争、挪用侵占保费和欺诈误导等各种违法和不诚信行为，以维护被保险人的利益，提高公众对保险业的信任度，从而提升保险行业的整体形象。

5. 保险法规政策将逐步完善，发展环境将进一步优化

国内保险业的快速发展使得保险监管中不断涌现出新情况和新问题，2002 年 10 月，针对我国加入世贸组织承诺对保险业的要求，全国人大常委会对《保险法》进行了第一次修正，修改后的《保险法》自 2003 年 1 月 1 日起正式实施。近年来，随着国民经济的快速

发展和法律环境的改变,保险业的发展形势和 2002 年最近一次修改《保险法》时相比,已发生很大的变化,法律规范的缺陷在很大程度上影响了保险工作的开展和保险纠纷的处理,再次对《保险法》进行修订和完善势在必行。2004 年 10 月,中国保监会会同有关部门正式启动保险法第二次修改的准备工作。2009 年 2 月 28 日,十一届全国人大常委会第七次会议表决通过了新修订的《保险法》,并于同年 10 月 1 日正式实施。《保险法》的这两次修订不仅是我国保险法制建设的重大事件,也是完善社会主义市场经济法律体系的重要举措,对全面提升保险业法治水平、促进保险业持续平稳健康发展必将产生积极而深远的影响。

此外,农业保险的相关法律、法规建设,商业养老保险、健康保险、责任保险、巨灾保险和保险资产管理等方面的立法工作也将逐步展开,将为我国保险业的全面、健康、有序发展提供法律保障。

复习思考题

1. 名词解释:
(1)保险密度; (2)保险深度。
2. 简述保险产生的基础。
3. 海上保险是怎样产生和发展起来的?
4. 为什么船货抵押借款是海上保险的雏形?
5. 英国的劳合社是一个什么样的保险组织?
6. 对人身保险的形成和发展影响重大的事件和人物主要有哪些?
7. 分析世界保险业的现状与发展趋势。
8. 我国近代保险业的发展经历了哪几个阶段? 分析其发展缓慢的原因。
9. 试述我国保险业的现状与发展趋势。

第四章

保 险 合 同

保险合同是保险学的核心内容,它是投保人与保险人约定保险权利和义务关系的协议。保险合同具有自身的特征。保险合同的主体、客体和内容构成了保险合同的三要素。保险合同的当事人、关系人和辅助人是保险合同的主体;保险合同的客体是保险利益;保险合同的内容主要体现为保险条款的各项内容。保险合同必然经历从订立到终止的过程,其中一些合同可能因种种原因而变更,人身保险合同可能出现中止或复效。保险合同双方对于赔付等问题存在争议,需要通过保险合同争议处理的方式,根据条款解释原则进行处理。

第一节　保险合同概述

一、保险合同的概念

保险合同又称为保险契约,是合同的一种形式。《保险法》第十条第一款规定:"保险合同是投保人与保险人约定保险权利义务关系的协议。"

投保人和保险人是直接签订保险合同的人,是保险合同的双方当事人。按照保险合同的约定,投保人应向保险人缴纳约定的保险费,保险人则应在约定的保险事故发生时,履行赔偿或给付保险金的义务。

按照保险合同的性质,保险合同可以分为两种类型:一类是补偿性合同,即当发生约定的保险事故使被保险人遭受经济损失时,保险人根据保险合同的约定,对保险标的的实际损失给予被保险人经济补偿;另一类是给付性合同,即只要发生了保险合同约定的事故,保险人就应该按照保险合同的约定履行给付保险金的义务。一般而言,财产保险合同是补偿性合同,人身保险合同属于给付性合同。

二、保险合同的特征

1. 保险合同是最大诚信合同

"重合同、守信用"是任何经济合同的当事人都必须遵循的原则。任何合同从订立到履行都应该诺守诚信，而保险合同对保险双方当事人的诚信要求更甚于一般合同。保险合同从订立到履行都要求保险双方当事人最大限度地诚实守信。因为根据保险合同的约定，保险人对未来可能发生的保险事故承担赔付保险金责任，而未来是不确定的，保险双方当事人对保险标的的信息是不对称的。一方面，保险人的承保及赔付，很大程度上是以投保人或被保险人的告知和保证事项为依据的。如果投保人或被保险人不如实地告知保险标的的风险情况，不履行保证事项，会影响到保险人的合法权益；另一方面，保险合同一般是保险人单方面拟定的，投保人可能对保险合同的专业术语及相关内容不清楚、不熟悉，保险人及其代理人在进行展业宣传及承保时，如果不向投保人说明保险合同的条款内容(如免责条款)，势必损害到投保人及被保险人的合法权益。因此，无论是从保险人的角度，还是从投保人或被保险人的角度，保险双方的任何一方都只有最大诚信，才能保证对方的合法权益，并最终保障保险业的健康发展，因而，保险合同具有最大诚信的特征。

2. 保险合同是双务合同

根据合同当事人对权利和义务的承担方式，可以将合同分为单务合同和双务合同。单务合同是当事人一方只享有权利，而另一方只承担义务的合同；双务合同是合同当事人双方相互承担义务、享有权利的合同。在等价交换的经济关系中，绝大多数合同都是双务合同。保险合同是典型的双务合同，保险双方相互承担义务、享有权利。在保险合同中，投保人有按照合同约定支付保险费的义务，被保险人在保险事故发生时享有请求保险人赔偿或者给付保险金的权利；保险人应承担保险合同约定的保险事故发生时赔付保险金的义务，享有收取保险费的权利。

3. 保险合同是有偿合同

有偿合同是与无偿合同相对而言的。根据合同当事人取得权利是否偿付代价进行划分，可以将合同分为无偿合同和有偿合同。有偿合同是指因为享有一定的权利而必须偿付一定对价的合同。所谓对价，其含义是合同中任何一方权利的取得，都应该给付对方当事人认可的相对应的代价。在这个基础上建立的关系是对价关系。保险合同具有对价关系。在保险合同中，保险双方的对价是相互的，投保人的对价是支付保险费，保险人的对价是对保险合同约定风险责任的承担。值得注意的是，保险人并不一定或必然要赔偿损失或给付保险金，而是只有在发生了保险合同约定的风险事故时，保险人才会承担赔付保险金的责任。换言之，保险合同是有偿合同，体现为投保人以支付保险费为代价换取保险人在保险事故发生时承担赔偿或者给付保险金责任的承诺。

4. 保险合同是附合合同

根据合同的一方当事人对合同的内容是否只能表示附合来划分，可以将合同分为商议合同和附合合同。商议合同是缔约双方就合同的重要内容充分协商而订立的合同。大多数经济合同都属于商议合同。附合合同则是指合同的双方当事人不是充分协商合同的重要内容，而是由合同的一方当事人提出合同的主要内容，另一方当事人一般只能作出取舍的决定而订立的合同。由于保险业的自身特点，使保险合同趋于定型性、技术化、标准化。保险合同的基本条款一般是由保险人事先拟定并统一印制出来的，投保人对其内容若同意则投保，若不同意一般也没有修改其中的某项条款的权利。即使有必要修改或变更保险单的某项内容，通常也只能采用保险人事先准备的附加条款，而不能完全按投保人的设想作出改变。也就是说，对于保险人单方面制定的保险合同内容，投保人一般只能作出"取"或"舍"的决定，因此，保险合同具有附合合同的特征。

5. 保险合同是射幸合同

射幸合同是与交换合同相对而言的。对合同作交换合同和射幸合同的分类，是根据合同的一方给予对方的报偿是否与对方所给予的报偿具有对等的价值来划分的。交换合同是指合同的任何一方给予对方的报偿都具有对等的价值，如买卖合同即是一种典型的交换合同。而射幸合同是指其效果在订约时不能确定的合同。所谓射幸，就是侥幸、碰运气的意思。保险合同之所以是射幸合同，源于保险事故发生的不确定性，或者说是因为保险合同履行的结果是建立在保险事故可能发生、也可能不发生的基础上的。就单个保险合同而言，在订立保险合同时，投保人交纳保费换取的只是保险人的承诺，而保险人是否履行赔偿或给付保险金的义务，则取决于约定的保险事故是否发生。所以，就单个保险合同而言，保险合同具有射幸性。但是，保险合同的射幸性，并不意味着保险人可能履行合同或不履行合同，因为在保险期限内如果发生了保险事故，保险人要承担赔付保险金的责任，这就意味着保险人履行了保险合同规定的赔付义务，且保险人支付给被保险人或受益人的保险金一般会大大超过其收取的保险费；如果在保险期限内没有发生保险事故，尽管投保人支付了保险费而被保险人或受益人未得到赔付的保险金，但保险人在保险期间承担的风险及其保障责任，也是保险人在履行合同。即保险合同的射幸性一般是针对单个保险合同而言的，就某类保险合同整体而言，保险人收取的保险费与实际赔付的保险金，原则上应是大体平衡的。

6. 保险合同是要式合同

合同分为要式合同和非要式合同，是根据合同的成立是不是需要采取特定方式来划分的。所谓要式合同，是指需要采取特定方式才能成立的合同，即需要履行特定的程序或采取特定的形式，合同才能成立，如必须采取书面形式，需要签证、公证，或经有关机关批准登记才能生效的合同。非要式合同是指不需要特定方式即可成立的合同。由于保险合同的成立标志着保险双方权利义务关系的确立，关系到未来责任的认定，因而如果保险双方就合同条款达成一致意见，投保人应填写投保单，保险人应及时向投保人签发保险单或其他保险凭证，并在保险单或其他保险凭证中载明当事人双方约定的合同内容，以便在保险事故发生后有据可查。因此，保险合同应该是要式合同。

第二节 保险合同的要素

保险合同的主体、客体和内容共同构成了保险合同的三大要素。

一、保险合同的主体

保险合同的主体与一般的合同主体不同，可以包括保险合同的当事人、关系人和辅助人。

1. 保险合同的当事人

保险合同的当事人是指直接订立保险合同的人，是具有权利能力和行为能力的人。在保险合同中，通常约定了保险合同当事人的权利和义务。保险合同的当事人是投保人和保险人。

1) 投保人

《保险法》第十条第二款规定："投保人是指与保险人订立保险合同，并按照合同约定负有支付保险费义务的人。"可见，相对于保险人而言，投保人是订立保险合同的另一方当事人；保险合同成立后，投保人应该按照保险合同的约定承担交付保险费的义务。投保人可以是自然人，也可以是法人。

按照《保险法》及民法的相关规定，作为投保人还应该具备两个条件。

(1) 相应的民事行为能力。公民的民事行为能力因年龄及精神状况的不同而不同。《民法通则》规定：无民事行为能力人实施的民事行为或限制民事行为能力人依法不能独立实施的民事行为，在法律上无效；十八周岁以上的公民具有完全民事行为能力，可以独立进行民事活动，是完全民事行为能力人；十六周岁以上不满十八周岁的公民，以自己的劳动收入为主要生活来源的，视为完全民事行为能力人；不满十周岁的未成年人和不能辨认自己行为的精神病人是无民事行为能力人；十周岁以上的未成年人和不能完全辨认自己行为的精神病人是限制民事行为能力人。按照《民法通则》的相关规定，作为投保人的公民，应具有完全民事行为能力，其与保险人订立的保险合同在法律上才是有效的。

法人是具有民事权利能力和民事行为能力，依法独立享有民事权利和承担民事义务的组织。因此，法人可以成为投保人。

(2) 对保险标的具有保险利益。根据各国保险法的规定，投保人对保险标的应具有法律上承认的利益，即保险利益，否则，保险合同无效。对此严格限制，主要是为了保障保险标的的安全、防范道德风险、限制赔偿额度，以保证保险业的健康发展。我国《保险法》也采用了国际惯例，明确规定人身保险的投保人在保险合同订立时对被保险人应当具有保险利益，否则合同无效。

需要注意的是：在一般的合同中，当事人通常为自己的利益订立合同；而在保险合同中，投保人既可以为自己的利益投保，也可以为他人的利益投保(只要具有保险利益)。

2) 保险人

保险人又称为承保人，按照《保险法》第十条第三款的规定，保险人是指与投保人订立保险合同，并按照合同约定承担赔偿或给付保险金责任的保险公司。即保险人是订立保险合同的一方当事人，它依法设立，专门经营保险业务，按保险合同的约定向投保人收取保险费，对于保险合同约定的可能发生的事故，因其所造成的财产损失承担赔偿保险金责任，或者当被保险人死亡、伤残、疾病或者达到合同约定的年龄、期限时承担给付保险金责任。世界上绝大多数国家，对保险人的资格都限定为法人，只有个别国家(如英国)允许个人经营保险业务。按照我国《保险法》的规定，保险人主要是保险公司，目的在于使保险人有严密的组织、雄厚的财力，以保证保险业的稳健经营，并承担起对广大的被保险人的经济保障的重大责任。我国《保险法》对保险公司的设立、变更和终止，保险公司的业务经营范围以及其他经营规则等都有明确的规定。

2. 保险合同的关系人

保险合同的关系人是指与保险合同的订立间接发生关系的人。在保险合同约定事故发生时，保险合同的关系人享有保险金的请求权。保险合同的关系人包括被保险人和受益人。

1) 被保险人

《保险法》第十二条第五款规定："被保险人是指其财产或者人身受保险合同保障，享有保险金请求权的人。"也就是说，被保险人的财产、寿命或身体受到保险合同的保障，如果在保险期限内发生了保险事故，被保险人有权向保险人请求赔偿或者给付保险金。在财产保险中，被保险人是保险标的的所有人或具有经济利益的人。在人身保险中，被保险人就是保险的对象。

被保险人与投保人的关系，一般有两种情况：一是投保人为自己的利益订立保险合同，投保人就是被保险人。例如：在财产保险中，投保人以自己具有所有权的财产为保险标的向保险人投保；在人身保险中，投保人以自己的寿命或者身体作为保险标的与保险人订立保险合同。这些情况下投保人与被保险人为同一人。二是投保人为他人的利益订立保险合同，投保人与被保险人相分离。在此情况下，只要投保人对保险标的具有保险利益，其订立的保险合同在法律上就有效。

2) 受益人

《保险法》第十八条规定："受益人是指人身保险合同中由被保险人或者投保人指定的享有保险金请求权的人。"即按照《保险法》的规定，受益人的概念仅限于人身保险合同，受益人享有保险金的请求权。

在人身保险合同中，投保人和被保险人都可以成为受益人。

人身保险的受益人由被保险人或者投保人指定。但是，为了保障被保险人的生命安全，投保人指定受益人须经被保险人同意。

被保险人一般可以任意指定受益人，但被保险人为无民事行为能力人或者限制民事行为能力人的，可以由其监护人指定受益人。

被保险人或者投保人可以指定一人或者数人为受益人。受益人为数人的，被保险人或者投保人可以确定受益顺序和受益份额；未确定受益份额的，受益人按照相等份额享有受益权。

被保险人或者投保人可以变更受益人并书面通知保险人。投保人变更受益人时须经被保险人同意。保险人收到变更受益人的书面通知后，应当在保险单上批注。

一般而言，只要人身保险合同中指定了受益人，被保险人死亡后，就只有受益人享有保险金请求权。在特殊情况下，被保险人的继承人有权享有保险金。例如，我国《保险法》第四十二条规定："被保险人死亡后，有下列情形之一的，保险金作为被保险人的遗产，由保险人依照《中华人民共和国继承法》的规定向被保险人的继承人履行给付保险金的义务：(一)没有指定受益人，或者受益人指定不明无法确定的；(二)受益人先于被保险人死亡，没有其他受益人的；(三)受益人依法丧失受益权或者放弃受益权，没有其他受益人的。"

为了减少道德风险，保障被保险人的生命安全，世界各国的保险法一般都规定：受益人故意造成被保险人死亡或者伤残的，或者故意杀害被保险人未遂的，丧失受益权。

3. 保险合同的辅助人

保险合同的辅助人是指辅佐、帮助保险双方当事人订立及履行保险合同的人。它通常包括保险代理人、保险经纪人和保险公估人。在我国的保险市场上，一般又将保险合同的辅助人称为保险中介人。

1) 保险代理人

我国《保险法》第一百一十七条规定："保险代理人是根据保险人的委托，向保险人收取佣金，并在保险人授权的范围内代为办理保险业务的机构或者个人。"

保险人委托保险代理人代为办理保险业务的，应当与保险代理人签订委托代理协议，依法约定双方的权利和义务及其他代理事项。

保险代理人的行为，通常视为被代理的保险人的行为。在保险人的授权范围内，保险代理人的行为对其所代理的保险人有法律约束力。为保障被保险人的合法权益，我国《保险法》第一百二十七条规定："保险代理人根据保险人的授权代为办理保险业务的行为，由保险人承担责任。保险代理人没有代理权、超越代理权或者代理权终止后以保险人名义订立合同，使投保人有理由相信其有代理权的，该代理行为有效。保险人可以依法追究越权的保险代理人的责任。"

我国的保险代理人有三种形式：专业代理人、兼业代理人和个人代理人。保险代理人的基本业务范围是代理推销保险产品、代理收取保险费。

2) 保险经纪人

我国《保险法》第一百一十八条规定："保险经纪人是基于投保人的利益,为投保人与保险人订立保险合同提供中介服务,并依法收取佣金的机构。"

保险经纪人主要是投保人利益的代表,保险经纪人的法律地位与保险代理人截然不同。根据我国《保险法》的规定,因保险经纪人在办理保险业务中的过错,给投保人、被保险人或其他委托人造成损失的,由保险经纪人承担赔偿责任。

保险经纪人一般可以经营下列业务:为投保人拟订投保方案、选择保险人、办理投保手续;协助被保险人或受益人进行索赔;再保险经纪业务;为委托人提供防灾、防损或风险评估、风险管理咨询服务;保险监督管理机构批准的其他业务。

3) 保险公估人

按照我国《保险法》第一百二十九条的规定,保险活动当事人可以委托保险公估机构等依法设立的独立评估机构或者具有相关专业知识的人员,对保险事故进行评估和鉴定。在我国,保险公估人主要是以保险公估机构的方式从事业务。《保险公估机构管理规定》[①]中规定:保险公估机构是指依法设立的,接受保险当事人委托,专门从事保险标的的评估、勘验、鉴定、估损、理算等业务的单位。保险公估人基于公正、独立的立场,凭借丰富的专业知识和技术,办理保险公估业务。保险公估人既可以接受保险人的委托,又可以接受被保险人的委托。保险公估人向委托人(保险人或被保险人)收取公估费用,保险公估人应当依法公正地执行业务。保险公估人因故意或者过失给保险人或者被保险人造成损害的,依法承担赔偿责任。

二、保险合同的客体

保险合同的客体是指保险双方当事人的权利和义务所共同指向的对象。

保险合同的客体不是保险标的,而是保险利益。保险利益是指投保人或被保险人对保险标的的具有的法律上承认的利益。保险利益与保险标的不同。保险标的是保险合同中所载明的投保对象,是保险事故发生的客体,即是指作为保险对象的财产及其有关利益或者人的寿命或身体。保险合同并非保障保险标的在保险有效期内不受损害,而是当被保险人的保险标的发生约定的保险事故时给予经济上的赔偿或给付。保险标的是订立保险合同的必要内容,是保险利益的载体,而保险合同保障的是投保人或被保险人对保险标的的所具有的合法利益,没有保险利益,保险合同将会失去客体要件而无效。

我国《保险法》第十二条和第三十一条明确规定:人身保险的投保人在保险合同订立时对被保险人应当具有保险利益。订立合同时,投保人对被保险人不具有保险利益的,合

---

① 《保险公估机构管理规定》:中国保险监督管理委员会 2001 年 11 月 16 日发布,2002 年 1 月 1日起施行。

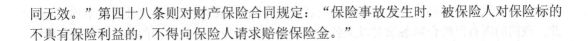

同无效。"第四十八条则对财产保险合同规定："保险事故发生时，被保险人对保险标的不具有保险利益的，不得向保险人请求赔偿保险金。"

三、保险合同的内容

保险合同的内容有广义和狭义之分。广义的保险合同的内容是指以保险合同双方权利和义务关系为核心的全部事项，包括保险合同的主体、客体、权利义务及其他声明事项；狭义的保险合同的内容是指以保险合同双方当事人依法约定的权利与义务事项，即表现为保险合同的条款。在此，对狭义的保险合同的内容进行阐述。

1. 保险条款

保险合同的条款简称保险条款，是保险合同双方当事人依法约定各自的权利和义务的条款。保险条款是对保险双方权利和义务的具体约定，在保险合同中居于核心地位。保险条款对保险合同的双方当事人具有法律约束力。

1) 基本条款和特约条款

保险条款一般分为基本条款和特约条款。

保险合同的基本条款是指规定保险合同双方权利和义务基本事项的条款。在任何保险合同中，基本条款是不可缺少的条款，一般是由保险人在法定的、必须载明事项的基础上事先拟定好并印在保险单上。保险的险种不同，其基本条款也不同。

保险合同的特约条款是由保险双方当事人根据特殊需要，共同约定的条款。特约条款可以包括附加条款、保证条款和协会条款。

附加条款是指保险合同当事人在保险合同基本条款的基础上，约定的补充条款，以增加或限制基本条款所规定的权利与义务。由于保险标的的风险状况不同，投保人对保险的需求也有所不同，附加条款就是应投保人的要求而增加的内容。附加条款的灵活运用，弥补了基本条款的不足，如利用附加条款来变更或者补充原保险单的内容、变更原保险单的约定事项等。附加条款是保险合同的特约条款中使用最普遍的条款。

保证条款是指投保人或被保险人对特定事项进行保证，以确认某项事实的真实性或承诺某种行为的条款。保证条款是投保人或被保险人必须遵守的条款。

协会条款是指保险行业为满足某种需要，经协商一致而制定的条款。如伦敦保险人协会制定的有关船舶和货物运输的条款。

2) 法定条款与任意条款

根据合同约束力的不同，保险条款还可以分为法定条款和任意条款。

法定条款是指根据法律规定必须在保险合同中明确规定的条款，也就是说，法定条款是法定的必须载明的事项。例如，按照我国《保险法》第十九条的规定，保险条款应当包括：保险标的；保险责任和责任免除；保险期间和保险责任开始时间；保险价值；保险金额；保险费以及支付办法；保险金赔偿或者给付办法；违约责任和争议处理等事项。基于此，我国的所有保险合同条款对以上各项内容均不得偏废。保险合同的基本条款须包括法定条款的各项内容。

任意条款，又称为任选条款，是指由保险合同当事人根据需要约定的条款。

2. 保险合同的主要内容

保险合同的内容主要包括以下各项。

1) 保险人的名称和住所

我国《保险法》明确规定保险人为保险公司，因此，保险人的名称一般就是保险公司的名称，保险人的住所就是保险公司的营业场所。在保险合同中对保险人的名称和住所应当准确、清楚地加以记载，以便于保险人行使收取保费的权利、履行赔偿或者给付保险金的义务。

2) 投保人、被保险人的姓名或者名称、住所，以及人身保险的受益人的姓名或者名称、住所

投保人是保险合同的一方当事人，在保险合同中明确记载其姓名或者名称、住所，有利于投保人履行交纳保险费的义务；被保险人作为保险合同的关系人，载明其姓名或者名称、住所，有利于被保险人在保险事故发生时行使保险金的请求权，并履行保险合同规定的义务；如果在人身保险合同中约定了受益人，也应将受益人的姓名或者名称、住所记载清楚，以利于受益人享受请求保险金的权利。

3) 保险标的

保险标的是指作为保险对象的财产及其有关利益或者人的寿命或身体。保险标的是保险利益的载体。不同的保险合同，有不同的保险标的。财产保险合同的保险标的是财产及其有关的利益，即财产保险合同的保险标的既包括有形的财产，又包括无形的责任及利益。人身保险合同的保险标的是人的寿命或身体。在保险合同中载明保险标的，有利于确定保险合同的种类、判断投保人对保险标的是否具有保险利益、明确保险人承担责任的对象及范围、确定保险金额、确定诉讼管辖等。

4) 保险责任和责任免除

保险责任是指保险合同中约定的，保险事故发生后应由保险人承担的赔偿或给付保险金的责任。[①]保险责任因保险的险种不同而不同。

责任免除，是指保险合同中约定的，保险人不承担或者限制承担的责任范围。[②]即责任免除是对保险责任的限制，是对保险人不负赔偿或给付保险金责任范围的具体规定。责任免除主要表现为除外责任，在保险合同中应明确列明责任免除条款，以对保险人承担责任

---

① 全国保险业标准化技术委员会. 保险行业标准：保险术语. 北京：中国财政经济出版社，2007，45.
② 全国保险业标准化技术委员会. 保险行业标准：保险术语. 北京：中国财政经济出版社，2007，45~46.

的范围加以明确限制，更好地确定双方当事人的权利义务关系。责任免除的除外责任条款一般涉及的损失有：战争或军事行动所造成的损失；保险标的物的自然损耗；被保险人及其关系人的故意行为所致的损失以及其他不属于保险责任范围的损失等。

5）保险期限

保险期限又称保险期间，是指保险人对保险事故承担赔付责任的起止期限。保险期间规定了保险合同的有效期限，是对保险人为被保险人提供保险保障的起止日期的具体规定。保险期限，既可以按年、月、日计算，比如以一年为期；也可以按一定事件的起止时间来计算，比如建筑工程保险的保险期限就是以一个工程的工期来确定的。保险期限是保险人履行赔付义务的依据。保险标的只有是在保险期限内发生的保险事故，保险人才承担赔付保险金的责任。

6）保险价值

保险价值是财产保险中的特有概念，因而此内容仅是财产保险合同的主要内容，它是指保险标的在某一特定时期内以货币估计的价值额。保险价值是保险金额确定的依据。保险价值的确定有三种方法：一是由投保人和保险人约定并在合同中载明保险价值，若保险事故发生，保险人在计算赔款时不需再对保险标的另行估价；二是按市场价格确定，保险事故发生后，保险人的赔偿金额不得超过保险标的的市场价格；三是按法律规定确定，如我国《海商法》第二百一十九条规定，船舶的保险价值包括船壳、机器、设备的价值，以及船上燃料、物料、索具、给养、淡水的价值和保险费的总和。

7）保险金额

保险金额简称保额。我国《保险法》第十八条规定："保险金额是指保险人承担赔偿或者给付保险金责任的最高限额。"也就是说，保险金额是保险当事人双方约定的，在保险事故发生时，保险人应赔偿或给付的最高限额。保险金额是保险人计算保险费的重要依据。在财产保险中，保险金额的确定以保险标的的价值为依据；在人身保险中，由于人的价值无法用货币衡量，因而一般由保险合同双方自行约定保险金额。

财产保险合同中的保险金额不得超过保险价值，超过保险价值的，超过的部分无效；保险金额低于保险价值的，除合同另有约定外，保险人按照保险金额与保险价值的比例承担赔偿责任。

8）保险费及其支付办法

保险费是指投保人为使被保险人获得保险保障，按合同约定支付给保险人的费用。保险费是保险基金的来源。缴纳保险费是投保人应履行的基本义务。保险费的多少，由保险金额、保险费率和保险期限等因素决定。

保险费率一般用百分率或千分率表示。保险费率由纯费率和附加费率组成，其中，纯费率是保险费率的基本组成部分。在财产保险中，主要依据保险标的的损失率确定纯费率；在人身保险中，则是依据人的死亡率或生存率、利率等因素确定纯费率。而附加费率主要是依据保险企业在一定期限内的各种营业费用及预定利润确定的。

保险费既可以一次性支付，也可以分期支付；既可以现金支付，也可以转账支付。但不论采取什么方式支付保险费，都应在保险合同中载明。

9) 保险金赔偿或者给付办法

保险金赔偿或给付办法是指保险人承担保险责任的方法。保险金赔偿或给付方法，原则上应采取货币形式，但也有一些财产保险合同约定对特定的损失，可以采取修复、置换等方法。保险金赔偿或给付办法的明确约定及记载，有利于保险人更好地履行保险赔付责任，减少保险双方的赔付纠纷。

10) 违约责任和争议处理

违约责任是指保险合同当事人因其过错，不能履行或不能完全履行保险合同规定的义务时，根据法律规定或合同约定所必须承担的法律后果。在保险合同中，任何一方违约都会给对方造成损失，因此，应在合同中明确规定哪些行为是违约行为以及违约应承担的法律责任，以保障保险双方的合法权益。

争议处理是指保险双方解决保险合同纠纷的方式。保险合同的争议处理方式，一般包括协商、仲裁和诉讼三种方式。

11) 订立合同的时间

保险合同应注明订立合同的时间，以便确认保险责任开始时间、投保人对保险标的是否具有保险利益以及其他涉及保险当事人之间的权利义务关系。注明订立保险合同的时间，还有助于确认保险合同订立前是否已经发生保险事故，以便查明事实真相、避免骗赔事件的发生。

第三节　保险合同的程序

保险合同的主要程序是保险合同的订立、变更、中止与复效、终止。

一、保险合同的订立

保险合同的订立是投保人与保险人意思表示一致而进行的法律行为。

1. 保险合同的订立程序

与其他合同一样，保险合同的订立，大致可分为两个程序：要约和承诺。

1) 要约

要约是要约人以缔结合同为目的而进行的意思表示。它是合同当事人一方向另一方表示愿意与其订立合同的提议。一个有效的要约应具备三个条件：一是要约应明确表示订立合同的愿望；二是要约应具备合同的主要内容；三是要约在其有效期内对要约人具有约束力。在保险合同中，一般投保人为要约人，投保人填写投保单，并交给保险人的行为被视为要约。投保单一经保险人接受，便成为保险合同的一部分。

2) 承诺

承诺是受约人对要约人提出的要约全部接受的意思表示，即受约人向要约人表示愿意完全按照要约内容与其订立合同的答复。一个有效的承诺也应具备三个条件：一是承诺不能附带任何条件；二是承诺应由受约人本人或其合法代理人作出；三是承诺应在要约的有效期内作出。在保险合同的订立过程中，一般是投保人提出要约，保险人根据投保单的内容签发保险单、保险凭证或暂保单，合同即告成立，但有时情况并不这么简单。因为在签订合同过程中，双方当事人往往有一个协商的过程，如要约人对受约人提出要约，受约人对要约人的要约提出修改或附加条件，这时受约人的行为就被认为是提出了新的要约，原要约人与受约人的法律地位互换，即原要约人成为新的受约人，原受约人成为新的要约人。一个合同的签订可能经过要约——新要约……直至承诺的过程，保险合同也不例外。如果保险人对投保人的要约附加了新的内容或条件，则保险人成为新要约人，投保人成为新受约人。合同能否成立，则要看最后一位要约人的要约能否得到最后一位受约人的承诺。

2. 保险合同的成立与生效

一般而言，保险合同的订立意味着保险合同的成立，但是，保险合同的成立与保险合同的生效并不是一个概念。

保险合同的成立是保险双方当事人就保险合同条款达成协议。《保险法》第十三条规定："投保人提出保险要求，经保险人同意承保，保险合同成立。"

保险合同的生效是指保险合同对保险双方当事人产生法律约束力。保险合同的生效意味着保险合同具有了法律效力，保险合同的双方当事人、关系人都应按照保险合同的约定承担义务、享有权利，否则将承担相应的法律后果。

一般而言，合同一成立就立即生效，但是，保险合同较为特殊，往往是在合同成立后的某一时间生效。如保险条款特别约定：保险费的交纳是合同生效的条件。在保险合同成立后生效前发生的保险事故，保险人不承担赔偿或者给付保险金的责任。

3. 保险合同的订立形式

订立保险合同应该采取书面形式。保险合同的书面形式主要有投保单、保险单、保险凭证和暂保单等。

1) 投保单

投保单是指投保人向保险人申请订立保险合同的一种书面形式的要约。在投保单中应列明订立保险合同所必需的项目。投保单一般有统一的格式，由保险人事先准备好，投保人应按保险人所列项目据实逐一填写。投保单一经保险人承诺，即成为保险合同的重要组成部分。投保人对在投保单中所填写的内容，应承担相应的法律后果。例如，投保人在填写投保单时未履行如实告知义务，足以影响到保险人决定是否同意承保或者提高保险费率的，保险人有权解除保险合同，并不承担赔偿或者给付保险金的责任。

2) 保险单

保险单简称保单，是指保险人与投保人之间订立保险合同的正式的书面证明。保险单通常是由保险人签发的，是对投保人要约的一种承诺。保险单是保险双方履约的依据。在保险单上应将保险合同的全部内容详尽列明，包括保险双方当事人、关系人的权利和义务。因而，保险单上除应列明保险项目(如被保险人、保险标的、保险费、保险金额、保险期限等)外，还应附上保险合同条款，以便保险双方明确各自应享有的权利和应承担的义务。

3) 保险凭证

保险凭证又称为小保单，是一种简化了的保险单，是保险人向投保人签发的证明保险合同已经成立的一种书面凭证。保险凭证与保险单具有同等的法律效力。保险凭证没有列明的内容，以保险单的条款为准；保险凭证与保险单的内容相冲突时，以保险凭证为准。保险凭证只在少数几种业务中使用，如货物运输保险等。采用保险凭证的主要目的在于简化手续。

4) 暂保单

暂保单又称为临时保单，是保险单或保险凭证出立前发出的临时性的保险单证。使用暂保单主要是基于三种情况：一是保险代理人已招揽到保险业务，但尚未向保险人办妥保险手续时；二是保险公司的分支机构接受投保，但尚需请示上级公司时；三是保险双方当事人已就合同的主要条款达成协议，但有些条件尚需进一步商榷时。在以上情况下，保险人可先出具暂保单，作为投保人已保险的证明。暂保单的法律效力与正式保单相同，但其有效期较短，一般为30天。在暂保单的有效期间，保险人一旦确定承保并签发保险单，暂保单即自动失效而为保险单所取代；保险人如果确定不予承保，则有权随时提前终止暂保单的效力。

二、保险合同的变更

保险合同的变更是指在保险合同有效期内，保险合同当事人、关系人对合同所作的修改或补充。保险合同成立并生效后，具有法律约束力，保险双方一般不得擅自变更，但是，如果主观意愿或客观情况发生变化，也可以依法变更保险合同。保险合同的变更，主要是保险合同主体的变更或内容的变更。

1. 保险合同的主体变更

保险合同的主体变更是指保险合同的当事人或关系人的变更，主要是指投保人、被保险人或受益人的变更，保险人一般不会变更。保险合同的主体变更，不改变保险合同的客体和内容。

1)　财产保险合同主体的变更

财产保险合同主体的变更是指投保人或被保险人的变更。财产保险合同主体的变更意味着财产保险合同的转让。财产保险标的的转让可以因买卖、继承、赠予等法律事实的出现而发生，从而导致保险标的从一个所有权人转移至另一个所有权人。在这种情况下，要使保险合同继续有效，就需要变更保险合同中的被保险人。

一般财产保险合同主体的变更。在一般情况下，财产保险标的的转让应当通知保险人，经保险人同意继续承保后，依法变更被保险人。保险人可以根据财产保险合同主体变更引起的风险状况的变化，加收或退减部分保险费。

货物运输保险合同主体的变更。在财产保险中，货物运输保险合同由于其标的的流动性大，运输过程中经常通过货物运输单据的转让而发生物权转移。因此，按国际惯例，货物运输保险合同不经保险人同意即可变更被保险人，但须被保险人记名背书。

2)　人身保险合同主体的变更

人身保险合同主体的变更，一般取决于投保人或被保险人的主观意愿，而不以保险标的的转让为前提。人身保险合同主体的变更可以是投保人、被保险人或受益人的变更。

投保人的变更。如果投保人与被保险人是同一人时，要变更投保人应通知保险人；如果投保人与被保险人不是同一人时，要变更投保人应征得被保险人的同意并通知保险人。被保险人为无民事行为能力人或限制民事行为能力人时，投保人的变更应符合法律、法规的相关规定。[①]投保人的变更应经过保险人的核准及办理相关手续，方能有效。

被保险人的变更。人身保险的被保险人是保险的标的，因而一般不能轻易变更。如果要变更，通常是在团体人身保险中，由于作为团体的投保人的员工处于流动状态，投保人可以根据合同的约定，将员工的流动情况通知保险人变更被保险人。被保险人的变更应该采取书面形式。

受益人的变更。人身保险合同主体的变更主要是指受益人的变更。被保险人或者投保人可以变更受益人并书面通知保险人。保险人收到变更受益人的书面通知后，应当在保险单上批注。投保人变更受益人时则须经被保险人同意。

2. 保险合同的内容变更

在保险合同的有效期内，投保人或被保险人与保险人经协商同意，可以变更保险合同的有关内容。

保险合同的内容变更是指合同约定事项的变更，也就是保险关系双方各自所承担的义务和享有的权利的变更。如保险合同中的保险责任、保险金额、保险期限、保险费的交纳方式等发生变化，财产保险的保险标的的价值、数量、存放地点、危险程度等发生变化，

---

①　参见《保险法》第三十三条、第三十四条规定。

人身保险的被保险人的职业、投保人的交费方式等发生变化，都属于保险合同的内容变更的范围。

保险合同的内容发生变更，投保人或被保险人应主动向保险人申请办理批改手续，保险人同意后，应在原保单或者其他保险凭证上批注或附贴批单，或者由投保人和保险人订立变更的书面协议。

保险合同的变更往往意味着保险人承担风险的增加或减少，为此可能需要加收或退减部分保险费。

为了明确保险双方当事人在保险合同变更后的权利和义务，按照国际惯例，合同变更后的有效性按下列顺序认定：手写批注优于打印批注；加贴的附加条款优于基本条款；加贴的批注优于正文的批注。

三、保险合同的中止与复效

保险合同的中止与复效仅适用于人身保险合同。

1. 保险合同的中止

保险合同的中止是指保险合同暂时失去效力。在人身保险中，保险期限一般较长，投保人可能因为种种主客观原因不能按期缴纳续期保险费，为了保障保险双方的合法权益，并给投保人一定的回旋余地，各国的保险法一般都对缴费的宽限期及合同中止做了明确规定。我国《保险法》第三十六条规定："合同约定分期支付保险费，投保人支付首期保险费后，除合同另有约定外，投保人自保险人催告之日起超过三十日未支付当期保险费，或者超过约定的期限六十日未支付当期保险费的，合同效力中止，或者由保险人按照合同约定的条件减少保险金额。"即人身保险的保险合同生效后，如果投保人未按期缴纳保险费，并超过了六十天的宽限期，保险合同的效力中止。在保险合同中止前的宽限期内如果发生了保险事故，保险人应承担赔付责任；但是如果是在保险合同中止后发生的保险事故，保险人不承担赔付责任。保险合同的中止并不意味着保险合同的解除，经过一定的程序仍然可以恢复其法律效力。

2. 保险合同的复效

保险合同的复效是指保险合同效力的恢复。保险合同效力中止后，经保险人与投保人协商并达成协议，在投保人补交保险费后，可以恢复保险合同的效力。但是按照《保险法》的规定，自合同效力中止之日起两年内双方未达成协议的保险人有权解除合同。

四、保险合同的终止

保险合同的终止是指合同双方当事人确定的权利义务关系的消灭。保险合同的终止主要包括下面几种情况。

1. 保险合同的解除

保险合同的解除是指在保险合同的有效期限届满前，当事人依照法律规定或者合同约定提前终止合同效力的法律行为。

保险合同的解除按解约的主体，可以分为投保人解除保险合同、保险人解除保险合同和保险双方约定解除保险合同三种情况。

1) 投保人解除保险合同

由于保险合同是在平等自愿的基础上订立的，因而在一般情况下，投保人可以随时提出解除保险合同。

我国《保险法》第十五条规定：除本法另有规定或者保险合同另有约定外，保险合同成立后，投保人可以解除合同。根据我国《保险法》的规定，保险合同成立后，投保人一般可以解除保险合同，而不需承担违约责任。但是，某些保险合同具有特殊性，如货物运输保险合同和运输工具航程保险合同，保险责任开始后，难以确定终止责任的具体时间、空间，因此，投保人不能要求解除保险合同。如果保险双方当事人通过合同约定，对投保人的合同解除作出限制的，投保人也不得解除保险合同。

2) 保险人解除保险合同

按照各国的保险法规定，保险人一般不能解除保险合同，否则应承担违约责任。因为如果允许保险人任意解除保险合同，可能严重损害被保险人的利益。例如，保险人可能在得悉风险增大(如洪灾预报)时解除保险合同，使被保险人得不到应有的保险保障。我国《保险法》第十五条规定："除本法另有规定或保险合同另有约定外，保险合同成立后……保险人不得解除合同。"也就是说，为了保障被保险人的合法权益，在一般情况下，保险人不能随意解除保险合同，但是，如果《保险法》另有规定或保险合同另有约定的，保险人仍然可以解除保险合同。

根据我国《保险法》的规定，保险人在下列情况下有权解除保险合同。

(1) 投保人故意或者因重大过失未履行如实告知义务，足以影响保险人决定是否同意承保或者提高保险费率的，保险人有权解除合同(第十六条)。

(2) 被保险人或者受益人在未发生保险事故的情况下谎称发生了保险事故，向保险人提出赔付保险金的请求，保险人有权解除保险合同，并不退还保险费(第二十七条)。

(3) 投保人、被保险人故意制造保险事故的，保险人有权解除保险合同，不承担赔付责任，并不退还保险费(第十六条)。

(4) 因保险标的转让导致危险程度显著增加的，保险人自收到被保险人或者受让人的通知之日起三十日内，可以按照合同约定增加保险费或者解除合同。被保险人、受让人未履行保险标的转让的通知义务的，因转让导致保险标的的危险程度显著增加而发生的保险事故，保险人不承担赔偿保险金的责任(第四十九条)。

(5) 投保人、被保险人未按约定履行其对保险标的的安全应尽责任的，保险人有权要求增加保险费或解除保险合同(第五十一条)。

(6) 在保险合同有效期内，保险标的的危险程度显著增加的，被保险人按照合同约定应及时通知保险人，保险人有权要求增加保险费或者解除保险合同。被保险人未履行通知义务的，因保险标的的危险程度显著增加而发生的保险事故，保险人不承担赔偿保险金的责任(第五十二条)。

(7) 人身保险的投保人申报的被保险人年龄不真实，并且其真实年龄不符合合同约定的年龄限制的，保险人可以解除合同，并按照合同约定退还保险单的现金价值(第三十二条)。①

(8) 自保险合同效力中止之日起满二年，保险双方当事人未达成复效协议的，保险人有权解除保险合同(第三十七条)。

(9) 保险标的发生部分损失的，自保险人赔偿之日起三十日内，除合同另有约定外，保险人可以解除合同，但应当提前十五日通知投保人。合同解除的，保险人应当将保险标的未受损失部分的保险费，按照合同约定扣除自保险责任开始之日起至合同解除之日止应收的部分后，退还投保人(第五十八条)。

我国《保险法》的上述规定，赋予了保险人在投保人、被保险人和受益人严重违反法律规定及合同约定的情况下解除保险合同的权利，这既是对被保险人及其关系人违法行为的惩戒，又是对保险人合法权益的维护，体现了诚实信用原则和公平互利原则。

3) 保险双方约定解除保险合同

这种情况简称为约定解除或协议注销。保险合同当事人在不违反法律法规或公共利益的前提下，可以在合同中约定当一定的事实发生时，一方或双方当事人有权解除合同，并且可以约定行使解除权的期限。如我国的船舶战争险条款规定，对于定期保险，保险人有权在任何时候向被保险人发出注销战争险的通知，在发出通知后十四日期满时终止战争险

---

① 对于第(1)和第(7)种情况下的保险合同解除权，《保险法》第十六条作了明确的限制性规定："合同解除权，自保险人知道有解除事由之日起，超过三十日不行使而消灭。自合同成立之日起超过二年的，保险人不得解除合同；发生保险事故的，保险人应当承担赔偿或者给付保险金的责任。""保险人在合同订立时已经知道投保人未如实告知的情况的，保险人不得解除合同；发生保险事故的，保险人应当承担赔偿或者给付保险金的责任。"

责任。又如，我国的简易人身保险条款规定，交付保险费一周年以上，并且保险期已满一周年的，投保人或被保险人不愿继续保险的，可向保险人申请退保。

可见，所谓约定解除是指保险双方经过协商可以在保险合同中规定一方或双方当事人以一定条件注销保险合同的权力。

保险合同解除的程序：在法律规定或保险合同约定的条件下，具有解约权的一方当事人，可以单方决定解除保险合同，但解约方应将解除保险合同的通知作成书面文件并及时通知对方当事人。任何一方不符合法律的规定或保险合同约定，擅自解除保险合同的，应当承担相应的违约责任及其他法律责任。

2. 保险合同的期满终止

期满终止是保险合同终止的最普遍的原因。保险期限是保险人承担保险责任的起止时限。如果在保险期限内发生了保险事故，保险人按照合同约定赔偿了保险金额的一部分，保险合同期满时，保险合同的权利义务关系终止；如果在保险期限内没有发生保险事故，保险人没有赔付，保险合同载明的期限届满时，保险合同自然终止。一般而言，只要超过了保险合同规定的责任期限，保险合同就终止，保险人就不再承担保险责任。

3. 保险合同的履约终止

保险合同是保险双方当事人约定在一定的保险事故发生时，保险人承担赔偿或给付保险金责任的合同。因此，保险合同约定的保险事故发生，保险人履行完赔偿或者给付保险金责任后，无论保险期限是否届满，保险合同即告终止。

第四节　保险合同的争议处理

一、保险合同争议处理的方式

保险合同争议的处理主要采取协商、仲裁和诉讼的方式。

1. 协商

协商一般是指主体间就共同关心的事项和利益进行协调和取得谅解的方式。

在经济合同中，协商是合同双方当事人在自愿互谅的基础上，按照法律规定和合同约定，进行协调和商议的方式。

当保险双方发生争议时，首先应该通过协商方式进行解决。在协商下，双方各自作出一定的让步，在共同能够接受的结果下达成和解的协议。协商是解决保险合同争端的一种好的方式。通过协商方式处理保险合同争议，具有简便、易行的特点，可以节约仲裁或诉讼费用，有助于化解保险双方的矛盾，进一步增进保险双方的了解、信任与合作。

2. 仲裁

仲裁也称"公断"，是指当事人双方在某一问题上争执不决时，自愿地由第三者(一般为依法设立的仲裁机构的仲裁员)居中调解，做出裁决的方式。[①]在古罗马时代就已经出现了以仲裁方式解决商品买卖中争议的做法。1697 年英国颁布了世界上第一部仲裁法。19 世纪，世界各国纷纷制定了有关仲裁的法律，将仲裁作为解决民商事争议的方式，并以法律的形式固定下来。20 世纪之后，仲裁已成为世界各国公认的解决民商事争议的最有效的手段之一。仲裁裁决与法院判决一样，对当事人具有法律约束力。

按照我国《仲裁法》[②]的规定，平等主体的公民、法人和其他组织之间发生的合同纠纷和其他财产权益纠纷，可以仲裁；当事人双方采用仲裁方式解决纠纷，应当自愿达成仲裁协议，没有仲裁协议，一方申请仲裁的，仲裁委员会不予受理；仲裁不实行地域管辖和级别管辖；仲裁实行一裁终局的制度，裁决作出后当事人就同一纠纷再申请仲裁或向人民法院起诉的，仲裁委员会或者人民法院不予受理。

3. 诉讼

诉讼是指法院、检察机关以及民事、刑事案件的当事人，依照法定程序处理案件时所进行的活动。在诉讼过程中，司法机关、当事人和其他诉讼参与人都依法具有各自特定的诉讼地位，各自享有法定的诉讼权利，履行一定的诉讼义务。[③]

在保险双方当事人发生保险合同纠纷时，可以通过诉讼方式寻求法律上的保护。人民法院应以事实为依据、以法律为准绳，独立、客观、公正地行使宪法赋予的审判权，维护保险双方当事人的合法权益。按照《中华人民共和国民事诉讼法》第二十六条的规定，"因保险合同纠纷提起诉讼，通常由被告所在地或者保险标的物所在地人民法院管辖。"

在我国现行的保险合同条款中，一般明确约定：发生争议时，由保险双方当事人协商解决；协商不成的，提交合同中约定的仲裁委员会仲裁或者依法向人民法院提起诉讼。

二、保险合同的条款解释原则

保险合同订立后，可能因种种原因使保险双方当事人及关系人，对保险合同条款的内容有不同的理解以致双方发生争议。在争议的情况下，一般由当事人双方协商解决，若协

---

① 曾庆敏. 精编法学辞典. 第 344 页；辞海(缩印本). 第 219 页.

② 即 1994 年 8 月 31 日第八届全国人民代表大会第九次会议通过，1994 年 8 月 31 日中华人民共和国主席令第 31 号公布，1995 年 9 月 1 日施行的《中华人民共和国仲裁法》。

③ 曾庆敏. 精编法学辞典. 第 535 页. 辞海(缩印本). 第 385 页.

商不能达成一致，则应通过仲裁机关或者法院作出裁决或判决。为保证裁决或判决的客观和公正，需要依照法律的规定或行业习惯确定一定的条款解释原则。保险合同的条款解释原则，可以概括为以下三点。

1. 文义解释

文义解释就是指对合同条款的文字应按照其通常的含义并结合上下文来解释；同一个合同中出现的同一个文句，前后的解释应当相同；条款中出现的专业术语，应按照其所属行业的通常含义进行解释。在保险合同中，对一般条文的解释，应该按照该文字通常的含义并结合合同的整体内容来解释；对保险专业术语、法律术语及其他专业术语，可以依据保险法及相关的法律、法规或行业惯例等进行解释。

2. 意图解释

意图解释就是指解释保险合同条款应遵循签约当时双方当事人的真实意图，以当时的客观情况为出发点来进行解释。保险合同的条款是保险双方当事人意思表示一致而确立的，因此，解释时应充分尊重双方当事人订立合同时的真实意图。在双方对合同条款有歧义而又无法运用文义解释原则时，应通过分析背景材料等方式，对签约当时双方当事人的真实意图进行逻辑上的推断。

3. 解释应有利于被保险人和受益人

由于保险合同一般是由保险人事先拟定的，是附合合同，保险合同条款主要是格式条款，在订立保险合同时，投保人往往只能表示接受或不接受，使保险人在条文的拟定上处于主动地位，而被保险人则居于被动地位，而且，保险条款的专业性较强，有些保险专业术语一般人难以理解，因此，对保险条款有两种或两种以上的解释时，应当作出不利于提供格式条款一方的解释，即解释应有利于被保险人和受益人。对此，我国《保险法》第三十条作了明确的法律规定："采用保险人提供的格式条款订立的保险合同，保险人与投保人、被保险人或者受益人对合同条款有争议的，应当按照通常理解予以解释。对合同条款有两种以上解释的，人民法院或者仲裁机构应当作出有利于被保险人和受益人的解释。"

复习思考题

1. 名词解释：

保险人	被保险人	受益人
保险代理人	保险经纪人	保险公估人
保险利益	保险标的	保险金额

2. 什么是保险合同？保险合同具有哪些特征？

3. 什么是投保人？作为投保人需要具备哪些条件？

4. 简述保险合同的订立程序，说明保险合同订立的主要形式有哪些？

5. 保险合同的主体变更有哪几种情况？保险合同的变更应该采取什么形式？

6. 保险合同终止有哪几种情况？

7. 简述保险合同解除的原因及程序。

8. 简述保险合同争议处理的方式。

9. 简述保险合同的条款解释原则，说明为什么保险合同的解释要有利于被保险人和受益人？

第五章

人 身 保 险

在了解人身保险的概念、特征及分类的基础上，需要对人寿保险的基本形态及其发展、人寿保险的常用条款以及意外伤害保险和健康保险分别进行介绍，以对人身保险有一个总体上的把握。

第一节　人身保险概述

一、人身保险的概念

人身保险是集合多数人共同醵金，而在任何人的生命或身体因不幸事件或疾病、衰老等原因，以致死、伤、残、丧失工作能力或年老退休，给付约定的保险金或年金的一种自愿互助的保险。

人身保险的保险标的是人的生命或身体。以生命作为保险对象，要区分生命的不同阶段，生存或死亡表示人的生命的继续或终止。因此，对生命的保障就是承保人的生死。而以身体作为保障对象，要区别身体的不同部位及各种机能，以人的健康、生理机能、劳动能力等形式存在。因此对身体的保障，就是对承保人的健康及各种能力的保障。

人身保险的保险责任就是人们在日常生活中以及生命的成长过程中可能遭受到的种种不幸事故或疾病、衰老等原因，造成的人的生老病死伤残。

人身保险的给付条件：一是保险期内发生保险事故，造成人的伤残、死亡等；二是保险期满，被保险人生存。

人身保险金的给付形式：大多是定额给付，即无论是期内保险事故发生，还是期满被保险人生存，保险人都按订约时双方约定的金额进行给付。

通常人们将人身保险又叫做人寿保险，实际上两者是不同的概念。人身保险的范围要比人寿保险大得多，人身保险泛指一切以人的生命和身体为保险对象的保险；而人寿保险仅以人的生命为保险对象。

二、人身保险的特征

人身保险和财产保险是我国保险业务的两大分类。两类保险的基本职能是对因不幸事件所造成的经济损失或人身伤害给予一定的经济补偿或经济给付，由于人身保险的保险标的以及给付条件的不同，两大险种又存在着许多差异。人身保险主要有以下一些特征。

1. 人身保险属于给付性保险

人身保险是非补偿性保险，人的生命或身体在遭受意外或疾病等造成的伤残时，难以用货币确定伤残的程度，更难以用货币衡量被保险人死亡的价值量。因此，在人身保险事故发生时，保险人只能按合同约定的额度进行给付，不存在重复保险和超额保险，也不存在代位追偿的问题。如果被保险人同时持有若干有效保单，保险事故发生时，可以从各家保险人处获得约定的给付；如果事故是由第三方责任造成的，被保险人既可获得保险人的给付，也可获得责任方的赔偿。但如果医疗费用保险采用补偿方式进行给付，则适用于代位追偿和分摊原则。

2. 人身风险的特殊性

1) 风险的变动性和稳定性

人身保险承保的主要风险是人的生死。经验显示，人的死亡率一般随年龄增长而逐年增大，不同年龄的死亡率是不相同的，特别是人到了一定年龄后，死亡率的上升呈加速增长的状态，从此意义而言，人身风险具有变动性。但同时，对于整体的死亡率来讲，死亡率因素较其他非寿险风险发生概率的波动而言，又具有相对稳定性。这是由许多专业机构对人的死亡率研究后得出的结论。因此，人身保险所承保的死亡风险在随被保险人的年龄增长而增加的同时，整体而言具有相对稳定性。因此，在人身保险的经营上，如果采用与各年龄死亡率相一致的自然保费，人身保险的经营将不得不面临以下一些困难。

(1) 不利于保险人的逆选择将不可避免地存在。随着年龄的增长，费率也在不断增长，只有那些身体健康状况不断恶化，体力衰退的人因考虑到生命的危险，才会愿意继续缴纳越来越多的保险费，坚持投保。而那些健康的人则可能会由于逐年增加的保费负担而中途退出保险。这样，保险人集中了大量的风险，使得正常情况下计算出来的费率难以维系。

(2) 老年人保险成为不可能。按自然保费，年龄越大，应缴的保费越多，特别到了老年，应缴的保费几乎相当于年轻人的几倍，受收入的限制，老年人难以承担高昂的保费，而往往老年人又最需要得到保险保障。因而，最需要保险的老年人只能望保险而兴叹。对保险人而言，将大量的老年人排除在保险之外，必将影响保险业务的扩大，不利于业务的发展。

(3) 限制人身保险险种的发展。基于上述原因，采用自然保费经营人身保险，高龄人

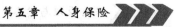

保险、永久性保险(终身保险)以及长期性保险都将受到极大的限制,阻碍了人身保险险种的发展及业务的扩大。

为了克服上述困难,在人身保险实务中采用了均衡保费,即将整个保险期内各年的自然保险进行加权平均,每期交付的保费相等。实行均衡保费的结果:不仅克服了自然保费的局限性,而且由于初期多缴的部分计息,还可降低投保人应交保费的总水平。使人身保险经营在本质上区别于财产保险。

2) 人身风险的分散性

财产风险往往集中着大量的高额风险。如核电站、人造卫星以及高楼大厦等的承保。为了分散风险,分保是必需的。人身保险受人们交费能力的限制,单个人的保额一般不会很高,同时由于科技、医疗卫生保健的进步和发展,人身风险的发生往往是分散、独立的,因此,在同一时间段,人身风险的发生分散于不同的家庭及地区。只有意外的大型灾害的出现,如火山爆发、特大洪灾、地震等风险发生时,才可能导致大量保险标的同时遭受损失的情况,因而分保对于人身保险而言就不是那么重要了。

3. 人身保险保险期限的长期性

人身保险的保险期限大都是长期性的,特别是人寿保险,其保险的有效期限往往可以持续几年甚至几十年、上百年。而且,保险的缴费期和领取期也可以长达几十年。保险期限与投保险种和被保险人的年龄及投保人的选择有关,视具体情况不同而不同。由于期限长,使得人身保险采用年度均衡保费制,保费按复利计息。这对保险人而言,年年都有较稳定的保费收入,形成一笔可供保险人进行中长期投资的资金来源,能充分发挥保险组织资金与融通资金的作用;对投保人而言,可减轻趸缴保险的经济压力以及降低保险费的总水平。人身保险的长期性也要求有一套完整而严密的管理制度,随时记录整个保险期间的一切动态,并且对有关的往来单证要有一套档案管理制度,不能随意散失,以免影响法律效力。

4. 保险金额确定方法的特殊性

人的生命和身体是无价的,显然人身保险的保险金额不能采用财产保险的确定方法。人身保险的保额确定的常用方法——需要与可能确定法。需要是指投保人(被保险人)在人身保险事故发生时需要在经济上得到帮助的程度;可能是指投保人缴纳保费的能力。根据需要和可能由保险当事人双方协商决定一个确切的额度作为保险金额。一般地,需要包括丧葬费用、医疗费用、子女教育婚嫁费用、遗属生活费用、债务、退休养老费用等。不同的需要,具体额度可能不同;同一种需要,不同的对象,其额度也可能不同。人们支付保费的能力一般要受收入水平、生活标准、社会工作地位、家庭负担等因素的影响。

根据需要与可能确定保额,要恰如其分,既不能过高,也不能过低。若过高,一方面,可能产生"逆选择"或引发道德风险,危及被保险人的生命安全,违背保险的宗旨;另一方面，应交的保费也高，容易导致保险合同的失效、退保，不利于保险业务的稳定。若过低，则保险事故发生时，被保险人得不到需要的保障，失去保险的意义。因此保险人在承保过程中，应积极配合投保人，根据投保人的实际情况，作出合理、正确的选择。

除此之外，人身保险的保额确定方法还有"人身保险设计法"、"人的生命价值确定法"和"新休曼式法"等。"人身保险设计法"与"需要与可能法"大同小异；而"人的生命价值确定法"和"新休曼式法"由于其本身的局限性，在现实业务中极少运用，因此不再介绍。

5. 人身保险的保障性与储蓄性

财产保险一般只具有保障性。人身保险则既有保障性，又具有储蓄性，其储蓄性表现在以下几个方面。

(1) 大多数人身保险本身就兼有储蓄性。如两全保险等，投保人投保的目的不仅是为了期内事故发生获得保障，而且也是为了期满生存时得到一大笔储金。从本质上看，被保险人期满得到的保险金就是其储蓄。

(2) 长期性人身保险实行均衡保费的结果。前期多缴的部分实际上就是投保人的储蓄，表现为保单上的现金价值。根据人身保险合同规定，投保人可任意处置这部分现金价值。

(3) 长期性人身保险分期交付保费，且保费按复利计息。这本身就是储蓄的表现。

人身保险虽包含了储蓄的内容，但并不等同储蓄，不能将两者相提并论。首先，储蓄是一种自助行为，依靠自身力量来解决自己困难。保险则是互助与自助的结合，被保险人得到的保险金不仅包含了自己所缴的保费连同利息，而且也包含了他人的分摊。其次，储蓄较为灵活自由，储蓄者可随时改变储蓄计划。人身保险一旦投保，被保险人不能随意变更合同内容，因而人们往往称人身保险是一种半强制性的储蓄。

由于保单具有储蓄性，投保人可以用保单作抵押贷款，在中途退保时可以得到退保金。

此外，人身保险的保险利益也具有特殊性，保险费率的厘定和经营管理等方面与财产保险也存在差异。

三、人身保险的分类

人们需求的多样性及可变性，决定了人身保险险种的多样性及新险种的层出不穷。对于众多的人身保险险种，如何进行科学的归类，学术界还没有形成一个固定的原则和统一的标准。实际上人身保险险种的分类，在不同的场合，根据不同要求，从各个角度，可以有不同的划分方法。

1. 按能否分红分类

按能否分红分类，人身保险可划分为分红保险和不分红保险。

1) 分红保险

分红保险是指保险人将其经营成果的一部分每隔一定时期以一定的方式分配给保单持有人。为了保证红利的分配,分红保险的费率一般较高于不分红保险。保单持有人所得红利的高低,取决于寿险业务的盈亏,因此不稳定。

可分配的红利主要来源于三个方面。

(1) 利差益,即超过预期的利息收益。

(2) 费差益,即业务开支的节余。

(3) 死差益,即实际死亡率与预计死亡率间存在着的有利差距,也就是说保险人的实际业务,死亡保险的死亡人数比预期的少;生存保险和年金保险的死亡人数比预期的多。

红利的领取方式有领取现款、抵充保费、存储生息、增额缴清保险和一年定期保险五种。实行分红保险,既可以为保护提供保障,又可以使投保人获得高于银行利率的收益,有利于吸引更多的保户,促进保险业务的发展。

2) 不分红保险

不分红保险与分红保险相对,投保人不分享保险人经营的成果。保单持有人所获得的保险利益与保险人经营的效益无关。不分红保险的费率低于分红保险。

2. 按保障范围分类

按保障范围分类,人身保险可划分为人寿保险、意外伤害保险和健康保险(有关具体内容参见第二至四节)。

3. 按投保方式分类

按投保方式分类,人身保险可划分为个人人身保险和团体人身保险。

1) 个人人身保险

个人人身保险是以个人为投保者,一张保险单承保一个被保险人的人身风险的人身保险。个人人身保险又分为普通人身保险和简易人身保险。普通人身保险的保险金额一般高于简易人身保险。

2) 团体人身保险

团体人身保险是以法人团体为投保人,一张保险单承保一个法人团体的全部或大部分成员的人身风险的人身保险。团体人身保险又可分为团体人寿保险、团体年金保险、团体意外伤害保险和团体健康保险等。团体保险具有以团体的选择代替被保险人的选择、保额统一规定、保费较低且采用经验计费法等特点。

案例分析 5-1

学生团体保险中的询问与告知①

案情介绍

2006 年 8 月 31 日，A 大学(投保人)与 Y 保险公司(被告，保险人)签订学生团体短期健康保险和意外伤害保险合同一份，受益人为被保险人即包括 X(原告，A 大学学生)在内的 7000 余名在校学生，保险期限一年，保费为每人 30 元，投保险种包括学生意外伤害保险、附加学生意外伤害医疗保险和学生幼儿住院医疗保险在内的三个险种，其中学生幼儿住院医疗保险保额为 60000 元。保险条款规定，保险责任范围为保单生效 30 天后，被保险人因病住院所实际支出的合理医疗费用，按级距分段计算给付住院医疗保险金。该保险合同于同年 9 月 1 日零时起生效。

Y 保险公司的投保单规定："投保人、被保险人必须如实告知，否则保险人有权依法解除合同，并对保险合同解除前发生的保险事故不承担保险责任。所有告知事项以书面告知为准，口头告知无效"。保险条款中规定，订立本合同时，保险公司应向投保人明确说明本合同的条款内容，特别是责任免除条款，并可以就投保人、被保险人的有关情况提出书面询问，投保人、被保险人应当如实告知。保险条款还规定，因未告知的既往症，造成被保险人发生医疗费用的，保险公司不负给付保险金的责任。

A 大学与 Y 保险公司订立保险合同时，Y 保险公司未要求学校为参保学生进行保前体检，没有通过投保人向每名参保的被保险人提供书面合同条款说明的资料及询问其健康状况的询问单，也未要求 A 大学向保险公司提供的参加保险学生名单中设置每名学生包括既往病史在内的健康告知状况明细。

A 大学在投保人声明栏盖章，并向 Y 保险公司出具一份声明，称其已向保险公司"如实告知"。投保单中投保人声明栏注明，告知声明书中填"√"，即作为投保人"是"的答复，但该告知声明书的"被保险人健康告知栏"及"其他告知事项"的每一询问事项后的方框中均为空白，Y 保险公司并未就告知栏中的事项对 A 大学提出一一询问。

同年 10 月 13 日，X 学生因"突发头痛伴呕吐 7 小时"住院，经诊断为左小脑动静脉畸形，X 学生既往 3 年前有左小脑动静脉畸形手术史。X 学生经住院治疗，做了左小脑动静脉畸形切除手术，住院期间支付的医疗费合计 36719.9 元。根据保险单的特别约定，核定出医疗费有效金额为 27668.86 元。X 学生向 Y 保险公司提出给付保险金的申请遭 Y 保险公司拒绝，X 学生遂诉至南京市鼓楼区法院。

法院判决

法院认为，投保人 A 大学与 Y 保险公司签订的保险合同合法有效。X 因病住院并实际

---

① 邢嘉栋，沙银华. 学生团体保险中的询问与告知，浙江保险在线，www.zjbxw.com，2007-11-26.
学生学习时可参考第七章"保险合同的基本原则"中"第一节 最大诚信原则"的相关内容进行分析理解。

支付了医疗费用，已构成保险事故。我国《保险法》采用询问告知主义原则，即投保人的告知范围以保险人询问的事项为限，对保险人未询问的事项，不负有告知义务。投保人应当告知的事项，仅限于投保人或者被保险人知道或者应当知道的重要事实或事项。

Y 保险公司提供的投保单、保险条款中规定了投保人、被保险人必须如实告知，且所有告知事项以书面告知为准，在订立保险合同时，Y 保险公司就应采取书面询问的具体措施：如向每名参保学生发放询问单，或者通过要求学校在其提供的参保学生名单中，设置每名被保险人健康告知栏等方式，询问每名被保险人的身体状况以及是否有与重大疾病有关而涉及保险人免责的既往症等内容。

虽然 A 大学在投保单的投保人声明栏盖了章，并向 Y 保险公司出具了已告知的声明。但这并不能证明 Y 保险公司向投保人 A 大学一一询问过 7 000 余名参保学生的身体状况以及是否有既往症。因 Y 保险公司未采取有效措施向投保人提出一一询问，使得作为被保险人之一的 X 学生，在对投保单和保险条款中所规定的询问内容和不履行告知义务的后果处于不知情的状况下，无法通过投保人 A 大学向 Y 保险公司告知其既往病史。而投保人 A 大学并非专业保险机构，也非兼业保险代理人，在 Y 保险公司未提出一一询问的情况下，并不负担对原告的既往症告知的义务。综上所述，Y 保险人因未告知的既往症而免责的保险条款不发生效力，Y 保险公司对原告在保险期限内住院所产生的合理医疗费用，应承担给付保险金责任。

根据保险单的特别约定，核定出医疗费有效金额为 27 668.86 元，在保险合同特别约定的 60 000 元保险保额范围内，依照保险条款规定的按级距分段计算法，算得应给付住院医疗保险金为 22 751.97 元。

据此，法院判决被告 Y 保险公司给付 X 学生保险金 22 751.97 元。

法理评析

学生幼儿住院医疗保险是我国保险市场上常见的学生团体险之一，通常投保人为学校，被保险人及受益人为学龄前儿童或在校学生。该险种参保人数多、年轻健康体比例高、保险代理成本低。故该险种收取的保险费较低，承保手续也较为简便，保险公司一般不要求对被保险人进行体检。

但是，我国目前还有一些保险公司，如本案中的 Y 保险公司，仍要求投保人或被保险人对被保险人的身体健康状况进行告知，否则，如被保险人有未告知的既往症而发生的医疗费用，保险人免责。此时，应当如何进行学生团体险的询问与告知的实务操作？如发生了参保学生存在未告知的既往症而发生了医疗费用后向保险公司申请支付保险金时，保险公司是否可以拒赔？

对此，笔者认为，学生团体险中的投保人与被保险人并非同一人，学校与学生均为告知义务人，其告知范围，以保险人询问的事项为限，对保险人未询问的事项，不负有告知义务。团体保险中，保险公司如要求投保人或被保险人如实告知，则应当采取具体询问措施，对每名参保学生一一提出询问。

以下两种具体询问方式可以供参考。

一是通过学校向每名参保学生发放询问单，参保学生填写后由作为投保人的学校统一交给保险公司。保险公司除将答复询问的书面材料存档备案外，还应制作一份副本提供给学校备案；目前，有些保险公司统一印制了询问单提供给团体保险中的被保险人填写备案，但为学校提供一份副本备案的保险公司却不多见。

二是要求学校在其提供的参保学生名单中，设置每名被保险人健康告知栏等方式，询问每名被保险人的身体状况，以及是否有与重大疾病有关而涉及保险人免责的既往症等内容。同样，保险公司也应制作一份副本供学校备案。

本案中，A 大学在投保人声明栏盖章，并向 Y 保险公司出具一份声明，称其已向保险公司"如实告知"。法院认为，Y 保险公司的上述证据不能证明其已就 7000 余名参保学生的身体状况以及是否有既往症等问题向投保人一一提出过具体的询问。

在笔者看来这种判断是合乎法理的。目前，我国有的保险公司往往会让学校在投保人声明栏内盖章，或要求学校出具已经如实告知的声明，以此作为其已经履行询问义务的证据。这种做法固然可以降低保险代理的成本，但仅以此来证明保险公司已经履行了询问义务，并以此来主张保险人因未告知的既往症而免责，显然是错误的。

4．按风险程度分类

按风险程度分类，人身保险可划分为标准体保险和次健体保险。

1）标准体保险

标准体保险的被保险人的风险程度与保险人订立的正常费率相适应。标准体又称为健康体或强体，是指被保险人的身体、职业、道德等方面没有明显的缺陷，可以用正常费率来承保的被保险人。人身保险的大部分险种是标准体保险。

2）次健体保险

次健体保险就是不能用正常费率来承保的人身保险。次健体又称为弱体、非标准体，被保险人存在超过风险，其风险程度超过了标准体的风险程度，因而只能用特殊的方法加以承保。次健体保险的承保方法主要有以下几种。

(1) 增龄法。增龄法指承保时，将被保险人的年龄比实际年龄提高若干岁。如 35 岁的弱体投保，保险人承保时按 40 岁的标准费率征收保费。这种方法简单方便，但只能适用于超过风险显然是递增型的，而且是随年龄增加而无限增大的情形，实际上呈现如此超过死亡的疾病或障碍是极为少见的。

(2) 定额特别保费法。这种方法是按强体保险承保，但只要超过风险存在，另外收取定额特别保险费(如每千元保额征收五元特别保险费)，用以弥补各年超过风险的附加经费。这种方法适用于均衡型的超过风险。

(3) 保额削减法。保险人按正常费率承保，但在合同中说明，从合同生效起的一定时期内，要削减保险金额。如果被保险人在削减期内死亡，保险人只能按削减后的保额进行给付；若超过了削减期死亡，保险人则按保险金额进行给付，削减的期间和削减的额度视被保险人的缺陷程度而定。这种方法适宜于递减型的超过风险。

第二节　人 寿 保 险

一、人寿保险的概念

人寿保险是以被保险人的生命为保险标的，以生存和死亡为给付保险金条件的人身保险。人寿保险是人身保险的主要组成部分，被保险人在保险期内死亡或期满生存，都可以作为保险事故，即当被保险人在保险期内死亡或达到保险合同约定的年龄、期限时，保险人按照合同约定给付死亡保险金或期满生存保险金。

人寿保险的基本特征如上节所述，是定额给付性保险，保险期限长，风险具有变动性、稳定性和分散性，采用均衡保费等。

二、人寿保险的基本形态及其发展

1. 人寿保险的基本形态：传统的寿险险种

人寿保险的三大传统寿险险种：一是以生存为保险事故的生存保险；二是以死亡为保险事故的死亡保险；三是既以生存又以死亡为保险事故的生死混合保险。这三大传统险种是人寿保险的基本形态。

1) 死亡保险

死亡保险是以被保险人在保险有效期内死亡或终身死亡为保险金给付条件的人寿保险。保险人承担的基本责任就是被保险人的死亡。死亡保险如果是有期限的为定期死亡保险，不限定期限的则为终身死亡保险。

(1) 定期死亡保险。定期死亡保险一般又称为定期寿险。定期寿险是世界上发现最早的寿险合同。1583 年 6 月 18 日承保的威廉·吉朋(Willian Gybbons)的 12 个月期的保单就属于此种保险。

① 定期寿险的概念。定期寿险提供的是某一特定期间的死亡保障。特定期间有两种表示法：第一，以特定的年数表示，如五年期死亡保险；第二，以特定的年龄表示，如承保至 50 岁。无论以哪种方法表示期间，只要被保险人在保险有效期内死亡，保险人就给付保险金于受益人；如果被保险人生存至保险期满，保险合同即告终止，保险人既不退还已交保费，也不给付任何金额。如果被保险人想继续获得此种保障，必须重新投保。

② 定期寿险的特点。定期寿险大多期限较短。除长期性定期寿险外，通常它没有现金价值，不具备储蓄因素。其保险费一般只包含保障因素和最低限度的附加费开支，不计

利息。根据生命表，在一定时期内，死亡概率小于生存概率，被保险人通常都较之保险期间活得更久，其保费也较低。然而根据生命规律，越接近晚年，死亡概率增长的速度越快，从而导致保费的快速增长。因此，定期寿险较低的保费所代表的是较少的给付。事实上，由于定期寿险是在期内死亡的给付保险金，显然大多数投保此险种的被保险人在特定期内的死亡概率都较高。另外，定期寿险满期时，被保险人有继续投保或中止的权利，希望继续投保而情愿缴高额保费者，显然不健康者居多，基于上述原因，定期寿期存在着较为严重的逆选择，其费率必然也是较高的。

③ 定期寿险的适用范围及局限性。定期寿险提供的是特定期内的死亡保障，且保费较低，因此它适宜于：第一，在特定的期间内对被保险人的生命具有合同上权益关系的人投保，以免被保险人在特定期间内死亡使投保人的利益遭受损失；第二，家庭负担较重，经济负担能力较差，又有保险需求的人投保。除此之外，偏重死亡保障的人也适宜于投保定期寿险。

定期寿险的局限性表现为：第一，当投保人对保险保障的需求超过特定期间，而又需要保障时，可能因其变为不可保体而永远丧失保险保障；也可能由于被保险人的年龄增大，费率过度，而交付不起高昂的保费，被排除在保险保障之外。第二，定期寿险大多不具备储蓄因素，投保人不能获得保险与储蓄的双重好处，对于偏重储蓄的人则是一个限制。

(2) 终身死亡保险。终身死亡保险又称为终身寿险。终身寿险是一种不定期限的死亡保险。保单签发后，除非应缴的保费不缴，或因解约而早期停效，被保险人在任何时候死亡，保险人都得给付保险金。由于人终有一死，因此终身寿险的给付是必然要发生的，受益人始终会得到一笔保险金。终身寿险属长期性保险，保单都具有现金价值，带有一定的储蓄成分，因而适宜于需要终身保障和中位储蓄的人投保。

2) 生存保险

生存保险是以被保险人于保险期满或达到某一年龄时仍然生存为给付条件的一种人寿保险。生存保险的保费可以趸缴，也可以分期缴付。保险金的给付可以一次付清，也可以分期给付。因此生存保险有两种形态：单纯的生存保险和年金保险。

(1) 单纯的生存保险。单纯的生存保险与定期死亡保险恰好相反。在单纯的生存保险中，保险金的给付是以被保险人在期满时仍生存为条件，如果被保险人中途死亡，保险人既不给付保险金，也不退还已交的保费。这种单纯的生存保险如果不加以限制，就会使不幸者更加不幸，有利者更加有利，最后可能导致与赌博性质差不多的结果，因而，在实务中一般不以单纯的生存保险作为单独的保险形式推行，而是附加死亡保险和其他人身保险。如我国目前开办的独生子女保险以及子女教育婚嫁保险等，都是以生存保险作为基本险而附加了死亡或意外伤害保险。

(2) 年金保险。

① 年金保险的概念。年金保险就是在被保险人生存期间，按合同的规定，每隔一定的周期支付一定的保险金于被保险人的一种生存保险。简言之，以年金的方式支付保险金

的生存保险就是年金保险。

习惯上，人们常把年金保险称为年金，实际上两者是不同的，年金是大概念，年金保险只是年金的一种，年金的收付有确定的期间，与收付人的生命无关；年金保险的给付期则取决于被保险人的生命因素，人的生死是事先不能预料的偶然事件，因而其给付期是不确定的。为了区别两者，一般称前者为确定年金，后者为不确定年金。

在年金保险中，领取年金的人为年金受领人，保险人定期给付的金额为年金领取额(或年金收入)，投保人交付的保费又叫年金购进额(或年金现价)。

②　年金保险的特点。年金保险的特点主要有：第一，年金保险是生存保险的特殊形态，其特殊之处在于保险金的给付采取了年金方式，而非一次性给付。第二，年金保险保单上仍有现金价值。其现金价值与普通生存保险保单上的现金价值一样，随保单年度的增加而增加，至缴费期结束(而非保险期满)时，现金价值为最高。第三，年金保险的保险期间包括缴费期和给付期(有的包括等待期)。缴费期指年金保险的投保人分次交纳保费(年金现价)的期间，给付期指保险人整个给付年金额的期间。如某人 30 岁投保终身年金，要在60 岁时开始领取年金额，缴费至 60 岁，即从 30 岁投保开始至 60 岁为缴费期，60 岁至终身为年金领取期。等待期为缴费期结束后需等待一段时期后，再进入年金的领取期。如 30岁的人投保交费至 50 岁，60 岁开始领取年金，从 50～60 岁这段时期就是等待期。无论以何种方式交付，必须缴清全部保费后，才能进入年金的领取期。

③　年金保险的作用。第一，年金保险最通常的用途就是提供老年生活保障。用年金保险的方式提供老年生活保障至少有两大优点：一是可以降低保费，提高老年生活水平，因为年金收入中不仅包括了投保人交付的本金及其利息，而且还包括了生存者的利益。二是用于养老所需的年金保险一般支付周期为月，每月支付一定年金额，保证生活需要，可避免老人的浪费或使用不当造成最后年月中生活无保障的局面。作为解决老有所养的年金保险，人们一般是在年轻时投保交费，年老退休时开始领取年金额。

第二，年金保险的另一作用就是可用于子女教育基金。如子女教育金保险就是一种年金保险。父母在子女年幼时投保；待子女满一定年龄(如高中或大学)时，开始领取年金额，作为子女上学的费用；至毕业时停止给付。这种类型的年金保险一般支付周期为年，给付期为子女就学期间，并且一般都会加上意外伤害保险或死亡保险。另外，一般保单还附有交费条款。

第三，年金保单具有现金价值。年金保险的投保人可在交费期内退保领取现金价值，因此，有人也把年金保险作为一种安全投资的方式，且可获得税法上的优惠。例如，美国某些处于高税率等级的人，把投保年金保险作为一种策略来延缓现金价值积累中利息收入的纳税，直到他们退保获得年金的总付款价值时为止。

3)　两全保险

两全保险又称为混合保险、储蓄保险或养老保险。

(1)　两全保险的概念。两全保险是被保险人无论在保险期内死亡还是生存至期满，保险人都给付保险金的一种人寿保险。两全保险都规定有期间，仍以特定的年数和特定的年龄来表示。人非生即死，被保险人不是在保险期内死亡，就是生存至期满，因此，与终身寿险相似，受益人始终会得到一笔保险金。

(2) 两全保险的特点。两全保险具有如下特点。

① 两全保险是寿险业务中承保责任最全面的一个险种。它不仅可以保障被保险人由于生存而引起的收支失衡的需要，而且可以排除由于其本人死亡给家庭经济生活带来的困难或与其有经济利害关系的人的经济影响的后顾之忧，它是生存保险和死亡保险结合的产物，因而从精算角度来讲，两全保险的保费等于定期寿险与生存保险两者保费之和。

② 费率最高。在定期死亡保险和生存保险中，保险人承担的责任要么是死亡，要么是生存。保险金的给付也存在两种可能：给付或不给付。两全保险既保生存又保死亡，且一旦投保，给付就必然要发生。因此，除了长期的两全保险与终身寿险的费率差不多外，短期两全保险比其他寿险的费率高很多，不适宜于经济负担能力差的人投保。

③ 两全保险的保费当中，既有保障的因素，又有储蓄的因素，而且以储蓄因素为主。保费中储蓄因素的多少与保险期限的长短密切相关，保险期限长的，保费中储蓄所占的比重小；保险期限短的，储蓄所占的比重就大。

④ 两全保险的保额分为危险保额(或保障保额)和储蓄保额。危险保额随保单年度的增加而减少直至期满消失；储蓄保额则随保单年度的增加而增加，到期满则全部为储蓄，即"保障递减，储蓄递增"。因此，只有需要低度保障，高度储蓄的人，才适宜于投保两全保险。

(3) 两全保险的作用。两全保险高度的储蓄性，使其常被作为半强迫性的储蓄方法或被当做一项投资，以防止储蓄期间因死亡所带来的风险。一般地，投保人将其用作：①教育基金，这是两全保险最普遍的用途之一。通常此种情况下，附有保费支付者条款，即支付保费者(通常为双亲)如果在缴费期内死亡，可免缴以后的保费而保单继续有效的条款。②老年退休基金，这是两全保险的另一个普遍用途，就是提供老年退休时所需的资金。此种情况下，其保险期间通常至退休年龄为止，到退休时可获大笔保险金供老年生活所需。从此意义而言，两全保险又称为养老保险。

2. 人寿保险险种的发展：现代寿险产品

为了满足人们对特定的各种不同的保险的需求，增强寿险产品的竞争能力，保险人对寿险的传统品种进行修订和组合或增加其功能，形成了内容更为复杂的现代寿险产品。这些产品与传统产品相比较，通常具有投资功能，是投资联结产品，或称为投资理财类保险产品，它在保费缴纳方式、保单的现金价值或保险金额等方面可以单独或共同变动。其主要种类有变额人寿保险、万能人寿保险和变额万能人寿保险。

1) 变额人寿保险

(1) 变额人寿保险的含义。变额人寿保险是一种保额随其保费分离账户的投资收益的变化而变化的终身寿险。于 20 世纪 70 年代在美国寿险市场上出现，这种产品可有效抵消通货膨胀给寿险带来的不利影响。变额寿险在各国的称谓有所不同，英国称为单位基金联结产品(Unit-linked policy)；加拿大称为权益联结产品(Equity-link policy)；美国称为变额人寿保险；中国香港、新加坡称为投资联结保险(Investment-linked life insurance)。我国也称为投资联结保险。

变额寿险在许多方面与传统终身寿险类似。保费仍然为均衡保费，若投保人没缴纳保费，保单就会失效；投保人也可对保单进行某种方式的选择，如可以选择减额缴清保险或展期保险；失效的保单可按复效条款进行复效。

变额寿险有分红型和不分红型两种。由于其利差益扣除投资管理费用后，可用于增加保单的现金价值，所以，分红型的变额寿险的红利来源为死差益和费差益两部分。

(2) 变额人寿保险的特点。变额人寿保险通常具有以下特点：第一，其保费是固定的，但保单的保险金额在保证一个最低限额的条件下，是可以变动的。第二，变额寿险通常开立有分离账户，在将保费减去费用及死亡给付分摊额后被存入投资账户。保险人根据资产运用状况，对投资账户的资产组合不断进行调整；保单所有人也可以在各种投资产品中自由选择调整组合。第三，保单的现金价值随着保险人投资组合和投资业绩的状况而变动，某一时刻保单的现金价值决定于该时刻、该险种的保费投资账户资产的市场价值。

在该种保单的死亡给付中，一部分是保单约定的固定的最低死亡给付额，一部分是其分离账户的投资收益额。

2) 万能人寿保险

(1) 万能人寿保险的基本含义。万能人寿保险简称万能寿险。它是为了满足那些要求保费支出较低，且方式灵活的寿险消费者的需求而设计的，最早于 1979 年在美国寿险市场出现。万能寿险的保费缴纳方式很灵活，保险金额也可以调整。投保人在缴纳首期保费后可选择在任何时候缴纳任何数量的保费，只要保单的现金价值足以支付保单的相关费用，有时可以不用缴纳保费。投保人还可以在具有可保性的前提下，提高保额或降低保额。

万能寿险的基本做法是：从投保人缴纳的首期保费中，扣除首期的各种费用、死亡给付分摊、附加优惠条件的费用等后的剩余部分为保单最初的现金价值。该部分价值按新投资率计息累积到期末，成为期末现金价值，同时也是下一周期的起初价值额。在第二周期，投保人根据自己的情况缴纳或不缴纳保费，若该周期的起初价值额足以支付第二期的费用及死亡给付分摊额，投保人就不用缴费；若现金价值额不足，投保人缴纳的保费不够，则保单会因此而失效。若投保人在第二期期初缴纳了保费，则第二期的期初现金价值额为上期期末现金价值加第二期保费减去费用和死亡给付额。第二期的期初现金价值额按新的投资利率累积到期末，成为第二期的期末现金价值额。该过程不断重复，一旦其保单的现金价值额不足以支付保单的死亡给付分摊和费用，又未有新的保费缴纳，则保单失效。

(2) 万能寿险的特点。与其他寿险相比，万能寿险具有以下几个特点：

① 死亡给付模式的可选择性。万能寿险为投保人提供了两种可供选择的给付模式，

通常称为 A 方式和 B 方式。A 方式为一种均衡给付方式，与传统的具有现金价值的给付方式类似：在保险有效期内，发生保险事故，受益人得到约定的死亡给付金。该方式的死亡给付金是净风险保额和保单的现金价值之和。但净风险保额每期都可能变化，通过调整，使净风险保额与现金价值之和保持均衡，成为均衡的死亡受益额。当保单的现金价值增加时，风险保额相应减少，对应的所需缴纳的保费额减少。在 B 方式中，死亡给付额为均衡的净风险保额与现金价值之和。现金价值的变化直接影响到死亡给付额的大小，如现金价值的增加将会使死亡给付额等额增加，但对净风险保额的大小没有影响。

② 保费交纳方式的灵活性。万能寿险的保单持有人可在保险公司规定的幅度内，选择任何一个数额，在任何时候交纳保费。通常情况下，保险人规定的首期保费较高，以支付足够的费用和死亡给付金，同时也为了避免保单由于对保费缴纳没有严格的限制而导致的过早终止。有时，保险人按保单签订时投保人的意愿建立目标缴费额，按照缴费目标进行开支计划，利用银行自动划拨的方式引导投保人缴费。有些保险人在保单中列入了基于缴纳最低保费时保单不失效条款，即在此条款下，即使保单已无现金价值，只要投保人缴纳年保单规定的最低保费，则保单继续有效。

③ 现金价值的特殊性。万能寿险的现金价值为保费扣除各种分摊额后的累积价值。保单通常都规定一个最低的现金价值累积利率，通常为 4%或 5%，在长期累积下，保单所有者仍有较大的收益。有的保险人提供滚动式利率，如外界的某一移动平均利率(如 5 年期国债利率)为最低利率。也有的保险人的万能寿险保单的利率是基于其投资利率或投资组合收益率。

3) 变额万能人寿保险

变额万能人寿保险简称变额万能寿险，是针对将寿险保单的现金价值视为投资的保单所有人而设计的。变额万能寿险遵循万能寿险的保费缴纳方式，而其投保人也可以根据规定和自己意愿降低保单保额，或在具备可保性的条件下，提高保额；但其资产由分离账户保存，其现金价值的变化与变额寿险相同，且没有现金价值的最低承诺。因此，该类寿险是缴费灵活的万能寿险和投资灵活的变额寿险相结合的寿险。

变额万能寿险的投资与变额寿险一样，是多种投资基金的集合。保单所有人可以在一定时期内将其现金价值从一个账户转移到另一个账户，但其死亡给付金采取与万能寿险相同的方式。在 B 方式下，死亡给付金随投资资产价值的大小不同而不同；在 A 方式下，为均衡死亡给付额，投资收益的大小只反映保单的现金价值。

在变额万能寿险中，保单所有人承担了保险人管理的投资账户上资产的投资风险。当投资账户的投资收益减少时，保单的现金价值可能减少为零，若没有足够的保费缴纳，保单可能会失效。但是，保单的分离账户与保险公司的一般账户的资产分开，可以增加分离账户的变额万能寿险的保单所有人的安全性。

变额万能寿险与传统的保险产品完全不同，具有很强的投资功能，因此，在国外，对其最高保额有限制，以区别于其他的金融投资工具，否则，将得不到税收上的优惠。此类

保险为高级投资联结产品。

三、人寿保险的常用条款

1. 宽限期条款

1) 条款内容

宽限期条款的内容是：投保人如没有按时缴纳续期保险费，保险人给予一定时间的宽限(通常为三十一天，我国保险法一般规定为六十天[①])。在宽限期内，保险合同仍然有效，若保险事故发生，保险人应按规定承担给付保险金的责任，但应从中扣除所欠缴的保险费连同利息。超过宽限期，投保人仍未缴付保险费，保险合同即告停效。宽限期终了日若遇星期例假日，或国定休息日，或遇天灾地变，期限顺延。

2) 规定宽限期的目的

规定宽限期的目的在于避免合同非故意失效，保全保险人业务。人身保险的投保人在分期缴费方式下，缴纳首期保险费是合同生效的前提，按时缴纳续期保险费是维持合同效力的条件，在长期的缴费期间中，大多数投保人并非故意不按时缴纳保险费，而是因偶尔遗忘或暂时经济困难等客观原因，未能按时缴费，如果保险人不给予一定时间的宽限，必然导致许多合同于中途停效，进而失效终止，这对被保险人而言，会因其客观原因(并非主观愿望)而使保障毁于一旦。因此宽限期的规定于合同双方都有利而无害。

2. 复效条款

1) 条款内容

复效条款的基本内容：投保人在停效以后的一段时期内，有权申请恢复保单的效力，复效是对原合同法律效力的恢复，不改变原合同的各项权利和义务。

2) 复效的条件

复效须经投保人提出复效申请，并与保险人达成复效协议方可。为了防止逆选择，保险人对于申请复效，一般都规定了条件。主要包括以下几个方面：

(1) 申请复效的时间。任何民事法律权利，都有时效限制，投保人申请恢复保单效力的权利也应有时效的限制。人身保险合同申请复效的时间一般规定为停效后的两年或三年内，我国保险法规定为两年，超过了这个期限，就不能复效，保单终止，保险人向受益人支付保单上的现金价值或退还已缴保费。

---

① 2009 年《保险法》第三十六条规定："合同约定分期支付保险费，投保人支付首期保险费后，除合同另有约定外，投保人自保险人催告之日起超过三十日未支付当期保险费，或者超过约定的期限六十日未支付当期保险费的，合同效力中止，或者由保险人按照合同约定的条件减少保险金额。"

(2) 申请复效应尽告知义务。与申请投保一样，申请复效仍要尽告知义务，提供可保性证明(生存类保险除外)，此时只需告知保险人，被保险人在停效期间和复效当时的健康状况。只要能证明被保险人的健康状况在停效后未曾恶化，很少有保险人拒绝复效的情况。

(3) 复效时，应补缴停效期间的保险费及利息，但保险人不承担停效期间发生的保障责任。因为：①从法律上讲，复效是从复效之日起恢复合同的法律效力，并不追溯以往。②从保险原理上讲，保险承保的只能是未发生的不确定事件，停效期内发生的保险事故属于已发生的确定事件，保险人不能负责。③从保险经营上讲，如果保险人要承担停效期的保险责任，那么申请复效者大多是停效期间保险事故发生了的被保险人，因为这些人为了取得较多的保险给付金，宁愿补缴少量的保费和利息，这显然对保险人的经营不利。

(4) 复效时须归还清保单上的一切借款。如经济上困难不能归还借款需重新办理借款手续。

3) 复效与重新投保

人身保险合同停效后，被保险人要想重新获得保险保障，有两条途径：一是申请复效，二是重新投保，比较二者，各有适应情形。复效时保险费与原合同保持一致，停效期间连续计算在保险期间内，要补缴停效期间的保费和利息，不能获得此期间的保障。重新投保是投保人终止原合同——退保，与保险人重新订立新的人身保险合同。重新投保按投保时被保险人的年龄计算保险费，保费必然高于原合同，但保险期间从新订约时开始计。因此，对于年轻的被保险人而言，终止原合同，重新订立新合同更为有利；复效一般适宜于年龄较大的被保险人，因这时重新投保的保费可能比原合同的保费高得多，在经济上不合算或者这时被保险人的年龄已超过了保险人可以承保的年龄而不能重新投保。另外，复效也适宜于保险人已经停止发售的险种。

3. 贷款条款

1) 条款内容

贷款条款又称为保单贷款条款或保单质押贷款条款。其基本内容：人身保险合同在保费缴满一定时期后(一般是一年或两年)，投保人可凭保单向保险人申请贷款，其贷款的额度连同利息不得超过该保单上的现金价值。如果贷款本息达到保单上现金价值的数额时，合同终止。

保单质押贷款实际上是投保人处置保单的方式之一，其具体做法如下。

(1) 只有保单上积存有现金价值时，投保人才能申请贷款。保单贷款实际上是投保人以保单上的现金价值为抵押的贷款。保险人在订立合同之初，投入了大量的原始费用，为了尽快收回投入的原始费用，发展新业务，保险人将订约之初的第一年或第二年内收取的保险费，在扣除了分摊死亡给付金后的余额部分，全部用来摊销这些原始费用，因而保单订约后的最初一两年内保单上没有积存现金价值，在此期限内，投保人不能向保险人申请贷款。

(2) 贷款的数目连同截至下一个缴费日为止的贷款利息，不能超过保单在那时用做保证的现金价值。如果贷款本息超过了保单上的现金价值，保险人向保单持有人发出归还贷款期限(一般为三十一天)的通知，届时如还未归还贷款，保险合同即行终止。合同终止后，无论是否发生保险事故，投保人都不能通过偿还贷款本息恢复其效力；合同终止后，保险人须注销保险合同，向投保人或被保险人发出终止合同的书面通知。

(3) 保单贷款应按双方约定的利率计算。如果到结息日没有支付利息，该项利息并入贷款数目内一并计息。

(4) 贷款期间保险合同为有效合同。在此期内发生的保险事故，保险人给付保险金；投保人退保，保险人应支付退保金。不过，保险事故的发生或退保的提出，并不免除投保人偿还债务的义务，所以应从保险金或退保金中扣还贷款本息。

2) 规定贷款条款的目的

规定贷款条款的主要目的是维持保单的继续率，解决投保人暂时的资金紧张困难。长期性人身保险合同都采用均衡保险费制，在此保费制下，每张保单上积存有现金价值，现金价值主要是投保人超缴的保费以及所生的利息，具有不没收的性质，投保人可根据其需要处置它。如果不允许投保人凭借保单向保险人借款，在投保人资金暂时困难，需要现金而又无其他解决途径时，只有通过退保，领取保单上的现金价值予以解决，这显然对保险人和投保人都不利。因此，为了维持保单的继续率，解决投保人的暂时经济困难，长期性人身保险合同都有贷款条款的规定。

4. 自动垫缴保费贷款条款

1) 条款内容

自动垫缴保费贷款条款的基本内容：投保人如在宽限期内尚未缴付保险费，除非投保人有反对声明，保险人得以在保单的现金价值中自动提供贷款，用以抵缴保险费，使合同继续有效，直到累计的贷款本息达到保单上的现金价值的数额为止。届时，投保人如再不缴付保险费，保险合同效力即行终止。

自动垫缴保费贷款是保单贷款方式之一，适宜于分期缴费的长期性人身保险合同。自动垫缴保费贷款条款的具体内容可分述如下。

(1) 自动垫缴保费贷款意指不需投保人提出贷款申请，保险人自动提供贷款，贷款的目的在于垫缴保险费。自动垫缴保费贷款条款的实施，以订约时投保人的书面同意为条件，这是因为自动垫缴保险费贷款经过一定时期后，投保人退保所得的退保金要扣除垫缴的本息。如果不征得投保人的同意，保险人就自动垫缴保费，若在垫缴保费期间未发生保险事故，投保人可能否认保险人的垫缴，在退保或期满领取退保金或满期保险金时，可能在其金额上与保险人发生矛盾而引起纠纷。因此，只有在订约时，投保人出具了书面同意书的情况下，保险人方能实施这一条款。

(2) 自动垫缴保费贷款的前提是保单上积存有现金价值。贷款仍需按一定的利率(一般是依据当时国家银行的贷款利率)计息。当累计的贷款本息达到保单上现金价值的数额时，停止贷款，如果此时投保人再不缴付保险费，保险合同即告终止。

(3) 自动垫缴保费期间，保险合同仍然有效。如果保险事故发生，保险人要从给付的保险金中扣除垫缴的本息。

2) 条款的目的

此条款的目的与宽限期条款的目的一样，都是为了防止保单非故意停效，维持保单的有效率，保全保险人的业务。

5. 不丧失价值任选条款

1) 条款内容

不丧失价值就是保单上的现金价值。不丧失价值任选条款的基本内容：规定投保人有权在合同有效期内选择有利于自己的方式处置保单上的现金价值。

2) 不丧失价值的处置方式

不丧失价值的处置方式通常有以下几种。

(1) 解约退保，领取退保金。

投保人采用这种方式，虽可以得到解约退保金，但解约退保后，保险合同终止，被保险人失去保险保障，也可能会因为以后成为不可保体而永远失去保险保障；再者投保人此时领取退保金要扣除解约费用，这对投保人而言也是不利的。

解约退保对于保险人而言，更是有弊而无利，因为：①解约退保可能意味着严重的逆选择。众所周知，解约退保者中极少属体弱多病、健康欠佳或从事较危险行业的被保险人。只有那些身体健康较佳者才会解约退保，这就可能导致实际死亡率较预期增大的逆选择现象。②减少保险人的投资收益。解约退保，保险人从其责任准备金中支付退保金，可能影响保险人的投资规模，降低投资收益率。③影响保险人费用成本的收回。人身保险合同的初年成本和费用往往超过第一年的保费收入，这些费用除了在合同的最初一、二年度，由修正制责任准备金收回一部分外，其余的要分摊到以后各年度才能收回，投保人的中途退保解约，使此部分成本费用难以收回。④解约退保过多会影响保险人的声誉和形象，失去潜在的投保人。因此，在保险人经营中，如何防止解约为一重大课题，唯有高的合同继续率，才能维持经营的安全。

(2) 减额缴清保险。投保人如不愿继续缴纳保险费，可以采取减额缴清保险的方式处置保单上的现金价值。减额缴清保险就是投保人利用保单上的现金价值将原合同改变为一次缴清保险费的同类保险，合同变更后的保险期限和保险内容保持不变，只是保险金额比原合同有所减少；"减额"是指保险金额的减少。"缴清"是指保险费交付完毕，即投保人以当时保单上的现金价值作为趸缴保费投保与原合同种类相同的保险。改保后，投保人不再缴付保险费，但所享受的保障程度降低。这种方式适宜于被保险人身体健康状况良好，需要长期保障而又无力缴付保险费的保险合同。

（3）展延定期保险。展延定期保险指投保人利用保单上的现金价值将保险合同改为一次缴清保险费的定期保险，合同变更后，保险金额不变，只是保险期限要根据保单上的现金价值进行推算。这种方式适用于被保险人身体健康状况衰退或职业风险有所增加，又无力缴付保险费的保险合同。

上述三种方式的共同之处是：①以保单上积存有现金价值为前提；②必须于保险合同有效期内申请；③以当时保单上的现金价值作为趸缴保费(仅限于后两种方式)；④变更或退保时，如有保单贷款或自动垫缴保费贷款均需先扣除贷款本利。

6. 保单转让条款

1）条款内容

长期性人身保险合同都具有现金价值，类似于有价证券，保单持有人可作各种处置。保单转让条款的基本内容就是允许保单持有人在需要时转让保单，保单转让时须书面通知保险人，否则不生效力，保险人收到转让通知后，即受其约束。在此之前，保险人对转让合同是否生效不负责任。例如，某甲向某乙贷款 5 万元，同意以其面额为 5 万元的定期死亡保单转让给乙，双方于 1994 年 5 月 6 日签订转让合同并于同日通知保险人，结果 5 月 8 日被保险人死亡，而保险人于 5 月 9 日才收到转让通知，这时保险人应将保险金支付给保险合同上的原受益人，而不是受让人乙。

保单转让后，受让人享有对保险金的请求权，实际上就是在变更受益人，因此，保单的转让应限于被保险人本人。

2）保单转让的种类

保单转让通常分为两种：

(1) 绝对转让。受让人承受了保单的全部权利，成为新的保单持有人。如发生保险事故，全部保险金归受让人。

(2) 相对转让。受让人仅承受保单的部分权利。相对转让下，受让人于保险事故发生时，收到的只是已转让权益的那部分保险金，其余的仍归原受益人所有。

7. 共同灾难条款

共同灾难条款是解决共同灾难发生时，受益权归属的依据。

1）条款产生的原因

共同灾难是指被保险人和第一受益人同死于共同的事故而言的。例如，被保险人与第一受益人同死于一次灾难事故。发生共同灾难，可能出现下列三种情形：

(1) 明确知道两者死亡的先后顺序；

(2) 明确知道两者为同时死亡；

(3) 无法知道两者死亡的先后顺序。

就第一种情况，保险金如何处理，较为明确：如果被保险人先于第一受益人死亡，保险金应归第一受益人，如果相反，保险合同应作为无受益人合同处理，保险金归被保险人，由其继承人领取。

然而对于第二、第三种情况，则较麻烦，容易引起许多法律上的纠纷，为了避免争端，美国大部分州通过了统一同时死亡法案，该法案认定在第二、第三种情况下，第一受益人先死，被保险人后死，在无指定第二受益人的情况下保险金归被保险人所有，如有归第二受益人。但是，只要稍能证明第一受益人后死于被保险人，则此法案就无法运用。因此，为了解决上述复杂的法律关系，保险人设计了共同灾难条款，作为共同灾难发生时，解决保险金归属问题的法律依据。

2) 条款内容

共同灾难条款规定：只要第一受益人与被保险人同死于一次事故中，不论谁先死，谁后死，还是同时死亡，都认定第一受益人先死，被保险人后死，保险金不是归第二受益人(保单指定有第二受益人的情况下)，就是归被保险人，由被保险人的继承人享有。共同灾难条款的产生使问题得以简化，避免了许多无谓的纠纷。因而，2009 年我国也明确将共同灾难条款加入到第二次修订的《保险法》(第四十二条)中："受益人与被保险人在同一事件中死亡，且不能确定死亡先后顺序的，推定受益人死亡在先"。

8. 不可抗辩条款

1) 条款内容

不可抗辩条款又称为不否定条款(或两年后不否定条款)、不可争条款。其基本内容：在被保险人生存期间，从保险合同生效之日起满一定时间后(通常为两年)，保险人将不得以投保人在投保时违反诚信原则，未如实履行告知义务为理由，而主张解除合同。

不可抗辩条款的除外情况。一般包括下列几种。

(1) 投保人停缴保险费，投保人超过了宽限期未缴付保险费，保险合同效力处于停止状态。

(2) 被保险人年龄误告。年龄是计算保险费的主要因素，如果误报了年龄，不予更正，不根据实际情况调整保险待遇，就会出现合同双方权利义务不对等的情况。

(3) 永久完全残废、丧失工作能力的给付。这是为了防止已残废者为了获得保险金而投保。

(4) 意外死亡加倍给付。如果被保险人在保险合同成为不可争条文后，由于意外事故死亡，保险人只按约定的保险金额给付，加保部分不予给付。

此外，投保人在订立合同时不具备法律要求的基本条件(如投保人与被保险人不存在保险利益)或由于其他原因(如被保险人被冒名顶替)致使合同从订立开始就无效的，保险人可在任何时间提出该合同是无效的。实际上因为这些合同本身就是无效合同，也就是无所谓解除与否的问题了，因此不可抗辩条款对上述情况不起作用。

2) 条款产生的原因

不可抗辩条款的规定，是为了防止保险人滥用权利，保护投保人的正当权益。根据诚信原则，要求投保人在投保时应据实告知被保险人有关健康等的一切情况，如果投保人没有履行告知义务，法律赋予保险人有解除合同的权利。如果对此权利不加以限制，会损害投保方的正当权益，其表现如下。

(1) 如果被保险人在订立合同多年后才主张解除合同，这时被保险人可能由于健康状况的变化而成为不可保体、丧失获得保险保障的机会，也可能这时被保险人年龄较大，重新投保需要缴付较多的保险费。

(2) 如果保险事故发生时，保险人借口告知不实，故意为难，拒付保险金，使被保险人失去应有的保障。

因此为了保护投保人的正当权益，维持保险人的信誉，产生了此条款。我国 2009 年修订实施的《保险法》第十六条第三款补充规定了不可抗辩条款：保险人的合同解除权，自保险人知道有解除事由之日起，超过三十日不行使而消灭。自合同成立之日起超过两年的，保险人不得解除合同；发生保险事故的，保险人应当承担赔偿或者给付保险金的责任。

9. 年龄误告条款

1) 条款内容

年龄误告条款是如何处理被保险人年龄申报错误的依据。条款的基本内容：如果投保时，误报了被保险人的年龄，保险合同仍然有效，但应予以更正和调整。如果被保险人的真实年龄已不符合保险合同规定的年龄限制，保险合同无效，退还已缴保险费。我国《保险法》第三十二条规定："投保人申报的被保险人年龄不真实，并且其真实年龄不符合合同约定的年龄限制的，保险人可以解除合同，并按照合同约定退还保险单的现金价值。"把握此规定，被保险人的年龄不符合承保年龄限制而订立的保险合同可归属于不可抗辩条款的范围。

2) 调整方法

被保险人年龄误报可能出现两种情况：一是年龄报大了，二是年龄报小了。可能导致的结果也有两种：一是实缴保费多于应缴保险，即溢缴保险费，二是实缴保费小于应缴保费。前者如死亡类保险合同的被保险申报年龄大于真实年龄，后者则是相反的情况。对上述两种情况应分别进行调整。

(1) 溢缴保费时的调整。被保险年龄误报导致溢缴保费时，其调整方法有两种。

① 在保险事故发生或期满生存给付保险金时，如果发现了误报年龄，一般应按真实年龄和实际已缴保费调整给付金额。调整公式为：

$$应付保险金 = 约定保险金额 \times \frac{实缴保险费}{应缴保险费}$$

公式中的实缴保费是指投保人按错报年龄实际已缴纳的保险费，应缴保险费是按被保险人真实年龄计算应该缴纳的保险费。

② 在保险合同有效期间，如果发现了被保险人的年龄误报，既可以按前式调整保险金额，也可以退还溢缴的保险费。一般地，保险人都按第一种方式调整保险金额，只有在调整后的保险金额超过了保险合同规定的限度时，才采用退还溢缴保费的方式进行调整。我国保险法规定，在溢缴保险费时，应当退还多收的保险费。

(2) 保险费少缴时的调整。一般分两种情况。

① 在合同有效期间，可要求投保人补交少交的保险费。

② 在保险事故发生时，则只能按实交保费调整给付金额，调整公式如上。

第三节　意外伤害保险

一、意外伤害保险的内涵

1. 意外伤害保险的相关含义及概念

1)　伤害的含义

通常认为，任何一种因素使人的身体遭受到损害以致危害健康，甚至引起死亡，就可以称为伤害，按人们习惯的称呼有时也叫损伤。伤害不仅是指机械性损伤，也包括烫伤、冻伤、中毒、溃疡、惊悸等。即使是"电气伤害"、"精神伤害"、"生物伤害"、"化学伤害"、"原子核心对人体的辐射"也叮被视为伤害。在现代社会中，风险日益增多，伤害的种类也不断增多。

但是从法医学的观点来看，伤害仅仅指由于客观外因所致的各种伤害，而不包括人体内部由于疾病所致的伤害，以对上述所列的伤害加以限制。下面讨论的伤害和保险公司在实际业务中承保的伤害基本上沿用的是法医学上所称的伤害，但有时也对其外延加以扩大(如中毒等)。

2)　意外伤害的含义

意外伤害是指伤害发生时被保险人事先没有预见到，或者是伤害的发生非被保险人的主观愿望或对被保险人而言突然出现，即意外事件的发生必须具备非本意、外来、突然这三个要素，此三要素互相统一、互相联系，缺一都不能构成意外事件。三要素中尤其以非本意的偶然为核心，现将三要素的含义分别解释如下：

(1) 非本意：是指意外事件的发生非被保险人的主观愿望，也不是被保险人所能预见的。例如，一个正常航行的飞机因机械失灵坠毁发生空难，这种结果违背乘客乘坐飞机的主观愿望，也不是乘客在搭乘飞机时能够预见的，故属于意外事件。

特别是有的意外事件，尽管本人能够预见到事件将要发生，也可以采取防范措施加以避免，但基于法律的规范或属守职业道德不能躲避。例如，一银行职工面对持刀抢钱的歹徒为保护国家财产挺身与歹徒搏斗受伤，仍属于意外事件导致的伤害。

(2) 外来：这里的外来一词是强调与前述法医学定义伤害的含义保持一致，即出现意外事件的原因是由被保险人身体外部的因素所引起的。例如，车祸、食物中毒等，只要是人体以外的因素所致的事件均视为意外。

(3) 突然：是指事件的发生对被保险人来讲，来不及预防，即指事件发生的原因和结果之间仅具有直接瞬间的关系。例如，爆炸、空中坠落物体等引起的人身伤亡均属于意外。但是，在生产劳动中发生的铅中毒和矽肺，尽管也属于非本意、外来的因素所造成的，但由于上述两种情况均属于长期接触有毒物质而形成的职业病，结果和原因之间不具有瞬时联系，故不属于意外事件。

值得注意的是，有些事件造成的结果不一定立即显示，即由于伤害后发生继发症所致，而对人体的损伤却是外来剧烈因素所造成的，亦可称为意外事件。例如，发生坠落以致出现内出血，虽然当时没有发现，后来因内伤致死也可作为意外事件。

综上所述，所谓意外伤害是指由于非本意、外来的、突然的事故所造成的人身伤害。它包括意外和伤害两个必要条件。例如，因车祸、火灾、爆炸、雷击、倒塌、烫灼、碰撞、淹溺、窒息、急性中毒、空难等意外事故所致的人身伤害。

3) 意外伤害保险的概念

意外伤害保险是指被保险人因遭受意外伤害使其身体残废或死亡时，保险人依照合同约定给付保险金的人身保险。在意外伤害保险中，保险人承保的风险是意外伤害风险，保险人承担责任的条件是被保险人因意外事故导致残疾或死亡。

4) 意外伤害保险的分类

意外伤害保险按不同的分类方法可以分成不同的类别，如按投保的对象不同，可以分为个人意外伤害保险和团体意外伤害保险等。在此是按承保风险的不同，将意外伤害保险分成普通意外伤害保险和特种意外伤害保险。

(1) 普通意外伤害保险。该类意外伤害保险是指在保险期限内由于普通的一般风险而导致的各种意外伤害事件。在实际业务中，许多具体险种均属于此类意外伤害保险。例如，我国开办的团体人身意外伤害保险、个人平安保险等。

(2) 特种意外伤害保险。该类意外伤害保险是指特定时间、特定地点或特定原因导致的意外伤害事件。由于"三个特定"，相对于普通意外伤害保险而言，其发生保险风险的概率更大，故称之为特种意外伤害保险。例如，在游泳池或游乐场所发生的意外伤害，江河漂流、登山滑雪等激烈的体育比赛或活动中发生的意外伤害等。在实际开办此类业务时，大多采取由投保人与保险人协商一致后签订条款的方式，投保方一般只需作出"是"与"否"的附合即可。

2. 意外伤害保险的特征

意外伤害保险与人寿保险相比，既有共性，又有区别。

从共性来看，意外伤害保险和人寿保险都是采取定额保险的形式，即在投保时，由投保人和保险人约定一定数额，作为保险金额，当保险事故发生时，由保险人依照保险金额承担给付责任；在保险合同主体方面，二者的投保人与被保险人可以是同一人，亦可以不是同一人，两者都可以指定受益人。

意外伤害保险的特征主要体现在其与人寿保险的区别上。主要表现为：

(1) 可保风险。人寿保险承保的是人的生死，或死亡给付、或养老金的领取、或满期领取等，属于人体新陈代谢自然规律，与人的年龄大小密切相关；而意外伤害保险承保的则是由于非本意、外来的、突然的事故对人体造成的伤害、或残废、或死亡，对每个人来说，无论年龄大小如何，其风险程度是大体相同的，因此，其风险的发生与年龄关系不大，而与被保险人从事的职业与生活环境密切相关。

(2) 费率制定。人寿保险在厘定费率时按人的生死概率，选择不同的生命表进行计算；而意外伤害保险费率的厘定则是根据过去各种意外伤害事件发生概率的经验统计计算，较为注重职业危险。不同的职业，发生意外伤害事故的概率不同，因此，其费率的大小也不同。

(3) 责任准备金提取。人寿保险一般属于长期性业务，保险人收取的保费是按均衡办法计算的。按照这种计算模式，其保费一部分是作为当年死亡给付的危险保费，另一部分则是专门积存起来作为将来的死亡给付或期满给付的储蓄保费。储蓄保费连同其按复利方式所产生的利息构成人寿保险的责任准备金，以保证将来履行保险责任；而意外伤害保险的保险期限最长一般为一年，属短期性业务，责任准备金的提取是从当年自留保险费中提取未到期责任准备金。

此外，意外伤害保险还具有季节性、灵活性较强以及短期性的特点。

(1) 季节性。春秋季节，相对而言是旅游人身意外伤害保险的旺季；炎热的夏季，游泳池人身意外伤害保险必然集中。就出险的概率而言，台风季节，轮船事故导致的人身意外伤害相对较多；寒冬腊月，北国冰封，导致跌倒摔伤的人身意外伤害相对较多。

(2) 灵活性。在实务中，意外伤害保单的订立，大多数是经当事人双方签订协议书，协商一致约定一个最高限额作为保险金额；保险责任范围也显得相对灵活。

(3) 短期性。就其期限来看，意外伤害保险除最长的保险期限为一年以外，多数意外伤害保险的期限均属于较短时间，如乘坐火车、轮船、飞机等各种运输工具的旅客，其参加的旅客意外伤害保险，保险期限为一次旅程；游泳池人身意外伤害保险，其保险期限只限定为一个场次对应的时间。

二、意外伤害保险的保险责任及给付

1. 意外伤害保险的保险责任

1) 责任范围

意外伤害保险的保险责任是指，在保险期限内，当被保险人因遭受意外伤害所致死亡或残疾，由保险人履行全部或部分保险金的给付。意外伤害保险的保险责任范围大体可分为两大类：

(1) 由意外伤害造成的死亡，其对应所给付的保险金为死亡保险金。

(2) 由意外伤害造成的残疾(全部残疾或部分残疾)，所给付的保险金为残疾保险金。

2) 保险人承担责任的条件

在意外伤害保险中，保险人承担责任的条件如下。

(1) 在保险有效期内被保险人发生意外伤害事故。

(2) 在责任期限内被保险人残疾或死亡。

(3) 被保险人的残疾或死亡与意外事故之间存在因果关系。

3) 责任期限

责任期限是意外伤害保险特有的概念。它是指自被保险人遭受意外伤害之日起的一定时间期限(如九十天、一百八十天、一年)，有时亦称为观察期。意外伤害保险中有关责任期限的规定，是指被保险人在遭受意外伤害起多长时间内造成死亡或残疾才构成保险责任。例如，被保险人先受到伤害，然后导致死亡。这种以伤害为直接原因的被保险人死亡，必须发生于伤害之日起的一百八十天之内。这种情况下，即或被保险人死亡时间已超出保险期限，保险方仍应承担死亡保险金的给付责任。

特别的情况是，在意外伤害保险中，由于意外伤害事件导致被保险人失踪，为了维护投保方的利益，可以在意外伤害保险条款中附失踪条款或在保单中注明有关失踪的特别约定，保险效力应继续到宣告死亡之日，而不受保险期限的约束。

对于意外伤害造成的残疾，所谓的责任期限实际上是确定残疾程度的时间界限。当被保险人遭受意外伤害后，往往需要经过一段时间的治疗，才能确定是否造成残疾，以及造成何种程度的残疾。如被保险人在保险期限内遭受意外伤害，责任期限尚未结束，治疗过程已终结被确定为残疾时，保险方应当根据已确定的残疾程度给付残疾保险金；但若被保险人在保险期限内遭受意外伤害，责任期限结束而治疗过程尚未终结时，那么无论被保险人的组织残缺或器官机能的丧失程度将来如何，应当推定责任期限结束时这一时刻，被保险人的残疾程度是永久性的，并据以给付残疾保险金，之后无论是被保险人的程度减轻或加重，保险人均不再承担残疾保险金的追偿或给付。

4） 除外责任

除外责任就是保险人不予承担的风险责任。意外伤害保险的除外责任主要分为以下三类。

(1) 危险的发生是被保险人故意行为造成的，并非出于偶然，如自杀。

(2) 违反法律和社会公德的，如被保险人的犯罪致死；

(3) 事故的发生以及后果是难以估计的，如战争致死。

5） 特别约定

意外伤害保险的特别约定是指，许多伤害事件，从保险原理上来讲并不是不能承保，而是保险人考虑到此类意外伤害事件发生时，其保险责任不易确定，或此类意外伤害事件的或然率不易把握，限于保险方的技术原因一般不予以承保，只有经过合同双方对此类意外伤害事件的互相协商，遵循公平、等价、有偿的准则，考虑到此类危险的特殊性，有时还要加收保险费，做到权利义务对等，方能承保。特别约定承保的意外伤害事件分为以下几类。

(1) 战争使被保险人遭受的意外伤害事件。

(2) 被保险人在激烈的体育活动或比赛中遭受的意外伤害。

(3) 核辐射造成的意外伤害等。

2. 意外伤害保险的给付

如前所述，意外伤害保险合同属定额保险合同，所以，当发生保险事件后，保险人是按定额保险合同的方式承担保险责任。意外伤害保险的保险责任不外乎是死亡保险金和残疾保险金的给付，其中以残疾保险金的给付较为复杂，现分别介绍如下。

1） 死亡保险金的给付

一般意外伤害保险条款中，均应明确规定死亡保险金的数额或死亡保险金占保额的比例。例如，规定被保险人因意外伤害死亡时给付保险金额 5 000 元、10 000 元或规定被保险人因意外伤害死亡时给付保险金额全数的 100%、80%或 50%等。

2） 残疾保险金的给付

残疾保险金的给付较之死亡保险金的给付更为复杂，因此在处理上一定要慎重。在意外伤害保险的合同中，均以"永久完全失明"、"永久完全残疾"或"局部永久残疾"作为确定残疾保险金的依据。所谓"永久完全失明"，是指永久不能恢复的失明；"永久完全残疾"是指人体完全丧失生理机能或身体功能状态；"局部永久残疾"是指机体一部分(如目、耳、鼻或其他机体)处于丧失工作能力或生活能力的状态。此二者是有所区别的。

残疾保险金的给付金额是由保险金额和残疾程度两个因素确定的，残疾程度是指人体永久完全丧失生理机能或身体功能状态的程度，通常用百分比表示。残疾保险金的给付金额由下式计算：

$$残疾保险金=保险金额×残疾程度百分比$$

可见，一份意外伤害保险合同，在保险金额一定的情况下，发生意外伤害事件后，依照残疾程度的高低，可以方便地计算出残疾保险金。

第四节 健康保险

一、健康保险的内涵

1. 健康保险的定义

健康保险是为人类健康提供保障的保险。这是以人的身体作为保险标的,在被保险人因疾病、意外事故或丧失自理能力所致医疗费用支出、收入损失或护理费用时,保险人承担赔偿责任或给付保险金的一种人身保险。

健康保险中的意外伤害和疾病两者发生的原因和性质是不同的。意外伤害是指突发的、非预期的、身体外部原因造成的;疾病的发生是由身体内在原因间接引起的,虽然疾病多起因于外来原因,但必须于身体内部经一定时间的酝酿,才形成疾病。

健康保险在保险给付处理上,意外事故所致的给付与疾病所致的给付有所不同,前者较后者范围较宽大。这是由于伤害事故发生是较为确定的,如四肢残缺、失明、死亡等,甚为明显;疾病则不然,可能存在一部分或全部的心理因素,疾病的发生、持续或其严重性,道德风险因素存在的可能性较大,在疾病发生中,"小疾病大医","一人保险、全家受益"的情况也时有发生,因此疾病的给付必须审慎。

2. 健康保险的特征

健康保险和意外伤害保险同属于短期性保险。在其基本情况上具有共同的特征,在国外两者归类为非寿险,在保险期限、保险事故、保费计算及要素、责任准备金性质等方面,两者共同区别于人寿保险(参见意外伤害保险一节),这里仅就健康保险和意外伤害保险进行比较,以进一步认识健康保险的特征。

1) 保险责任不同

健康保险和意外伤害保险都将意外伤害作为保险事故,但两者的责任范围不同。意外伤害保险的责任限于被保险人因意外事故所致的死亡或残疾,而健康保险则承担因意外事故所致的医疗费用或收入损失或护理费用的赔偿责任。例如,某被保险人发生车祸受伤住院治疗后残疾,如果此人投保的是意外伤害保险,保险人只承担残疾给付而不负责赔偿医疗费用;如果此人投保的是健康保险,保险人则须承担受伤住院的医疗费用和住院期间以及残疾后不能工作的收入损失的赔偿(具体责任视健康保险的险种不同而有别)。

2) 合同性质不同

意外伤害保险大多是定额给付,属给付性合同,保险事故发生后,保险人按合同约定的金额进行给付。健康保险合同大多属于补偿性合同,其保险金的给付基础如下。

(1) 定额给付:类似于寿险和意外伤害保险。

(2) 实际补偿：按实际所发生的费用给付，但有最高额的限制。

(3) 预付服务：由保险人直接支付医疗费用。

因此，在健康保险中，存在着重复保险和代位追偿的问题。如果保险事故是由第三方责任引起的，保险人既可以在给付了保险金后，要求被保险人将向第三方追偿的权力转交于保险人；也可以在第三方进行了赔偿后，不予给付或补足差额(限于补偿性的健康保险合同)。如果存在重复保险，也应按重复保险下的赔偿方式进行给付。

二、健康保险的种类

健康保险主要有医疗保险、收入损失保险和长期护理保险三大类。

1. 医疗保险

1) 医疗保险的概念

医疗保险又称为医疗费用保险，是健康保险的一大险种。医疗费用保险是指被保险人因意外事故或疾病所需的医疗费用由保险人进行补偿的健康保险。医疗保险既可以单独承保，也可以附加承保于人寿保险和意外伤害保险。例如，我国中小学生平安险中就附加了医疗费用保险。

在医疗保险中，保险事故为意外事故和疾病，保险人的责任为负责被保险人支出的医疗费用补偿。医疗费用是被保险人在医疗机构接受各种医治而发生的费用，如医疗费、手术费、住院费、护理费、医院设备费等。按医疗服务的特性，可将医疗费划分为：门诊费、药费、住院费、护理费、医院杂费、手术费用、各种检查费用等。不同的健康保险单保障的项目不同。

2) 医疗费用保险中的常见规定

(1) 观察期，又叫试保期间。为了防止预有疾病(即带病投保)的存在，在医疗费用保险中一般都有观察期的规定。观察期是指从保险合同生效日开始后的一定时期(一般为半年)内，被保险人因疾病所致的医疗费用，保险人不承担赔付责任，观察期过后，保险人才承担责任，但观察期内意外事故所致的医疗费用仍在保险人的责任范围内，保险人应承担赔付保险金的责任。观察期的规定同样适用于后面所讲的收入损失保险。

(2) 免赔额。为了避免小额的经常性的医疗费用赔款的支出，节省费用，医疗保险一般都有免赔额的规定，即只有被保险人的实际医疗费用超过一定的额度时，保险人才开始给付。医疗费用保险一般采取绝对免赔额的赔款方式。

(3) 保险限额。医疗保险的赔偿总限额是合同上约定的保险金额。除此之外，医疗保险对单项医疗费用也规定了限额。其内容主要是：①规定住院费用的给付限额，包括每天的给付限额和住院天数的限制。②规定外科手术费用的给付限额。对于外科手术费用，在医疗保单中常列表规定各项手术的给付限额，此表称为外科费用表。③规定每次门诊费用的给付限额。医疗费用保险对每次门诊的医疗费用规定给付限额，并规定给付门诊的次数。大额的医疗费用保险还对一定时期内总的医疗费用给付实行限额控制，如每年的医疗费为1 000元，超过1 000元的部分自负。④规定各种疾病的给付限额，即对每种疾病的医疗费用(包括门诊费、住院费、手术费等费用)规定一个给付限额。

(4) 共保条款。大多数大额医疗费用保险都有共保条款。共保条款的内容是，被保险人要按一定的比例自负一定的医疗费用，如共保比例为80%，意指被保险人自负20%的医疗费用，其余80%由保险人赔偿。如果同一张保单既有免赔额又有共保比例，一般是超过免赔额部分的医疗费用按共保比例给付。共保条款的运用目的在于促使被保险人在发生意外事故或生病时，只支出必要合理的医疗费用，是保险人控制成本的手段。

(5) 除外责任。医疗费用保险都有除外责任的规定，不同的保险具体的除外责任有所差异，但医疗费用保险的除外责任一般包括：①被保险人在投保前患有的疾病不属于保险责任；②战争或战争行为；③除了作为定期航班上乘客以外的空难；④自我伤害，不论被保险人精神正常与否，自我伤害均属于除外责任；⑤各种整容外科手术、牙科治疗、视听检查及眼镜、助听器、怀孕及产科费用；⑥其他社会保险支付的医疗费用；等等。

3) 医疗保险的主要险别

(1) 普通医疗保险。普通医疗保障，又称为普通医疗费用保险，是指保险人对被保险人因意外事故或疾病所致的一般性医疗费用(外科除外)，承担给付责任的医疗保险。普通医疗费用保险的给付以在医院发生的医疗费用为主，同时也可以包括因疾病在家疗养或在私人诊所治疗等的费用。这些费用主要包括门诊费用、医药费用、检查费用等。由于医药费用和检查费用的支出难以控制，因此该险种一般都规定有免赔额和共保比例。

(2) 住院保险。住院保险，又称为住院费用保险。保险人承担被保险人因住院所发生的各项费用的疾病保险。住院费用主要包括每天医疗房间的费用，住院期间医生的费用，利用医院设备的费用，手术费，医药费等。由于住院时间的长短直接影响费用的高低，一般此险种都对每次住院的时间作了限制，并且也有每日给付限额以及共保比例的规定。

(3) 总括医疗费用保险。保险人对于被保险因疾病或意外事故所致的医药费、住院费、手术费、检查费、化验费等，不分项目，规定一个总的给付限额，在限额内给付。由于保险责任包括一切医疗费用，因此该险种的保险费率较高。一般都要确定一个免赔额和共保比例。

(4) 手术保险。手术保险的保险人承担的责任是被保险人因疾病或意外事故需做必要的手术而发生的所有手术费用。一般都规定了给付限额和给付期间。

(5) 特种疾病保险。特种疾病保险保险人仅以保险合同中订明的疾病为依据给付医疗保险金。例如，癌症保险，仅负责给付被保险人因癌症而支付的各种医疗费用。特种疾病一般是指那些较为严重的、难以治疗的疾病。通常这种保险的保险金额较高，以满足特种疾病对各种医疗费用支出的需求，特种疾病保险的给付方式一般是在确诊为特种疾病后，立即一次性支付保险金。

2. 收入损失保险

1) 收入损失保险的概念

收入损失保险又称为工作能力丧失收入保险或收入保障保险。收入损失保险是指在保险合同有效期内，如果被保险人因意外事故或疾病丧失工作能力以致不能获得正常收入或收入减少时，由保险人分期给付保险金的一种健康保险。

在收入损失保险中，保险人承担的责任事故仍是意外事故或疾病，保险人的责任是被保险人因保险事故所致的收入丧失或减少。

2) 收入损失保险中的常见规定

(1) 保险对象。收入损失保险对被保险人的规定一般是：①要有正当职业，而且工作能力丧失时，必须是收入中断；②年龄一般不得低于 18 周岁，最高不得大于 55 周岁或 60 周岁。

(2) 试保期间。指被保险人在投保开始后的一定时期内，因疾病所致的收入损失，保险人不承担给付责任。

(3) 免责期间。免责期间又叫等待期间，通常指被保险人于工作能力丧失开始日后的一定时间内(通常在七至三百六十五天内)，保险人不负给付责任，待免责期结束后，保险人才视被保险丧失工作能力的情况，给付保险金。免责期间规定的目的是：①观察被保险人丧失工作能力的持续状态，以判定是否为全部或部分工作能力丧失；②消除许多短暂的完全丧失工作能力的收入保险金给付。

(4) 给付期限。在收入损失保险中，给付期限是指保险人对于不能正常工作或需要治疗的被保险人负责给付停工收入损失保险金的最长时间，一般规定为九十天、一百八十天、三百六十天等。当被保险人因疾病或意外事故不能工作或需治疗时，保险人按日或按周定额给付收入损失保险金，给付的日数或周数以给付期限为限。给付期限结束时，即使被保险人仍不能工作或仍需治疗，保险人也不再负责。给付期限自给付收入损失保险金开始时起算。

(5) 除外责任。收入损失保险的除外责任与医疗保险的除外责任差不多，参见前述内容。

(6) 附加特约。在收入损失保险中，可采用附加特约的形式增加合同责任或调整合同的某些内容。附加特约的内容范围有：①免缴保险费；②双倍保险金给付；③按生活费用变化调整保险金。上述三种特约附加其内容与人寿保险合同中的这些附加特约相同。④意外死亡和致残的一次性保险金给付的责任。这种特约附加中，一般规定意外死亡的一次性保险金给付金额不超过完全丧失工作能力的月收入的保险金的 200 倍，如完全丧失工作能力的月收入保险金为 200 元，则意外死亡的附加一次给付的保险金为 40 000 元以下。意外致残的一次性保险金给付金额为完全丧失工作能力月收入保险金的几倍(半残)或 24 倍(全残)。⑤没有造成丧失工作能力的意外伤害，按伤残程度给付一定数额的保险金，并报销其

医疗费用。

3) 收入损失保险的给付方式

收入损失保险的给付有定额给付和按收入比例给付两种方式。其给付的额度视丧失工作能力的程度而定。

(1) 定额给付。指不论被保险人丧失工作能力前的收入如何，只要丧失工作能力，就视丧失工作能力的程度，按合同约定的额度分期给付保险金。例如，合同规定全部工作能力丧失，每月给付 200 元收入损失保险金，某被保险人事故发生前月收入为 1 500 元，保险人仍按每月 200 元进行给付。

(2) 比例给付。指收入保险金视被保险人工作能力丧失的程度，按其原收入的一定比例进行给付。

全部工作能力丧失。其给付的保险金一般为工资的一定比例(一般为工资的 75%或80%)。例如，某被保险人丧失工作能力前的正常收入为每月 800 元，伤害发生后，其工作能力全部丧失，不能获得任何收入。这时保险人每月给付给他的保险金为 640 元(800×80%=640)。

部分工作能力丧失。保险人给付全部残疾时的部分保险金。其计算公式为：

$$月度补偿额 = \frac{月度收入损失额}{以前月收入金额} \times 月度完全丧失工作能力的收入保险金$$

续上例，如果此人是部分丧失工作能力，每月还能挣得 400 元收入，此时，他每月能领得的保险金为 320 元 $\left(\dfrac{800-400}{800} \times 640 = 320 \right)$。

大多数的收入损失保险为定额给付。

3. 长期护理保险

1) 长期护理健康保险的内涵

(1) 长期护理保险的概念。长期护理保险又称为长期护理健康保险、长期看护保险、老年护理健康保险或老年看护健康保险，它是在人们的身体状况出现问题，即无法进行自我照顾而需要他人为其基本的日常生活提供长时期的护理帮助时，为此而增加的额外费用提供经济保障。长期护理保险属于健康保险。

(2) 长期护理保险的特征。与其他各类健康保险相比，长期护理保险具有以下特征：

① 保险责任主要是满足被保险人的各种护理需要。与医疗费用保险中对医疗服务费用的补偿不同，长期护理保险主要是为被保险人接受各类护理服务的费用提供补偿。前者费用的产生主要在医生的诊所或医院，后者的费用则发生在老年护理中心和其他一些康复机构，甚至是被保险人的家里。被保险人利用医疗服务的原因是对疾病和各种身体损伤的治疗，而护理服务的原因除了伤病的恢复外，还包括年老体弱造成的生活不能自理。

② 保险金给付中一般都有抵御通货膨胀的措施。长期护理保险的保险金给付中一般

都有专门抵御通货膨胀的措施，以尽可能地避免通货膨胀的不利影响。有的长期护理保险保单不规定保险金给付的总额，只是规定随着通货膨胀而增加每日给付的金额，有的长期护理保险保单按每年3%或者5%的比率调整给付额。虽然这种保单比较贵，但是在护理费用不断上涨的趋势下，对被保险人来说是非常有用的，尤其是对年轻购买者而言更为重要。有的长期护理保险的保单允许被保险人可以在将来不必提供可保证明的条件下定期增加保险金额。

③ 保障的长期性。所有的长期护理保险保单都保证被保险人续保到某个特定年龄，有的保单甚至保证被保险人终身续保，即只要被保险人按期缴纳保费，保险人不得取消这种可续保性的保障。保险人可以在保单更新时提高保险费率，但费率的提高不得针对具体的某个人，必须对同样风险情况下的所有被保险人一视同仁。

④ 保单的现金价值。由于长期护理保险的保险费通常都是平准费率，与医疗费用保险大多采用自然保费制不同，长期护理保险中保险合同拥有一定的现金价值，此权力不因保险效力的变化而丧失。当被保险人作出撤销其现存保单的决定时，保险人可向其提供不丧失价值的选择权。

2) 长期护理健康保险的保险条款

(1) 保费。长期护理保险的保费取决于申请人的年龄、性别、健康条件和病史，当然还有申请人选择的保险金给付。各保险公司对可保年龄的规定各有不同，包括50~84岁、55~79岁、40~79岁以及20~74岁。有些保险公司的长期护理保险仅面向40岁以上的客户群，这主要是出于对艾滋病的担心。

从精算的角度来看，长期护理保险的很多定价因素尚无法确定，因为还没有掌握足够的经验数据。更糟糕的是，很多保险公司都采用保单实效后备预估法来定价，这意味着早退保的消费者资助了持续投保的人，而保单的高持续率又会危及到利润水平。

(2) 保险金给付条款。长期护理保险的保险金给付条款规定了被保险人发生保险事故时，保险人所给付的保险金额。保险金给付条款内容主要包括：提供给付的护理种类和护理程度、保险金给付的条件以及实际给付的保险金额。长期护理保险并不能补偿长期护理的全部费用。

很多保单都规定，在实际支付保险金之前有个免责(等待)期。等待期可以为0~365天；当然，在同等条件下，等待期越长，保费就越低。购买者可以选择每日最大保险给付额和给付期限。

(3) 可续保性。几乎所有的个人长期护理保单都保证续保。换言之，保险合同赋予被保险人续保至某一年龄的权利，如79岁。但是，保险公司保留变更某一类被保险人应缴保费的权利。也就是说，保险公司有权改变保费水平，但是这种改变必须基于同类保单的全部被保险人。除非被保险人没有缴费，保险公司不能在保单期满前终止保单或停止续保。

有些保单保证可终身续保。只有极少数保单属于不可撤销的保单，即保单既不能终止也不能变更保费。在团体长期护理保险中，保单同样也有续保保证，也可以每年调整保费。

（4）不丧失选择权。这和人寿保险中的不丧失选择权类似。在美国，有些州要求保险公司提供的长期护理保险必须含有不丧失权利益。保险公司通常也是因此收取比其他同类保单更高的保费。

（5）保障限制。所有的长期护理保险都有除外责任条款和限制保险金给付的要求。常见的除外责任包括战争、自伤以及对药品或酒精的依赖。此外，非器官性精神病也属除外责任。以前老年性痴呆和帕金森式疾病也不在保障范围内。而目前，几乎所有的长期护理保险都保障这些老年疾病，并且包括所有器官性精神病。

多数长期护理保单都规定既存症状(保险签发前的疾病或伤害)的除外责任期。常见的既存症状除外责任期为六个月(也可能为十二个月和二十四个月)，但也有少数保单没有既存症状的除外责任。

3）长期护理保险的保险金给付方式

长期护理保险的保险金给付有两种方式，即费用补偿型给付和津贴补偿型给付。在费用补偿型给付中，保险人按照被保险人护理费用实际支出的一定比例进行给付，但总的补偿金额不能超过规定的给付额。津贴型给付中一般是按日给付护理津贴，津贴额度在投保时就已确定。

案例分析 5-2

肺癌患者遭雷击　身故获比例赔偿[①]

案情简介

被保险人俞某在某市一公园游园时遭雷击，当即昏迷倒地，他在出院后向 A 保险公司提出索赔申请。2003 年 12 月 20 日，被保险人因左下肺癌不幸身故，在发生雷击事故后未满 180 天就死亡了。医院出具的死亡证明列明的死亡原因是"肺癌"。在这种情况下，A 保险公司对本案的理赔出现了争议。

案例回放

被保险人俞某于 2003 年 7 月 5 日在某市一公园游园时遭雷击，当即昏迷倒地，被送往附近甲医院急救。入院后他在给予心脏按压、电击复律等抢救措施后苏醒，于 2003 年 8 月 4 日好转出院。出院时被保险人神志清楚，一般情况尚可，除四肢肌力较差外，无其他明显异常。

由于被保险人购买了该公园的游园月卡，而在购月卡时同时投保 A 保险公司"旅游景点游客人身意外伤害保险"，因此，被保险人在出院后向 A 保险公司提出索赔申请。A 保险公司在接到该理赔申请后，经调查研究，认为暂时不符合理赔条件，请被保险人在意外伤害事故发生日起满 180 天后做伤残鉴定。

2003 年 12 月 20 日，被保险人因左下肺癌伴两肺转移入住该市乙医院，第二天患者本

---

① 华春辉. 肺癌患者遭雷击 身故获比例赔偿. 国际金融报，2004-04-21.

人放弃治疗，要求自动出院，并于出院回家后的当天身故。被保险人的受益人于2004年1月14日向A保险公司提出理赔申请，要求给付意外伤害身故保险金。在申请人提供的理赔材料中，乙医院出具的死亡证明上列明的死亡原因是"肺癌"，因此，A保险公司又做了进一步调查，发现被保险人于2003年7月2日(雷击事故发生前)因"咳嗽、乏力三月"入住该市丙医院，CT检查显示左下肺癌伴两肺转移。

被保险人在发生雷击事故后未满180天就死亡了，因此无法做意外伤害伤残鉴定。同时，医院出具的死亡证明列明的死亡原因是"肺癌"。在这种情况下，A保险公司对本案的理赔出现了争议，具体有以下三种意见。

① 拒赔。持拒赔意见者认为，被保险人的死亡证明列明了死亡原因是"肺癌"，而"肺癌"是疾病，不属意外伤害，因此，A保险公司应该拒赔。

② 全额理赔。持全额理赔意见者认为，虽然被保险人的死亡证明列明了死亡原因是"肺癌"，但被保险人遭雷击是意外伤害事故，并且被保险人在遭雷击后180天内死亡，在无法判断雷击事故是否为被保险人死亡的近因时，应作有利于被保险人(受益人)的解释，因此，A保险公司应全额理赔。

③ 比例理赔。持比例理赔意见者认为，虽然被保险人遭雷击是意外伤害事故，事实上也确实造成被保险人的身体伤害，但被保险人在遭雷击前已确诊"肺癌"，因此，应该认为被保险人是在"肺癌"和雷击两种原因的作用下死亡的。所以，本案应根据"事故寄与度"原则，确定理赔比例。

案例点评

在意外伤害保险理赔时，确定事故的近因有时会很困难。因为从事故的因果关系来看，可分为四种情况，即"一因一果"、"一因多果"、"多因一果"、"多因多果"。

当无法判断"因"与"果"之间的关系时，利用"事故寄与度"原则可以较好地处理此类事故。

本案被保险人死亡原因中，肺癌应是主因，而雷击时被保险人的人体生理产生了一定影响，加速了被保险人的死亡进程。根据若杉提出的"五等级外因的相关判定标准"，A保险公司可以在保险金额的30%左右进行理赔。

"事故寄与度"原则最早是由日本法医学家渡边富雄于1980年提出、1984年确立的，这一原则也被称为"渡边方式"。渡边最初是用"事故寄与度"概念来评价交通事故中原有的疾病与交通事故的损伤分别对受害者的死亡或残疾的影响比例关系，他将"事故寄与度"按百分比划分为11个等级，从0%开始，到100%，以10%为级差。1994年，日本法医学教授若杉长英在"渡边方式"基础上，将"事故寄与度"原则引入到医疗事故的损害赔偿中。若杉提出了更为实用的"五等级外围的相关判定标准"，采用"外因直接导致"、"主要由外因导致"、"外因和既往疾患共同作用"、"外因为诱发因素"、"与外因无关"作为等级划分标准，简洁清晰地确定了医疗事故在损害结果中的参与程度。"事故寄与度"原则确立后，很快被引入到意外伤害保险的理赔中。在意外伤害保险理赔时，确定事故的近因有时会很困难。因为从事故的因果关系来看，可分为四种情况，即"一因一果"、"一因多果"、"多因一果"、"多因多果"。当无法判断"因"与"果"之间的关系时，利用"事故寄与度"原则可以较好地处理此类事故。

在上述案例中，被保险人俞某遭雷击是意外。从物理学来说，雷击是由雷雨云产生的一种强烈放电现象，电压高达1亿至10亿伏特，电流达几万安培，同时还放出大量热能，瞬间温度可达摄氏1万度以上。其能量可摧毁高楼大厦，劈开大树，击毙人畜。在遭雷击后，即使能存活，一般对人体生理也会产生影响。

本案中被保险人在遭雷击后虽经抢救好转出院，但确实造成了身体伤害，即在甲医院抢救后出院时四肢肌力三级损伤。医学上把肌力分为六级，从零级到五级。零级是肌力消失，三级是能抗重力作主动运动，但不能抗阻力完成运动，五级是正常肌力。可以认为被保险人遭雷击后肌力三级损伤会对其日常生活带来一定影响，但由于无法判断影响有多大，所以在被保险人首次理赔时，A保险公司提出请被保险人在雷击事故发生日起满180天后做伤残鉴定再做理赔决定并无不当。

问题是被保险人在雷击事故后未满180天死亡，已无法做意外伤害事故的伤残鉴定，同时医院出具的死亡证明列明的死亡原因是"肺癌"，在这种情况下判断被保险人死亡的真正原因已比较困难。这时，运用"事故寄与度"原则就不失为一种切实可行的办法。

本案被保险人死亡原因中，肺癌应是主因，而雷击时被保险人的人体生理产生了一定影响，加速了被保险人的死亡进程。根据"五等级外因的相关判定标准"，A保险公司可以在保险金额的30%左右进行理赔。

"事故寄与度"原则在国外人身意外伤害保险理赔中已经被比较普遍地应用，在中国法医界也已开始试行。如最高人民法院拟定了《损伤参与度评定标准》草案，并在全国法院系统征求修改意见；1998年5月29日江苏省高级人民法院审判委员会讨论通过《人体损伤致残程度鉴定标准(试行)》，首次以规范性文件确立"伤病比关系"。

但不论是理论还是实务方面，在保险公司的意外伤害保险及其他险种的理赔中，尚比较鲜见。因此，笔者认为有必要进一步研究和探讨意外伤害事故的"事故寄与度"原则，不断发展并完善人身意外伤害保险及其他保险的理赔理论与实务操作规则。

复习思考题

1. 什么是人身保险？简述其保额确定的方法。
2. 人身风险具有哪些特点？并简述其对寿险经营的影响。
3. 什么是两全保险？其经济性质如何？
4. 什么是年金和年金保险？其特点有哪些？
5. 弱体承保的方法主要有哪些？

6. 什么是万能寿险？其有何特点？

7. 试讨论下列一句话："定期寿险为最廉价的寿险形态。"

8. 什么是宽限期、停效及复效？并简述申请复效必备的条件。

9. 年龄误报条款的内容是什么？简述其调整方法。

10. 什么是意外伤害保险？

11. 构成意外伤害事件的三要素是什么？三者的关系如何？

12. 意外伤害保险保险人承担责任的条件是什么？

13. 什么是健康保险？它与意外伤害保险有什么区别？

14. 什么是医疗保险？它与收入损失保险有何区别。

15. 长期护理健康保险具有哪些特点？

第六章

财 产 保 险

财产保险是以财产及其有关利益为保险标的的保险，从大类上可以分为财产损失保险(含火灾保险、机动车辆保险等)、责任保险和信用保证保险等。在财产保险的这些险种中，火灾保险是最基本的险种之一，机动车辆保险是国内财产保险的第一大险种，而责任保险又具有明显区别于其他财产保险的特点。

第一节　财产保险概述

一、财产保险的概念

财产是金钱、财物以及民事权利义务的总和。财产保险是对财产及其有关利益因灾害事故造成的损失进行补偿的保险。保险人集合众多面临同质风险的经济单位，当其中部分经济单位的财产及其利益因约定灾害事故的发生遭受损失时，保险人对被保险人赔偿保险金。

1. 财产保险的保险标的是财产及其有关利益

财产保险的保险标的是保险的对象，也是财产保险合同中约定的可能发生保险事故的本体。财产保险标的的存在形式有两种：有形财产和无形财产。前者是狭义的财产保险标的，它是客观存在的、有形的物质财产，该类保险标的的种类很多，如运输过程中的货物、汽车、轮船、机器设备、房屋等；后者是与被保险人具有利害关系的某种经济利益，它包括预期收益、损害赔偿责任、权利和义务等。

2. 财产保险所承保的风险是各种自然灾害和意外事故

当保险单上约定的灾害事故发生使保险标的出现损失时，保险人对被保险人所遭受的实际经济损失进行赔偿。

3. 损失分摊机制是财产保险运行的基础

损失分摊机制的实质是保险人通过集合众多同类标的面临同质风险的经济单位，将个别经济单位遭受的经济损失，在全体被保险人中进行分摊，即少数被保险人所遭受的经济损失由全体被保险人共同分摊。

二、财产保险的特征

与人身保险相比较，财产保险具有以下一些特征。

1. 财产保险是补偿性保险

1) 保险标的具有可估价性

财产保险的保险标的的价值是可以确定的。就有形财产而言，其本身就有客观的市场价；就无形财产而言，投保人对其具有的经济利益也必须是确定的、可以用货币来估算的，否则不能作为保险标的。因此，财产保险合同中有一项特殊的内容——保险价值。

2) 保险金额的确定方法

由于财产保险的保险标的本身具有保险价值，因此保险金额是在对保险标的的估价的基础上确定的。保险金额可以按保险标的的市场价确定，也可以按账面价或重置价确定。

3) 保险金的赔偿方式

基于财产保险标的的性质，财产保险是补偿性保险，保险标的的损失可以用货币来衡量，保险事故发生后，保险人对被保险人的赔偿要遵循损失补偿原则。即在保险金额限度内，按保险单约定的赔偿方式，损失多少，赔偿多少，被保险人不能获得超过实际损失的额外利益。

2. 财产风险的性质

1) 与人身风险比较，财产保险的风险较集中

首先，财产保险承保了一些高额保险，如飞机保险、人造卫星保险等，其保险金额较高，保险事故一旦发生，保险人要支出巨额的保险赔款。其次，财产保险还承保了一些巨灾风险，如洪水、风暴等，这些风险一旦发生，会使大量的保险标的同时受损，导致保险人的赔偿金额剧增。由于财产风险具有集中性，为了分散风险，保证保险经营的稳定，保险人往往要借助再保险分散风险。

2) 保险人要准确掌握财产风险的规律性有一定难度

财产风险与人身风险不同。首先，财产风险种类繁多、千差万别。其次，受人们的认识能力和科技水平的限制，人们对一些灾害事故还无法有效地预测和防范。最后，人们对财产风险的重视程度不够，统计资料不健全。基于以上原因，保险人要准确地掌握财产风险的规律性有一定难度，根据所掌握的风险资料制定的保险费率与所承保的财产实际发生的损失之间往往存在一定程度的偏差。

3. 财产保险一般是短期保险

人身保险，特别是人寿保险，其保险期限较长。由于保险期限长，人身保险具有以下

特征：第一，采用年度均衡保险费制，保险费多为按年度分期交纳，保险费按复利计算；第二，对被保险人而言，保险费既具有保障性，又具有储蓄性；第三，保险人每年都有固定的保险费收入，由此形成的保险基金可供保险人进行中长期投资。

财产保险与人身保险不同，其保险期限一般为一年或一年以内。由于期限较短，保险实务中要求投保人投保时一次性交清保险费，保险费不计利息；其形成的保险基金一般不能作为保险人中长期投资的资金来源；财产保险只具有保障性，不具有储蓄性，保险单没有现金价值。

三、财产保险标的的损失状态

在保险实务中，财产保险标的的损失可以从不同的角度分类：按遭受损失的程度，可分为全部损失和部分损失；按损失的形态，可分为物质损失和费用损失；按损失发生的客体是否是保险标的本身，可分为直接损失和间接损失。

1. 全部损失和部分损失

1）　全部损失

全部损失简称全损，是指保险标的因保险事故的发生而遭受全部损失的一种损失状态。全部损失可分为实际全损和推定全损。

实际全损是指保险标的因遭受保险承保范围内的风险而全部灭失，或受损程度已使其失去原有的形态和特征，以及无残余价值的一种实质性的物质性损失。

推定全损是指保险标的在遭受保险事故后，虽然尚未达到全部灭失、损毁状态，但是全部灭失是不可避免的，或估计恢复、修复该标的物所耗费用已达到或超过其实际价值或保险价值。

2）　部分损失

部分损失是指保险标的的损失未达到全部损失程度的一种损失状态。

2. 物质损失和费用损失

物质损失是指由于保险事故发生造成的保险标的本身的损失；费用损失是保险标的发生保险事故时，被保险人采取施救、保护、整理措施所产生的必要、合理的费用，以及保险单上约定的保险人承担的其他费用。

3. 直接损失和间接损失

保险事故发生造成的保险标的本身的损失是直接损失；由于保险标的发生保险事故所导致的保险标的以外的损失是间接损失，如营运汽车受损后所导致的在修理期间营运收入的丧失，企业财产受损后在停业期间利润的丧失和费用的增加等。保险人对直接损失要承担赔偿责任，对间接损失是否承担赔偿责任，以保险单上的约定为准。

四、财产保险合同的保险价值和保险金额

1. 保险价值与保险金额的概念

1) 保险价值的概念

保险价值是保险标的在某一特定时期内用货币估算的经济价值。财产保险的保险标的具有可估价性，保险价值是财产保险合同的特有概念，它是确定保险金额与赔偿计算的依据。

财产保险标的的价值一般有客观的判断标准，这个标准就是市场价(实际价值)。在保险实务中，经保险合同当事人双方约定，保险价值也可以按照保险标的的原始账面价、重置价等确定。由于市场价在保险合同有效期内会出现涨跌，这样会使投保时依据保险价值确定的保险金额与保险事故发生时的市场价不一致。对有些特殊的保险标的，其价值不易确定或确无市场价可循时，为了明确保险合同当事人的权利与义务，避免保险事故发生后双方因赔款计算而发生争执，可以按双方约定的价值确定，在保险事故发生时，以事先约定的价值作为赔偿的依据，不再另行估价。另外，在海上保险中，有法定的计算确定保险价值的标准。保险价值的存在使财产保险合同在保险金额的确定、承保方式和赔偿计算方式等方面都比人身保险合同复杂。

2) 保险金额的概念

保险金额是指保险人承担赔偿或者给付保险金责任的最高限额(《保险法》第十八条)。财产保险的保险金额是根据保险标的的保险价值来确定的，一般作为保险人对受损标的最高的赔偿额度，以及施救费用的最高赔偿额度，也是保险人计算保险费的依据。除合同另有约定外，保险金额不是保险人认定的财产价值，也不是保险事故发生时赔偿的等额，而仅是保险人承担赔偿责任的最高限额。

2. 足额保险、不足额保险和超额保险

1) 足额保险

足额保险是指财产保险合同的保险金额与保险标的发生事故时的保险价值相等。在足额保险中，一般当保险标的发生保险事故，使被保险人遭受损失时，保险人对被保险人按实际损失进行赔偿，损失多少，赔偿多少。

2) 不足额保险

不足额保险是指财产保险合同的保险金额小于保险标的发生事故时的保险价值。不足额保险的产生一般有两种情况：一是投保时投保人仅以保险价值的一部分投保，使保险金额小于保险价值；二是投保时保险金额等于保险价值，但在保险合同有效期内，保险标的

的市场价上涨，造成出险时保险单上约定的保险金额小于保险价值。在不足额保险中，由于投保人只是以保险标的的价值部分投保，因此，保险事故发生时，除合同另有约定外，保险人按照保险金额与保险的价值比例承担赔偿责任，被保险人要自己承担一部分损失。《保险法》第五十五条第四款规定：保险金额低于保险价值的，除合同另有约定外，保险人按照保险金额与保险价值的比例承担赔偿保险金的责任。

3）超额保险

超额保险是指财产保险合同的保险金额大于保险标的发生事故时的保险价值。超额保险的产生一般有两种情况：一是投保时投保人以高于保险价值的金额投保，使保险金额大于保险价值；二是投保时保险金额等于保险价值，但在保险合同有效期内，保险标的的市场价下跌，造成出险时保险单上的保险金额大于保险价值。根据损失补偿原则，保险金额超过保险价值的，其超过部分无效。《保险法》第五十五条第三款规定：保险金额不得超过保险价值。超过保险价值的，超过部分无效，保险人应当退还相应的保险费。

3. 定值保险与不定值保险、重置价值保险和第一危险责任保险

保险价值是确定保险金额的基础和依据，保险金额应当反映保险标的的实际价值。根据保险价值确定的时间及保险价值确定的方式，财产保险的承保方式不同。

1）定值保险与不定值保险

(1) 定值保险。定值保险是投保时确定保险价值的承保方式。投保人和保险人签订保险合同时，除根据保险价值确定保险金额外，还要约定保险价值并在合同中载明。保险标的发生保险事故时，不论损失当时该保险标的的市场价是多少，保险人均按保险单上约定的保险金额计算赔偿。如果是全部损失，按保险金额赔偿；如果是部分损失，按损失程度计算赔偿。《保险法》第五十五条第一款规定：投保人和保险人约定保险标的的保险价值并在合同中载明的，保险标的发生损失时，以约定的保险价值为赔偿计算标准。

财产保险合同中，以定值保险方式承保的主要有两类标的：一类是不易确定价值或无客观市场价的特殊标的，如艺术品，一般由双方约定保险价值，以免事后发生纠纷；另一类是运输中的货物等流动性比较大的标的，由于各地货物价格差别较大，保险事故发生后再来估算实际价值，既困难又麻烦，而且易引起赔偿纠纷。此种保险方式实际上是以投保时双方约定的保险价值代替了损失发生时的保险价值。

(2) 不定值保险。不定值保险是与定值保险相对的一种承保方式，投保人和保险人签订保险合同时不在合同中载明保险价值，只是订明保险金额作为赔偿的最高限额。当保险标的发生保险事故出现损失时，再来估计其保险价值作为赔款计算的依据。当保险金额等于或高于保险价值时，按实际损失金额赔偿；当保险金额小于保险价值时，其不足的部分视为被保险人自保，保险人按受损标的的保险金额与保险价值的比例计算赔款。《保险法》第五十五条第二款规定：投保人和保险人未约定保险标的的保险价值的，保险标的发生损失时，以保险事故发生时保险标的的实际价值为赔偿计算标准。

不定值保险承保方式在财产保险合同中运用得较多，财产保险的绝大部分险种都以不定值保险方式承保。

2) 重置价值保险与第一危险责任保险

(1) 重置价值保险。重置价值保险是投保人与保险人双方约定按保险标的重置重建价值确定保险金额的一种特殊承保方式。在财产保险合同中，保险人一般要求投保人按保险标的的实际价值投保，当保险标的因保险事故发生而受损时，保险人按实际损失进行赔偿(或将受损财产恢复到损失前的状态)。但是，某些保险标的(如房屋、建筑物、机器设备等)，由于使用期限较长，如果按扣除折旧以后的实际价值投保的话，那么在保险标的的受损后，被保险人从保险人那里获得的赔偿就不充分，不能使被保险人重置重建保险标的以恢复生产经营。因此，为使被保险人获得保险保障，保险人对某些标的可以按超过实际价值的重置重建价承保。重置价值保险的实质是一种超额保险，只不过这种超额保险是经过保险合同双方当事人约定的，保险人认可的超额保险。所以，以这种方式承保的标的受损后，保险人按约定的重置重建价计算赔偿。

(2) 第一危险责任保险。该承保方式是指经保险人同意，投保人可以以保险标的的实际价值的部分(即一次保险事故可能造成的最大损失范围)投保，以此确定保险金额。保险金额一经确定，只要损失金额在保险金额范围内，就视为足额保险，保险人按保险标的的实际损失赔偿。这种方式实质上是一种不足额保险，只不过是保险人认可的不足额保险，保险人对保险金额范围内的损失全额赔偿，而不按保险金额与保险价值的比例进行分摊。这种承保方式之所以叫做第一危险责任保险，是因为它把保险价值分为两个部分，保险金额范围内的部分是"第一危险"责任部分，该范围内损失保险人负责赔偿，超出保险金额范围的保险价值部分称为"第二危险"责任部分，视为未投保部分，保险人不负赔偿责任。

第一危险责任承保方式是针对某些在一次事故发生时不可能发生全损的保险标的所采取的一种特殊的承保方式，对被保险人较有利，因此，保险费率相对于其他承保方式要高一些。同时，保险人为了控制风险，在有些财产保险合同中要求保险单中所确定的保险金额必须达到保险价值的一定比例，未达到此比例的仍作为不足额保险，损失金额要按照保险单上的保险金额与应达到的保险金额的比例进行分摊。

五、财产保险的基本赔偿方式

财产保险有三种基本的赔偿方式，依据不同的赔偿方式计算的赔偿金额是不相同的，保险合同要对赔偿方式作具体的规定，赔偿方式与合同中约定的承保方式有关。

1. 比例责任赔偿方式

这种赔偿方式的特点是按保险标的的保险金额与保险价值的比例计算赔偿金额。如果保险金额低于保险价值，被保险人的损失金额不能全部得到赔偿。而且，在损失金额一定的情况下，保险金额与保险价值的比例越小，被保险人所得到的赔偿金额越少；保险金额与保险价值的比例越大，被保险人所得到的赔偿金额越多。其计算公式如下：

$$赔偿金额=损失金额 \times \frac{保险金额}{保险价值}$$

(注：保险金额不得大于保险价值)

从以上公式可以看出，当保险金额等于保险价值(足额保险)时，赔偿金额等于损失金额；当保险金额大于保险价值(超额保险)时，赔偿金额不能按此公式计算，赔偿金额仍然等于损失金额。因此，该赔偿方式只在不足额保险中采用，被保险人的未保部分视为自保，保险人只负投保部分的保险责任，体现了权利义务对等的原则。

例如：某一保险财产的保险价值为 10 万元，损失金额为 6 万元，由于保险金额的不同会出现以下三种情况：

(1) 保险金额为 10 万元，是足额保险，如果保险合同没有其他限制，赔偿金额为 6 万元。

(2) 保险金额为 13 万元，是超额保险，如果保险合同上没有其他规定，其超过部分无效，赔偿金额为 6 万元。

(3) 保险金额为 8 万元，是不足额保险，依照上面的公式计算：

$$赔偿金额=6 \times \frac{8}{10}=4.8(万元)$$

2. 第一危险责任赔偿方式

这种赔偿方式的特点是在保险金额范围内，赔偿金额等于损失金额。也就是说被保险人在保险金额范围内的损失，能够全部从保险人处获得赔偿。其计算公式为：

$$赔偿金额=损失金额$$

(注：赔偿金额不得大于保险金额)

以上例中的(3)为例，如果按照第一危险责任赔偿方式，赔偿金额为 6 万元。显然，这种赔偿方式对被保险人较为有利，因此保险费率要高于比例责任赔偿方式。该种赔偿方式往往适用于发生一次保险事故不会导致保险标的全部损失的情况，但为了控制风险，保险人一般要求保险金额必须达到保险标的价值的一定比例(比如 80%)才视为足额保险。

3. 免赔额(或免赔率)

部分财产保险合同(如机动车辆保险、工程保险等)有免赔条款，规定保险标的的损失金额中被保险人要承担一定的额度或比率。此额度或比率的损失保险人不赔，因此称为免赔额或免赔率。

财产保险合同中免赔条款设计的原因：第一，消除小额索赔引起的相对较高的管理费用；第二，加强被保险人的风险防范意识；第三，一定程度上防范道德风险。

1) 相对免赔额(或免赔率)

相对免赔额(或免赔率)指保险标的的损失金额(或损失率)在保险合同规定的免赔额(或免赔率)内，保险人不承担赔偿责任，但超过保险单上规定的免赔额(或免赔率)时，保险人按实际损失不做扣除的赔偿。

2) 绝对免赔额(或免赔率)

绝对免赔额(或免赔率)指当保险标的的损失金额(或损失率)超过保险单上规定的免赔额(或免赔率)时，保险人仅就超过免赔额(或免赔率)的那部分进行赔偿，被保险人自己承担免赔额(或免赔率)部分的损失。

第二节　财产保险的种类

随着现代保险业的发展，财产保险已经发展成为一个内涵非常丰富、外延极为广泛的概念，广义的财产保险包括了人身保险以外的所有险种。按照我国《保险法》第九十五条对保险公司业务范围的划分，财产保险业务包括财产损失保险、责任保险、信用保险等保险业务。随着保险业务的创新，财产保险的新险种也在不断出现，以下介绍的是财产保险的主要分类。在本章第三、第四、第五节将对财产保险中有代表性的保险种类作介绍。

一、财产损失保险

财产损失保险即狭义的财产保险，是以物质财产为保险标的的保险业务，其种类很多，主要包括以下几类。

1. 火灾保险

火灾保险，简称火险，是以存放在固定场所并处于相对静止状态的财产及其有关利益为保险标的，保险人承保的是因火灾、爆炸、雷击及其他灾害事故的发生所造成的损失。我国目前开展的火灾保险主要有企业财产保险、家庭财产保险、财产一切险等。

2. 货物运输保险

货物运输保险，简称货运险，是保险人承保货物在运输过程中因灾害事故及外来风险的发生而遭受的损失。我国的货物运输保险分为海上货物运输保险、内陆货物运输保险、邮包保险等。货物运输保险中最有代表性的是海上货物运输保险。

3. 运输工具保险

保险人承保因灾害事故发生所造成的运输工具本身的损失及第三者责任，也可承保各种附加险。我国的运输工具保险主要有机动车辆保险、船舶保险、飞机保险等。

4. 工程保险

保险人承保建筑工程和安装工程等在建设和施工过程中，因灾害事故发生所造成的损失，及由此造成的费用和责任。工程保险是一种包括财产损失保险和责任保险在内的综合性保险，它分为建筑工程保险、安装工程保险等。建筑工程保险主要承保各项土木工程建筑在整个建筑期间，由于发生保险事故造成被保险工程项目的物质损失、列明费用损失以及被保险人对第三者人身伤害或财产损失引起的经济赔偿责任。安装工程保险承保新建、扩建或改造的工矿企业的机器设备或钢结构建筑物在整个安装、调试期间，由于保险责任内的风险造成保险财产的物质损失、列明费用损失，及安装期间造成的第三者财产损失或人身伤亡引起的经济赔偿责任。

5. 农业保险

农业保险简称农险，是保险人承保种植业、养殖业标的因灾害事故的发生而受损所造成的经济损失。它分为种植业保险和养殖业保险两类。种植业保险以农作物和林木为保险标的，承保保险标的因保险责任范围内的灾害事故而受损所致的经济损失。按保险标的的分类，种植业保险可以分为农作物保险和林木保险。养殖业保险是承保被保险人在进行各种养殖业生产活动中因保险责任事故的发生而遭受损失的一种农业保险。养殖业保险又可以分为畜牧保险和水产养殖保险两大类，亦可细分为大牲畜保险、中小家畜家禽保险、牧畜保险、淡水养殖保险和海水养殖保险。

二、责任保险

责任保险以被保险人依法应承担的民事损害赔偿责任或经过特别约定的合同责任为保险标的，保险人承保经济单位和个人在进行各项生产经营活动、业务活动或在日常生活中，因疏忽、过失等行为造成他人的财产损失或人身伤亡，依法应承担的经济赔偿责任。

责任保险的承保方式有两种：一种是作为各种财产损失保险合同的组成部分或作为附加险承保，不签发单独的责任保险保险单；另一种是签发保险单单独承保的责任保险，包括公众责任保险、雇主责任保险、产品责任保险、职业责任保险等。

信用保证保险是由保险人作为保证人为被保证人向权利人提供担保的一类保险业务。当被保证人的作为或不作为致使权利人遭受经济损失时，保险人负经济赔偿责任。理解信用保证保险应注意以下几点。

1. 信用保证保险是一种担保行为

信用保证保险的性质类似于银行的担保业务，它也是一种担保业务，是保险人替被保证人向权利人提供担保。

2. 信用保证保险的保险标的是被保证人的信用风险

所谓信用风险，就是义务人不能按规定履行义务，可能给权利人造成的损失。这种保险标的与有形的财产标的不同，是一种无形的经济利益。较之其他财产保险，保险人在信用保证保险中承担的风险较广，除承保各种信用风险外，还承保一些经济因素、社会因素乃至政治因素造成的信用风险。

3. 信用保证保险的范围

在保险业务中，承保信用风险的业务有两类：一类是保证保险，另一类是信用保险。应该说，保证保险与信用保险二者的性质是相同的，在承保内容与承保方式上也大同小异，它们的区别仅在于保证对象的不同。凡被保证人根据权利人的要求，要求保险人担保自己(被保证人)信用的保险，属保证保险；凡权利人要求保险人担保对方(被保证人)信用的保险，属信用保险。信用保证保险主要有合同保证保险、忠诚保证保险、商业信用保证保险、投资保险、出口信用保险等。

第三节 火灾保险

一、火灾保险的保险标的和保险风险

火灾保险是指以存放在固定场所并处于相对静止状态的财产及其有关利益为保险标的，由保险人承担被保险财产因保险事故的发生而受损的经济赔偿责任的一种财产损失保险。我国的火灾保险业务按照投保主体的不同，分为企业财产保险与家庭财产保险，企业财产保险以单位或团体为投保对象，而家庭财产保险则以个人为投保对象。

1. 火灾保险的保险标的

火灾保险的标的，主要是各种不动产和动产。不动产是指不能移动或移动后会引起性质、形状改变的财产，包括土地及土地的附着物，保险人对土地一般不承保，所以，火灾保险承保的主要是土地附着物，以房屋为主，还包括其他建筑物及附属设备。动产则是指能自由移动且不改变其性质、形态的财产。火灾保险承保的动产范围很广，包括各种生产资料、生活资料及其他商品，如机器设备、原材料等生产资料，家用电器、家具、服装等生活资料，商店里准备出售的各种商品等。无论是何种财产，在保险单上都要注明具体的坐落地点。

2. 火灾保险所承保的主要风险

火灾保险承保的基本风险是火灾、雷击、爆炸，此外，火灾保险还承保一系列自然灾害和意外事故，如暴雨、洪水、台风、暴风、龙卷风、雪灾、冰凌、泥石流、崖崩、突发

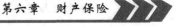

性滑坡、地面突然塌陷、飞行物体及其他空中运行物体坠落等。

二、企业财产保险

企业财产保险简称企财险，它是由传统的火灾保险演变而来的，主要承保火灾以及其他自然灾害或意外事故造成的保险财产的直接损失。

该类保险根据保险单承保的风险责任不同，有不同的产品。以下介绍国内实务中较有代表性的财产保险基本险和综合险[①]，两个险种除保险责任范围不同外，保险合同的其他内容都相同。

1. 保险标的

1) 可保财产

这类财产既可以用会计科目来反映，如固定资产、流动资产、账外财产等，也可以用企业财产项目类别来反映，如房屋、建筑物、机器设备、原材料、商品物资等。以上财产被保险人应对保险标的具有保险利益。

2) 特约承保财产

下列财产须经被保险人与保险人特别约定，并在保险单上载明，才可作为保险标的：①金银、珠宝、钻石、玉器、首饰、古币、古玩、古书、古画、邮票、艺术品、稀有金属等珍贵财物；②堤坝、水闸、铁路、道路、涵洞、桥梁、码头；③矿井、矿坑内的设备和物资。

3) 不保财产

下列财产不可作为保险标的：①土地、矿藏、矿井、矿坑、森林、水产资源以及未经收割或收割后尚未入库的农作物；②货币、票证、有价证券、文件、账册、图表、技术资料、电脑资料、枪支弹药以及无法鉴定价值的财产；③违章建筑、危险建筑、非法占用的财产；④在运输过程中的物资；⑤领取执照并正常运行的机动车；⑥牲畜、禽类和其他饲养动物。

2. 保险责任

1) 基本险的保险责任

①火灾；②雷击；③爆炸；④飞行物体及其他空中运行物体坠落。

保险标的因下列原因损毁，保险人也应负责赔偿：①被保险人拥有财产所有权的自用的供电、供水、供气设备因保险事故遭受损坏，引起停电、停水、停气以致造成保险标的直接损毁；②在发生保险事故时，为抢救保险标的或防止灾害蔓延，采取合理的必要的措

---

① 笔者认为，该险种从其承保对象来看，若称为企业财产保险基本险和综合险更名副其实。

施而造成保险标的的损失。

保险事故发生后，被保险人为防止或者减少损失所支付的必要的合理的费用，由保险人承担。

2） 综合险的保险责任

①火灾、爆炸；②雷击、暴雨、洪水、台风、暴风、龙卷风、雪灾、雹灾、冰凌、泥石流、崖崩、突发性滑坡、地面突然塌陷；③飞行物体及其他空中运行物体坠落。

保险标的因下列原因损毁，保险人也负责赔偿：①被保险人拥有财产所有权的自用的供电、供水、供气设备因保险事故遭受损坏，引起停电、停水、停气以致保险标的直接损毁；②在发生保险事故时，为抢救保险标的或防止灾害蔓延，采取合理的必要的措施而造成保险标的的损毁。

保险事故发生后，被保险人为防止或者减少损失所支付的必要的、合理的费用，由保险人承担。

3. 责任免除

1） 基本险的责任免除

由于下列原因造成保险标的的损毁，保险人不负责赔偿：①战争、敌对行为、军事行动、武装冲突、罢工、暴动；②被保险人及其代表的故意行为或纵容所致；③核反应、核子辐射和放射性污染；④地震、暴雨、洪水、台风、暴风、龙卷风、雪灾、雹灾、冰凌、泥石流、崖崩、滑坡、水暖管爆裂、抢劫、盗窃。

保险人对下列损失也不负责赔偿：①保险标的遭受保险事故引起的各种间接损失；②保险标的的本身有缺陷或保管不善导致的损失，保险标的的变质、霉烂、受潮、虫咬、自然磨损、自然损耗、自燃、烘焙所造成的损失；③由于行政行为或执法行为所致的损失；④其他不属于保险责任范围内的损失和费用。

2） 综合险的责任免除

下列原因造成保险标的的损毁，保险人不负责赔偿：①战争、敌对行为、军事行动、武装冲突、罢工、暴动；②被保险人及其代表的故意行为或纵容所致；③核反应、核子辐射和放射性污染。

保险人对下列损失也不负责赔偿：①保险标的遭受保险事故引起的各种间接损失；②地震所造成的一切损失；③保险标的的本身有缺陷或保管不善导致的损失；保险标的的变质、霉烂、受潮、虫咬、自然磨损、自然损耗、自燃、烘焙所造成的损失；④堆放在露天或罩棚下的保险标的以及罩棚，由于暴风、暴雨造成的损失；⑤由于行政行为或执法行为所致的损失；⑥其他不属于保险责任范围内的损失和费用。

4. 保险金额与保险价值

1） 固定资产的保险金额与保险价值

固定资产的保险金额由被保险人按照账面原值或原值加成数确定，也可按照当时重置

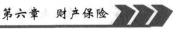

价值或其他方式确定。账面原值是指在建造或购置固定资产时所支出的货币总额，可以被保险人的固定资产明细账卡等为依据。账面原值加成数，即在固定资产账面原值基础上再附加一定成数，使其趋于重置价值。在账面原值与实际价值差额较大时，可按账面原值加成数确定保险金额。重置价值即重新购置或重建某项财产所需支付的全部费用。按重置价值确定保额，可以使被保险人的损失得到足额补偿，避免因赔偿不足带来的纠纷。

固定资产的保险价值是出险时的重置价值。

2）流动资产的保险金额与保险价值

流动资产(存货)的保险金额由被保险人按最近 12 个月任意月份的账面余额确定，或由被保险人自行确定。流动资产的保险价值是出险时的账面余额。账外财产和代保管财产可以由被保险人自行估价或按重置价值确定。账外财产和代保管财产的保险价值是出险时的重置价值或账面余额。

5. 赔偿处理

在企业财产保险中，保险标的发生保险责任范围内的损失时，保险人按照保险金额与保险价值的比例承担赔偿责任，即按以下方式计算赔偿金额。

1）固定资产的赔款计算

固定资产的赔偿需要分项计算。在具体赔偿时分为如下两种情况：

(1) 全部损失。受损财产保险金额等于或高于出险时重置价值的，其赔偿金额以不超过出险时的重置价值为限；受损财产的保险金额低于出险时重置价值的，其赔偿金额不得超过该项财产的保险金额。

(2) 部分损失。受损保险标的的保险金额等于或高于出险时重置价值的，按实际损失计算赔偿金额；受损财产的保险金额低于出险时重置价值的，应根据实际损失或恢复原状所需修复费用，按保额占出险时重置价值的比例计算赔偿金额。即：

$$赔款 = \frac{保险金额}{出险时重置价格} \times 实际损失或受损财产恢复原状所需修复费用$$

2）流动资产的赔款计算

流动资产的损失分为如下两种情况：

(1) 全部损失。受损财产的保险金额等于或高于出险时账面余额的，其赔偿金额以不超过出险时账面余额为限；受损财产的保险金额低于出险时账面余额的，其赔款不得超过该项财产的保险金额。

(2) 部分损失。受损保险标的的保险金额等于或高于账面余额的，按实际损失计算赔偿金额；受损财产的保险金额低于账面余额的，应根据实际损失或恢复原状所需修复费用，按保险金额占出险时账面余额的比例计算赔偿额。

$$赔款 = \frac{保险金额}{出险时账面余额} \times 实际损失或受损财产恢复原状所需修复费用$$

3) 与赔偿相关的其他事项

(1) 施救费用的赔偿。发生保险事故时，被保险人所支付的必要的、合理的施救费用的赔偿金额在保险标的损失以外另行计算，最高不超过保险金额的数额。若受损保险标的按比例赔偿，则该项费用也按与财产损失赔款相同的比例赔偿。

(2) 损余价值的处理。保险标的遭受损失后的残余部分价值(简称残值)，协议作价折归被保险人，并在赔款中扣除。如果受损财产赔款要进行分摊，其损余价值部分也要进行分摊。

(3) 代位追偿。因第三者对保险标的的损害而造成保险事故的，保险人自向被保险人赔偿保险金之日起，在赔偿金额范围内代位行使被保险人对第三者请求赔偿的权利。

(4) 保险金额的冲减。保险标的遭受部分损失经保险人赔偿后，其保险金额应相应减少，被保险人需恢复保险金额时，应补交保险费，由保险人出具批单批注。保险当事人均可依法终止合同。

(5) 重复保险的分摊。若保险人所保财产存在重复保险的情况，本保险人仅负按照比例分摊损失的责任。

6. 厘定费率的主要因素

保险费率根据保险标的风险程度、损失概率、责任范围、保险期限和经营管理费用等确定。在厘定企业财产保险的费率时，主要应考虑以下因素：建筑结构及建筑等级；占用性质；承保风险的种类；地理位置。

此外，还应在具体确定保险费率时考虑被保险人的防火设备、保险标的所处的环境、交通状况等因素的影响。在实际工作中，一般以表定费率为基础，根据具体风险情况等因素，在一定的浮动范围内确定费率。

企业财产保险一般以一年为期，标准费率表是年费率表。如果保险期限不足一年，应按短期费率表计收保费。如中途退保，亦适用于短期费率，保险期不足一个月的，按一个月收费。

三、家庭财产保险

家庭财产保险简称家财险，它是以个人财产为保险标的，由保险人承担火灾及有关自然灾害、意外事故损失赔偿责任的财产损失保险。

1. 普通家庭财产综合保险

普通型家庭财产综合保险的承保范围由房屋及附属设备、室内装潢和室内财产三大部分组成，投保人可以自由选项投保。房屋及附属设备和室内装潢的保险金额由投保人根据购置价和市场价自行确定，室内财产的保险金额以各项财产的实际价值自行确定。

1) 保险标的范围

(1) 可以承保的家庭财产。凡是被保险人自有的，坐落于保险单所载明地址内的下列家庭财产，在保险标的范围以内：①房屋及其室内附属设备(如固定装置的水暖、气暖、卫生、供水、管道煤气及供电设备、厨房配套的设备等)；②室内装潢；③室内财产，包括家用电器和文体娱乐用品、衣物和床上用品、家具及其他生活用具。以上被保险人可自由选择投保。

(2) 特约承保的家庭财产。下列财产经被保险人与保险人特别约定，并在保险单上载明，可列入保险标的范围以内：①属于被保险人代他人保管或者与他人共有而由被保险人负责的第一条载明的财产；②存放于院内、室内的非机动农机具、农用工具及存放于室内的粮食及农副产品；③经保险人同意的其他财产。

(3) 不可承保的财产。下列家庭财产不在保险标的范围以内：①金银、珠宝、钻石及其制品，玉器、首饰、古币、古玩、字画、邮票、艺术品、稀有金属等珍贵财物；②货币、票证、有价证券、文件、书籍、账册、图表、技术资料、电脑软件及资料以及无法鉴定价值的财产；③日用消耗品、各种交通工具、养殖及种植物；④用于从事工商业生产、经营活动的财产和出租用做工商业的房屋；⑤无线通信工具、笔、打火机、手表，各种磁带、磁盘、影音激光盘；⑥用芦席、稻草、油毛毡、麦秆、芦苇、竹竿、帆布、塑料布、纸板等为外墙、屋顶的简陋屋棚及柴房、禽畜棚、与保险房屋不成一体的厕所、围墙、无人居住的房屋以及存放在里面的财产；⑦政府有关部门征用、占用的房屋，违章建筑、危险建筑、非法占用的财产、处于危险状态下的财产。

2) 保险责任

保险财产只有在保险单载明的地址内，由于遭受保险责任范围内的灾害事故造成的损失，保险人才负赔偿责任。保险责任包括：①火灾、爆炸；②雷击、台风、龙卷风、暴风、暴雨、洪水、雪灾、雹灾、冰凌、泥石流、崖崩、突发性滑坡、地面突然下陷；③飞行物体及其他空中运行物体坠落，外来不属于被保险人所有或使用的建筑物和其他固定物体的倒塌；④在发生保险事故时，为抢救保险标的或防止灾害蔓延，采取合理的、必要的措施而造成保险标的的损失；⑤保险事故发生后，被保险人为防止或者减少保险标的的损失所支付的必要的、合理的费用，由保险人承担。

3) 责任免除

(1) 事故原因的除外。①战争、敌对行为、军事行动、武装冲突、罢工、暴动、盗抢；②核反应、核子辐射和放射性污染；③被保险人及其家庭成员、寄居人、雇用人员的违法、犯罪或故意行为；④因计算机问题造成的直接或间接损失。

(2) 损失、费用的除外。①保险标的遭受保险事故引起的各种间接损失；②地震及其次生灾害所造成的一切损失；③家用电器因使用过度、超电压、短路、断路、漏电、自身发热、烘烤等原因造成的本身的损毁；④坐落在蓄洪区、行洪区，或在江河岸边、低洼地区以及防洪堤以外当地常年警戒水位线以下的家庭财产，由于洪水所造成的一切损失；

⑤保险标的本身有缺陷或保管不善导致的损毁；保险标的变质、霉烂、受潮、虫咬、自然磨损、自然损耗、自燃、烘焙所造成的本身的损失；⑥行政、执法行为引起的损失和费用；⑦其他不属于保险责任范围内的损失和费用。

4) 保险金额与保险价值

房屋及室内附属设备、室内装潢的保险金额由被保险人根据购置价或市场价自行确定。房屋及室内附属设备、室内装潢的保险价值为出险时的重置价值。

室内财产的保险金额由被保险人根据当时实际价值分项目自行确定。不分项目的，按各大类财产在保险金额中所占比例确定，如规定室内财产中的家用电器及文体娱乐用品、衣物及床上用品、家具及其他生活用具、农村农机具等在保险金额中的比例。特约财产的保险金额由被保险人和保险人双方约定。

5) 赔偿处理

保险事故发生后，保险人按照下列方式计算赔偿。

(1) 房屋及室内附属设备、室内装潢的赔偿计算。①全部损失的赔偿计算。保险金额等于或高于保险价值时，其赔偿金额以不超过保险价值为限；保险金额低于保险价值时，按保险金额赔偿。②部分损失的赔偿计算。保险金额等于或高于保险价值时，按实际损失计算赔偿金额；保险金额低于保险价值时，应根据实际损失或恢复原状所需修复费用乘以保险金额与保险价值的比例计算赔偿金额。

(2) 室内财产的赔偿计算。全部损失和部分损失，在分项目保险金额内，按实际损失赔付。即室内财产的损失采用第一危险责任赔偿方式，应按实际损失赔偿，而不是按责任比例分摊损失，但最高赔偿金额不得超过保险金额。

(3) 其他费用。被保险人所支付的必要、合理的施救费用，按实际支出另行计算，最高不超过受损标的的保险金额。若该保险标的按比例赔偿，则该项费用也按相同的比例赔偿。

2. 家庭财产保险的创新

近年来，为满足客户的需要，增强保险公司的竞争能力，家庭财产保险也在进行创新，比较典型的产品是投资保障型家庭财产保险。该产品的特点如下。

(1) 保险的保障范围广泛，包括火灾、爆炸等除地震以外的各种自然灾害和意外事故，投保人也可以根据需要选择入室盗抢、管道破裂和水渍的特约责任，居民家庭最为关心的现金、金银、珠宝、玉器、钻石、首饰等贵重物品也可以受到保障。

(2) 产品具有投资功能，集保险保障与资金投资于一体，且产品收益稳定，客户的投资收益按固定收益率计算，客户享有稳定可靠的收益保证。

第四节 机动车辆保险

一、机动车辆保险的特点

我国机动车辆保险的主要承保对象是汽车，也包括电车、电瓶车、摩托车、拖拉机、各种专用机械车、特种车。机动车辆保险包括多个基本险和一系列附加险。在各国非寿险业务中，机动车辆保险不仅是运输工具保险的主要险别，也是整个非寿险业务的主要来源。我国机动车辆保险是财产保险业务的第一大险种。

与其他财产保险业务比较，机动车辆保险有以下一些特点。

1. 保险标的出险概率较高

汽车是陆地上的主要交通工具。由于其经常处于运动状态，总是载着人或货物不断地从一个地方开往另一个地方，很容易发生碰撞及其他意外事故，造成财产损失或人身伤亡。由于车辆数量的迅速增加，而一些国家交通设施及管理水平跟不上车辆的发展速度，再加上驾驶员的疏忽、过失等人为原因，交通事故频繁发生，汽车出险概率较高。

2. 业务量大，普及率高

由于汽车出险概率较高，汽车的所有者需要寻求以保险方式转嫁风险。各国政府在不断改善交通设施，严格制定交通规章的同时，为了保障受害人的利益，对汽车第三者责任保险实施强制保险。保险人为适应投保人转嫁风险的不同需要，为被保险人提供更全面的保障，在开展车辆损失险和第三者责任险的基础上，推出了一系列附加险，使汽车保险成为财产保险中业务量较大，普及率较高的一个险种。

3. 扩大保险利益

机动车辆保险中，针对汽车的所有者与使用者往往不是同一人的特点，机动车辆条款一般规定：不仅被保险人本人使用车辆时发生保险事故，保险人要承担赔偿责任，而且凡是被保险人允许的合格驾驶员使用车辆时，也视为其对保险标的具有保险利益，如果发生保险单上约定的事故，保险人同样要承担赔偿责任。这说明机动车辆保险的规定以"从车"为主，凡经被保险人允许的合格驾驶员驾驶被保险人的汽车发生保险事故造成损失的，保险人须对被保险人负赔偿责任。此规定是为了对被保险人和第三者提供更充分的保障，并非是违背保险利益原则。但如果在保险合同有效期内，被保险人将保险车辆转卖、转让、赠送他人，被保险人应当书面通知保险人并申请办理批改。否则，保险事故发生时，保险人对被保险人不承担赔偿责任。

4. 被保险人自负责任与无赔款优待

为了促使被保险人注意维护、养护汽车，使其保持安全行驶技术状态，并督促驾驶员注意安全行车，以减少事故的发生，保险合同上一般规定：根据驾驶员在交通事故中所负责任，车辆损失险和第三者责任险在符合赔偿规定的金额内实行绝对免赔率；保险车辆在一年保险期限内无赔款，第二年续保时可以按保险费的一定比例享受无赔款优待。以上两项规定，虽然分别是对被保险人的惩罚和优待，但要达到的目的是一致的。

二、机动车辆保险的种类

1. 车辆损失险

车辆损失险的保险责任范围包括以下两个方面。

(1) 被保险人或其允许的合格驾驶员在使用保险车辆过程中，由于保险单上约定的灾害事故发生造成保险车辆损失，保险人负赔偿责任。这些灾害事故有：①碰撞、倾覆；②火灾、爆炸；③外界物体倒塌、空中运行物体坠落、保险车辆行驶中平行坠落；④雷击、暴风、龙卷风、暴雨、洪水、海啸、地陷、冰陷、崖崩、雪崩、雹灾、泥石流、滑坡；⑤载运保险车辆的渡船遭受自然灾害(只限于有驾驶员随车照料者)。

以上的保险责任包括碰撞责任和非碰撞责任。碰撞指保险车辆与外界静止的或运动中的物体的意外撞击。非碰撞责任包括了一系列自然灾害和意外事故。

(2) 发生保险事故时，被保险人为防止或减少保险车辆的损失所支付的必要的、合理的施救费用，由保险人承担，但最高不超过保险金额。

2. 机动车交通事故责任强制保险

机动车交通事故责任强制保险简称"交强险"，是保险公司对被保险机动车发生道路交通事故，造成本车人员、被保险人以外的受害者的人身伤亡、财产损失，在责任限额内予以赔偿的强制性责任保险。我国"交强险"于2006年7月1日起实施，该险种通过国家法律强制机动车所有人或管理人购买，以提高机动车第三者责任保险的投保面，为交通事故受害人提供及时和基本的保障。

3. 商业第三者责任保险

被保险人或其允许的合格驾驶人员在使用保险车辆过程中发生意外事故，致使第三者遭受人身伤亡或财产的直接损毁，应当依法由被保险人支付赔偿金额，保险人负责赔偿。商业第三者责任保险是一种自愿保险，在强制保险的基础上由机动车所有人或管理人自愿购买。

4. 附加险

机动车辆保险的附加险有车辆盗抢险、玻璃单独破碎险、车辆停驶损失险、车上人员责任险、车上货物责任险、无过失责任险、自燃损失险、车身划痕损失险等。投保人在购买基本险的基础上，根据需要进行选择性购买。

案例分析 6-1

车上所载物品碰伤车辆，保险公司赔不赔？[①]

案情简介

2005 年 8 月 10 日，李某在深圳某保险公司为其车辆投保了车辆损失险、第三者责任险和盗抢险，保险期限为一年。2005 年 10 月 2 日，李某驾车携家人外出游玩，他在挡风玻璃前放了一瓶车用香水，但没有粘稳在车上，行驶中突遇险情，在急刹车时，香水滑落，撞碎了前挡风玻璃。李某立即拨打了该保险公司的服务热线。保险公司查勘理赔人员对事故经过进行核实后，认为受车内物品的撞击所受损失属于保险除外责任，于是做出了拒绝赔偿的决定。李某对此不服，于是投诉至保险监管机构。

案例点评

本案中保险公司的拒赔理由应是成立的。因为李某只为其车辆投保了车辆损失险、第三者责任险和盗抢险，而车辆损失险的条款中明确规定，被保险机动车所载货物坠落、倒塌、撞击、泄漏造成的损失属于除外责任，因而，保险公司有权拒赔。

其实对于这样的风险，车主是可以转移的。在本案中，若李某为该车另外投保了机动车辆保险中的附加险——玻璃单独破碎险，则李某的前挡风玻璃损失就可以得到保险公司的理赔。

三、我国机动车辆条款费率管理制度的改革

1. 第一次改革：2003—2005 年

2003 年 1 月 1 日起，国内机动车辆保险的条款费率管理制度进行改革，改革的核心是，停止由中国保监会统一制定车险条款费率的制度，改由各保险公司自行制定费率，经保监会批准实行。新的车险条款费率管理制度，允许保险公司按照不同消费者的需求制定条款，车险产品将更加多样化。机动车辆保险费率改革的方向是对风险要素进行细分，实施风险等级费率，使投保人所交纳的保险费与其风险状况相匹配。在机动车辆保险的经营中，人、车、路和环境是构成机动车实际风险的四大要素。因此要改变单一的"从车费率"，实行

---

① 孟龙. 保险消费者权益保护指引. 北京：中国金融出版社，2008.

"从车费率"与"从人费率"和"从地费率"的结合。保险公司在制定调整机车险费率时，应考虑车辆过去的理赔记录，此外还要考虑以下几个因素。

1) 随人因素

"人"是指道路交通参与者的驾驶员、乘车人、骑车人、行人等。而与机车险等级风险有直接关联的是机动车驾驶员的风险。确定驾驶员的风险等级，应考虑驾驶员的年龄、性别、职业、婚姻状况、驾龄、单人还是多人驾驶、违章肇事记录等因素。

2) 随车因素

考虑车辆使用性质(如私人车辆与非私人车辆、营业车辆与非营业车辆等)、类型、厂牌型号、核定吨位(载客数)、使用时间、是否固定停放、事故记录等。

3) 随地因素

考虑车辆行驶区域内的道路状况，是否仅在特定路线行驶等。

2. 第二次改革：2006—2007 年

2006 年，保监会进行了新一轮的车险条款费率改革，并在同一年推出了机动车交通事故责任强制保险。这一轮的条款费率改革主要是由中国保险行业协会统一制定基本险条款和费率，将基本险条款分为 A、B、C 三款，并厘定相应的费率，各家保险公司只能从这三款条款费率中进行选择并执行，但附加险的条款费率还由各家保险公司自己制定。

2007 年，中国保险行业协会对常见的附加险条款费率也进行了统颁，保监会出台了"限折令"，规定各家保险公司给予车险投保人的所有优惠总和不得超过车险(不包括交强险)基准费率的 30%，也就是保险公司出具的车险保单最低折扣不能低于七折，从而进一步加强了费率的统一性，有利于控制保险公司竞相压价无序竞争的局面，以稳定市场秩序。

第五节　责　任　保　险

一、责任保险的概念

责任保险以被保险人依法应承担的民事损害赔偿责任或经过特别约定的合同责任为保险标的。保险人主要承担各经济单位和个人在进行各项生产经营活动、业务活动或在日常生活中，由于疏忽、过失等行为造成他人的人身伤亡或财产损失，以及按合同约定应承担的经济赔偿责任。例如，汽车肇事造成他人的人身伤亡或财产损失，医生误诊造成病人的伤亡，产品缺陷造成用户或消费者的人身伤亡或财产损失等，致害人必须依照有关法律规定对受害人承担经济赔偿责任。如果致害人投保了相关的责任保险，就把责任风险转嫁给了保险人，一旦保险责任事故发生，就由保险人承担致害人(被保险人)应向受害人承担的经济赔偿责任。

在现代社会中，责任风险的客观存在及其对经济单位和个人所带来的威胁，使人们对所面临的责任风险产生忧虑并寻求转嫁此类风险的途径，这是责任保险产生的自然基础。责任风险是指企业、团体、家庭或个人在从事各项活动中，因疏忽、过失等造成他人的人身伤亡或财产损失，而依法对受害人承担的经济赔偿的可能性。且随着社会经济的日益发展，从责任风险发生的趋势和对经济单位和个人带来的损失程度看，这一风险越来越受到人们的关注。分析其原因，有以下几个方面：第一，人们在遭受他人的侵权损害时，可借助法律手段来保护自己，使责任方承担对损害的赔偿责任。第二，科学技术的进步在给人们带来生产发展和生活方便的同时，也使责任风险发生的概率增加，损失后果严重化。第三，人们生活水平的提高以及物价指数的上升，导致受害人的损害赔偿数额日趋升高。对致害人而言，责任风险事故一旦发生，就要依法承担损害赔偿责任，从而使现有利益受损，甚至要承担巨额的赔偿，危及正常的生活，导致生产的中断，甚至经营的破产。因此，经济单位和个人有转嫁责任风险的需要。

二、责任保险的保险标的

财产损失保险的保险标的是有形财产，保险事故的发生会直接造成财产的损失，表现为财产的全部损失或部分损失。责任保险的保险标的为被保险人的民事损害赔偿责任，这种保险标的是无形标的，保险人承保的是被保险人的侵权行为和违约责任(合同责任)。

1. 民事责任及其构成条件

民事责任是民事法律责任的简称，它是民事主体侵害他人的民事权利或违反民事义务(包括合同或其他义务)所应承担的法律后果。但并非所有侵犯他人的民事权利或违反民事义务的行为都须承担民事责任，构成民事责任一般还须具备以下四个要件。

1) 行为必须具有违法性

这是构成民事责任的决定性要件。行为不违法，除法律有特别规定外，对其所造成的损害不承担民事责任。所谓行为，即人们有意识的活动。

违法行为包括两种：一种是违法的"作为"，属于法律所禁止的行为，如酒后驾车伤人；另一种是违法的"不作为"，属于法律所规定的义务不履行的行为。

2) 必须有造成损害的事实存在

这是构成民事责任的必要条件。侵犯民事权利、违反民事义务的违法行为，在许多情况下，会造成他人人身或财产上的损害。只有行为人对他人的人身或财产造成事实上的损害时，才要依法承担民事责任。

3) 违法行为与损害后果之间必须存在因果关系

法律只规定违法行为人对其违法行为所造成的损害后果承担民事责任，也就是说行为人的违法行为必须与损害后果存在因果关系，行为人才承担民事责任。如果损害后果的发生与违法行为无因果关系，行为人就不必承担民事责任。

4) 违法行为人必须有过错

所谓过错，就是行为人对自己的行为及其后果的心理状态，它分为故意和过失两种形式。故意是指行为人明知自己的行为的不良后果，而希望或放任其发生的心理；过失是指行为人应当预见自己的行为可能发生的不良后果而没有预见，或者已经预见而轻信其不会发生的心理。

2. 侵权的民事责任

侵权的民事责任又称侵权损害的民事责任，它是侵权行为产生的法律后果，即由民法规定的侵权行为造成他人的财产或人身权利损害所应承担的法律责任。侵权行为，通常认为是因故意或过失侵害他人权利的不法行为。根据侵权行为的成立条件和表现形式不同，可将其分为一般侵权行为和特殊侵权行为。一般侵权行为又称直接侵权行为，是指直接因行为人的故意或过失侵害他人权利的不法行为，这种侵权行为只有行为人主观上有过错(故意或过失)才成立；特殊侵权行为又称间接侵权行为，是指基于法律特别规定的由特殊行为或行为以外的事实，对他人权利的不法侵害。特殊侵权行为适用于"结果责任"或"无过错责任"，依法律规定，只要造成的损害后果与一定人所从事的业务的危险性质或其管属的人、物以及其他事项间有因果关系，此人就应对损害负赔偿责任。

责任保险合同一般承保被保险人的过失行为和无过错行为所致的民事损害赔偿责任，而不承保故意行为所致的民事责任。

3. 违约责任

违约责任是违反合同行为所引起的法律后果，是指合同当事人因过错不履行合同义务，或者履行合同义务不符合约定条件的行为。例如，不按合同交付货物，不按合同完成工作、交付成果，不按合同提供劳务以及不按合同交付价款或报酬等。

责任保险一般不承保违约责任，除非这种责任经过特别约定。责任保险合同特约承保的违约责任包括直接责任和间接责任。前者是指合同一方违反合同的义务造成另一方的损害所应承担的法律赔偿责任；后者是指合同一方根据合同规定对另一方造成第三者的损害应承担的法律赔偿责任。

三、责任保险的特点

责任保险属于广义的财产保险范畴，要遵循财产保险合同的基本原则，如损失补偿原则、代位原则和分摊原则。但由于责任保险的承保对象具有特殊性，与其他财产保险相比，其产生与发展的基础、保障对象、保险人责任范围、赔偿处理方式等方面有其明显的特点。

1. 产生与发展的基础：民事法律制度的建立与完善

在现代社会中，责任风险的客观存在及其对经济单位和个人所带来的威胁，使人们对所面临的责任风险产生忧虑并寻求转嫁此类风险的途径，这是责任保险产生的自然基础。人们之所以面临责任风险(各种民事法律风险)，是由于社会生产力的发展和人类社会的进步带来的法律制度的不断完善，特别是民事法律制度的建立与完善。正是因为人们在社会经济活动中的行为都是在法律制度的某种程度规范之内，才有可能因违反法律而造成他人的财产损失或人身伤害，并依法应承担赔偿责任，人们才有转嫁责任风险的必要，责任保险才会被人们所接受。所以，民事法律制度的建立与完善是责任保险产生与发展的基础。事实上，当今世界责任保险最发达的国家和地区，必然是民事法律制度较完善的国家和地区。

2. 责任保险的保障对象：保障了致害人(被保险人)和受害人的利益

一般财产保险合同中，被保险人因保险事故发生造成经济损失时，保险人要对被保险人的经济损失进行补偿，保险金直接支付给被保险人。而在责任保险合同中，保险人承保的是被保险人依法对他人应承担的民事损害赔偿责任，当保险事故发生时，保险人代替致害人向受害人进行赔偿，保险人支付的保险金最终要落实到受害人手中。这样，即使被保险人避免了经济损失，也使受害人获得补偿与慰藉。因此，责任保险合同在保障被保险人利益的同时，也保障受害人的合法利益。

3. 保险人赔偿范围的确定：赔偿限额

财产损失保险合同的保险标的是物质财产，该类保险标的具有可估价性，并在对保险标的的估价的基础上确定保险金额，作为保险人赔偿的最高限额和计算保险费的依据。在责任保险合同中，保险人所承保的是一种特殊的无形标的，由于这种标的无客观价值，无法估价，所以合同中无法确定保险金额。但为了限制保险人承担赔偿责任的范围，避免赔偿时合同双方发生争议，我国现行的责任保险合同一般要载明赔偿限额，以此作为保险人承担赔偿责任的最高额度和计算保险费的依据。赔偿限额的大小根据被保险人可能面临的损失规模的大小和交付保险费的能力来确定。比如，我国的机动车辆保险第三者责任险的赔偿限额分为不同档次，由投保人自行选择。同一险种赔偿限额越高，投保人交纳的保险费越多。

4. 赔偿处理方式的特殊性

与其他财产保险合同相比，责任保险合同的赔偿处理涉及的关系方比较复杂、受制因素也较多。

1) 责任保险赔案的处理涉及第三者(受害人)

责任保险合同赔案的发生，以被保险人对第三者造成损害并依法应承担经济赔偿责任为前提，因而责任保险的赔偿必然涉及第三者受害方。且按照损失补偿原则，受害人应向被保险人(致害人)索赔，被保险人才能向保险人索赔。如果受害人未向被保险人索赔，被保险人也就不具备向保险人索赔的条件。但由于责任保险合同的当事人是保险人与被保险人，受害人不是责任保险合同的当事人，因此，受害人无权直接向保险人索赔。但保险人可以将保险金支付给受害人。我国《保险法》第六十五条第一款规定："保险人对责任保险的被保险人给第三者造成的损害，可以依照法律的规定或合同的约定，直接向该第三者赔偿保险金。"

2) 责任保险的赔偿受制因素复杂

一般的财产保险合同赔案的处理仅涉及保险人与被保险人，当保险事故发生后，保险人根据保险标的的损失状况，按保险单规定的计算方式计算赔款。如果保险事故由第三者责任方造成，保险人向被保险人赔偿后，依法或按合同约定取得向第三者责任方进行追偿的权利。由于责任保险承保的标的是被保险人依法对第三者应承担的民事损害赔偿责任，赔案的处理往往要以法院的判决或执法部门的裁决为依据，保险人在此基础上，再根据保险合同的规定计算赔款。因此，责任保险的赔偿受制因素复杂，除保险合同的规定外，国家的立法、司法制度对它都有影响，保险人经营该险种所面临的风险较大。

四、责任保险的种类

责任保险有两种承保方式：一种是作为各种财产保险合同的组成部分或作为附加险承保，如机动车辆保险第三者责任险、建筑或安装工程保险的第三者责任险、船舶保险的碰撞责任、第三者责任、油污责任等；另一种是单独承保，保险人签发单独的责任保险合同。单独承保的责任保险一般分为以下四类。

1. 公众责任保险

公众责任保险承保被保险人在固定场所或地点进行生产经营活动或进行其他活动时，因意外事故发生致使第三者遭受人身伤害或财产损失，依法应由被保险人承担的经济赔偿责任。

2. 产品责任保险

产品责任保险承保产品的制造商、销售商、修理商因其制造、销售、修理的产品有缺陷，而造成用户、消费者或公众遭受人身伤亡或财产损失，依法应承担的经济赔偿责任。

3. 雇主责任保险

雇主责任保险保险人承保雇主对所雇员工在受雇期间，因发生意外事故或因职业病而遭受人身伤害或死亡时，依法或按合同约定应由雇主承担的经济赔偿责任。

4. 职业责任保险

职业责任保险承保各种专业技术人员因工作疏忽或过失造成对第三者的损害依法应承担的经济赔偿责任。这里所指的专业技术人员包括律师、设计师、医生、会计师、美容师等。

责任保险具有保险人代替致害人向受害人承担经济赔偿责任的特征，是为无辜受害者提供经济保障的一种手段。为了保障社会公众的利益，对某些涉及面广的损害承保赔偿责任，如汽车第三者责任保险、雇主责任保险等，许多国家实行了强制保险。

五、责任保险合同的共同规定

以上各种责任保险合同，一般有以下几个方面的共同规定。

1. 保险责任范围

责任保险合同承担的保险责任一般有两项：①被保险人依法应对第三者的人身伤亡或财产损失承担的经济赔偿责任(雇主责任保险仅对雇员的人身伤亡承担经济赔偿责任)，以及被保险人按照合同规定应承担的违约责任；②因赔偿纠纷引起的诉讼、律师费用及其他事先经保险人同意支付的费用。

2. 除外责任

责任保险合同通常规定有若干除外责任条款，对被保险人由于下列原因引起的赔偿责任，保险人可不予赔偿：①战争、罢工；②核风险(核责任保险除外)；③被保险人的故意行为；④被保险人的家属、雇员的财产损失或人身伤害(雇主责任保险除外)；⑤被保险人的违约责任(保险合同有特别约定的除外)；⑥被保险人所有或由其控制、照管的财产。

3. 赔偿限额与免赔额

由于责任保险合同的保险标的无客观价值，因此保险单上均无保险金额而仅规定了赔偿限额。被保险人根据法院裁决、有关执法当局裁定或经保险公司同意，与受害方商定应对受害人支付的赔款。该赔款如果在赔偿限额内，由保险人承担；如果超出赔偿限额，保险人仅在赔偿限额内承担赔偿责任，超出赔偿限额部分由被保险人自己承担。保险单规定的赔偿限额通常有两项，一是每次事故或同一原因引起的一系列事故的赔偿限额，二是保险期内累计的赔偿限额。这两种限额，保险单上可以只规定一种，也可以同时规定。

为了使被保险人尽职尽责、防止事故发生或减少小额零星赔偿，除赔偿限额外，保险单上一般还有免赔额的规定。免赔额一般以金额表示，也可以规定为赔偿金额的一定比例。责任保险的免赔额通常为绝对免赔额。

复习思考题

1. 什么是财产保险？它有哪些特点？
2. 财产保险的保险价值和保险金额有什么关系？
3. 定值保险和不定值保险有什么不同？
4. 财产保险的基本赔偿方式有哪些？
5. 广义的财产保险包括哪三大类业务？
6. 简述火灾保险的保险标的和保险风险。
7. 简述企业财产保险的保险金额确定方式与赔款计算方式。
8. 简述机动车辆保险的特点。
9. 什么是责任保险？责任保险有哪些特点？
10. 简述责任保险种类和责任保险合同的共同规定。

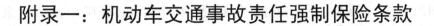

附录一：机动车交通事故责任强制保险条款

特别提示：为充分保障您的权益，请您仔细阅读本条款。机动车交通事故责任强制保险向您提供的是因交通事故造成的对受害人损害赔偿责任风险的基本保障。每辆机动车只需投保一份机动车交通事故责任强制保险，请不要重复投保。

在投保本保险后，您可以投保其他机动车保险。

机动车交通事故责任强制保险条款

(中保协条款[2006])1 号

总　则

第一条　根据《中华人民共和国道路交通安全法》、《中华人民共和国保险法》、《机动车交通事故责任强制保险条例》等法律、行政法规，制定本条款。

第二条　机动车交通事故责任强制保险(以下简称交强险)合同由本条款与投保单、保险单、批单和特别约定共同组成。凡与交强险合同有关的约定，都应当采用书面形式。

第三条　交强险费率实行与被保险机动车道路交通安全违法行为、交通事故记录相联系的浮动机制。

签订交强险合同时，投保人应当一次支付全部保险费。保险费按照中国保险监督管理委员会(以下简称保监会)批准的交强险费率计算。

定　义

第四条　交强险合同中的被保险人是指投保人及其允许的合法驾驶人。

投保人是指与保险人订立交强险合同，并按照合同负有支付保险费义务的机动车的所有人、管理人。

第五条　交强险合同中的受害人是指因被保险机动车发生交通事故遭受人身伤亡或者财产损失的人，但不包括被保险机动车本车车上人员、被保险人。

第六条　交强险合同中的责任限额是指被保险机动车发生交通事故，保险人对每次保险事故所有受害人的人身伤亡和财产损失所承担的最高赔偿金额。责任限额分为死亡伤残赔偿限额、医疗费用赔偿限额、财产损失赔偿限额以及被保险人在道路交通事故中无责任的赔偿限额。其中无责任的赔偿限额分为无责任死亡伤残赔偿限额、无责任医疗费用赔偿限额以及无责任财产损失赔偿限额。

第七条　交强险合同中的抢救费用是指被保险机动车发生交通事故导致受害人受伤时，医疗机构对生命体征不平稳和虽然生命体征平稳但如果不采取处理措施会产生生命危险，或者导致残疾、器官功能障碍，或者导致病程明显延长的受害人，参照国务院卫生主管部门组织制定的交通事故人员创伤临床诊疗指南和国家基本医疗保险标准，采取必要的处理措施所发生的医疗费用。

保 险 责 任

第八条　在中华人民共和国境内(不含港、澳、台地区)，被保险人在使用被保险机动车过程中发生交通事故，致使受害人遭受人身伤亡或者财产损失，依法应当由被保险人承担的损害赔偿责任，保险人按照交强险合同的约定对每次事故在下列赔偿限额内负责赔偿：

(一)死亡伤残赔偿限额为 110000 元；

(二)医疗费用赔偿限额为 10000 元；

(三)财产损失赔偿限额为 2000 元；

(四)被保险人无责任时，无责任死亡伤残赔偿限额为 11000 元；无责任医疗费用赔偿限额为 1000 元；无责任财产损失赔偿限额为 100 元。

死亡伤残赔偿限额和无责任死亡伤残赔偿限额项下负责赔偿丧葬费、死亡补偿费、受害人亲属办理丧葬事宜支出的交通费用、残疾赔偿金、残疾辅助器具费、护理费、康复费、交通费、被扶养人生活费、住宿费、误工费，被保险人依照法院判决或者调解承担的精神损害抚慰金。

医疗费用赔偿限额和无责任医疗费用赔偿限额项下负责赔偿医药费、诊疗费、住院费、住院伙食补助费，必要的、合理的后续治疗费、整容费、营养费。

垫付与追偿

第九条　被保险机动车在本条(一)至(四)之一的情形下发生交通事故，造成受害人受伤需要抢救的，保险人在接到公安机关交通管理部门的书面通知和医疗机构出具的抢救费用清单后，按照国务院卫生主管部门组织制定的交通事故人员创伤临床诊疗指南和国家基本医疗保险标准进行核实。对于符合规定的抢救费用，保险人在医疗费用赔偿限额内垫付。被保险人在交通事故中无责任的，保险人在无责任医疗费用赔偿限额内垫付。对于其他损失和费用，保险人不负责垫付和赔偿。

(一)驾驶人未取得驾驶资格的；

(二)驾驶人醉酒的；

(三)被保险机动车被盗抢期间肇事的；

(四)被保险人故意制造交通事故的。

对于垫付的抢救费用，保险人有权向致害人追偿。

责 任 免 除

第十条　下列损失和费用，交强险不负责赔偿和垫付：

(一)因受害人故意造成的交通事故的损失;

(二)被保险人所有的财产及被保险机动车上的财产遭受的损失;

(三)被保险机动车发生交通事故,致使受害人停业、停驶、停电、停水、停气、停产、通讯或者网络中断、数据丢失、电压变化等造成的损失以及受害人财产因市场价格变动造成的贬值、修理后因价值降低造成的损失等其他各种间接损失;

(四)因交通事故产生的仲裁或者诉讼费用以及其他相关费用。

保险期间

第十一条　除国家法律、行政法规另有规定外,交强险合同的保险期间为一年,以保险单载明的起止时间为准。

投保人、被保险人义务

第十二条　投保人投保时,应当如实填写投保单,向保险人如实告知重要事项,并提供被保险机动车的行驶证和驾驶证复印件。重要事项包括机动车的种类、厂牌型号、识别代码、号牌号码、使用性质和机动车所有人或者管理人的姓名(名称)、性别、年龄、住所、身份证或者驾驶证号码(组织机构代码)、续保前该机动车发生事故的情况以及保监会规定的其他事项。

投保人未如实告知重要事项,对保险费计算有影响的,保险人按照保单年度重新核定保险费计收。

第十三条　签订交强险合同时,投保人不得在保险条款和保险费率之外,向保险人提出附加其他条件的要求。

第十四条　投保人续保的,应当提供被保险机动车上一年度交强险的保险单。

第十五条　在保险合同有效期内,被保险机动车因改装、加装、使用性质改变等导致危险程度增加的,被保险人应当及时通知保险人,并办理批改手续。否则,保险人按照保单年度重新核定保险费计收。

第十六条　被保险机动车发生交通事故,被保险人应当及时采取合理、必要的施救和保护措施,并在事故发生后及时通知保险人。

第十七条　发生保险事故后,被保险人应当积极协助保险人进行现场查勘和事故调查。发生与保险赔偿有关的仲裁或者诉讼时,被保险人应当及时书面通知保险人。

赔偿处理

第十八条　被保险机动车发生交通事故的,由被保险人向保险人申请赔偿保险金。被保险人索赔时,应当向保险人提供以下材料:

(一)交强险的保险单;

(二)被保险人出具的索赔申请书;

(三)被保险人和受害人的有效身份证明、被保险机动车行驶证和驾驶人的驾驶证;

(四)公安机关交通管理部门出具的事故证明,或者人民法院等机构出具的有关法律文书及其他证明;

(五)被保险人根据有关法律法规规定选择自行协商方式处理交通事故的,应当提供依照《交通事故处理程序规定》规定的记录交通事故情况的协议书;

(六)受害人财产损失程度证明、人身伤残程度证明、相关医疗证明以及有关损失清单和费用单据;

(七)其他与确认保险事故的性质、原因、损失程度等有关的证明和资料。

第十九条 保险事故发生后,保险人按照国家有关法律法规规定的赔偿范围、项目和标准以及交强险合同的约定,并根据国务院卫生主管部门组织制定的交通事故人员创伤临床诊疗指南和国家基本医疗保险标准,在交强险的责任限额内核定人身伤亡的赔偿金额。

第二十条 因保险事故造成受害人人身伤亡的,未经保险人书面同意,被保险人自行承诺或支付的赔偿金额,保险人在交强险责任限额内有权重新核定。

因保险事故损坏的受害人财产需要修理的,被保险人应当在修理前会同保险人检验,协商确定修理或者更换项目、方式和费用。否则,保险人在交强险责任限额内有权重新核定。

第二十一条 被保险机动车发生涉及受害人受伤的交通事故,因抢救受害人需要保险人支付抢救费用的,保险人在接到公安机关交通管理部门的书面通知和医疗机构出具的抢救费用清单后,按照国务院卫生主管部门组织制定的交通事故人员创伤临床诊疗指南和国家基本医疗保险标准进行核实。对于符合规定的抢救费用,保险人在医疗费用赔偿限额内支付。被保险人在交通事故中无责任的,保险人在无责任医疗费用赔偿限额内支付。

合同变更与终止

第二十二条 在交强险合同有效期内,被保险机动车所有权发生转移的,投保人应当及时通知保险人,并办理交强险合同变更手续。

第二十三条 在下列三种情况下,投保人可以要求解除交强险合同:

(一)被保险机动车被依法注销登记的;

(二)被保险机动车办理停驶的;

(三)被保险机动车经公安机关证实丢失的。

交强险合同解除后,投保人应当及时将保险单、保险标志交还保险人;无法交回保险标志的,应当向保险人说明情况,征得保险人同意。

第二十四条 发生《机动车交通事故责任强制保险条例》所列明的投保人、保险人解除交强险合同的情况时,保险人按照日费率收取自保险责任开始之日起至合同解除之日止期间的保险费。

附 则

第二十五条 因履行交强险合同发生争议的，由合同当事人协商解决。

协商不成的，提交保险单载明的仲裁委员会仲裁。保险单未载明仲裁机构或者争议发生后未达成仲裁协议的，可以向人民法院起诉。

第二十六条 交强险合同争议处理适用中华人民共和国法律。

第二十七条 本条款未尽事宜，按照《机动车交通事故责任强制保险条例》执行。

机动车交通事故责任强制保险基础费率表

(2008版)

金额单位：人民币元

车辆大类	序 号	车辆明细分类	保 费
一、家庭自用车	1	家庭自用汽车6座及以下	950
	2	家庭自用汽车6座及以上	1 100
二、非营业客车	3	企业非营业汽车6座以下	1 000
	4	企业非营业汽车6~10座	1 130
	5	企业非营业汽车10~20座	1 220
	6	企业非营业汽车20座以上	1 270
	7	机关非营业汽车6座以下	950
	8	机关非营业汽车6~10座	1 070
	9	机关非营业汽车10~20座	1 140
	10	机关非营业汽车20座以上	1 320
三、营业客车	11	营业出租租赁6座以下	1 800
	12	营业出租租赁6~10座	2 360
	13	营业出租租赁10~20座	2 400
	14	营业出租租赁20~36座	2 560
	15	营业出租租赁36座以上	3 530
	16	营业城市公交6~10座	2 250
	17	营业城市公交10~20座	2 520
三、营业客车	18	营业城市公交20~36座	3 020
	19	营业城市公交36座以上	3 140
	20	营业公路客运6~10座	2 350
	21	营业公路客运10~20座	2 620
	22	营业公路客运20~36座	3 420
	23	营业公路客运36座以上	4 690
四、非营业货车	24	非营业货车2吨以下	1 200
	25	非营业货车2~5吨	1 470
	26	非营业货车5~10吨	1 650
	27	非营业货车10吨以上	2 220

续表

车辆大类	序 号	车辆明细分类	保 费
五、营业货车	28	营业货车 2 吨以下	1 850
	29	营业货车 2~5 吨	3 070
	30	营业货车 5~10 吨	3 450
	31	营业货车 10 吨以上	4 480
六、特种车	32	特种车一	3 710
	33	特种车二	2 430
	34	特种车三	1 080
	35	特种车四	3 980
七、摩托车	36	摩托车 50CC 及以下	80
	37	摩托车 50CC~250CC(含)	120
	38	摩托车 250CC 以上及侧三轮	400
八、拖拉机	39	兼用型拖拉机 14.7kW 及以下	按保监产险[2007]53 号实行地区差别费率
	40	兼用型拖拉机 14.7kW 以上	
	41	运输型拖拉机 14.7kW 及以下	
	42	运输型拖拉机 14.7kW 以上	

1. 座位和吨位的分类都按照"含起点不含终点"的原则来解释。

2. 特种车一：油罐车、汽罐车、液罐车；

特种车二：专用净水车、特种车一以外的罐式货车，以及用于清障、清扫、清洁、起重、装卸、升降、搅拌、挖掘、推土、冷藏、保温等的各种专用机动车；

特种车三：装有固定专用仪器设备从事专业工作的监测、消防、运钞、医疗、电视转播等的各种专用机动车；

特种车四：集装箱拖头。

3. 挂车根据实际的使用性质并按照对应吨位货车的 30%计算。

4. 低速载货汽车参照运输型拖拉机 14.7kW 以上的费率执行。

附录二：中国人民财产保险股份有限公司机动车第三者责任保险条款

总　则

第一条　机动车第三者责任保险合同(以下简称本保险合同)由本条款、投保单、保险单、批单和特别约定共同组成。凡涉及本保险合同的约定，均应采用书面形式。

第二条　本保险合同中的机动车是指在中华人民共和国境内(不含港、澳、台地区)行驶，以动力装置驱动或者牵引，上道路行驶的供人员乘用或者用于运送物品以及进行专项作业的轮式车辆(含挂车)、履带式车辆和其他运载工具(以下简称被保险机动车)，但不包括摩托车、拖拉机和特种车。

第三条 本保险合同中的第三者是指因被保险机动车发生意外事故遭受人身伤亡或者财产损失的人，但不包括被保险机动车本车上人员、投保人、被保险人和保险人。

保 险 责 任

第四条 保险期间内，被保险人或其允许的合法驾驶人在使用被保险机动车过程中发生意外事故，致使第三者遭受人身伤亡或财产直接损毁，依法应当由被保险人承担的损害赔偿责任，保险人依照本保险合同的约定，对于超过机动车交通事故责任强制保险各分项赔偿限额以上的部分负责赔偿。

责 任 免 除

第五条 被保险机动车造成下列人身伤亡或财产损失，不论在法律上是否应当由被保险人承担赔偿责任，保险人均不负责赔偿：

(一)被保险人及其家庭成员的人身伤亡、所有或代管的财产的损失；

(二)被保险机动车本车驾驶人及其家庭成员的人身伤亡、所有或代管的财产的损失；

(三)被保险机动车本车上其他人员的人身伤亡或财产损失。

第六条 下列情况下，不论任何原因造成的对第三者的损害赔偿责任，保险人均不负责赔偿：

(一)地震；

(二)战争、军事冲突、恐怖活动、暴乱、扣押、收缴、没收、政府征用；

(三)竞赛、测试、教练，在营业性维修、养护场所修理、养护期间；

(四)利用被保险机动车从事违法活动；

(五)驾驶人饮酒、吸食或注射毒品、被药物麻醉后使用被保险机动车；

(六)事故发生后，被保险人或其允许的驾驶人在未依法采取措施的情况下驾驶被保险机动车或者遗弃被保险机动车逃离事故现场，或故意破坏、伪造现场、毁灭证据；

(七)驾驶人有下列情形之一者：

1. 无驾驶证或驾驶证有效期已届满；

2. 驾驶的被保险机动车与驾驶证载明的准驾车型不符；

3. 实习期内驾驶公共汽车、营运客车或者载有爆炸物品、易燃易爆化学物品、剧毒或者放射性等危险物品的被保险机动车，实习期内驾驶的被保险机动车牵引挂车；

4. 持未按规定审验的驾驶证，以及在暂扣、扣留、吊销、注销驾驶证期间驾驶被保险机动车；

5. 使用各种专用机械车、特种车的人员无国家有关部门核发的有效操作证，驾驶营运客车的驾驶人无国家有关部门核发的有效资格证书；

6. 依照法律法规或公安机关交通管理部门有关规定不允许驾驶被保险机动车的其他情况下驾车。

(八)非被保险人允许的驾驶人使用被保险机动车；

(九)被保险机动车转让他人，未向保险人办理批改手续；

(十)除另有约定外，发生保险事故时被保险机动车无公安机关交通管理部门核发的行驶证或号牌，或未按规定检验或检验不合格；

(十一)被保险机动车拖带未投保机动车交通事故责任强制保险的机动车(含挂车)或被未投保机动车交通事故责任强制保险的其他机动车拖带。

第七条 下列损失和费用，保险人不负责赔偿：

(一)被保险机动车发生意外事故，致使第三者停业、停驶、停电、停水、停气、停产、通讯或者网络中断、数据丢失、电压变化等造成的损失以及其他各种间接损失；

(二)精神损害赔偿；

(三)因污染(含放射性污染)造成的损失；

(四)第三者财产因市场价格变动造成的贬值、修理后价值降低引起的损失；

(五)被保险机动车被盗窃、抢劫、抢夺期间造成第三者人身伤亡或财产损失；

(六)被保险人或驾驶人的故意行为造成的损失；

(七)仲裁或者诉讼费用以及其他相关费用。

第八条 应当由机动车交通事故责任强制保险赔偿的损失和费用，保险人不负责赔偿。

保险事故发生时，被保险机动车未投保机动车交通事故责任强制保险或机动车交通事故责任强制保险合同已经失效的，对于机动车交通事故责任强制保险各分项赔偿限额以内的损失和费用，保险人不负责赔偿。

第九条 保险人在依据本保险合同约定计算赔款的基础上，在保险单载明的责任限额内，按下列免赔率免赔：

(一)负次要事故责任的免赔率为 5%，负同等事故责任的免赔率为 10%，负主要事故责任的免赔率为 15%，负全部事故责任的免赔率为 20%；

(二)违反安全装载规定的，增加免赔率 10%；

(三)投保时指定驾驶人，保险事故发生时为非指定驾驶人使用被保险机动车的，增加免赔率 10%；

(四)投保时约定行驶区域，保险事故发生在约定行驶区域以外的，增加免赔率 10%。

第十条 其他不属于保险责任范围内的损失和费用。

责 任 限 额

第十一条 每次事故的责任限额，由投保人和保险人在签订本保险合同时按保险监管部门批准的限额档次协商确定。

第十二条 主车和挂车连接使用时视为一体，发生保险事故时，由主车保险人和挂车保险人按照保险单上载明的机动车第三者责任保险责任限额的比例，在各自的责任限额内承担赔偿责任，但赔偿金额总和以主车的责任限额为限。

保 险 期 间

第十三条　除另有约定外，保险期间为一年，以保险单载明的起讫时间为准。

保险人义务

第十四条　保险人在订立保险合同时，应向投保人说明投保险种的保险责任、责任免除、保险期间、保险费及支付办法、投保人和被保险人义务等内容。

第十五条　保险人应及时受理被保险人的事故报案，并尽快进行查勘。

保险人接到报案后 48 小时内未进行查勘且未给予受理意见，造成财产损失无法确定的，以被保险人提供的财产损毁照片、损失清单、事故证明和修理发票作为赔付理算依据。

第十六条　保险人收到被保险人的索赔请求后，应当及时作出核定。

(一)保险人应根据事故性质、损失情况，及时向被保险人提供索赔须知。审核索赔材料后认为有关的证明和资料不完整的，应当及时通知被保险人补充提供有关的证明和资料；

(二)在被保险人提供了各种必要单证后，保险人应当迅速审查核定，并将核定结果及时通知被保险人；

(三)对属于保险责任的，保险人应在与被保险人达成赔偿协议后 10 日内支付赔款。

第十七条　保险人对在办理保险业务中知道的投保人、被保险人的业务和财产情况及个人隐私，负有保密的义务。

投保人、被保险人义务

第十八条　投保人应如实填写投保单并回答保险人提出的询问，履行如实告知义务，并提供被保险机动车行驶证复印件、机动车登记证书复印件，如指定驾驶人的，应当同时提供被指定驾驶人的驾驶证复印件。

在保险期间内，被保险机动车改装、加装或被保险家庭自用汽车、非营业用汽车从事营业运输等，导致被保险机动车危险程度增加的，应当及时书面通知保险人。否则，因被保险机动车危险程度增加而发生的保险事故，保险人不承担赔偿责任。

第十九条　除另有约定外，投保人应当在本保险合同成立时交清保险费；保险费交清前发生的保险事故，保险人不承担赔偿责任。

第二十条　发生保险事故时，被保险人应当及时采取合理的、必要的施救和保护措施，防止或者减少损失，并在保险事故发生后 48 小时内通知保险人。否则，造成损失无法确定或扩大的部分，保险人不承担赔偿责任。

第二十一条　发生保险事故后，被保险人应当积极协助保险人进行现场查勘。

被保险人在索赔时应当提供有关证明和资料。

引起与保险赔偿有关的仲裁或者诉讼时，被保险人应当及时书面通知保险人。

赔 偿 处 理

第二十二条 被保险人索赔时，应当向保险人提供与确认保险事故的性质、原因、损失程度等有关的证明和资料。

被保险人应当提供保险单、损失清单、有关费用单据、被保险机动车行驶证和发生事故时驾驶人的驾驶证。

属于道路交通事故的，被保险人应当提供公安机关交通管理部门或法院等机构出具的事故证明、有关的法律文书(判决书、调解书、裁定书、裁决书等)及其他证明。

属于非道路交通事故的，应提供相关的事故证明。

第二十三条 因保险事故损坏的第三者财产，应当尽量修复。修理前被保险人应当会同保险人检验，协商确定修理项目、方式和费用。否则，保险人有权重新核定；无法重新核定的，保险人有权拒绝赔偿。

第二十四条 保险人依据被保险机动车驾驶人在事故中所负的事故责任比例，承担相应的赔偿责任。

被保险人或被保险机动车驾驶人根据有关法律法规规定选择自行协商或由公安机关交通管理部门处理事故未确定事故责任比例的，按照下列规定确定事故责任比例：

被保险机动车方负主要事故责任的，事故责任比例为70%；

被保险机动车方负同等事故责任的，事故责任比例为50%；

被保险机动车方负次要事故责任的，事故责任比例为30%。

第二十五条 保险事故发生后，保险人按照国家有关法律、法规规定的赔偿范围、项目和标准以及本保险合同的约定，在保险单载明的责任限额内核定赔偿金额。

保险人按照国家基本医疗保险的标准核定医疗费用的赔偿金额。

未经保险人书面同意，被保险人自行承诺或支付的赔偿金额，保险人有权重新核定。不属于保险人赔偿范围或超出保险人应赔偿金额的，保险人不承担赔偿责任。

第二十六条 被保险机动车重复保险的，保险人按照本保险合同的责任限额与各保险合同责任限额的总和的比例承担赔偿责任。

其他保险人应承担的赔偿金额，保险人不负责赔偿和垫付。

第二十七条 保险人受理报案、现场查勘、参与诉讼、进行抗辩、要求被保险人提供证明和资料、向被保险人提供专业建议等行为，均不构成保险人对赔偿责任的承诺。

第二十八条 保险人支付赔款后，对被保险人追加的索赔请求，保险人不承担赔偿责任。

第二十九条 被保险人获得赔偿后，本保险合同继续有效，直至保险期间届满。

保险费调整

第三十条 保险费调整的比例和方式以保险监管部门批准的机动车保险费率方案的

规定为准。

本保险及其附加险根据上一保险期间发生保险赔偿的次数，在续保时实行保险费浮动。

合同变更和终止

第三十一条 本保险合同的内容如需变更，须经保险人与投保人书面协商一致。

第三十二条 在保险期间内，被保险机动车转让他人的，投保人应当书面通知保险人并办理批改手续。

第三十三条 保险责任开始前，投保人要求解除本保险合同的，应当向保险人支付应交保险费5%的退保手续费，保险人应当退还保险费。

保险责任开始后，投保人要求解除本保险合同的，自通知保险人之日起，本保险合同解除。保险人按短期月费率收取自保险责任开始之日起至合同解除之日止期间的保险费，并退还剩余部分保险费。

短期月费率表

保险期间/月	1	2	3	4	5	6	7	8	9	10	11	12
短期月费率(年保险费的百分比)/%	10	20	30	40	50	60	70	80	85	90	95	100

注：保险期间不足一个月的部分，按一个月计算。

争 议 处 理

第三十四条 因履行本保险合同发生的争议，由当事人协商解决。

协商不成的，提交保险单载明的仲裁机构仲裁。保险单未载明仲裁机构或者争议发生后未达成仲裁协议的，可向人民法院起诉。

第三十五条 本保险合同争议处理适用中华人民共和国法律。

附 则

第三十六条 本保险合同(含附加险)中下列术语的含义：

竞赛：指被保险机动车作为赛车参加车辆比赛活动，包括以参加比赛为目的进行的训练活动。

测试：指对被保险机动车的性能和技术参数进行测量或试验。

教练：指尚未取得合法机动车驾驶证，但已通过合法教练机构办理正式学车手续的学员，在固定练习场所或指定路线，并有合格教练随车指导的情况下驾驶被保险机动车。

污染：指被保险机动车正常使用过程中或发生事故时，由于油料、尾气、货物或其他污染物的泄漏、飞溅、排放、散落等造成的污损、状况恶化或人身伤亡。

被盗窃、抢劫、抢夺期间：指被保险机动车被盗窃、抢劫、抢夺过程中及全车被盗窃、抢劫、抢夺后至全车被追回。

家庭自用汽车：指在中华人民共和国境内(不含港、澳、台地区)行驶的家庭或个人所有，且用途为非营业性运输的客车。

非营业用汽车：指在中华人民共和国境内(不含港、澳、台地区)行驶的党政机关、企事业单位、社会团体、使领馆等机构从事公务或在生产经营活动中不以直接或间接方式收取运费或租金的自用汽车，包括客车、货车、客货两用车。

营业运输：指经由交通运输管理部门核发营运证书，被保险人或其允许的驾驶人利用被保险机动车从事旅客运输、货物运输的行为。未经交通运输管理部门核发营运证书，被保险人或其允许的驾驶人以牟利为目的，利用被保险机动车从事旅客运输、货物运输的，视为营业运输。

转让：指以转移所有权为目的，处分被保险机动车的行为。被保险人以转移所有权为目的，将被保险机动车交付他人，但未按规定办理转移(过户)登记的，视为转让。

第三十七条 保险人按照保险监管部门批准的机动车保险费率方案计算保险费。

第三十八条 在投保机动车第三者责任保险的基础上，投保人可投保附加险。

附加险条款未尽事宜，以本条款为准。

附录三：中国人民财产保险股份有限公司
家庭自用汽车损失保险条款

总　则

第一条 家庭自用汽车损失保险合同(以下简称本保险合同)由本条款、投保单、保险单、批单和特别约定共同组成。凡涉及本保险合同的约定，均应采用书面形式。

第二条 本保险合同中的家庭自用汽车是指在中华人民共和国境内(不含港、澳、台地区)行驶的家庭或个人所有，且用途为非营业性运输的客车(以下简称被保险机动车)。

第三条 本保险合同为不定值保险合同。保险人按照承保险别承担保险责任，附加险不能单独承保。

保　险　责　任

第四条 保险期间内，被保险人或其允许的合法驾驶人在使用被保险机动车过程中，因下列原因造成被保险机动车的损失，保险人依照本保险合同的约定负责赔偿：

(一)碰撞、倾覆、坠落；

(二)火灾、爆炸；

(三)外界物体坠落、倒塌；

(四)暴风、龙卷风；

(五)雷击、雹灾、暴雨、洪水、海啸;

(六)地陷、冰陷、崖崩、雪崩、泥石流、滑坡;

(七)载运被保险机动车的渡船遭受自然灾害(只限于驾驶人随船的情形)。

第五条　发生保险事故时,被保险人为防止或者减少被保险机动车的损失所支付的必要的、合理的施救费用,由保险人承担,最高不超过保险金额的数额。

责 任 免 除

第六条　下列情况下,不论任何原因造成被保险机动车损失,保险人均不负责赔偿:

(一)地震;

(二)战争、军事冲突、恐怖活动、暴乱、扣押、收缴、没收、政府征用;

(三)竞赛、测试,在营业性维修、养护场所修理、养护期间;

(四)利用被保险机动车从事违法活动;

(五)驾驶人饮酒、吸食或注射毒品、被药物麻醉后使用被保险机动车;

(六)事故发生后,被保险人或其允许的驾驶人在未依法采取措施的情况下驾驶被保险机动车或者遗弃被保险机动车逃离事故现场,或故意破坏、伪造现场、毁灭证据;

(七)驾驶人有下列情形之一者:

1. 无驾驶证或驾驶证有效期已届满;

2. 驾驶的被保险机动车与驾驶证载明的准驾车型不符;

3. 持未按规定审验的驾驶证,以及在暂扣、扣留、吊销、注销驾驶证期间驾驶被保险机动车;

4. 依照法律法规或公安机关交通管理部门有关规定不允许驾驶被保险机动车的其他情况下驾车。

(八)非被保险人允许的驾驶人使用被保险机动车;

(九)被保险机动车转让他人,未向保险人办理批改手续;

(十)除另有约定外,发生保险事故时被保险机动车无公安机关交通管理部门核发的行驶证或号牌,或未按规定检验或检验不合格。

第七条　被保险机动车的下列损失和费用,保险人不负责赔偿:

(一)自然磨损、朽蚀、腐蚀、故障;

(二)玻璃单独破碎,车轮单独损坏;

(三)无明显碰撞痕迹的车身划痕;

(四)人工直接供油、高温烘烤造成的损失;

(五)自燃以及不明原因火灾造成的损失;

(六)遭受保险责任范围内的损失后,未经必要修理继续使用被保险机动车,致使损失扩大的部分;

(七)因污染(含放射性污染)造成的损失;

(八)市场价格变动造成的贬值、修理后价值降低引起的损失；

(九)标准配置以外新增设备的损失；

(十)发动机进水后导致的发动机损坏；

(十一)被保险机动车所载货物坠落、倒塌、撞击、泄漏造成的损失；

(十二)被盗窃、抢劫、抢夺，以及因被盗窃、抢劫、抢夺受到损坏或车上零部件、附属设备丢失；

(十三)被保险人或驾驶人的故意行为造成的损失；

(十四)应当由机动车交通事故责任强制保险赔偿的金额。

第八条 保险人在依据本保险合同约定计算赔款的基础上，按照下列免赔率免赔：

(一)负次要事故责任的免赔率为 5%，负同等事故责任的免赔率为 8%，负主要事故责任的免赔率为 10%，负全部事故责任或单方肇事事故的免赔率为 15%；

(二)被保险机动车的损失应当由第三方负责赔偿的，无法找到第三方时，免赔率为 30%；

(三)被保险人根据有关法律法规规定选择自行协商方式处理交通事故，不能证明事故原因的，免赔率为 20%；

(四)投保时指定驾驶人，保险事故发生时为非指定驾驶人使用被保险机动车的，增加免赔率 10%；

(五)投保时约定行驶区域，保险事故发生在约定行驶区域以外的，增加免赔率 10%。

第九条 其他不属于保险责任范围内的损失和费用。

保险金额

第十条 保险金额由投保人和保险人从下列三种方式中选择确定，保险人根据确定保险金额的不同方式承担相应的赔偿责任：

(一)按投保时被保险机动车的新车购置价确定。

本保险合同中的新车购置价是指在保险合同签订地购置与被保险机动车同类型新车的价格(含车辆购置税)。

投保时的新车购置价根据投保时保险合同签订地同类型新车的市场销售价格(含车辆购置税)确定，并在保险单中载明，无同类型新车市场销售价格的，由投保人与保险人协商确定。

(二)按投保时被保险机动车的实际价值确定。

本保险合同中的实际价值是指新车购置价减去折旧金额后的价格。

投保时被保险机动车的实际价值根据投保时的新车购置价减去折旧金额后的价格确定。

被保险机动车的折旧按月计算，不足一个月的部分，不计折旧。9 座以下客车月折旧率为 0.6%，10 座以上客车月折旧率为 0.9%，最高折旧金额不超过投保时被保险机动车新车购置价的 80%。

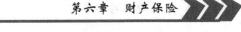

折旧金额=投保时的新车购置价×被保险机动车已使用月数×月折旧率

(三)在投保时被保险机动车的新车购置价内协商确定。

保 险 期 间

第十一条 除另有约定外,保险期间为一年,以保险单载明的起讫时间为准。

保险人义务

第十二条 保险人在订立保险合同时,应向投保人说明投保险种的保险责任、责任免除、保险期间、保险费及支付办法、投保人和被保险人义务等内容。

第十三条 保险人应及时受理被保险人的事故报案,并尽快进行查勘。

保险人接到报案后 48 小时内未进行查勘且未给予受理意见,造成财产损失无法确定的,以被保险人提供的财产损毁照片、损失清单、事故证明和修理发票作为赔付理算依据。

第十四条 保险人收到被保险人的索赔请求后,应当及时作出核定。

(一)保险人应根据事故性质、损失情况,及时向被保险人提供索赔须知。审核索赔材料后认为有关的证明和资料不完整的,应当及时通知被保险人补充提供有关的证明和资料;

(二)在被保险人提供了各种必要单证后,保险人应当迅速审查核定,并将核定结果及时通知被保险人;

(三)对属于保险责任的,保险人应在与被保险人达成赔偿协议后 10 日内支付赔款。

第十五条 保险人对在办理保险业务中知道的投保人、被保险人的业务和财产情况及个人隐私,负有保密的义务。

投保人、被保险人义务

第十六条 投保人应如实填写投保单并回答保险人提出的询问,履行如实告知义务,并提供被保险机动车行驶证复印件、机动车登记证书复印件,如指定驾驶人的,应当同时提供被指定驾驶人的驾驶证复印件。

在保险期间内,被保险机动车改装、加装或从事营业运输等,导致被保险机动车危险程度增加的,应当及时书面通知保险人。否则,因被保险机动车危险程度增加而发生的保险事故,保险人不承担赔偿责任。

第十七条 投保人应当在本保险合同成立时交清保险费;保险费交清前发生的保险事故,保险人不承担赔偿责任。

第十八条 发生保险事故时,被保险人应当及时采取合理的、必要的施救和保护措施,防止或者减少损失,并在保险事故发生后 48 小时内通知保险人。否则,造成损失无法确定或扩大的部分,保险人不承担赔偿责任。

第十九条 发生保险事故后,被保险人应当积极协助保险人进行现场查勘。

被保险人在索赔时应当提供有关证明和资料。

发生与保险赔偿有关的仲裁或者诉讼时，被保险人应当及时书面通知保险人。

第二十条 因第三方对被保险机动车的损害而造成保险事故的，保险人自向被保险人赔偿保险金之日起，在赔偿金额范围内代位行使被保险人对第三方请求赔偿的权利，但被保险人必须协助保险人向第三方追偿。

由于被保险人放弃对第三方的请求赔偿的权利或过错致使保险人不能行使代位追偿权利的，保险人不承担赔偿责任或相应扣减保险赔偿金。

赔 偿 处 理

第二十一条 被保险人索赔时，应当向保险人提供与确认保险事故的性质、原因、损失程度等有关的证明和资料。

被保险人应当提供保险单、损失清单、有关费用单据、被保险机动车行驶证和发生事故时驾驶人的驾驶证。

属于道路交通事故的，被保险人应当提供公安机关交通管理部门或法院等机构出具的事故证明、有关的法律文书(判决书、调解书、裁定书、裁决书等)和通过机动车交通事故责任强制保险获得赔偿金额的证明材料。

属于非道路交通事故的，应提供相关的事故证明。

第二十二条 被保险人或被保险机动车驾驶人根据有关法律法规规定选择自行协商方式处理交通事故的，应当立即通知保险人，协助保险人勘验事故各方车辆、核实事故责任，并依照《交通事故处理程序规定》签订记录交通事故情况的协议书。

第二十三条 因保险事故损坏的被保险机动车，应当尽量修复。修理前被保险人应当会同保险人检验，协商确定修理项目、方式和费用。否则，保险人有权重新核定；无法重新核定的，保险人有权拒绝赔偿。

第二十四条 被保险机动车遭受损失后的残余部分由保险人、被保险人协商处理。

第二十五条 保险人依据被保险机动车驾驶人在事故中所负的事故责任比例，承担相应的赔偿责任。

被保险人或被保险机动车驾驶人根据有关法律法规规定选择自行协商或由公安机关交通管理部门处理事故未确定事故责任比例的，按照下列规定确定事故责任比例：

被保险机动车方负主要事故责任的，事故责任比例为70%；

被保险机动车方负同等事故责任的，事故责任比例为50%；

被保险机动车方负次要事故责任的，事故责任比例为30%。

第二十六条 保险人按下列方式赔偿：

(一)按投保时被保险机动车的新车购置价确定保险金额的：

1. 发生全部损失时，在保险金额内计算赔偿，保险金额高于保险事故发生时被保险机动车实际价值的，按保险事故发生时被保险机动车的实际价值计算赔偿。

保险事故发生时被保险机动车的实际价值根据保险事故发生时的新车购置价减去折旧

金额后的价格确定。

保险事故发生时的新车购置价根据保险事故发生时保险合同签订地同类型新车的市场销售价格(含车辆购置税)确定，无同类型新车市场销售价格的，由被保险人与保险人协商确定。

折旧金额=保险事故发生时的新车购置价×被保险机动车已使用月数×月折旧率

2. 发生部分损失时，按核定修理费用计算赔偿，但不得超过保险事故发生时被保险机动车的实际价值。

(二)按投保时被保险机动车的实际价值确定保险金额或协商确定保险金额的：

1. 发生全部损失时，保险金额高于保险事故发生时被保险机动车实际价值的，以保险事故发生时被保险机动车的实际价值计算赔偿；保险金额等于或低于保险事故发生时被保险机动车实际价值的，按保险金额计算赔偿。

2. 发生部分损失时，按保险金额与投保时被保险机动车的新车购置价的比例计算赔偿，但不得超过保险事故发生时被保险机动车的实际价值。

(三)施救费用赔偿的计算方式同本条(一)、(二)，在被保险机动车损失赔偿金额以外另行计算，最高不超过保险金额的数额。

被施救的财产中，含有本保险合同未承保财产的，按被保险机动车与被施救财产价值的比例分摊施救费用。

第二十七条　被保险机动车重复保险的，保险人按照本保险合同的保险金额与各保险合同保险金额的总和的比例承担赔偿责任。

其他保险人应承担的赔偿金额，保险人不负责赔偿和垫付。

第二十八条　保险人受理报案、现场查勘、参与诉讼、进行抗辩、要求被保险人提供证明和资料、向被保险人提供专业建议等行为，均不构成保险人对赔偿责任的承诺。

第二十九条　下列情况下，保险人支付赔款后，本保险合同终止，保险人不退还家庭自用汽车损失保险及其附加险的保险费：

(一)被保险机动车发生全部损失；

(二)按投保时被保险机动车的实际价值确定保险金额的，一次赔款金额与免赔金额之和(不含施救费)达到保险事故发生时被保险机动车的实际价值；

(三)保险金额低于投保时被保险机动车的实际价值的，一次赔款金额与免赔金额之和(不含施救费)达到保险金额。

保险费调整

第三十条　保险费调整的比例和方式以保险监管部门批准的机动车保险费率方案的规定为准。

本保险及其附加险根据上一保险期间发生保险赔偿的次数，在续保时实行保险费浮动。

合同变更和终止

第三十一条 本保险合同的内容如需变更，须经保险人与投保人书面协商一致。

第三十二条 在保险期间内，被保险机动车转让他人的，投保人应当书面通知保险人并办理批改手续。

第三十三条 保险责任开始前，投保人要求解除本保险合同的，应当向保险人支付应交保险费 5% 的退保手续费，保险人应当退还保险费。

保险责任开始后，投保人要求解除本保险合同的，自通知保险人之日起，本保险合同解除。保险人按短期月费率收取自保险责任开始之日起至合同解除之日止期间的保险费，并退还剩余部分保险费。

短期月费率表

保险期间/月	1	2	3	4	5	6	7	8	9	10	11	12
短期月费率(年保险费的百分比)/%	10	20	30	40	50	60	70	80	85	90	95	100

注：保险期间不足一个月的部分，按一个月计算。

争 议 处 理

第三十四条 因履行本保险合同发生的争议，由当事人协商解决。

协商不成的，提交保险单载明的仲裁机构仲裁。保险单未载明仲裁机构或者争议发生后未达成仲裁协议的，可向人民法院起诉。

第三十五条 本保险合同争议处理适用中华人民共和国法律。

附 则

第三十六条 本保险合同(含附加险)中下列术语的含义：

不定值保险合同：指双方当事人在订立保险合同时不预先确定保险标的的保险价值，而是按照保险事故发生时保险标的的实际价值确定保险价值的保险合同。

碰撞：指被保险机动车与外界物体直接接触并发生意外撞击、产生撞击痕迹的现象。包括被保险机动车按规定载运货物时，所载货物与外界物体的意外撞击。

倾覆：指意外事故导致被保险机动车翻倒(两轮以上离地、车体触地)，处于失去正常状态和行驶能力、不经施救不能恢复行驶的状态。

坠落：指被保险机动车在行驶中发生意外事故，整车腾空后下落，造成本车损失的情况。非整车腾空，仅由于颠簸造成被保险机动车损失的，不属坠落责任。

火灾：指被保险机动车本身以外的火源引起的、在时间或空间上失去控制的燃烧(即有热、有光、有火焰的剧烈的氧化反应)所造成的灾害。

暴风：指风速在 28.5 米/秒(相当于 11 级大风)以上的大风。风速以气象部门公布的数据为准。

地陷：指地壳因为自然变异、地层收缩而发生突然塌陷以及海潮、河流、大雨侵蚀时，地下有孔穴、矿穴，以致地面突然塌陷。

玻璃单独破碎：指未发生被保险机动车其他部位的损坏，仅发生被保险机动车前后风挡玻璃和左右车窗玻璃的损坏。

车轮单独损坏：指未发生被保险机动车其他部位的损坏，仅发生轮胎、轮辋、轮毂罩的分别单独损坏，或上述三者之中任意二者的共同损坏，或三者的共同损坏。

竞赛：指被保险机动车作为赛车参加车辆比赛活动，包括以参加比赛为目的进行的训练活动。

测试：指对被保险机动车的性能和技术参数进行测量或试验。

自燃：指在没有外界火源的情况下，由于本车电器、线路、供油系统、供气系统等被保险机动车自身原因发生故障或所载货物自身原因起火燃烧。

污染：指被保险机动车正常使用过程中或发生事故时，由于油料、尾气、货物或其他污染物的泄漏、飞溅、排放、散落等造成被保险机动车污损或状况恶化。

营业运输：指经由交通运输管理部门核发营运证书，被保险人或其允许的驾驶人利用被保险机动车从事旅客运输、货物运输的行为。未经交通运输管理部门核发营运证书，被保险人或其允许的驾驶人以牟利为目的，利用被保险机动车从事旅客运输、货物运输的，视为营业运输。

单方肇事事故：指不涉及与第三方有关的损害赔偿的事故，但不包括因自然灾害引起的事故。

转让：指以转移所有权为目的，处分被保险机动车的行为。被保险人以转移所有权为目的，将被保险机动车交付他人，但未按规定办理转移(过户)登记的，视为转让。

第三十七条　保险人按照保险监管部门批准的机动车保险费率方案计算保险费。

第三十八条　在投保家庭自用汽车损失保险的基础上，投保人可投保附加险。

附加险条款未尽事宜，以本条款为准。

第七章

保险合同的基本原则

保险合同的基本原则有最大诚信原则、保险利益原则、近因原则、损失补偿原则、代位原则和分摊原则。在这六项原则中，前三项原则是财产保险和人身保险共同的基本原则，而后三项原则主要是财产保险特有的原则。在人身保险中只有在涉及医疗费用时才可能适用损失补偿原则。而且，代位原则和分摊原则是损失补偿原则的派生原则，也是遵循损失补偿原则的必然要求和结果。

第一节　最大诚信原则

一、最大诚信原则的含义及产生的原因

1. 最大诚信原则的含义

诚信即诚实、守信用，具体而言就是要求一方当事人对另一方当事人不得隐瞒、欺骗，做到诚实；任何一方当事人都应该善意地、全面地履行自己的义务，做到守信用。诚实信用原则是各国立法对民事、商事活动的基本要求。如果当事人在订立合同过程中故意隐瞒与订立合同有关的重要事实或者提供虚假情况，以及有其他违背诚实信用原则的行为，给对方造成损失的，应当承担损害赔偿责任。

我国《保险法》第五条规定："保险活动当事人行使权利、履行义务应当遵循诚实信用原则。"

由于保险经营活动的特殊性，保险活动中对诚信的要求更为严格，要求合同双方在订立和履行保险合同过程中做到最大诚信。最大诚信原则的基本含义：保险双方在签订和履行保险合同时，必须保持最大的诚意，互不欺骗和隐瞒，恪守合同的承诺，全面履行自己应尽的义务。否则，将导致保险合同无效，或承担其他法律后果。

2. 最大诚信原则产生的原因

在商业保险的发展过程中，最大诚信原则起源于海上保险。海上保险发展初期，当投保人与保险人签订保险合同时，投保的船舶和货物往往已在异地，保险人不能对保险财产进行实地了解，只能凭投保人对保险标的风险情况的描述，来决定是否承保，以什么条件

承保等。这就客观上要求投保人对保险标的及风险状况的描述必须真实可靠，否则，将影响保险人对风险的判断。随着海上保险业务的发展，最大诚信逐步成为海上保险的一项基本准则。最早把最大诚信原则以法律形式进行规范的是英国的 1906 年海上保险法，该法第十七条规定：海上保险契约之基础，系忠诚信实，倘一方不顾绝对的忠诚信实，他方得宣告事项签约失效。[①]后来，各国制订的保险法大都规定了这一原则。

保险合同遵循最大诚信原则的原因，除了交易对象的特殊性外，还在于保险合同双方信息的不对称性，主要表现在以下两个方面。

1)　保险人对保险标的的非控制性

在整个保险经营活动中，投保人向保险人转嫁的是保险标的未来面临的特定风险，而非保险标的本身。无论承保前还是承保后，保险标的始终控制在投保人、被保险人手中，投保人对保险标的及风险状况最为了解，保险人在承保时虽然要对保险标的进行审核，但往往因没有足够的人力、物力、财力、时间，对投保人、被保险人及保险标的进行详细的调查研究，其对保险标的及风险状况的判断主要依靠投保人的陈述。这就要求投保人或被保险人在合同订立与履行过程中对有关保险标的的情况如实告知保险人，投保人对保险标的及风险程度等情况陈述的完整、准确与否，直接影响到保险人是否承保、保险费率的确定和保险合同履行过程中对保险标的风险状况的把握，投保人的任何欺骗或隐瞒行为，必然会侵害保险人的利益。因此，为保证保险经营活动的正常进行，维护保险人的利益，要求投保人或被保险人遵循最大诚信原则。

2)　保险的专业性

保险合同因投保人与保险人意思表示一致而成立，并以双方相互诚实信用为基础，投保人向保险人支付保险费转移风险，相当程度上是基于信赖保险人对保险条款所作的解释和说明。保险合同是附和合同，合同条款一般由保险人事先拟定，具有较强的专业性和技术性，如果投保人不熟悉保险业务知识，在缔约时就会处于不利地位。这就要求保险人也应坚持最大诚信原则，将保险合同的主要内容告知投保人、被保险人。

二、最大诚信原则的主要内容及相关法律规定

最大诚信原则的基本内容包括告知、保证、说明、弃权与禁止反言。告知与保证主要是对投保人或被保险人的约束；说明、弃权与禁止反言的规定主要是约束保险人。

1. 告知

1)　告知的含义

告知是投保人或被保险人在保险合同签订和履行的过程中对保险标的及其相关重要事

---

① 中国海事网，http://www.maritimelawyer.cn/ReadNews.asp，2009-7-3.

项向保险人所作的陈述。告知分广义告知和狭义告知两种。广义告知是指保险合同订立时，投保方必须就保险标的的风险状态等有关事项向保险人进行口头或书面陈述，以及合同订立后，保险标的风险增加或事故发生等的通知；而狭义告知仅指投保方对保险合同成立时保险标的的有关事项向保险人进行口头或书面陈述。事实上，在保险实务中所称的告知，一般是指狭义告知。关于保险合同订立后保险标的风险增加或保险事故发生时的告知，一般称为通知义务。

2) 告知的形式和内容

告知的形式一般有两种，即事实告知和询问告知。

(1) 事实告知，又称无限告知，即法律或保险人对告知的内容没有明确规定，投保方须主动地将保险标的的状况及有关重要事实如实告知保险人。

(2) 询问告知，又称有限告知、主观告知，是指投保方只对保险人询问的问题如实告知，对询问以外的问题投保方无需告知。

早期保险活动中的告知形式主要是事实告知。随着保险技术水平的提高，目前世界上许多国家，包括我国在内的保险立法都规定采用询问告知的形式。我国《保险法》第十六条第一款规定："订立保险合同，保险人就保险标的或者被保险人的有关情况提出询问的，投保人应当如实告知。"可见，我国《保险法》采取的是询问告知形式。在保险实务中，一般操作方法是保险人将需投保人告知的内容列在投保单上，要求投保人如实填写。要求投保方告知的主要内容是在保险合同订立时，投保人应将那些足以影响保险人决定是否承保和确定费率的重要事实如实告知保险人。比如，将人身保险中被保险人的年龄、性别、健康状况、既往病史、家族遗传史、职业、居住环境、嗜好等如实告知保险人；将财产保险中保险标的的价值、使用性质、风险状况等如实告知保险人。

3) 违反告知义务的法律后果

投保人对保险人询问的事项，未尽如实告知义务时，根据各国保险法的规定，保险人可以有条件地取得解除保险合同的权利。因为，投保人违反如实告知义务，会使得保险人在承保后处于不利的地位，若继续维持保险合同的效力，对保险人不公平，会损害保险人的利益，反而会助长投保人不履行告知义务的行为。基于此，我国《保险法》第十六条第二、第四、第五款规定："投保人故意或者因重大过失未履行前款规定的如实告知义务，足以影响保险人决定是否同意承保或者提高保险费率的，保险人有权解除合同。投保人故意不履行如实告知义务的，保险人对于合同解除前发生的保险事故，不承担赔偿或者给付保险金的责任，并不退还保险费。投保人因重大过失未履行如实告知义务，对保险事故的发生有严重影响的，保险人对于合同解除前发生的保险事故，不承担赔偿或者给付保险金的责任，但应当退还保险费。"

从以上的规定可以看出：

(1) 投保人无论是故意不履行如实告知义务，还是因重大过失未履行如实告知义务，保险人都可以解除保险合同，保险人对于保险合同解除前发生的保险事故不承担赔付保险金的责任。

(2) 由于投保人的故意与过失在性质上的不同，《保险法》在是否退还保险费的问题上作了不同的规定，其目的在于惩戒故意不履行告知义务的行为。

4) 及时通知

所谓通知，是指投保人或被保险人在保险标的的危险程度增加或保险事故发生时应尽快通知保险人，使保险人知悉有关情况。通知主要有三方面的内容。

(1) 保险合同有效期内，若保险标的危险程度增加，应及时通知保险人，以便保险人决定是否继续承保，或以什么条件接受这种变化。因为在保险合同中，危险程度的大小是保险人决定承保以及确定保险费率的重要依据，而危险程度又取决于保险标的的所处的不同条件或状态。如果保险标的的所处的条件或状态发生了变化，导致当事人订立合同所无法预见的有关危险因素及危险程度的增加，势必影响到保险人的根本利益。因此，投保人或被保险人应当将危险增加之事实告知保险人。被保险人未履行通知义务的，因保险标的的危险程度增加而发生的保险事故，保险人不承担赔偿责任。

(2) 被保险人在知道保险事故发生后，应及时通知保险人，以便保险人及时查勘定损。被保险人并有义务根据保险人的要求提供与确认保险事故的性质、原因、损失程度等有关的证明和资料。

(3) 其他有关通知事项。在财产保险合同中，重复保险的投保人应当将重复保险的有关情况通知各保险人；保险标的的转让应当通知保险人，经保险人同意继续承保后，依法变更合同。因为保险标的的转让可能会使保险标的面临的风险状况发生变化，增加保险人承担的风险责任范围，影响保险人的经营稳定，所以，被保险人在保险标的转让时，应当通知保险人，经保险人同意后，变更合同中的被保险人后继续承保。

2. 保证

1) 保证的含义

保证是最大诚信原则的另一项重要内容。所谓保证是指保险人要求投保人或被保险人对某一事项的作为或不作为，某种事态的存在或不存在作出许诺。保证是保险人签发保险单或承担保险责任的条件，其目的在于控制风险，确保保险标的及其周围环境处于良好的状态中。

2) 保证的种类

(1) 从保证的表现形式上看。从表现形式上看，保证可分为明示保证与默示保证两种。

明示保证是指以文字形式记载于保险合同中的保证事项，成为保险合同的条款。例如，我国机动车辆保险条款规定，被保险人必须对保险车辆妥善保管、使用、保养，使之处于正常技术状态。明示保证是保证的重要表现形式。

默示保证是指在保险合同中虽然没有以文字形式加以规定，但习惯上是社会公认的或法律确认的投保人或被保险人应该保证的事项。默示保证来源于海上保险，如保险的船舶必须有适航能力；要按预定的或习惯的航线航行；必须从事合法的运输业务等。默示保证与明示保证具有同等的法律效力，被保险人都必须严格遵守。

(2) 从保证的时间上看。从时间上看，保证分为承诺保证与确认保证。

承诺保证是指投保人或被保险人对将来某一事项的作为或不作为的保证，即对未来有关事项的保证。例如，投保家庭财产保险时，投保人或被保险人保证不在家中放置危险物品；投保家庭财产盗窃险时，投保人或被保险人要保证家中无人时，门窗一定要关好、上锁。

确认保证是指投保人或被保险人对过去或现在某一特定事实的存在或不存在的保证。确认保证是要求对过去或投保当时的事实作出如实的陈述，而不是对该事实以后的发展情况作保证。例如，投保人身保险时，投保人保证被保险人在过去和投保当时身体健康状况良好，但不保证今后也一定如此。正是被保险人未来面临患病的风险，现在才有投保的必要。

3) 违反保证的法律后果

在保险活动中，无论是明示保证还是默示保证，保证的事项均属重要事实，因而被保险人一旦违反保证的事项，保险合同即告失效，或保险人拒绝赔偿损失或给付保险金，而且除人寿保险外，保险人一般不退还保险费。

3. 说明

1) 说明的含义

此处的说明是指保险人的说明义务，即保险人应当向投保人说明保险合同条款的内容，特别是免责条款内容的义务。

2) 说明的内容和形式

保险人说明的内容，主要是影响投保人决定是否投保及如何投保的一切事项。保险人有义务在订立保险合同前向投保人详细说明保险合同的各项条款，并对投保人提出的有关合同条款的提问作出直接、真实的回答，就投保人有关保险合同的疑问进行正确的解释。保险人可以以书面或口头形式对投保人作出说明，也可以通过代理人向投保人作出说明。保险人应当就其说明的内容负责，对其代理人所作的说明，亦负同样的责任。保险人说明义务的重心，是保险合同的免责条款。因为免责条款直接关系到保险人对被保险人是否承担赔付责任的范围，对投保决策具有决定性的作用，如果不对这些条款予以说明，投保人的投保决策可能与其真正的需要发生冲突，会影响投保人或被保险人的利益。

保险人履行说明义务的形式有两种：明确列明和明确说明。其中，明确列明是指保险人把投保人决定是否投保的有关内容，以文字形式在保险合同中明确载明；明确说明则不仅要将有关保险事项以文字形式在保险合同中载明，而且还须对投保人进行明确的提示，对重要条款作出正确的解释。我国《保险法》采取后一种方式。《保险法》第十七条规定："订立保险合同，采用保险人提供的格式条款的，保险人向投保人提供的投保单应当附格式条款，保险人应当向投保人说明合同的内容。对保险合同中免除保险人责任的条款，保险人在订立合同时应当在投保单、保险单或者其他保险凭证上作出足以引起投保人注意的提示，并对该条款的内容以书面或者口头形式向投保人作出明确说明；未作提示或者明确说明的，该条款不产生效力。"

4. 弃权与禁止反言

弃权是指合同一方任意放弃其在保险合同中的某种权利。禁止反言，亦称禁止抗辩，是指合同一方既然已经放弃这种权利，将来就不得反悔，不能再向对方主张这种权利。此条款主要用以约束保险人。我国《保险法》第十六条第六款规定："保险人在合同订立时已经知道投保人未如实告知的情况的，保险人不得解除合同；发生保险事故的，保险人应当承担赔偿或者给付保险金的责任。"

弃权与禁止反言的情况也存在于保险代理关系中，保险代理人是基于保险人利益并以保险人名义从事保险代理活动，他们在业务活动中可能会受利益驱动而不按保险单的承保条件招揽业务，即放弃保险人可以主张的权利，保险合同一旦生效后，保险人不得以投保人未履行告知义务而解除保险合同。

我国《保险法》第十六条第二、第三、第六款明确规定："投保人故意或者因重大过失未履行前款规定的如实告知义务，足以影响保险人决定是否同意承保或者提高保险费率的，保险人有权解除合同。前款规定的合同解除权，自保险人知道有解除事由之日起，超过三十日不行使而消灭。自合同成立之日起超过两年的，保险人不得解除合同；发生保险事故的，保险人应当承担赔偿或者给付保险金的责任。保险人在合同订立时已经知道投保人未如实告知的情况的，保险人不得解除合同；发生保险事故的，保险人应当承担赔偿或者给付保险金的责任。"

第二节　保险利益原则

一、保险利益原则的含义及其意义

1. 保险利益与保险利益原则的含义

保险利益是指投保人或者被保险人对保险标的具有的法律上承认的利益。这里的利益一般是指保险标的的安全与损害直接关系到投保人或被保险人的切身经济利益。表现为：保险标的存在，这种利益关系存在；保险标的受损，则投保人或被保险人的经济利益也会受损。如果保险事故发生导致保险标的的损害，而投保人或被保险人的经济利益毫无损失，则投保人或被保险人对保险标的没有保险利益。比如在财产保险合同中，保险标的的毁灭灭失直接影响到投保人或被保险人的经济利益，视为其对该保险标的具有保险利益；在人身保险合同中，保险利益关系既可以表现为经济利益关系，也可以表现为亲缘关系。

一般而言，保险利益是保险合同生效的条件，也是维持保险合同效力的条件(不同的险种有一定的差异)。因此，保险利益原则是保险合同的一个基本原则。

2. 保险利益成立要件

1) 合法利益

投保人或被保险人对保险标的所具有的利益要为法律所承认。只有在法律上可以主张的合法利益才能受到国家法律的保护，因此，保险利益必须是符合法律规定的、符合社会公共秩序的、为法律所认可并受到法律保护的利益。例如，在财产保险中，投保人对保险标的的所有权、占有权、使用权、收益权或对保险标的所承担的责任等，必须是依照法律、法规、有效合同等合法取得、合法享有、合法承担的利益，因违反法律规定或损害社会公共利益而产生的利益，不能作为保险利益。例如，因盗窃、走私、贪污等非法行为所得的利益，不得作为投保人的保险利益而投保。

2) 确定利益

确定利益是指投保人或被保险人对保险标的在客观上或事实上已经存在或可以确定的利益。这种利益不仅是可以确定的，而且是客观存在的利益，不是当事人主观臆断的利益。这种客观存在的确定利益一般包括现有利益和期待利益。现有利益是指在客观上或事实上已经存在的经济利益；期待利益是指在客观上或事实上尚未存在，但根据法律、法规、有效合同的约定等可以确定在将来某一时期内将会产生的经济利益。在投保时，现有利益和期待利益均可作为确定保险金额的依据；但在受损索赔时，这一期待利益必须已成为现实利益才属于索赔范围，保险人的赔偿或给付，以实际损失的保险利益为限(尤其是财产保险)。

3) 经济利益

保险的经营，无论是保险费的计算还是保险金额的确定，均是以货币单位表示的经济利益。凡是精神上或感情上的利益，因无法以货币价值作客观衡量，故不得为保险利益。

3. 遵循保险利益原则的意义

保险合同的成立或履行，要求具有保险利益的存在，其意义主要有以下几个方面。

1) 防范道德风险

投保人或被保险人以与自己毫无利害关系的保险标的投保，就可能出现为了谋取保险赔偿而任意购买保险，并希望事故发生的现象；甚至为了获得巨额赔偿或给付金，采用纵火、谋财害命等手段，制造保险事故，增加了道德风险事故的发生。在保险利益原则的规定下，由于在投保人或被保险人与保险标的之间存在着利害关系的制约，投保的目的是为了获得一种经济保障，就能在较大程度上防范道德风险。

2)　避免赌博行为

保险和赌博都具有射幸性，若以与自己毫无利害关系的保险标的投保，投保人或被保险人就可能因保险事故的发生而获得高于所交保险费若干倍的额外收益，如果没有发生事故则丧失保险费，这种以小的损失谋取较大的经济利益的投机行为是一种赌博行为。坚持保险利益原则，需要把保险与赌博在本质上区分开。

3)　限制损失赔偿金额

财产保险合同是补偿性合同，保险合同保障的是被保险人的经济利益，补偿的是被保险人的经济损失，而保险利益以投保人或被保险人对保险标的的现实利益以及可以实现的预期利益为范围，因此是保险人衡量损失及被保险人获得赔偿的依据。保险人的赔偿金额不能超过保险利益，否则被保险人将因保险而获得超过其损失的经济利益，这既有悖于损失补偿原则，又容易诱发道德风险和赌博行为。再者，如果不以保险利益为原则，还容易引起保险纠纷。例如，借款人以价值 10 万元的房屋作抵押向银行贷款 8 万元，银行将此抵押房屋投保并成为被保险人，房屋因保险事故全损，作为被保险人的银行其损失是 8 万元而非 10 万元，其最多只能获得 8 万元赔偿。

二、财产保险利益与人身保险利益的比较

1. 保险利益的认定

虽然一切保险利益均来源于法律、合同、习惯或惯例，但由于财产保险与人身保险的保险标的的性质不同，保险利益产生的条件也各异。

1)　财产保险利益的认定

一般来说，财产保险的保险利益主要产生于投保人或被保险人对保险标的的各项权利和义务。它主要包括现有利益、期待利益和责任利益。现有利益是投保人或被保险人对保险标的在投保时已享有的利益，包括所有利益、占有利益、抵押利益、留置利益、债权利益等，是保险利益最为通常的形态；期待利益又称希望利益，是指通过现有利益而合理预期的未来利益，如盈利收入利益、租金收入利益、运费收入利益等；责任利益主要是针对责任保险而言的。

2)　人身保险利益的认定

各国保险立法对人身保险利益的规定有共同之处——即投保人对自己的寿命和身体具有保险利益。但当投保人为他人投保时，保险利益的认定就采取了不同的方法：

(1) 利益主义。以投保人和被保险人之间是否存在金钱上的利害关系或者其他利害关系作为判断标准，如英美的保险法就以此方式认定保险利益。

(2) 同意主义。不论投保人和被保险人之间有无利益关系，均以取得被保险人同意为判断标准，如韩国、德国、法国等的保险法就以此方式认定保险利益。

(3) 折中主义。将以上二者结合起来，如我国台湾地区的保险立法。

我国《保险法》第三十一条规定："投保人对下列人员具有保险利益：

(一)本人；

(二)配偶、子女、父母；

(三)前项以外与投保人有抚养、赡养或者扶养关系的家庭其他成员、近亲属；

(四)与投保人有劳动关系的劳动者。

除前款规定外，被保险人同意投保人为其订立合同的，视为投保人对被保险人具有保险利益。

订立合同时，投保人对被保险人不具有保险利益的，合同无效。"

从以上规定可以看出，我国《保险法》在人身保险保险利益的规定上将投保人与被保险人具有利害关系和被保险人同意二者结合起来，既可以有效地防范道德风险，也具有灵活性。

2. 保险利益的量

(1) 财产保险的保险标的具有可估价性，决定了投保人或被保险人对保险标的的保险利益都有量的规定。投保人或被保险人对保险标的的保险利益，在量上表现为保险标的的实际价值，如果保险金额超过保险标的的实际价值，超过部分将因无保险利益而无效。这是因为财产保险合同是补偿性合同，投保人以其财产向保险公司投保的目的，在于财产因保险事故受损时能获得补偿。如果补偿金额不受保险利益的限制，被保险人以较少的损失获得较多的赔偿，则与损失补偿原则相悖，也易诱发道德风险。因此，财产保险的损失补偿，以被保险人对保险标的具有的保险利益为限。

(2) 人身保险的保险标的不可估价，因此保险利益一般没有客观的评判标准。投保人为自己投保，保险利益可以无限，但要受到缴费能力的限制；投保人为他人投保，保险利益的量取决于投保人与被保险人在法律上的相互关系或经济上的相互关系和依赖程度，但除法律或保险合同对保险金额有限制外，保险利益一般没有严格的量的规定。在个别情况下，人身保险的保险利益也可加以计算和限定，比如债权人对债务人生命的保险利益，可以确定为债务的金额加上利息及保险费。

3. 保险利益存在的时间和归属主体

此问题既涉及保险利益是在签约时存在，还是在保险合同有效期内和保险事故发生时皆应存在，也涉及保险利益是对谁的要求，是对投保人还是被保险人？

我国《保险法》第十二条第一、第二款规定："人身保险的投保人在保险合同订立时，对被保险人应当具有保险利益。财产保险的被保险人在保险事故发生时，对保险标的应当具有保险利益。"并针对财产保险合同规定：保险事故发生时，被保险人对保险标的不具有保险利益的，不得向保险人请求赔偿保险金(《保险法》第四十八条)。针对人身保险合同规定：订立合同时，投保人对被保险人不具有保险利益的，合同无效(《保险法》第五十三条第三款)。

1)　在保险合同订立时不一定严格要求投保人必须具有财产保险利益，但保险事故发生时被保险人对保险标的必须具有保险利益。

财产保险的保险利益的规定，主要目的在于衡量是否有损失以及损失的大小，并以此为赔偿计算的依据，防止道德风险的发生。因此财产保险强调保险事故发生时被保险人对保险标的必须具有保险利益。如果签约时投保人对保险标的具有保险利益，而保险事故发生时，被保险人对保险标的不具有保险利益，意味着被保险人无损失，依据补偿原则的规定保险人将不负赔偿责任；反之，即使某些情况下签约时投保人对保险标的没有保险利益，但只要保险事故发生时被保险人对保险标的具有保险利益，保险人仍要承担赔偿责任。这种情况在海上保险中比较典型，在其他财产保险合同中也可能出现。比如，在国际贸易中以 CFR 条件进行货物买卖时，买方在接到卖方的装货通知后即可投保海洋货物运输险。但此时买方并未取得作为物权凭证的提单，严格说来对货物不具有保险利益，但只要保险事故发生时对保险标的具有保险利益，保险人就要承担赔偿责任，这在世界各国基本上是一条公认的准则。

从另一个角度分析，财产保险合同在多数情况下，投保人与被保险人为同一人，但在特殊情况下，投保人与被保险人不是同一人，比如在保险实务中出现的商场为购物顾客附赠财产保险、单位为职工购买家庭财产保险等。类似这种投保人与被保险人不是同一人的情况，投保人对于保险标的实际上并没有保险利益，保险合同是否有效，关键看被保险人对保险标的是否具有保险利益。因为在此情况下投保人只有缴纳保险费的义务，一旦保险标的发生保险事故，投保人无从获取非分之利。只要被保险人对保险标的具有保险利益，就可以有效地防范道德风险的发生。

2)　人身保险着重强调签约时投保人对保险标的具有保险利益，至于保险事故发生时是否存在，并不影响保单的效力和保险金的给付。

当投保人为自己购买保险时，当然对保险标的具有保险利益，在保险合同有效期内也具有保险利益。但人身保险合同投保人与被保险人不是同一人的情况比较多见，如丈夫为妻子投保、企业为职工投保等。如果投保人签约时对被保险人具有保险利益，那么保险合同生效后即使投保人与被保险人的关系发生了变化，如夫妻离婚、职工离开原单位等，投保人对被保险人没有了保险利益，不影响保险合同的效力，保险事故发生时保险人应承担保险金的给付责任。因为：首先，人身保险合同不是补偿性合同，因而不必要求保险事故发生时投保人对保险标的一定具有保险利益。人身保险保险利益的规定，其目的在于防止道德风险和赌博行为，如果签约时作了严格的控制，道德风险一般较少发生于保险合同有效期内。其次，人身保险合同的保险标的是人，且寿险合同多数具有储蓄性，被保险人受保险合同保障的权利不能因为投保人与被保险人保险利益的丧失而被剥夺，否则，有违保险宗旨，也有失公平。

第三节　近因原则

一、近因和近因原则的含义

任何一张保险单上保险人承担的风险责任范围都是有限的，即保险人承担赔付责任是以保险合同所约定的风险发生所导致保险标的的损失为条件的，但在保险实务中，有时导致保险标的损失的原因错综复杂，为了维护保险合同的公正，近因原则应运而生。近因原则是判断风险事故与保险标的损失之间的因果关系，从而确定保险赔付责任的一项基本原则。长期以来它是保险实务中处理赔案时所遵循的重要原则之一。

保险损失的近因，是指引起保险损失最有效的、起主导作用或支配作用的原因，而不一定是在时间上或空间上与保险损失最接近的原因。近因原则是指保险赔付以保险风险为损失发生的近因为要件的原则，即在风险事故与保险标的的损失关系中，如果近因属于保险风险，保险人应负赔付责任；近因属于不保风险，则保险人不负赔偿责任。自从英国1906年海上保险法第五十五条规定了这一原则至今，该原则被各国的保险法律、法规所采用。我国《保险法》对近因原则至今未作出明确的规定。

二、近因的判定及近因原则的应用

近因判定的正确与否，关系到保险双方当事人的切身利益。前文虽然对近因原则在理论上作了表述，但由于在保险实务中，导致损失的原因多种多样，对近因判定也比较复杂，因此，如何确定损失近因，要根据具体情况作具体的分析。一般而言，在损失的原因有两个以上，且各个原因之间的因果关系未中断的场合，其最先发生并造成一连串事故的原因即为近因，保险人在分析引起损失的原因时应以最先发生的原因为近因。从近因的判断看，可能会有以下几种情况。

1. 单一原因造成的损害

单一原因致损，即造成保险标的的损失的原因只有一个，那么，这个原因就是近因。若这个近因属于保险风险，保险人就负赔付责任；若该项近因属不保风险或除外责任，则保险人不承担赔付责任。例如，某人投保了企业财产保险，地震引起房屋倒塌，使机器设备受损。若此险种列明地震属不保风险，则保险人不予赔偿；若地震被列为保险风险，则保险人应承担赔偿责任。

2. 同时发生的多种原因造成的损害

多种原因同时导致损失，即各原因的发生无先后之分，且对损失结果的形成都有直接与实质的影响效果，那么，原则上它们都是损失的近因。至于是否承担保险责任，可分为以下两种情况。

(1) 多种原因均属保险风险，保险人负责赔偿全部损失。例如，暴雨和洪水均属保险责任，其同时造成家庭财产损失，保险人负责赔偿全部损失。

(2) 多种原因中，既有保险风险，又有除外风险，则保险人的责任视损失的可分性如何而定。如果损失是可以划分的，保险人就只负责保险风险所致损失部分的赔偿；如果损失难以划分，则保险人按比例赔付或与被保险人协商赔付。

3. 连续发生的多种原因造成的损害

多种原因连续发生，即各原因依次发生，持续不断，且具有前因后果的关系。若损失是由两个以上的原因所造成的，且各原因之间的因果关系未中断，那么最先发生并造成一连串事故的原因为近因。如果该近因为保险风险，保险人应负责赔偿损失；反之则不赔偿损失。具体分析如下。

(1) 连续发生的原因都是保险风险，保险人承担赔付责任。例如，在财产保险中，火灾、爆炸都属于保险责任，如爆炸引起火灾——火灾导致财产损失，这样一个因果关系过程，保险人应赔偿损失。

(2) 连续发生的原因中既有保险风险又有除外风险，这又分为两种情况：①若前因是保险风险，后果是除外风险，且后因是前因的必然结果，保险人承担全部赔付责任；②前因是除外风险，后因是保险风险，后果是前因的必然结果，保险人不承担赔付责任。

4. 间断发生的多项原因造成的损害

在一连串连续发生的多种原因中，有一项新的独立的原因介入，导致损失。一般而言，若导致损失的原因为保险风险，保险人应承担赔付责任；反之，保险人不承担赔付责任。

第四节 损失补偿原则及其派生原则

一、损失补偿原则

1. 损失补偿原则的含义

财产保险合同本质上是一种补偿性合同，损失补偿原则是保险人理赔时应遵循的基本原则。

损失补偿原则可以这样表述：在财产保险合同中，当被保险人具有保险利益的保险标的遭受了保险责任范围内的损失时，保险人要对被保险人的经济损失给予补偿，且补偿的数额以恰好弥补被保险人因保险事故而造成的经济损失为限，被保险人不能获得额外利益。理解该原则应注意以下两点。

1) 只有被保险人在保险事故发生时对保险标的具有保险利益，才能获得补偿

按照保险利益原则，投保人与保险人签订保险合同时，对保险标的具有保险利益是保险合同生效的前提条件。但对财产保险合同而言，不仅要求投保时投保人对保险标的具有保险利益，而且要求在保险事故发生时，被保险人应当对保险标的具有保险利益，才能获得保险赔偿。因为投保人向保险人投保的目的是转移财产未来的损失风险，以确保其不因保险事故的发生而丧失对保险标的具有的经济利益。当保险事故发生时，被保险人如果对保险标的无保险利益，对他来讲就无经济损失，也就不能从保险人那里获得经济补偿。因此，损失补偿原则是以保险利益原则为依据的，保险人是否对被保险人进行补偿，是以保险事故发生时被保险人是否对保险标的具有保险利益为前提条件。

2) 保险人补偿的数额以恰好弥补被保险人因保险事故造成的经济损失为限

这包括两层含义：一是被保险人以其财产足额投保的话，其因保险事故造成的经济损失，被保险人有权按照保险合同的规定获得充分的补偿；二是保险人对被保险人的补偿数额，仅以被保险人因保险事故造成的实际损失为限，通过补偿使被保险人能够保全其应得的经济利益或使受损标的迅速恢复到损失前的状态，任何超过保险标的实际损失的补偿，都会导致被保险人获得额外利益，违背损失补偿原则。

2. 损失补偿原则量的规定

损失补偿原则的基本含义如上所述。但在保险实务中，要贯彻损失补偿原则，保险人要对其赔偿金额进行限制，保险理赔中一般要受三个量的限制。

1) 以实际损失金额为限

衡量实际损失的多少，首先要确定保险标的发生损失时的市场价(实际价值)是多少，保险人的赔偿金额不能超过损失当时的市场价(定值保险、重置价值保险例外)，否则将导致被保险人获得额外利益。由于保险标的的市场价在保险合同有效期内会发生波动，当市场价下跌时，应以损失当时财产的市场价作为赔偿的最高限额，如果保险人按照保险金额进行赔偿，将会使被保险人获得额外利益。例如，一台空调年初投保时，当时的市场价为7 000 元，保险金额定为7 000 元。保险标的在年中因保险事故发生造成全损，这时的市场价已跌为5 000 元。尽管保险单上的保险金额仍是7 000 元，但如果保险单上没有特别约定，保险人最高只能赔偿被保险人5 000 元的损失。假如保险人赔偿7 000 元给被保险人，那么被保险人用5 000 元购买一台同样的空调后，还可赚得2 000 元，其因保险事故发生而获得额外利益，显然违背了损失补偿原则。

2) 以保险金额为限

保险金额是财产保险合同中保险人承担赔偿责任的最高限额，也是计算保险费的依据。

保险人的赔偿金额不能高于保险金额，否则，将扩大保险责任，使保险人收取的保险费不足以抵补赔偿支出，影响保险人的经营稳定。例如，在上例中，如果年终空调全损时，市场价上涨为 8 000 元，由于保险单上的保险金额只有 7 000 元，被保险人最多只能获得 7 000 元的赔偿。

3) 以被保险人对保险标的具有的保险利益为限

被保险人在保险事故发生时对保险标的具有的保险利益是其向保险人索赔的必要条件，保险人对被保险人的赔偿金额要以被保险人对保险标的具有的保险利益为限。保险事故发生时，如果被保险人已丧失了对保险标的的全部保险利益，保险人则不予赔偿；如果被保险人丧失了对保险标的的部分保险利益，那么保险人对被保险人的赔偿仅以仍然存在的那部分保险利益为限。

综上所述，财产保险合同中约定的保险事故发生时，保险人对被保险人的赔偿金额要受实际损失金额、保险金额和保险利益三个量的限制，而且当三者金额不一致时，保险人的赔偿金额以三者中最小者为限。以上讨论的内容中，以实际损失金额为限仅对于不定值保险适用，对定值保险并不适用。因为定值保险是按照财产保险合同双方当事人约定的价值投保，在保险事故发生时，无论该财产的市场价如何涨跌，保险人均按约定的价值予以赔偿，不再对财产进行重新估价。

3. 被保险人不能获得额外利益

财产保险合同适用于损失补偿原则。遵循该原则的实质是，保险标的损失多少补偿多少，其最终结果是被保险人不能通过保险人的赔偿而获得额外利益，各国在法律上都有相应的规定。如果允许被保险人获得大于其实际损失金额的赔偿，将可能导致被保险人故意损毁保险财产以获利，诱发道德风险，增加保险欺诈行为，这不仅影响保险业务的正常经营，而且会对社会造成危害。因此，为了防止被保险人获得额外利益，在法律上和保险合同中要作以下一些规定。

1) 超额保险中超额部分无效

我国《保险法》第五十五条第三款规定："保险金额不得超过保险价值。超过保险价值的，超过部分无效，保险人应当退还相应的保险费。"在财产保险合同中，无论何种原因造成的超额保险，除非合同上有特别约定，否则保险人在计算赔款时一律采取超过部分无效的做法。

2) 重新重复保险各保险人的赔偿金额总和不得超过财产损失金额

一个投保人虽然可以将其同一保险标的及其利益，同时向两个或两个以上的保险人投保同类保险，但在保险事故发生时，他从各个保险人处获得的赔偿金额总和不得超过其保险财产的实际损失金额。

3) 重新被保险人不能获得双重赔偿

因第三者对保险标的的损害而造成保险事故的，被保险人从保险人处获得全部或部分赔偿后，应将其向第三者责任方享有的赔偿请求权转让给保险人。

4) 重新保险标的残余价值的处理

如果保险标的受损后仍有残值，保险人要在赔款中作价扣除；或在保险人履行了全部赔偿责任后，被保险人将损余物资转给保险人所有。

其中，后三条是下面将要讨论的代位原则和分摊原则。

二、代位原则

代位原则的基本含义，是指保险人对被保险人因保险事故发生造成的损失进行赔偿后，依法或按保险合同约定取得对财产损失负有责任的第三者进行追偿的权利或取得对受损标的的所有权。代位原则包括权利代位和物上代位两项内容。

1. 权利代位

权利代位也叫代位求偿权，是指保险事故由第三者责任方所致，被保险人因保险标的受损而从保险人处获得赔偿以后，将其向第三者责任方享有的赔偿请求权依法转让给保险人，由保险人在赔偿金额范围内代位行使被保险人对第三者请求赔偿的权利。

权利代位是遵循损失补偿原则的必然要求的结果。被保险人因保险事故发生而遭受的损失固然应该得到补偿，保险人对被保险人应承担的赔偿责任不应该因第三者的介入而改变。但若被保险人在得到保险金后又从第三者责任方获得赔偿，则其可能反因损失而获利，这显然与损失补偿原则相违背。为了避免被保险人获得双重利益，同时，也为了维护保险人的利益，被保险人在获得保险金后应将其对第三者责任方的赔偿请求权转让给保险人。这正是权利代位的立法本意。基于此，我国《保险法》第六十条第一款规定："因第三者对保险标的的损害而造成保险事故的，保险人自向被保险人赔偿保险金之日起，在赔偿金额范围内代位行使被保险人对第三者请求赔偿的权利。"

1) 权利代位的产生

权利代位的产生是有一定条件的，保险人要获得代位求偿权必须具备两个条件：一是由于第三者的行为使保险标的遭受损害，被保险人才依法或按合同约定对第三者责任方有赔偿请求权，也才会因获得保险金而将该赔偿请求权转让给保险人。因此，如果没有第三者的存在，就没有代位求偿的对象，权利代位就失去了基础。二是由于保险人向被保险人赔偿了保险金。只有保险人按保险合同规定履行了赔偿责任以后，才取得代位求偿权。换言之，对第三者求偿权的转移是随保险人赔偿保险金而发生的，并不是随保险事故的发生而发生。因此，在保险人赔偿保险金之前，被保险人可以行使此权利，从第三者处获得全部或部分赔偿，但他应该将此情况告知保险人，以减免保险人的赔偿责任。我国《保险法》第六十条第二款规定："前款规定的保险事故发生后，被保险人已从第三者取得损害赔偿的，保险人赔偿保险金时，可以相应扣减被保险人从第三者已取得的赔偿金额。"

2）　权利代位的范围

保险人行使权利代位的范围，即其向第三者责任方求偿的金额，以其赔偿的保险金为限，这是由权利代位与保险赔偿之间的关系所决定的。保险人对被保险人赔偿保险金是其获得权利代位的条件，权利代位的目的是为了避免被保险人获得双重利益，而非对被保险人享有保险标的权利的剥夺。所以，保险人从第三者那里可以得到的代位求偿金额以赔偿的保险金为限，超出保险金的部分仍归被保险人所有。我国《保险法》第六十条第三款规定："保险人依照第一款行使代位请求赔偿的权利，不影响被保险人就未取得赔偿的部分向第三者请求赔偿的权利。"

3）　第三者的界定

如上所述，第三者责任方的存在是权利代位产生的前提条件。因此，应对第三者的范围作出界定，以明确保险人代位求偿的对象。这里的第三者是指对保险事故的发生和保险标的损失负有民事赔偿责任的人，既可以是法人，也可以是自然人。无论是法人还是自然人，保险人都可以实施代位求偿权。但对保险人代位求偿的范围，许多国家的保险立法都有限制，其共同的规定是，保险人不得对被保险人的家庭成员或雇员行使代位求偿权，我国法律上也有类似的规定。我国《保险法》第六十二条规定："除被保险人的家庭成员或者其组成人员故意造成本法第六十条第一款规定的保险事故外，保险人不得对被保险人的家庭成员或者其组成人员行使代位请求赔偿的权利。"为什么作这样的限制？因为他们与被保险人有一致的经济利益关系，若因其过失行为所致的保险财产的损失，保险人对其有求偿权的话，实际上就意味着向被保险人求偿。也就是说保险人一只手将保险金支付给被保险人，另一只手又把保险金收回，实质上保险人并未对被保险人履行赔偿责任。

4）　权利代位中被保险人的义务

保险人在权利代位中对第三者责任方的求偿权是因履行保险赔偿责任而由被保险人转移的。也就是说，保险人对第三者的求偿权始于被保险人，保险人只是代替被保险人行使此权利。被保险人是受害者也是知情者，被保险人有义务协助保险人向第三者责任方进行追偿，以维护保险人的利益。为此，我国《保险法》第六十三条规定："在保险人向第三者行使代位请求赔偿权利时，被保险人应当向保险人提供必要的文件和其所知道的有关情况。"

5）　被保险人不得妨碍保险人行使代位求偿权

代位求偿权是保险人向被保险人履行赔偿责任后所获得的一项权利，此权利受法律保护，被保险人有义务协助保险人向第三者责任方进行追偿，不得妨碍保险人行使该权利，以维护保险人的利益。因此，我国《保险法》第六十一条规定："保险事故发生后，保险人未赔偿保险金之前，被保险人放弃对第三者请求赔偿的权利的，保险人不承担赔偿保险金的责任。保险人向被保险人赔偿保险金后，被保险人未经保险人同意放弃对第三者请求赔偿的权利的，该行为无效。被保险人故意或者因重大过失致使保险人不能行使代位请求赔偿的权利的，保险人可以扣减或者要求返还相应的保险金。"

2. 物上代位

物上代位是指所有权的代位。保险人对被保险人全额赔偿保险金后，即可取得对受损标的的权利。物上代位通常有两种情况：一种情况是委付；另一种情况是受损标的的损余价值(即残值)的处理。

委付是指放弃物权的一种法律行为。在财产保险合同中，当保险标的的受损按推定全损处理时，被保险人用口头或书面形式向保险人提出申请，明确表示愿意将保险标的的所有权转让给保险人，并要求保险人按全损进行赔偿。保险人如果接受这一要求，被保险人签发委付书给保险人，委付即告成立。保险人一旦接受委付，就不能撤销；被保险人也不得以退还保险金的方式要求保险人退还保险标的。由于委付是受损标的的所有权的转移，因此，保险人接受委付后，可以通过处理受损标的的获得利益，而且所获利益可以大于其赔偿的保险金。保险人如果接受了委付，同时也就接受了受损标的的全部权利和义务。因此，保险人一般在接受委付前，要进行调查研究，查明损失发生的原因以及对受损标的可能承担的义务，权衡利弊得失，慎重地考虑是否接受委付。

在保险实务中，物上代位的另一种情况是受损标的的损余价值(残值)的处理。保险标的遭受损失后，有时尚有损余价值存在，保险人对被保险人的损失进行全额赔偿以后，受损标的的损余价值应归保险人所有。否则，被保险人将通过处置受损标的而获得额外利益。保险人通常的做法是将保险标的的损余价值从赔款中扣除，保险标的的仍留给被保险人。

我国《保险法》对物上代位的问题也作了相应规定。《保险法》第五十九条规定："保险事故发生后，保险人已支付了全部保险金额，并且保险金额相等于保险价值的，受损保险标的的全部权利归于保险人；保险金额低于保险价值的，保险人按照保险金额与保险价值的比例取得受损标的的部分权利。"

三、分摊原则

分摊原则的基本含义，是指在重复保险存在的情况下，各保险人按法律规定或保险合同约定共同承担赔偿责任。但各保险人承担的赔偿金额总和不得超过保险标的的实际损失金额，以防止被保险人得获额外利益。

1. 重复保险的存在是分摊的前提

我国《保险法》第五十六条第四款规定："重复保险是指投保人对同一保险标的、同一保险利益、同一保险事故分别与两个以上保险人订立保险合同，且保险金额总和超过保险价值的保险。"重复保险的存在是分摊的前提，因为只有在重复保险存在的情况下，才涉及各保险人如何分别对被保险人进行赔偿的问题。我国《保险法》并未对重复保险行为加以禁止，但为了防止重复保险的存在所产生的不良后果，防止被保险人获得额外利益，其对各保险人如何承担赔偿责任作了规定，并对各保险人的赔偿金额总和作了限制。

2. 重复保险的分摊方法

为了防止被保险人在重复保险存在的情况下获得额外利益，明确各保险人的责任，保险法律或保险合同上要对分摊方法作出具体的规定。重复保险的分摊方法主要有以下三种。

1) 保险金额比例责任制

这种方法是指以每个保险人的保险金额与各保险人的保险金额总和的比例来分摊损失金额。计算公式为：

$$某保险人的赔偿金额 = 损失金额 \times \frac{某保险人的保险金额}{各保险人的保险金额总和}$$

例如：甲、乙两家保险公司同时承保同一标的的同一风险，甲保险单的保险金额为 8 万元，乙保险单的保险金额为 12 万元，损失金额为 10 万元。两个保险人的保险金额总和为 20 万元。

$$甲保险人的赔偿金额 = 10 \times \frac{8}{20} = 4(万元)$$

$$乙保险人的赔偿金额 = 10 \times \frac{12}{20} = 6(万元)$$

2) 赔偿限额比例责任制

这种方法是指各保险人的分摊金额不是以保险金额为基础，而是依照每个保险人在没有其他保险人重复保险的情况下单独承担的赔偿限额与各保险人赔偿限额总和的比例来分摊损失金额。计算公式为：

$$某保险人的赔偿金额 = 损失金额 \times \frac{某保险人的独立责任限额}{各保险人独立责任限额之和}$$

比如，依照前面的例子，甲保险人的独立责任限额为 8 万元，乙保险人的独立责任限额为 10 万元，则：

$$甲保险人的赔偿金额 = 10 \times \frac{8}{8+10} \approx 4.44(万元)$$

$$乙保险人的赔偿金额 = 10 \times \frac{10}{8+10} \approx 5.56(万元)$$

3) 顺序责任制

这种方法是指按保险合同订立的先后顺序由各保险人分摊损失金额。即由先出保险单的保险人首先负赔偿责任，第二个保险人只有在承保的财产损失金额超出第一张保险单的保险金额时，才依次承担超出部分的赔偿责任，依此类推。用此方式计算上例，甲保险人的赔偿金额为 8 万元，乙保险人的赔偿金额为 2 万元。

我国《保险法》第五十六条第二款规定："重复保险的保险金额总和超过保险价值的，

各保险人的赔偿金额总和不得超过保险价值。除合同另有约定外，各保险人按照其保险金额与保险金额总和的比例承担赔偿责任。" 显然，我国《保险法》规定的重复保险的分摊方法主要采用的是保险金额比例责任制。

案例分析 7-1

重复保险可以获得更多的赔偿吗[①]

案情简介

2010 年 5 月，赵某为刚购置的新房投保了 120 万元保额的家庭财产保险，保险期限为 10 年。2010 年 10 月，赵某急需资金融通，遂将其住房向银行申请抵押贷款，贷款银行要求其又向另外一家保险公司购买了 120 万元保额的家庭财险，保险期限也为 10 年。2011 年 8 月，赵某住房不幸意外失火被毁，经评估损失金额为 50 万元，由于事故发生时赵某所投保的两份保险都在合同有效期内，于是他向两家财险公司分别提出索赔 50 万元。保险公司在要求他提供原始单据时，发现其多头投保，而按照有关规定，两家保险公司采用了比例分摊赔偿法，总和仍为 50 万元。赵某对此不服，认为其在两家公司都购买了保险，交了两份保险费，就应获得两份赔偿，因而向保险监管机构投诉，要求两家保险公司分别赔偿其 50 万元保险金。

案例点评

赵某这类同一保险期间在多家保险公司投保的现象，被称为"重复保险"。《保险法》(2009)第五十六条规定，重复保险是指投保人对同一保险标的、同一保险利益、同一保险事故分别与两个以上保险人订立保险合同，且保险金额总和超过保险价值的保险。重复保险的投保人应当将重复保险的有关情况通知各保险人。重复保险的各保险人赔偿保险金的总和不得超过保险价值。除合同另有约定外，各保险人按照其保险金额与保险金额总和的比例承担赔偿保险金的责任。重复保险的投保人可以就保险金额总和超过保险价值的部分，请求各保险人按比例返还保险费。即根据《保险法》(2009)第五十六条的规定，投保方获得的赔付总数不能超过构成有效索赔的损失总额。我国《保险法》之所以作出这样的规定，是为了防范利用保险变相赌博的道德风险的发生，保险只能分担风险，投保方不能通过保险获得额外利益(主要针对财产保险合同)，这既是损失补偿原则的要求，也是损失补偿原则的派生原则重复保险分摊原则的要求。因此，虽然赵某在同一期间投保了两份家庭财产险，但最后获得的赔偿并不是双份的。两家保险公司合计只能赔偿其 50 万元保险金。但是，同样根据《保险法》(2009)第五十六条的规定，投保人有权就保险金额总和超过保险价值的部分，请求各保险人按比例返还保险费。

[①] 孟龙. 保险消费者权益保护指引. 北京：中国金融出版社，2008. 结合新《保险法》规定修改而成.

复习思考题

1. 简述最大诚信原则的含义、主要内容及其法律规定。

2. 什么是保险利益？坚持保险利益原则有何意义？

3. 财产保险利益与人身保险利益有哪些差异？

4. 什么是近因和近因原则？在保险实务中应如何判定近因？

5. 简述损失补偿原则质与量的规定。

6. 简述权利代位的有关事项。

7. 权利代位与委付有何关系？

8. 什么是重复保险？在重复保险下保险人应如何分摊赔款？

第八章

保 险 经 营

保险作为经营风险的特殊行业，在经营过程中有其自身需要遵循的原则，其主要经营活动包括展业、承保、再保险和理赔等环节。

第一节　保险经营的原则

一、风险大量原则

风险大量原则是指保险人在可保风险的范围内，应根据自己的承保能力，争取承保尽可能多的保险标的。风险大量原则是保险经营的首要原则。这是因为：

(1) 保险的经营过程实际上就是风险管理过程，而风险的发生是偶然的、不确定的，保险人只有承保尽可能多的保险标的，才能建立雄厚的保险基金，以保证保险经济补偿职能的履行；

(2) 保险经营是以大数法则为基础的，只有承保大量保险标的，才能使风险发生的实际情形更接近预先计算的风险损失概率，以确保保险经营的稳定性；

(3) 扩大承保数量是保险企业提高经济效益的一个重要途径。因为承保的保险标的越多，保险费的收入就越多，单位营业费用就相对下降。

二、风险选择原则

为了保证保险经营的稳定性，保险人对投保的保险标的和风险并非来者不拒，而是有所选择。这是因为：

(1) 任何保险合同对保险标的和可保风险范围都作了规定，保险费率是在对面临同质风险的同类标的的损失概率测定的基础上制订的，为了保证保险经营的稳定，保险人必然要进行选择；

(2) 防止逆选择。所谓逆选择，就是指那些有较大风险的投保人试图以平均的保险费率购买保险。逆选择意味着投保人没有按照应支付的公平费率去转移自己的风险，如居住

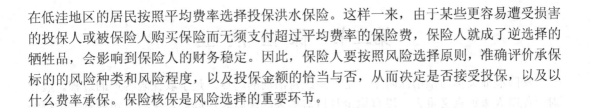

在低洼地区的居民按照平均费率选择投保洪水保险。这样一来，由于某些更容易遭受损害的投保人或被保险人购买保险而无须支付超过平均费率的保险费，保险人就成了逆选择的牺牲品，会影响到保险人的财务稳定。因此，保险人要按照风险选择原则，准确评价承保标的的风险种类和风险程度，以及投保金额的恰当与否，从而决定是否接受投保，以及以什么费率承保。保险核保是风险选择的重要环节。

三、风险分散原则

风险分散原则是指保险人承保风险分散的范围应尽可能扩大。因为风险单位过于集中，保险标的的金额过大，一次保险事故发生就可能使保险人支出巨额赔款，可能导致保险企业偿付能力不足，从而损害被保险人的利益，也威胁到保险人的生存和发展。因此，保险人除了应对风险进行有选择的承保外，还要遵循风险分散的原则，尽可能地将风险分散，以确保保险经营的稳定。保险人对风险的分散一般采用承保时的风险分散和承保后的风险分散两种手段。

1. 承保时的风险分散

承保时的风险分散主要表现在保险人对风险的控制方面，即保险人对将承保的风险责任要适当加以控制。控制风险的目的是为了减少被保险人对保险的过分依赖，同时也是为了防止因保险而可能产生的道德风险。保险人控制风险的方法主要有以下几种。

(1) 控制保险金额。保险人在承保时对保险标的要合理划分危险单位，按照每个危险单位的最大可能损失确定保险金额。例如，对于市区密集地段建筑群，应将其分成若干地段，并科学地估测每一地段的最大可能损失，从而确定保险人对每一地段所能承保的最高限额。如果保险价值超过保险人的承保限额时，保险人对超出部分不予承保。这样一来，保险人所承担的保险责任就能控制在可承受的范围之内。

(2) 实行比例承保。即保险人按照保险标的实际价值的一定比例确定保险金额，而不是全额承保。例如，在农作物保险中，保险人通常按平均收获量的一定成数确定保险金额，如按正常年景的平均收获量的六成或七成承保，其余部分由被保险人自己承担责任。

(3) 规定免赔额(率)。即对一些保险风险造成的损失规定一个额度或比率，由被保险人自己承担，保险人不负责赔偿。例如，在机动车辆保险中，对车辆损失险和第三者责任保险，每次保险事故发生，保险人赔偿时要根据驾驶员在交通事故中所负的责任实行绝对免赔方式，以起到分散风险和督促被保险人加强安全防范的作用。

2. 承保后的风险分散

承保后的风险分散以再保险为主要手段。再保险是指保险人将其所承担的业务中超出自己承受能力以外的风险转移给其他保险人承担。

第二节 保险展业

保险展业又称为推销保险单，是保险经营活动的起点，是争取保险客户的过程。展业对于保险人来说意义重大，没有稳定且日益扩大的保险客户群体，保险公司就难以维持经营。任何一家保险企业都要投入大量的人力和物力进行展业，以求扩大自己的业务量和市场占有率。

一、保险展业的主要内容

1. 加强保险宣传

保险宣传是保险展业的重要内容。保险宣传的目的是为保险人展业后的承保奠定基础，使更多的人了解保险知识，树立保险意识，并了解保险公司及保险公司提供的保险产品，最终促使其向保险公司投保。保险宣传可以通过多种途径，如销售人员上门宣传，在一些公共场所设点进行宣传，利用网络、电视、广播、报刊等媒体进行宣传等。

2. 帮助准客户分析自己所面临的风险

每个人或每个企业的工作生活状况、健康状况或生产状况都会有所不同，所面临的风险也会不同。例如，准客户面临着财产损失风险、责任风险、意外伤害风险、疾病风险、残疾风险、死亡风险以及退休后的经济来源风险等，保险销售人员就要指导准客户去分析自己所面临的风险，及应该如何来应对这些风险。

3. 帮助准客户确定自己的保险需求

准客户确认自己所面临的风险及其严重程度后，需要进一步确定自己的保险需求。保险销售人员应当将准客户所面临的风险分为必保风险和非必保风险，那些对生产经营和生活健康将会产生严重威胁的风险，应当属于必保风险。有些风险事故虽然会给企业和个人带来一定的损失和负担，但却是企业和个人尚可承受的，因此，如果有能力投保，就可以投保；如果没有足够的资金，也可以不投保。

4. 帮助准客户估算投保费用和制订具体的保险计划

对于准客户来说，确定保险需求后，还需要考虑自己究竟能拿出多少资金来投保。资金充裕，便可以投保较高保额、保障较全的险种；资金不足，就先为那些必须保险的风险投保。在此基础上保险销售人员应替准客户设计保险规划书。设计的保险规划书的内容应包括：保险标的情况、投保的险种、保险金额的多寡、保险费率的高低、保险期限的长短、险种的搭配等。

二、保险展业的方式

保险展业的方式，主要有直接展业和间接展业两种方式。

1. 直接展业

直接展业是指保险公司业务部门的专职业务人员直接向准客户推销保险，招揽保险业务。这种展业方式的优点是保险业务的质量较高，缺点是受保险公司机构和业务人员数量的限制，保险业务开展的范围较窄，数量有限。此外，采用这种方式支出的成本较高。所以，直接展业方式适用于那些规模较大，分支机构较为健全的保险公司。对团体保险业务和金额巨大的保险业务，也适合采用此方式。

2. 间接展业

间接展业是指由保险公司利用保险专职业务人员以外的个人或单位，代为招揽保险业务。代保险公司展业的主要是保险中介人中的保险代理人和保险经纪人。保险代理人是根据保险人的委托，向保险人收取代理手续费，并在保险人授权的范围内代为办理保险业务的单位或者个人。保险代理人分为专业代理人、兼业代理人和个人代理人。保险代理人的一般业务范围是为保险人推销保险产品和代理收取保险费。保险经纪人是基于投保人的利益，为投保人与保险人订立保险合同提供中介服务，并依法收取佣金的单位。保险经纪人一般为投保人拟订投保方案、选择保险人、办理投保手续等。保险经纪人在开展业务的过程中，客观上为保险公司招揽了保险业务。间接展业的优点是：范围广、招揽的业务量大，而且费用较少、成本相对较低。其不足之处是：由于保险代理人和保险经纪人的素质参差不齐，业务质量会受到一定的影响。

第三节 承 保

承保是指保险人与投保人对保险合同的内容协商一致，并签订保险合同的过程。它包括核保、签单、收费、建卡等过程。而核保是承保工作的重要组成部分和关键环节。

一、核保的主要内容

核保也称为风险选择，是指保险人评估和划分准客户及其投保标的的风险状况的过程。根据不同的风险程度，保险公司决定是拒保还是承保、怎样承保和对应的保险费率。核保的目的在于通过评估和划分不同客户反映的不同风险程度，将保险公司的实际风险事故发生率维持在精算预计的范围以内，从而规避风险，保证保险公司稳健经营。

1. 审核投保申请

对投保申请的审核主要包括对投保人的资格、保险标的、保险费率等项内容的审核。

(1) 审核投保人。这一项主要是对投保人资格的审核。例如，审核投保人对保险标的是否具有保险利益等。一般来说，在财产保险合同中，投保人对保险标的的保险利益来源于所有权、管理权、使用权、抵押权、保管权等合法权益；在人身保险合同中，保险利益的确定是采取限制家庭成员关系范围并结合被保险人同意的方式。又如，审核投保人是否具有法定的民事行为能力，投保人的资信等。保险人对投保人的审核，是为了防范道德风险。

(2) 审核保险标的。即对照投保单或其他资料核查保险标的的使用性质、结构性能、所处环境、防灾设施、安全管理等。例如，承保企业财产险时，要了解厂房结构、占用性质、建造时间、建筑材料、使用年限以及是否属于危险建筑等，并对照事先掌握的信息资料核实，或对保险标的进行现场查验后，保险人方可予以承保。

(3) 核定保险费率。根据事先制订的费率标准，按照保险标的的风险状况，使用与之相适应的费率。

2. 承保控制

承保控制是指保险人在承保时，依据自身的承保能力进行风险责任控制。

(1) 控制逆选择。保险人控制逆选择的方法是：对不符合保险条件者不予承保，或者有条件地承保。事实上，保险人并不愿意对所有不符合可保风险条件的投保人和投保标的一概拒保。例如，投保人以一幢消防设施较差的房屋投保火灾保险，保险人就会提高保险费率而承保。这样一来，保险人既不会失去该业务，又在一定程度上抑制了投保人的逆选择。

(2) 控制保险责任。只有通过风险分析与评价，保险人才能确定其是否属于承保责任范围，才能明确对所承担的风险应负的赔偿责任。一般来说，对于常规风险，保险人通常按照基本条款予以承保，对于一些具有特殊风险的保险标的，保险人需要与投保人充分协商保险条件、免赔金额、责任免除和附加条款等内容后特约承保。特约承保是指在保险合同中增加一些特别约定，其作用主要有两个方面：一是为了满足被保险人的特殊需要，以加收保险费为条件适当扩展保险责任；二是在基本条款上附加限制条件，限制保险责任。通过保险责任的控制，将使保险人所支付的保险赔偿金额与其预期损失额接近。

3. 控制人为风险

避免和防止逆选择和控制保险责任是保险人控制承保风险的常用手段。但是，有些风险往往是保险人在承保时要加以防范的，如道德风险和心理风险。

(1) 道德风险。道德风险一般是指人们以不诚实或故意欺诈的行为促使保险事故发生，以便从保险活动中获取额外利益的风险因素。投保人产生道德风险的原因主要有两个方面：一是道德沦丧；二是遭遇财务上的困难。从承保的角度来看，保险人控制道德风险发生的有效方法就是将保险金额控制在适当的额度内。例如，在财产保险中应避免超额保险；在人寿保险的核保中，如果投保人为他人购买保险而指定自己为受益人时，也应注意保险金额的多少是否与投保人的收入状况相适应。

(2) 心理风险。心理风险是指由于人们的粗心大意和漠不关心，以至于增加了风险事故的发生机会并扩大损失程度的风险因素。例如，投保了火灾保险，就疏于对火灾的防范；投保了盗窃险，就不再谨慎防盗。从某种意义上说，心理风险是比道德风险更为严重的问题。任何国家的法律对道德风险都有惩罚的方法，而且保险人对道德风险尚可在保险条款中规定，凡被保险人故意造成的损失不予赔偿。但心理风险既非法律上的犯罪行为，而保险条款又难以制定适当的规定限制它。因此，保险人在核保时，通常采用的控制手段有：①实行限额承保。即对于某些风险，采用不足额承保的保险方式，规定被保险人自己承担一部分风险。保险标的如果发生全部损失，被保险人最多只能够获得等于保险金额的赔偿；如果只发生部分损失，被保险人则按保险金额与保险标的的实际价值的比例获得赔偿。②规定免赔额(率)。这两种方法都是为了刺激被保险人克服心理风险因素，主动防范损失的发生。

二、承保的程序

1. 投保人填写投保单

投保人购买保险，首先要提出投保申请，即填写投保单，交给保险人。投保单是投保人向保险人申请订立保险合同的依据，也是保险人签发保险单的依据。投保单的内容包括：投保人的名称、投保日期、被保险人的名称、保险标的的名称与种类和数量、投保金额、保险标的的坐落地址或运输工具的名称、保险期限、受益人以及保险人需要向投保人了解的其他事项等。

2. 审核验险

审核是保险人收到投保单后，详细审核投保单的各项内容；验险是保险人对保险标的的风险进行查验，以便达到对风险进行分类的目的。验险的内容，因保险标的的不同而有差异。

(1) 财产保险的验险内容。财产保险的验险内容主要包括以下几个方面：①查验投保财产所处的环境；②查验投保财产的主要风险隐患和重要防护部位及防护措施情况；③查验有无正处在危险状态中的财产；④查验各种安全管理制度的制定和落实情况，若发现问题，应督促其及时改正；⑤查验被保险人以往的事故记录，包括被保险人发生事故的次数、时间、原因、损害后果及赔偿情况。

(2) 人身保险的验险内容。人身保险的验险内容包括医务检验和事务检验。医务检验主要是检查被保险人的身体健康情况，如检查被保险人过去的病史，包括家庭病史，以了解各种遗传因素可能给被保险人带来的影响。有时也会根据投保险种的需要进行全面的身体检查。事务检验主要是对被保险人的工作环境、职业性质、生活习惯、经济状况以及社会地位等情况进行调查了解。

3. 接受业务

保险人按照规定的业务范围和承保权限，在审核验险之后，有权作出拒保或承保的决定。如果投保金额或标的风险超出了保险人的承保权限，展业公司只能报上级公司核保，而无权决定是否承保或是否分保。

4. 缮制单证

缮制单证是指在接受业务后填制保险单或保险凭证等手续的过程。保险单或保险凭证是载明保险合同双方当事人权利和义务的书面凭证，是被保险人向保险人索赔的主要依据。因此，保险单质量的好坏，往往影响保险合同能否顺利履行。填写保险单的要求主要有以下几点：①单证相符；②保险合同要素明确；③数字准确；④复核签章，手续齐备等。

第四节　再　保　险

一、再保险及其特征

再保险也称分保，是指保险人将其承担的保险业务，部分转移给其他保险人承担的保险关系。即再保险是保险人将自己承担的风险和责任向其他保险人进行保险的一种方式。从保险经营的角度看，保险人为了分散自己承保的风险，通过签订再保险合同的方式，将其所承保的风险和责任的一部分转移给其他保险公司或再保险公司。分出业务的保险公司称为分出公司、分保分出人或原保险人；接受再保险业务的保险公司称为分入公司、分保接受人或再保险人。分保接受人将接受的再保险业务再分保出去，称为转分保，分出方为转分保分出人，接受方为转分保接受人。一个保险人既可以是分保分出人，又可以是分保接受人。

再保险的基础是原保险，再保险的产生是基于原保险人业务经营中分散风险的需要。再保险具有两个重要特征：①再保险是保险人之间的一种业务经营活动；②再保险合同是一种独立合同。

在再保险业务中，分保双方责任的分配与分担是通过确定自留额和分保额来体现的，分出公司根据偿付能力所确定承担的责任限额称为自留额或自负责任额；经过分保由接受公司所承担的责任限额称为分保额、分保责任额或接受额。自留额与分保额可以用百分率表示，如自留额与分保额分别占保险金额的 25%和 75%；或者用绝对值表示，如超过 100万元以后的 200 万元。而且，根据分保双方承受能力的大小，自留额与分保额均有一定的控制，如果保险责任超过自留额与分保额的控制线，则超过部分应由分出公司自负或另行安排分保。

自留额与分保额的计算可以以保额为基础，也可以以赔款为基础。计算基础不同，决定了再保险的种类不同。以保险金额为计算基础的分保方式叫比例再保险；以赔款金额为计算基础的分保方式叫非比例再保险。

自留额和分保额都是按危险单位来确定的。危险单位是指保险标的发生一次灾害事故可能造成的最大损失范围。危险单位的划分既重要又复杂，应根据不同的险种和保险标的来决定。危险单位的划分关键是将每次事故最大可能损失范围的估计联系起来考虑，而不一定和保单份数相等同。危险单位的划分并不是一成不变的。危险单位的划分有时需要专业知识。对于每一危险单位或一系列危险单位的保险责任，分保双方通过合同按照一定的计算基础对其进行分配。

二、再保险的业务种类

1. 比例再保险

比例再保险是指以保险金额为基础来确定原保险人的自负责任和再保险人的分保责任的再保险方式。在比例再保险中，分出公司的自负责任和分入公司的分保责任都表示为保险金额的一定比例。分出公司与分入公司要按这一比例分割保险金额，分配保险费和分摊赔款。比例再保险包括成数再保险和溢额再保险两种。

1) 成数再保险

成数再保险是指原保险人与再保险人在合同中约定保险金额的分割比率，将每一危险单位的保险金额，按照约定的比率在分出公司与分入公司之间进行分割的再保险方式。在成数再保险合同已经成立的前提下，不论原保险人承保的每一危险单位的保险金额大小，只要该保险金额在合同规定的限额之内，都要按合同规定的比率来分割保险金额，每一危险单位的保险费和所发生的赔款，也按这一比率进行分配和分摊。总之，成数再保险的最大特征是"按比率"的再保险，即原保险人与再保险人对保险金额的分割、保险费的分配、赔款的分摊都是按照合同规定的同一比例来进行的。因此，成数再保险是最典型的比例再保险。下面举例说明成数再保险的计算，如表 8-1 所示。

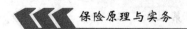

表 8-1　成数再保险计算表

单位：万元

船　名	总额 100%			自留 30%			分出 70%		
	保险金额	保　费	赔　款	自留额	自留保费	自负赔款	分保额	分保费	摊回赔款
A	100	1	0	30	0.3	0	70	0.7	0
B	300	3	10	90	0.9	3	210	2.1	7
C	600	6	20	180	1.8	6	420	4.2	14
D	800	8	0	240	2.4	0	560	5.6	0
E	1 000	10	0	300	3.0	0	700	7.0	0
总计	2 800	28	30	840	8.4	9	1 960	19.6	21

2)　溢额再保险

溢额再保险是指原保险人与再保险人在合同中约定自留额和最高分入限额，将每一危险单位的保险金额超过自留额的部分分给分入公司，并按实际形成的自留额与分出额的比率分配保险费和分摊赔款的再保险方式。

由于在溢额再保险合同项下，原保险人与再保险人之间的保险费的分配、赔款的分摊都是按实际形成的保险金额的分割比率进行的，因此，溢额再保险也属于比例再保险。

在溢额再保险合同中，分出公司首先要对保险金额确定自留额，对于每一笔业务，将超过自留额的部分转移给再保险人，但以自留额的一定倍数为限。自留额和分出额与保险金额之间的比例分别称为自留比例和分保比例。自留比例和分保比例随不同保险标的保险金额的大小而变动。例如，某一溢额分保合同的自留额为 50 万元，现有三笔业务，保险金额分别为 50 万元、100 万元和 200 万元。第一笔业务的保险金额在自留额之内，无须分保；第二笔业务的保险金额超过自留额，需要分保，实际自留额为 50 万元，分出额为 50 万元；第三笔业务的保险金额超过自留额，需要分保，实际自留额为 50 万元，分出额为 150 万元。本例第二笔业务的自留比例为 50%，分保比例为 50%；第三笔业务自留比例为 25%，分保比例为 75%。每笔业务按照实际形成的分保比例分配保险费和分摊赔款。

从以上可以看出，溢额再保险与成数再保险比较，其最大的区别是：如果某一业务的保险金额未超过分出公司的自留额，则无须办理分保，只有在保险金额超过自留额时，才将超过的部分分给再保险人。也就是说，溢额再保险的自留额，是一个确定的数额，不随保险金额的大小变动；而成数再保险的自留额表现为保险金额的固定百分比，随保险金额的大小而变动。

溢额再保险的分入公司不是无限度地接受分出公司的溢额责任，通常以自留额的一定倍数，即若干"线"数为限，1"线"相当于分出公司的自留额。如自留额为 50 万元，分保额为 5 线，则分入公司最多接受 250 万元，即分保额最高为 250 万元。对于分出公司承保的巨额业务，可以签订多个溢额再保险合同，按合同签订的顺序，有第一溢额再保险、第二溢额再保险等。

2. 非比例再保险

非比例再保险是指以赔款为基础来确定再保险当事人双方责任的分保方式。当赔款超过一定额度或标准时，再保险人对超过部分的责任负责。与比例再保险不同，在这种再保险方式中，分出公司和分入公司的保险责任和有关权益与保险金额之间没有固定的比例关系，因此称其为非比例再保险。非比例再保险有两个限额：一是分出公司根据自身的财力确定的自负责任额，即非比例再保险的起赔点，也称为免赔额；二是分入公司承担的最高责任额。以上两个限额需要在订立再保险合同时由当事人双方协商约定，一旦保险事故发生，便依照规定的限额进行赔付。如果损失额在自负责任额(再保险起赔点)以内，赔款由分出公司负责；如果损失额超过自负责任额，分入公司负责其超过部分，但不超过约定的最高限额。有时损失额可能超过分出公司的自负责任额和分入公司的最高责任限额之和。在此情况下，超过的部分由分出公司自己承担，或按分出公司与其他分入公司签订的再保险合同处理。

例如：分出公司的自负责任额为 1 000 000 万元，分入公司的最高责任限额为 3 000 000 万元。现以保险金额和赔款不等的五个保险标的为例，说明赔款责任的分摊情况，如表 8-2 所示。

表 8-2　赔款责任的分配情况

单位：万元

保险标的	保险金额	赔　款	分出人自负额	接受人负责额	其　他
A	700 000	500 000	500 000	0	0
B	900 000	700 000	700 000	0	0
C	2 000 000	1 400 000	1 000 000	400 000	0
D	4 000 000	4 000 000	1 000 000	3 000 000	0
E	4 800 000	4 200 000	1 000 000	3 000 000	200 000

非比例再保险分为超额赔款再保险和超额赔付率再保险。

1) 超额赔款再保险

这是由原保险人与再保险人签订协议，对每一危险单位损失或者一次巨灾事故的累积责任损失，规定一个自负额，自负额以上至一定限度由再保险人负责。前者叫险位超赔再保险，后者叫事故超赔再保险。

(1) 险位超赔再保险。这是以每一危险单位的赔款金额为基础确定分出公司自负赔款责任限额即自负额，超过自负额以上的赔款，由分入公司负责。

(2) 事故超赔再保险。这是以一次巨灾事故中多数危险单位的积累责任为基础计算赔款，是险位超赔在空间上的扩展。其目的是要确保分出公司在一次巨灾保险事故中的财务稳定。

无论是险位超赔再保险，还是事故超赔再保险，分入公司可接受分出公司的全部分出责任，也可以只接受分出公司的部分分出责任。超过分入公司接受部分的保险责任，仍由分出公司自己负责。

2) 超额赔付率再保险

超额赔付率再保险也称损失中止再保险，是指按年度赔款与保费的比率来确定自负责任和再保险责任的一种再保险方式。在约定的年度内，当赔付率超过分出公司自负责任比率时，超过的部分由分入公司负责。

与超额赔款再保险不同，在超额赔付率再保险合同项下，分出公司与分入公司的责任划分并不以单个险位的赔款或一次事故的总赔款的绝对量为基础，而是以一年中赔款的相对量，即赔款与保费的比率为基础。其实质是对分出公司提供的财务损失的保障，以防止年度内某类业务的赔付率发生较大的波动而影响分出公司的经营稳定。

在超额赔付率再保险合同中，一般约定两个限制性的比率：一个是分出公司的自负责任比率；另一个是分入公司的最高责任比率。当实际赔付率尚未超过合同约定的自负责任比率时，全部赔款由分出公司负责；反之，当实际赔付率已经超过合同约定的自负责任比率时，分出公司只负责自负责任比率以内的赔款，超过自负责任比率以上的赔款由分入公司负责，直至达到其最高责任比率。如果实际赔付率超过分出公司自负责任比率与分入公司最高责任比率之和，超过部分的赔款由分出公司自己负责。通常，在实收保费中，假设营业费占25%，净保险费占75%。因此，划分分出公司和分入公司的责任可以以75%的赔付率为准。当分出公司的赔付率在75%以下时，由分出公司自己赔偿；当分出公司的赔付率超过75%时，超过部分由分入公司负责赔偿。分入公司也有接受分入责任的限额，一般为营业费用率的两倍，即已得保费的50%。这就是说，分入公司仅对赔付率在75%～125%之间的赔款负责，并有金额限制，在两者中以低者为限。

例如，有一超额赔付率再保险合同，约定分出公司的自负责任比率为70%，分入公司的最高责任比率为超过70%后的50%，即实际赔付率在70%以下的赔款由分出公司负责，超过70%～120%的赔款由分入公司负责。为了控制分入公司的绝对赔付责任，合同还规定分入公司的赔付责任以600 000元为限。

假设：年净保费收入为1 000 000元；已发生赔款800 000元，赔付率为80%；分出公司分担赔款70%，即700 000元；接受公司分担赔款10%，即100 000元的赔款。

如果当年已发生赔款为1 350 000元，赔付率为135%，则分出公司负责其中的70%的赔付率，即700 000元的赔款；分入公司负责赔付率超过70%～120%的部分，即500 000元的赔款。超过120%以上的赔付率部分，即150 000元的赔款将仍由分出公司负责。

三、再保险业务的安排方式

在再保险经营实务中，主要有三种再保险安排方式可供选择。

1. 临时再保险

临时再保险是指对于保险业务的分入和分出，分出公司和分入公司均无义务约束的一种再保险安排方式。临时再保险是产生最早的再保险安排方式，分出公司根据自己的业务需要将有关风险或责任进行临时分出的安排，一般由分出公司或分保经纪人向其选定的分入公司提出再保险建议，开出"临时再保险要保书"，分入公司接到临时再保险要保书后，对分保的有关内容进行审查，以决定是否接受。该种再保险安排方式比较灵活，但由于每笔业务要逐笔安排，所以手续烦琐，增加了营业费用开支。临时再保险一般适合于新开办的或不稳定的业务。

2. 合同再保险

合同再保险也称为固定再保险，是指分出公司和分入公司对于规定范围内的业务有义务约束，双方均无权选择的一种再保险安排方式。双方签订再保险合同规定双方的权利、义务、再保险条件和账务处理等事项，凡经分出公司和分入公司议定，并在合同中明确规定的业务，分出公司必须按照合同的规定向分入公司办理分保，分入公司必须接受，承担相应的保险责任。该种再保险合同一般没有期限规定，是长期性合同。订约双方都有终止合同的权利，但其必须在终止前三个月向对方发出注销合同的通知。

3. 预约再保险

预约再保险是指分出公司对合同规定的业务是否分出，可自由安排而无义务约束，而分入公司对合同规定的业务必须接受，无权选择的一种再保险安排方式。该再保险安排方式是在临时再保险基础上发展起来的，介于临时再保险与合同再保险之间。一般对分出公司而言，具有临时再保险性质；对分入公司而言，具有合同再保险性质。

第五节　保　险　理　赔

一、保险理赔的原则

保险理赔是指保险人在保险标的发生风险事故导致损害后，对被保险人提出的索赔请求进行赔偿处理的过程。被保险人发生的损害，有的是属于保险风险引起的，有的则是属于非保险风险引起的，即使被保险人的损害是由保险风险引起的，但因多种因素和条件的制约，被保险人的损害不一定等于保险人的赔偿额和给付额。因此，保险理赔应遵循下列原则，以保证保险合同双方行使权利与履行义务。

1. 重合同、守信用

重合同、守信用是保险在理赔过程中应遵循的首要原则。保险理赔是保险人对保险合同履行义务的具体体现。在保险合同中，明确规定了保险人与被保险人的权利与义务，保险合同双方当事人都应恪守合同约定，保证合同顺利实施。对于保险人来说，在处理各种赔案时，应严格按照保险合同的条款规定受理赔案，确定损失。计算赔偿金额时，应提供充足的证据。

2. 遵循近因原则

由于案发原因错综复杂，被保险人提出的索赔案件也是形形色色。因此，对于一些损害原因极为复杂的索赔案件，保险人除了按照合同的条款规定处理赔案外，还应该遵循近因原则，作为判断保险人是否承担赔付责任的依据。

3. 主动、迅速、准确、合理

"主动、迅速"，即要求保险人在处理赔案时积极主动，不拖延并及时深入事故现场进行查勘，及时理算损失金额，对属于保险责任范围内的灾害事故所造成的损失，应迅速作出赔偿。"准确、合理"，即要求保险人在审理赔案时，分清责任，合理定损，准确履行赔偿义务。对不属于保险责任的案件，应当及时向被保险人发出拒赔通知书，并说明不予赔付的理由。

二、保险理赔的程序

1. 接受损失通知

保险事故发生后，被保险人或受益人应将事故发生的时间、地点、原因及其他有关情况，以最快的方式通知保险人，并提出索赔请求。发出损失通知书是被保险人必须履行的义务。发出损失通知书通常有时限要求，根据险种不同，被保险人在保险标的遭受保险责任范围内的损失后，应当在规定的时间内通知保险人。

被保险人发出损失通知的方式可以是口头的，也可以采用函电等其他方式，但随后应及时补发正式的书面通知，并提供各种必备的索赔单，如保险单、账册、发票、出验证明书、损失鉴定书、损失清单、检验报告等。如果损害涉及第三者责任，那么被保险人在获得保险赔偿金后一般还需出具权益转让书给保险人，由保险人代为行使向第三者责任方追偿的权益。

2. 审核保险责任

保险人收到损失通知书后，应立即审核该索赔案件是否属于保险责任范围，其审核的内容包括以下几个方面。

- 损害是否发生在保险单的有效期内；
- 损害是否由所承保的风险所引起的；
- 损害的标的是否为保险标的；
- 损害是否发生在保险单所载明的地点；
- 请求赔偿的人是否有权提出索赔等。

3. 进行损失调查

保险人审核保险责任后，应及时派人到出险现场进行实地勘查，了解事故情况，以便分析损害发生的原因，确定损害程度，认定索赔权利。

4. 赔偿或给付保险金

保险事故发生后，经调查属实属于保险责任的，估算赔偿金额后，保险人应立即履行赔偿给付的责任。对于人寿保险合同，只要保险人认定寿险保单是有效的、受益人的身份是合法的、保险事故的确发生了，便可在约定的保险金额内给付保险金。对于财产保险合同，保险人则应根据保险单的类别、损害程度、标的价值、保险利益、保险金额、补偿原则等理算赔偿金后，方可赔付。保险人对被保险人请求赔偿或给付保险金的要求应按照保险合同的规定办理。赔偿的方式通常以货币支付，在财产保险中，保险人也可与被保险人约定其他方式，如恢复原状、修理、重置等。

复习思考题

1. 简述保险经营的基本原则。
2. 保险经营有哪些基本环节？
3. 简述展业的主要内容。
4. 简述展业的主要方式及形式？你认为保险人应该采取哪些有效方式及形式展业？
5. 简述核保的主要内容。
6. 简述承保的基本程序。
7. 再保险具有哪些特征？自留额、分保额与危险单位有什么关系？
8. 简述再保险的业务种类。
9. 再保险有哪些安排方式？
10. 简述保险理赔的原则和程序

第九章

保险基金和保险投资

分析保险基金的含义及特征，保险基金的来源、运动及其与保险资金的比较，保险基金的存在形式，保险投资的意义、保险投资的资金来源、保险投资的原则及一般形式等内容，有助于理解和掌握保险基金和保险投资的相关重要内容。

第一节　保　险　基　金

一、基金的含义和种类

1. 基金的含义

对于"基金"人们并不陌生，从积累基金、消费基金到各种福利基金、慈善基金，以及现在人们经常提起的投资基金、住房基金等，"基金"已深入到社会经济生活的方方面面。通常，人们认为基金是一种有着专门用途的资金。这种界定对于一般性基金是适合的。但随着经济的发展，许多新型基金，如投资基金、国债基金等的出现，使原来意义上的基金在内涵和外延上都发生了一些变化，基金不仅仅是一种资金，而且可以是一种金融工具和金融组织，基金不仅仅和特定用途相联系，而且还可以和特定的运作行为联系起来。

由此可见，在当今社会经济体系中，基金已经成为一个包含范围相当广泛的经济术语，人们出于不同需要使用不同意义上的基金术语。当然，专门性还是其本质内核。

2. 基金的种类

在我国，原有基金的设立，在宏观上主要是保证宏观经济中积累与消费、生产与流通等重大比例关系，从而保持社会经济的持续、均衡发展；在微观上主要是保证企业物资耗费的补偿和职工必要的福利待遇，确保扩大再生产的顺利进行。近年来，随着经济的发展，基金的形成渠道和使用去向均发生了很大的变化，还出现了许多新的基金，使基金呈现出多样化和复杂化的趋势。

1)　按基金在社会经济中的作用分类

(1)　积累基金。它是指国民收入中用于扩大再生产、进行生产性基本建设和建立物资储备的那部分基金，主要包括扩大再生产基金、生产性基本建设基金和非生产性基本建设基金。

(2) 消费基金。它是国民收入中用于满足社会成员个人的物质文化生活需要和共同需要的基金，主要包括个人消费基金和社会消费基金。

(3) 经济保障基金。它是指为抵御各种风险的发生及其对社会经济生活所导致的损失，保证社会再生产的顺利进行而建立的基金，主要包括企业自筹基金、国家财政后备基金、社会保障基金和保险基金等。

(4) 补偿基金。它是指社会总产品中用于补偿已经消费掉的生产资料价值的那部分基金，主要包括折旧基金和流动基金。

2) 按基金的性质分类

(1) 营利性基金。它是指以营利为目的的基金，如投资基金。

(2) 非营利性基金。它是指不以营利为目的的基金，如教育基金。

3) 按基金的管理组织分类

(1) 由政府部门管理的基金。这部分基金是指由财政部门管理的财政后备基金等。

(2) 由非营利组织管理的基金。非营利组织主要是指学校、医院和其他社会团体等各种组织。这些组织管理的基金主要有学校基金、医院基金及各种社会基金，如残疾人福利基金、霍英东教育基金等。

(3) 由营利性组织管理的基金。这部分基金包括两部分：一部分是由企业设立的内部专用基金，如公益金、住房基金等；另一部分是由基金会等金融机构管理的基金，如保险基金、投资基金等。

4) 按基金形态分类

(1) 实基金。它是依据有关法律或规定，以各种形式筹集形成的、有具体形态和管理机构的基金，如投资基金、希望工程基金、社会保险基金等。

(2) 虚基金。它实际上是一种观念上的基金，是为了分析研究的需要而人为制定或划分的基金，如积累基金、消费基金等。

5) 按基金存在形式分类

(1) 从属于某一单位的基金，如企业内部的公益金、住房公基金，事业单位的事业发展基金、集体福利基金、后备基金等。这类基金属于单位总资金的一部分，其存在的形式往往是单独存在于某企事业单位内部的财会栏目的某一科目之中。

(2) 独立的、具有法人地位的基金，如投资基金等。这类基金不依附于任何组织单位，其本身就是一个独立的法人主体，有自己的一套核算方式和报表体系。

二、保险基金的含义

保险基金可以分为广义的保险基金和狭义的保险基金。

1. 广义的保险基金

1) 广义的保险基金的概念

广义的保险基金也称社会后备基金，是指国民收入中用于防止社会再生产过程中断和保持国民经济平衡，以及应付意外事件、自然灾害等而储存的资金，包括使用价值形态的物资后备和价值形态的货币后备。

一个国家为了应付可能发生的外来侵略、消除自然灾害造成的损失、调整国民经济发展中出现的比例失调，都要求建立社会后备基金，保证国民经济持续地、按比例地、高速度地发展，保证市场的稳定和人民生活的改善。

2) 广义的保险基金的构成

(1) 国家后备基金。国家后备基金也称集中形式的后备基金，是指由国家通过财政预算对国民收入再分配实现的，并且是由国家管理和支配的实物形态或货币形态的后备基金，主要包括国家物资储备和财政后备等形式。

国家物资储备是指国家为稳定社会再生产和人民生活而建立的一定数量的生产资料和生活资料的储备。这是一种以实物形态为主的储备基金，主要包括粮、棉、油、布匹、钢铁、燃料等重要物资，以及黄金、外汇等储备。

财政后备是指国家在一定财政年度内，为应付灾害事故和其他临时性需要而设置的一种货币资金。

(2) 社会保障基金。社会保障基金是根据国家立法、通过各种特定渠道建立起来的，当劳动者或社会成员因年老、疾病、伤残、生育、死亡和失业等原因，或因遭受战争、自然灾害或其他意外事故，以致发生生活困难时，给予经济资助的基金。它包括三部分：社会保险基金、社会福利基金和社会救济基金。

社会保障基金的建立能基本保证人们老有所养、病有所医、壮有所为、残有所济，有助于保障劳动者和社会成员的基本生活需要，维持社会稳定，保持社会和谐发展；社会保障基金对劳动力的生产、分配、使用和调整起到一定的调节作用，从宏观和微观上保证和促进劳动力再生产，从而推动整个社会生产发展和经济繁荣。

(3) 互助形式的保险基金。互助形式的保险基金，是指由一些具有共同要求和面临同样风险的人自愿组织起来，以预交风险损失补偿分摊方式建立起的一种保险基金。这种互助形式的后备基金曾存在于古今各种以经济补偿为目的的互助合作组织之中。如古埃及建造金字塔石匠中的互助基金组织、古罗马的丧葬互助会；中世纪的工匠行会、商人行会、宗教行会、村落行会等各种行会。现在在民间也广泛存在。

(4) 商业保险基金。商业保险基金是指通过商业保险合同形式，通过收取投保人的保费而建立起来的，在发生合同规定的风险事故时，用于补偿或给付由于自然灾害、意外事故和人生自然规律所导致的经济损失和人身损害的专项货币基金。

(5) 自保形式的保险基金。自保形式的保险基金是指单个经济单位或家庭，为处理其所面临的财产风险和人身风险而设立的实物或货币基金。它包括企业自保基金和家庭自保基金。企业自保基金是指由各企业或经济组织为保证经营过程的连续性和稳定性而设立的自行弥补损失的一种后备基金，企业自保基金有货币形态和实物形态两种。居民个人储蓄和农民家庭实物储备属于家庭自保基金。

2. 狭义的保险基金

狭义的保险基金是指商业保险基金。本书如果不特别指明，此后所指的保险基金都是狭义的保险基金。

保险基金是保险业存在的现实经济基础。生产力的发展水平决定着社会是否有剩余物质产品以及有多少剩余产品可用作物质后备或用于保险。它在物质产品方面为保险提供了可能性。但这只是一种可能性，并不等于现实的保险。商品经济制度和市场经济机制，为现代保险即商业保险的产生和发展，创造了经济关系方面的条件。而保险基金则是生产力所提供的物质可能性和经济关系所创造的条件的现实体现。保险基金的建立，既意味着社会生产力所提供的物质后备已经被用于经济保障，也意味着这种经济保障采取了商品经济关系和商业保险的保障形式，它是现代保险业的现实的经济基础。

商业保险基金和国家后备基金、社会保障基金、互助型或自保型保险基金具有同一性，表现在：①其用途都是为了应付自然灾害和意外事故所造成的经济损失；②其目的都是为了保障社会再生产的正常进行和社会经济生活的安定；③其性质不同于用于扩大再生产的积累基金，也不同于补偿已消耗掉的生产资料的补偿基金。

然而，商业保险基金与其他形式的保险基金又具有本质上的不同。商业保险基金以货币经济为条件，并且反映着商品交换关系。国家后备基金是借助国家政权，强制参与国民收入的分配和再分配，是无偿的，体现以国家为主体的分配关系；社会保障基金也具有国家法定性、强制性；互助型的保险基金是一种合伙出资形式，虽然在合伙人之间存在着权利与义务关系，但他们之间不存在商品交换关系；自保形式的保险基金则是一种自担风险的财务处理手段，而保险基金则是体现着保险人与被保险人之间的以等价交换为原则的商品交换关系。可见，商业保险基金与其他形式的保险基金在性质上是互异的，保险基金的本质属性是指以商品交换的等价有偿原则建立的一种后备基金。

三、保险基金的特征

1. 契约性

保险公司是通过与投保人订立保险合同收取保费筹集保险基金的，保险的经济活动是根据合同来进行的。由于保险基金的筹集和支付受保险契约的制约，因此被保险人在遭遇合同所约定的风险事故时，保险人就应履行经济损失补偿和给付义务。

2. 筹集的分散性和广泛性

保险基金主要来自投保人缴纳的保险费，而投保人包括法人和自然人。就法人来说，包括各种不同所有制的工业、农业、交通运输业、商业、服务业和各种事业单位以及国家机关；就自然人来说，有各行各业的人士和各个阶层的人士；无论是自然人还是法人，既可以在国内的不同地区，又可以在世界各个国家和地区。因而，保险基金具有明显的分散性和广泛性的特性。

3. 互助性

保险基金是因投保人转移风险的需要而建立的，但是根据大数法则，因风险事故的发生取得保险赔付的单位或个人毕竟是少数(储蓄性保险给付的情况例外)。保险基金的这种运行机制最充分地体现了人类为应付自然灾害和意外事故的互助共济思想。

4. 科学性

保险基金的科学性存在于保险费率计算的合理性。由于保险费率是根据大数法则和概率论原理厘定的，这就保证了保险基金具有科学的数理基础。

5. 保值增值性

保险基金是由保险公司筹集和管理的、是具有经济保障功能的基金形式。为了更好地实现保险的经济保障功能，保险公司必然选择运用保险基金进行投资，从而使保险基金能够保值增值。当保险公司运用积累的保险基金获得投资收益时，保险公司就能增强公司自身发展的经济实力，提高偿付能力。同时，还可以降低保险费率，或者把投资收益的一部分返还给投保人，以鼓励其参加保险。这样，有利于保险公司扩大保险业务量，从而在激烈的市场竞争中处于有利地位。

四、保险基金的来源、运动及其与保险资金的比较

1. 保险基金的来源

1) 保费

保险基金主要来源于保险费。保险费是投保人为使被保险人获得保险保障而交纳给保险人的费用。保险费由纯保费和附加保费构成。纯保费是保险金给付的来源，是以预定风险事故率为基础计算的保险费。纯保费的计价采用"收支相等原则"，即保险商品所收取的纯保费总额应与其所给付保险金的总额相等。附加保费分为营运费用和预计利润。其中，营运费用是取得成本及日常经营管理成本的来源；预计利润是提供给保险经营者的预计报酬。保险费的构成如图 9-1 所示。

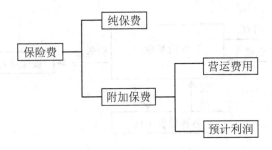

图 9-1　保险费的构成

可见，只有纯保费是保险公司将来用于赔付或给付的部分，它形成了保险基金的主体。

2) 保险基金的投资收益

保险公司对其积累的保险基金进行投资运用，在一定时期之后收回本金并取得投资收益，可以增大保险基金的规模，壮大保险公司的偿付能力。

2. 保险基金的运动

保险基金的运动主要包括以下几个环节。

1) 收取保费

保险公司出售保单并收取保费，是保险基金运动的起点。没有收集足够的保费，保险公司就无法保证未来的保险赔付。保险公司在尚未发生赔付成本的情况下，只能对风险概率和损失率及利率进行科学地预测，并据此制定保险费率标准，以便形成稳定的保险基金。

可见，保险费率的厘定是保险基金实现财务平衡的关键。

2) 支付保险金

当被保险人发生合同约定的风险事故并出现损失时，或被保险人死亡、伤残、疾病或者达到合同约定的年龄、期限时，保险人支付保险金给被保险人或受益人。支付保险金是保险基金补偿功能的体现，也是保险基金运动的终点。

3) 保险基金的积累和运用

保险基金是用于满足保险赔付需要而积累的货币资金。由于保险基金的收取和支付之间存在着数量差和时间差，在某一时期会形成保险基金的结余，对这部分基金保险公司可以进行投资营运活动。这样，用于投资的资金暂时从保险基金中分离出来并直接投入社会再生产运动，在一定时间之后保险公司再以货币形态收回投资，并可能获得一个价值增值，壮大保险基金。

我们可以将保险基金的运动用图 9-2 来表示。

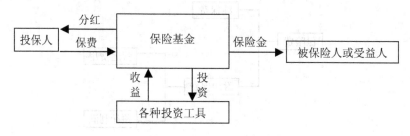

图 9-2　保险基金的运动

3. 保险资金

保险资金是转化为保险企业生产经营要素的货币表现。个人用于消费的货币不构成企业资金的内容。

1)　保险资金可以从来源和运用两方面进行考察

从保险资金的来源来看，保险资金来自于所有者和债权人。保险公司的所有者对企业投入的资本以及形成的资本公积、盈余公积、一般风险准备金和未分配利润成为保险资金的组成部分。

保险公司的债权人可分为两类：一般债权人和保单持有人。保险行业的一个重要特征是，顾客，即保单持有人本身就是企业的主要债权人。对保险企业而言，顾客把保费缴纳到保险公司，保险公司在合同生效之后就承担起保险责任，这种责任对保险公司来讲就是对保单持有人的负债。保险公司对保单持有人的负债是保险企业负债的主要部分。此外，保险公司的资金来源还包括对其他债权人的借款和应付未付债务，如短期借款、拆入资金、应付手续费、应付佣金、存入保证金等。

保险公司的资金运用表现为资产，包括企业的货币资产、投资资产、固定资产、无形资产、递延资产、其他资产等。在保险公司中，投资资产占总资产的比重较大。

2)　保险资金运转

保险资金运转的起点和终点都是现金。在设立一个新的保险企业时，必须解决两个问题：一是制定规划，明确保险企业经营的内容和规模；二是筹集若干的现金，包括对外借款和所有者投资。我国《保险法》明确规定保险企业注册资本的最低限额为人民币 2 亿元，注册资本应当为实缴货币资本。没有现金，企业的规划就无法实现，不能运营。企业建立后，现金变为经营中用的各种资产和费用，在运营中又陆续变为现金。

保险公司主要的业务活动分为保险经营活动和投资活动。保险经营活动所产生的现金流入的项目主要是保费收入，所产生的现金流出的项目主要是各种保险赔款或支付的各种费用和税收。投资活动所产生的现金支出主要有购置固定资产、无形资产和债权投资、股权投资、发放贷款以及在同业市场上拆出资金等，所产生的现金流入主要包括收回投资和取得投资收益时所收到的现金，以及处置固定资产和无形资产所收取的现金。

投资活动与保险经营活动是紧密关联的。通常，保费都是在每个保险期间的期初预先付款。在保费收入与偿付额支付之间存在的时间差，使保险企业可将已有货币存量用于投资业务。从保险公司的角度来看，出于盈利的目的，不应当把这种预先付款的保费形成的外来资金只以无收益的流动资金的形式储备，而应当转化为能带来收益的各种投资形式。而投资活动所产生的现金的净收入有利于保险公司维持良好的偿付能力，扩大保险业务量。

在经营过程中，由于业务发展的需要，为保持偿付能力，保险公司往往还需要筹集资本金，这就会发生保险公司的筹资活动。保险公司的筹资活动将导致保险公司的资本及非准备金的负债规模和构成发生变化。保险公司的筹资活动产生的现金流入项目主要有吸收权益性投资、借款和拆入资金等；保险公司的筹资活动产生的现金流出项目主要有偿还债务、分配利润、偿付利息等。

可见，保险公司发生的现金流入和现金流出活动可以分为三类：保险经营活动、投资活动和筹资活动。我们可以将保险资金的运转情况用图9-3来表示。

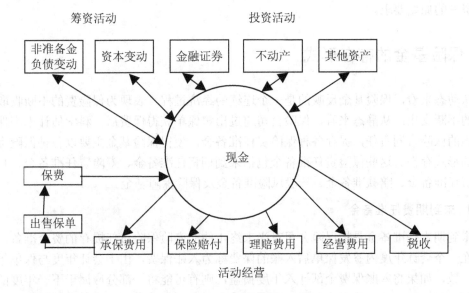

图 9-3　保险资金的运转

4. 保险基金与保险资金的区别

1)　来源不同

从来源来看，保险资金的来源比保险基金的来源更为广泛。保险基金的来源主要是投保人的保费收入；而保险资金除来自投保人交纳的保费之外，还来自投资人的资本金和一般债权人的负债。所以，仅从来源来看，可以说保险基金是保险资金的主要组成部分。

2)　运动过程不同

保险资金的运动过程表现为：资金的垫支——收回——再垫支——再收回……

保险基金的运动过程表现为：收取保费——形成基金——支付保险金。

可见，保险基金的运动过程和保险资金的运动过程不一样。保险资金具有周转性，保险资金是为形成企业经营与投资所垫支的货币，随着企业生产经营及对外投资收入的实现，原垫支的货币就重新收回，继续用作下一个生产经营与投资过程的垫支。资金的垫支——收回——再垫支——再收回这一不断反复循环的过程，即为资金的周转。

保险基金不是一个封闭的循环，保险基金一旦支付了被保险人或受益人就意味着其退出了保险基金运动的过程。

3) 目的不同

保险基金是用于保险赔偿或给付，为了满足保险公司的偿付能力的需要而建立的，即使其进行保值增值的投资活动，也是为了能够吸引更多的保户，提高保险公司的偿付能力。

而保险资金参与经营活动与投资活动的基本动机是为了盈利，即原垫支的资金收回之后，还要带来新增值的价值量，其货币表现就是企业的纯收入。资金的本性就是逐利，这是投资者的原始要求。

五、保险基金的存在形式

从动态来看，保险基金反映的是一个连续的经济过程，表现为保险费的不断收取与保险金的不断支出；从静态来看，保险公司通过出售保单获得保费后，科学估计未来保险公司承担的保险合同责任，提存各种保险责任准备金，使得保险基金主要以各种保险责任准备金的形式存在。这些保险责任准备金包括未到期责任准备金、寿险责任准备金、长期健康险责任准备金、赔款准备金、一般风险准备金及保险保障基金。

1. 未到期责任准备金

未到期责任准备金是指保险公司对尚未终止的非寿险保险责任提存的资金准备。保险公司在一个会计年度内签发保单后入账的保费称为入账保费，由于会计年度与保单年度往往不一致，如果将入账保费全部计入年度损益，则有可能将一部分应属于下一年度的保费计入了本年度。如此，将不能正确地核算保险公司的财务成果，也致使下一年度发生赔款时没有相应的资金来源，保险公司不能对保险合同的剩余期限承担应尽的保险责任。所以，在保险公司年终决算时，应把属于未到期责任部分的保费提存出来，作为下一个年度的保费收入和保险公司承担责任的资金准备。目前保险监管机构规定，保险公司可以采用二分之一法、二十四分之一法、三百六十五分之一法或者其他更为谨慎、合理的方法评估非寿险业务的未到期责任准备金。

2. 寿险责任准备金

寿险责任准备金是保险公司为履行寿险业务未到期保险责任，从寿险保费中提取的专用资金。寿险责任准备金的来源有两个：①纯保险费中超过保险企业所承担财务义务的多余部分；②已经积蓄的责任准备金所产生的利息和新保险费所产生的利息。寿险责任准备金分为理论责任准备金和实际责任准备金。理论责任准备金是根据纯保险费和自然保险费之间的差额来计算应提存的金额，它要求保险费的总价值量要相当于给付的总价值量。实际责任准备金则是以理论责任准备金为基础，考虑经营保险业务的实际条件，即人寿保险经营费用在第一年支付最多，以后逐年减少，因此在责任准备金中对营业费用的摊付做一些年度间的平衡。提存实际责任准备金虽有多种方法，但它们都必须遵循两个基本原则：①每一个年度的纯保险费扣除以后的部分不得小于自然保险费，否则保险公司将不能保证每年的保险金给付；②在保险期限届满时所提存的实际责任准备金，要恰好等于给付额。

寿险责任准备金的计算方法通常分为过去法和未来法。

(1) 过去法。过去法又称已缴保费推算法，是指追溯过去已缴保费与给付保险金来计算在各保单年度末时责任准备金的一种方法。其计算公式是：

$$T时刻的责任准备金=已缴保费在T时刻的精算积存值$$
$$-已往保险利益在T时刻的精算积存值$$

(2) 未来法。未来法又称未缴保费推算法，是根据未来预期给付的保险利益与未来预期收取的纯保费来计算在各保单年度末时责任准备金的一种方法。其计算公式是：

$$T时刻的责任准备金=未来保险利益在T时刻的精算现值$$
$$-未缴纯保费在T时刻的精算现值$$

过去法计算公式与未来法计算公式是等值的，即采用过去法公式与采用未来法公式计算责任准备金，两者的计算结果是一致的。

3. 长期健康保险责任准备金

长期或终身健康保险责任准备金也称健康保险的年龄准备金。从精算角度来讲，对于一年期健康保险，若以年为考察单位，则每年的保费收入和保险金给付支出是相等的，不存在给付不足或多余的问题。而在长期或终身型健康保险业务中，由于采用均衡保费，每年收入的保险费与给付的保险金是不等的，随着被保险人年龄的增加，发病率不断提高，保险公司需给付的保险金也越来越多，这使得前期保费收入大于保险金给付额，后期保费收入却小于保险金给付额。因此，保险人必须把前期剩余的保费收入以复利形式积存起来，才能弥补后期的不足。这种以保险合同为依据，为将来发生的给付额而提存的基金，称为长期健康保险责任准备金。

与寿险责任准备金的计算一样，长期健康保险责任准备金的计算也有两种方法，即过去法和未来法。但是，由于影响长期健康保险定价的因素比影响人寿保险的要多得多，既包括死亡率、利息率等保费计算中常见的基本要素，也包括伤病发生率和持续时间，以及医疗价格、预期给付额、医疗机构级别、地区差异等保险精算中不常涉及的因素，加之上述因素对保费的影响不易被完整、准确地测量出来，因而，长期健康保险的定价与寿险相比仍有很多不同之处。所以，在实践中计算责任准备金时，通常将长期健康保险与寿险分开计算。

4. 赔款准备金

赔款准备金是衡量保险人某一时期内应负的赔款责任及理赔费用的估计金额。其计提的原因在于：在保险公司会计年度内发生的赔案中，总有一部分赔案存在赔付延迟，未能在当年了结结案。根据审慎经营的原则，保险公司对于这些已发生赔案应提取赔款准备金，以正确核算损益，并为预期索赔支付保险金作好资金准备。

赔款准备金包括已发生已报案赔款准备金、已发生未报案赔款准备金和理赔费用准备金。

1) 已发生已报案赔款准备金

已发生已报案赔款准备金是指为已经发生并已向保险公司提出索赔，但尚未结案的保险事故而提取的准备金。保险事故发生后，投保人向保险公司报案。但对于已报告的保险事故，因责任认定和赔款金额的确定需要时间而导致赔案了结的延迟。因此保险公司需要为这类未了结的赔案准备足够的资金而提存准备金。

2) 已发生未报案赔款准备金

已发生未报案赔款准备金是指为已经发生但尚未提出索赔的保险事故而提取的准备金。一般来说，非寿险保险事故在发生后就能很快向保险公司报案，但有些保险事故在年内发生，索赔要在以后年度才可能提出。最著名的保险事故报告延迟案例当属美国雇主责任保险中的石棉伤害案，其保险事故的报告是在发生后几十年才被发现的。这些赔案因为发生在本年度，故称已发生未报告赔案，为其提取的责任准备金即为已发生未报案赔款准备金。

3) 理赔费用准备金

理赔费用准备金是指为尚未结案的赔案预期发生的费用而提取的准备金。因为保险公司为了结赔案所需要的资金除了应支付的赔款外，还包括为处理赔案所支付的调查费用、诉讼费用、理赔部门员工的薪金等，因此赔款准备金不只是包含赔款的支付，还包括相关的理赔费用。

5. 一般风险准备金

根据我国的有关财务规定，从事金融业的公司需要以年度净利润或年度风险资产为基础提取一般风险准备金。保险公司的一般风险准备金又称为总准备金，从税后利润中提取，用于补偿巨灾风险损失和弥补亏损，不得用于分红或转增资本。

6. 保险保障基金

保险保障基金是指根据《保险法》，由保险公司缴纳形成，按照集中管理、统筹使用的原则，在保险公司被撤销、被宣告破产及保险监管机构认定的保险公司面临重大危机的情形下，用于向保单持有人或者保单受让公司等提供救济的法定基金。提取保险保障基金是保险在时间上分散风险的要求。保险保障基金的积累对于保障被保险人的合法权益,支持保险业的稳健经营等,都具有十分重要的意义。

保险保障基金分为财产保险公司保障基金和人寿保险公司保障基金。根据中国保监会2004年12月29日颁布的《保险保障基金管理办法》的规定,财产保险、意外伤害保险和短期健康保险,按照自留保费的1%缴纳;有保证利率的长期人寿保险和长期健康保险,按照自留保费的0.15%缴纳;无保证利率的长期人寿保险,按照自留保费的0.05%缴纳;保险公司其他保险业务的缴纳比例由中国保监会另行规定。当财产保险公司、综合再保险公司和财产再保险公司的保险保障基金余额达到公司总资产的6%时,人寿保险公司、健康保险公司和人寿再保险公司的保险保障基金余额达到公司总资产1%时,保险公司可暂停缴纳保险保障基金。

第二节　保 险 投 资

一、保险投资的意义

保险投资是保险公司为了保持自身的偿付能力,增强竞争力,在业务经营过程中,按相关法律、法规的要求运用积聚的保险资金,使其保值增值的活动。在现代保险经营中,保险公司的业务大体分为两类:一类是承保业务(直接保险业务);另一类是投资业务。作为保险经营业务两大支柱之一的保险投资,已经成为保险公司生存和发展的重要因素。

1. 有利于建立雄厚的保险基金,维系良好的偿付能力

筹措、建立保险基金,补偿经济损失,是保险的基本职能,因此,保险公司所积累的资金必须与其承担的风险责任相一致。如果保险基金积累不足,就难以保证足够的偿付能力。保险公司通过运用保险资金,获得更多的收益,使保险资金得到保值增值,就能增强公司自身发展的经济实力,提高其偿付能力。保险公司偿付能力的提高,有利于进一步保护被保险人的合法权益,保证保险合同的履行,维护保险市场的正常秩序。

2. 有利于不断降低保险费率,提高保户参加保险的积极性,增加保险业务量

从理论上讲,保险费率的高低是以危险的损失概率大小作为依据的,是损失概率与附加费率之和。因此,保户参加保险所获得的经济利益与其所缴保费基本上是一致的。但是,如果保险资金运用得好,取得较高的保险投资收益,就可以降低保险费率;同时,还可以把投资收益的一部分返还给被保险人,以鼓励其参加保险的积极性。这样,就有利于保险公司扩大保险业务量,从而在激烈的市场竞争中处于有利地位。在美国,整个保险业因竞争激烈导致费率降低,而使赔付率长期居于100%以上,但其保险业仍在发展,其主要原因就是依靠投资收益支撑,其非寿险业务年均投资净收益达数百亿美元,寿险业务年均投资

净收益则逾千亿美元。

3. 有利于扩大社会积累，进一步发挥保险业在国民经济中的作用

保险资金的运用直接推动了金融市场的形成和繁荣，使保险公司从单纯的补偿或给付机构转变为既有补偿或给付职能，又有金融职能的综合性保险公司，为金融市场增加了活力。同时，保险公司通过资金运用，将分散闲置的资金集中起来，根据社会需求进行投资运用，从而加快资金流通，支持国民经济建设，促进市场经济的发展。这样，就能够充分体现保险资金的社会效益。

总之，在发展保险业务的同时重视保险资金的运用，通过投资收益来分享社会利润，壮大保险基金并弥补保险业务收益的不足，是国内外保险业发展的一条客观规律。保险资金的运用正日益成为各保险公司普遍关注的重要问题。可以预见，在未来中国的保险市场上，保险资金的运用将日益发达，规模将日趋扩大，投资收益在保险公司，收益中所占的比重亦将越来越大。

二、保险投资的资金来源

1. 自有资金

1) 资本金

资本金是指保险公司的所有者作为资本投入到企业的各种资产的价值。资本金是保险业务经营和保证保险公司偿付能力的必要物质条件，保险公司为了承担现有的和将来的业务责任必须保持有一定的必要资本。但保险公司的资本金并不是保险公司投资的主要资金来源。

2) 资本公积

资本公积主要包括资本溢价和股票溢价、法定财产重估增值、资本折算差额、接受捐赠等。与资本金一样，资本公积是保险公司投资资金来源的一个组成部分，但不是主要来源。

3) 留存收益

保险公司的留存收益包括盈余公积、总准备金和未分配利润，是保险公司投资的资金来源之一。

2. 外来资金

1) 保险准备金

保险准备金是保险公司为履行其承担的保险责任，备付未来的赔偿或给付支出提存的资金准备，是保险公司投资的主要来源。准备金负债包括：未决赔款准备金、未到期责任准备金、寿险责任准备金、长期健康险责任准备金等。保险准备金是由于保费收入与保险金支出的数量差和时间差而形成的，是保险投资可运用资金的主要来源。

2)　其他资金来源

在保险公司的经营过程中，还有可能存在其他可用于投资的资金来源，如结算中形成的短期负债，如应付工资、应付佣金等。数额虽不大，且须在短期内归还，但还是可以作为一种补充性的资金来源。此外，还可能从银行获得贷款或从同业市场上拆借资金。

三、保险投资的原则

1. 安全性

所谓安全性，是指保险投资必须保证其本金安全返还，且投资收益率至少等于同期的银行存款利率。因为仅仅是本金返还，就会造成资金的贬值，以致企业入不敷出，同样不符合安全性要求。安全性原则是保险投资的首要原则和最基本的要求。虽然保险公司作为商业性金融服务机构，追求利润最大化，但由于保险资金主要来自于保户所交纳的保费，最终要实现对保户的返还，所以为维持社会稳定，保护被保险人的合法权益，必须强调安全性原则，否则，就不能保证保险公司具有足够的偿付能力，被保险人的合法权益也就得不到保障。

需注意的是，安全性原则是从保险投资总体而言的，如果要求各种投资项目都绝对安全，从实践来看绝非易事，也没有必要。所以投资强调多样化，在投资组合中，随着被组合资产数量的增加，投资风险降低；被组合资产之间的相关性越小，组合降低风险的效用就越大。

2. 盈利性

获得盈利是保险投资的目的。盈利表现为保险投资收入大于保险投资成本。保险投资盈利性原则与安全性原则往往呈反方向，即提高安全性要求，投资收益相应下降，反之，投资收益相应上升。在存在多种投资方式的条件下，保险投资可以追求不同的收益水平，并不需要让各种方式的投资都受制于安全性要求。保险投资应在总体上符合安全性要求的前提下，尽可能地提高投资收益水平。

3. 流动性

流动性指投资项目具有变现能力，保险公司在需要时可以抽回资金，用以满足投保人的赔付要求。流动性作为保险投资的原则是由保险经营的特点决定的，因为保险公司将随时承担保险责任，对于短期性较强的财产保险更是如此。坚持流动性原则不是要求每一个投资项目都有高流动性，而是从可运用资金的性质出发，把长期性资金运用到流动性较弱的项目上去，把短期性资金运用在流动性较强的项目上，使投资结构合理，从而保证总体上的流动性。一般来说，变现能力较强的投资项目，其盈利性相对较低。但这也不是绝对的，随着组合投资工具的增多，流动性与盈利性的反向变动关系就会变得不明显。

四、保险投资的一般形式

1. 银行存款

银行存款是指保险公司存放在银行，获取利息收入的资金。银行存款以银行作为保险资金的投资中介，保险公司承担的风险较小，安全性较高，但收益较低，在一般情况下不可能成为真正意义上的投资。从国外保险公司的投资实践来看，银行存款往往不是保险公司投资的主要渠道，保险公司保有银行存款只是作为必要的准备，数量不会太多。

2. 债券

债券是发行者为筹集资金而向债权人发行的，在约定时间支付一定比例的利息，到期偿还本金的一种有价证券。

债券可以有以下几种分类。

1) 短期债券、中期债券和长期债券

短期债券指期限在 1 年以内的债券。在市场上流通的中长期债券如果其到期日不足一年的也可以视为短期债券。短期债券具有流动性强，风险低的优点，但收益率较低。中期债券指期限在 1 年以上，10 年以下的债券。长期债券一般指期限在 10 年以上的债券。长期债券的流动性差，不易变现，通货膨胀风险也比较大。因此，作为补偿，其收益率较高。

2) 政府债券、金融债券和公司债券

政府债券指以政府作为发行人的债券，通常由财政部发行，政府担保。政府债券的最大特点是信誉程度高，几乎无信用风险，且可在二级市场上交易，流动性风险小。

金融债券是经中央银行或其他政府金融管理部门批准，由银行或其他金融机构发行的债务凭证。金融债券的风险介于政府债券和企业债券之间，其债券收益率高于政府债券，低于企业债券。

公司债券指企业为筹集长期资金以债务人身份承诺在一定时期内支付利息、偿还本金而发行的债务。公司债券的发行主体是企业，其风险要比国债和金融债券高，存在信用风险，但收益率相对较高。

3) 固定利率债券和浮动利率债券

固定利率债券具有固定的利息率和固定的偿还期，在利率急剧变化时风险较大。浮动利率债券是指根据市场利率定期调整的中、长期债券。利率按标准利率(同业折放利率或银行优惠利率)加一定利差确定，或由固定利率加保值补贴率确定。浮动利率债券可以减少投资人的利率风险。

3. 股票

股票是股份公司发给股东的所有权凭证，是股东借以取得股利的一种有价证券。按股东享有的权利不同，可分为普通股和优先股。普通股股东享有决策参与权、利润分配权和剩余财产分配权，优先股股东享有确定股利分配权和剩余财产优先索取权，但没有决策参与权，也不参与公司红利分配。优先股能够取得固定收入，风险相对较小，但不能享受公司利润增长带来的利益。

股票投资相对债券投资而言，具有较强的收益性，可抵御通货膨胀风险，但投资的安全性较差。

4. 投资基金

投资基金是汇集不特定多数且有共同投资目的投资者的资金，委托专业的金融投资机构进行组合投资，以实现风险的分散与降低，共同分享收益的一种集合投资方式。投资基金目前不仅在金融市场发达的国家发展迅速，而且在金融市场不够发达的新兴工业化国家和地区、乃至金融市场落后的发展中国家方兴未艾，就是因为它与其他投资工具相比有着诸多独特优势。这种优势主要表现在以下几个方面。

(1) 组合投资、分散风险，把一定量的资金按不同比例分别投资于不同的有价证券和行业，从而在总体上把风险减到最低限度。

(2) 专业管理、专家操作，避免了投资者个人由于专业知识、信息、时间和精力不足而产生的盲目决策现象。对于机构投资者而言，也可节育其时间和精力，专心作好其他方面的投资。

(3) 流动性强、变现性高，投资者不仅可以根据基金管理公司的公开报价随时购买，而且可以随时请求赎回，或在证券市场上把基金券以市价转让给他人。

(4) 品种繁多，选择性强。经过 100 多年的发展和完善，投资基金现已相当成熟。从种类上看，它几乎包罗了金融市场上所有的金融产品；从地区上看，世界上只要有金融投资的地方，就有投资基金存在的可能。目前，在发达国家的证券市场上，投资基金和单位信托基金的数量已逾万种，涉及一切金融投资领域。

但投资基金是一种间接投资工具，短期收益有可能比直接投资所获得的回报要低，同时也存在投资风险。投资基金的风险可能来自于政治、经济、政策或法令的变更等外在因素，也可能来自于经纪人的管理不善、决策失误或大市不利等内在因素。

5. 贷款

贷款指保险公司作为信用机构直接将保险资金提供给资金需求方，以获取利息收入的一种信用活动。保险贷款可分为一般贷款和保单质押贷款。其中，一般贷款是指保险公司作为非银行金融机构向社会提供贷款。贷款的收益率决定于市场利率。在不存在信贷资产的二级市场的情况下，信贷资产的变现能力不如有价证券，其流动性较差。保单质押贷款，是指在寿险保单具有现金价值的基础上，根据保险合同的约定，保单持有人向保险公司申请的贷款。保单质押贷款是一种安全的投资方式。

6. 资金拆借

资金拆借指具有法人资格的金融机构之间或具有法人资格的金融机构与经法人授权的非法人金融机构之间进行的短期资金融通。资金拆借包括资金拆入和资金拆出，作为保险公司投资渠道的资金拆借是指资金拆出，即资金多余的保险公司向资金不足者的借出款项，收取利息。保险公司是同业拆借市场交易主体的主要组成部分之一。保险公司进入同业拆借市场，参与资金拆出活动，有利于保险公司在满足当期发生的赔付需要的前提下，灵活调度多余的保险资金，增强保险资金的流动性。资金拆出的风险较小，收益相对于银行存款利息要高。

7. 房地产

房地产是房产和地产的总称，即房屋和土地这两种财产的统称。投资房地产可以通过转卖和出租等方式获取收益。与其他各种投资工具相比较，房地产投资具有对抗通货膨胀的优点，但房地产投资也具有市场风险，且流动性较差。

8. 金融衍生工具

金融衍生工具是随着金融市场的发展而出现的新兴产品，主要包括期货(futures)、期权(options)、互换(swap)等。金融衍生工具的共同特点：一是在品种设计上有杠杆作用或称放大作用，俗称"四两拨千斤"；二是具有风险的对冲作用，抵消未来的市场变化给资产或负债带来的风险，因此，金融衍生工具投资又称为风险管理资产(risk management assets)。

期货或期权可用来抵消现有资产组合的风险，锁定将来保费收入和投资的当期收益率。通过互换将利息收入转化成需要的形态，可更好地实现资产和负债的匹配。所以，金融衍生工具的投资对提高寿险公司的整体抗风险能力和投资效果都具有积极的意义。

复习思考题

1. 什么是广义的保险基金和狭义的保险基金？二者之间有何关系？
2. 保险基金有何特性？
3. 简述保险基金的来源和运动环节。
4. 保险基金与保险资金有何区别？
5. 保险基金的存在形式有哪些？

6. 简述保险投资的意义。

7. 保险投资的资金来源有哪些？

8. 保险投资应遵循哪些原则？

9. 保险投资的主要形式有哪些？我国保险投资的现状如何？

第十章

保 险 市 场

本章介绍了保险市场的概念及其构成要素、特征与分类，分析了保险市场的供求及其影响因素，系统地介绍了保险市场中不同组织形式的经营主体，并对保险市场国际化和我国保险市场对外开放的情况作了分析和介绍。

第一节 保险市场概述

一、保险市场及其构成要素

1. 保险市场的概念

保险市场是保险供给者和保险需求者实现保险产品交换关系的总和。保险市场这一概念由其内涵和外延两个方面构成。保险市场的内涵指的是与保险交易过程有关的全部条件和交易的结果；保险市场的外延指的是它的交易地域范围。

传统的保险交易活动一般在某一固定的保险交易场所内或某一地域范围展开，而随着现代科技的发展和经济全球化的进程，现代意义上的保险市场则完全突破了有形市场的束缚，囊括了所有有形和无形的保险产品交易关系。市场主体既包括保险人、再保险人等保险产品的供给者，政府、企业、家庭和个人等保险产品的需求者，也包括保险经纪人、公估人、代理人等保险中介，还包括保险仲裁机构、保险监管机构等。所有这些保险市场运行要素共同作用形成了整个保险产品交易关系体系，如图 10-1 所示。

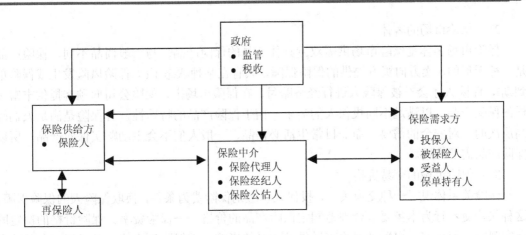

图 10-1　保险市场结构示意图

2. 保险市场的构成要素

1) 保险市场的主体

保险市场主体是指保险市场交易活动的买方、卖方和中介方等参与者的统称。首先，市场主体是保险产品的供给者和需求者。此外，由于保险产品的特殊性、保险经营的专业性和服务对象的广泛性，保险市场还有一类特殊的主体——保险中介，他们促成保险交易的完成，或为买卖双方提供一些服务。

保险需求者是指保险市场上所有现实的和潜在的保险产品购买者。从需求角度看，由于存在大量标的面临着同样的风险，与之有利害关系的人希望转嫁风险获得保障。在有购买能力的前提下，他们宁愿付出一定转嫁风险的代价，希望在遭受损害后能够获得补偿。他们选择能满足自己需要的保险产品，通过缴纳保费，换取了保险人提供的保险保障服务。

保险供给者是指提供保险产品的各类保险人。保险市场有不同的保险供给者，按照经营范围，分为财产保险公司、人寿保险公司、健康保险公司、农业保险公司、汽车保险公司、再保险公司等，根据组织形式，可分为保险股份有限公司、相互保险公司、个人保险组织和政府保险组织等。不管是什么保险供给主体，无论销售的是什么保险产品，它们共同的地方是一旦交易实现，都要与投保人订立保险合同，向投保人收取保费，并承诺在保险合同约定的保险事件发生或合同到期时对被保险人承担赔付责任的义务。从供给角度看，保险人用特殊的技术手段将众多的面临同样风险的人或单位组织起来，按照损失分摊原则向投保人收取保险费，建立保险基金，当被保险人遭受损害后向其进行经济补偿，保险人承担了被保险人未来的不确定损害。

除保险产品的供需双方外，保险市场还存在保险中介方，他们是介于买方与卖方之间促成双方达成交易的媒介人或提供相关服务的单位和个人，主要包括保险代理人、保险经纪人和保险公估人等。

2) 保险市场的客体

保险市场客体是保险市场供需双方具体交易的保险产品。与一般商品不同，保险产品是一种无形的、卖方向买方提供的保险保障，只有在某种状态下(如保险风险发生或保险单到期)，保险人才会对被保险人进行经济赔付。在保险市场上，保险公司向顾客提供丰富多样的保险产品，以满足不同投保人的需求。由于保险产品的特殊性，且保险是满足人们较高层次的、对安全的需要，而非日常生活必需品，一般人们不会主动购买保险产品，所以保险产品需要推销。

3) 保险市场的交易价格

保险关系体现了一种交换关系，投保人以缴纳保险费为条件，换取保险人的保险保障，这种保险交易行为本身要求合理地制定保险产品的价格——保险费率。保险价格的决定既有客观的定价标准，也受到保险市场供求关系的影响，而保险价格的高低又调节着保险市场供求。

保险费率是保险费与保险金额的比例，即每单位保险金额的保险费，通常以 1 年每百元或每千元保险金额的保险费来表示。保险费与保险费率不同，它是某一保险单所应交的总费。保险费与保险费率的关系为：

$$保险费=保险费率×保险金额$$

保险费是保险金额与保险费率的乘积。如果年费率为 5‰，则 10 万元保险金额的保险单，1 年应交 500 元保险费。因此，保险费的多少是由保险金额的大小和保险费率的高低这两个因素来决定的，在保险费率一定的情况下，保险金额越高，保险人承担的风险责任金额越高，保险费也就越高。

保险费率一般是由纯费率与附加费率两部分组成。纯费率又称净费率，根据纯费率计算收取的纯保险费用于保险赔付支出，其计算依据因险种的不同而不同。财产保险纯费率的计算依据是损失概率，人寿保险纯费率计算的依据是利率和生命表。根据附加费率收取的保险费主要用于保险人的各项业务开支和预期利润，包括代理手续费、业务费、企业管理费、工资及工资附加费、利润等。不同的保险险种，由于风险种类的差异性，其费率通常是不一样的；同一保险险种，由于保险标的面临风险的大小不同，保险费率有不同的档次。

由于保险产品的特殊性，保险费率的确定，与有形产品的定价相比，显得较为复杂。因为保险人制定费率时，主要依据的是过去的损失和费用统计记录，来对未来发生的损害概率进行测算，这无疑会加大保险费率制订的难度。从成本发生的角度看，一般企业在决定其产品价格时，以各项已知的成本为根据，易于计算，消费者也容易理解。保险产品和其他商品之间一个最基本的差异就是其价格的确定在成本发生之前，然后将这些费用在不同的被保险人之间进行分配，而实际成本是在未来发生，实际发生的赔付和费用可能会与定价发生偏差，使保险经营存在风险。因此，保险费率的确定，直接关系到保险经营的稳定和被保险人的利益，国家保险监管机构往往要对保险费率的确定依据进行监管，以监督

定价的合理性和公平性。

二、保险市场的特征

由于保险市场的交易对象是一种特殊形态的产品——保险人提供的保险保障服务，决定了保险市场具有以下一些特征。

1. 直接的风险市场

直接的风险市场是就交易对象与风险的关系而言的。任何市场都存在风险，交易双方都可能因为市场风险的存在而遭受经济损失，但是，普通商品市场交易活动，交易的对象是商品和劳务，其本身并不与风险直接联系。而保险人在保险市场上出售保险产品，承诺对投保人转嫁给保险人的特定风险发生所致损害提供经济保障。所以，保险产品的交易过程实质上就是保险人聚集与分散风险的过程，这就要求保险人具有相关的专业技术，设计不同的产品满足人们转嫁风险的需求。

2. 交易过程的持续性

保险市场交易过程具有持续性特点，对于大部分财产保险合同而言，保险期限是 1 年；而对于大部分人身保险特别是人寿保险合同，则可能是 5 年、10 年，或者几十年的时间。交易的持续性，要求保险人销售保险单以后，应提供优质的客户服务以维持保单业务，并提高理赔质量；保险交易过程期限的变长，也可能增加保险经营风险，特别是长期性的业务，保险人可能通过销售新保险单或增加保险业务收入弥补以前的亏损，这就使得保险经营风险具有一定的隐蔽性和累积性。

3. 交易结果的不确定性

一般的商品交易市场，交易一旦结束，双方就可以知道确切的交易结果，钱货可以即时结清。但单个保险交易活动，因风险的不确定性和风险事故发生的偶然性，使得交易双方都不可能确切知道交易结果，因此不能立即结清。保险市场所成交的任何一笔交易，都是保险人对未来风险事件发生所致经济损失进行补偿的承诺。而保险人是否履约却取决于保险合同约定时间内是否发生约定的风险事件，以及这种风险事件造成的损失是否符合保险合同约定的补偿条件。因此，保险市场交易结果具有不确定性。

4. 政府监管的必要性

市场经济遵循优胜劣汰原则，企业经营得好则生存发展，经营不善则退出。对于一般企业而言，因经营不善而破产对消费者的影响相对较小，因为消费者对企业提供无差别的产品的转移是没有任何代价的。在市场经济条件下，保险公司经营不善，虽然从理论上说应该退出。但从实践上看，由于客户的广泛性，一旦保险公司倒闭，将极大地影响社会公众对保险业的信心，对保险市场秩序和社会稳定产生冲击。保险在当今社会中广泛存在，深刻地影响着人们的生活，保险经营的好坏，不仅具有经济意义，而且具有深刻的社会意义。因此，大多数国家都对保险市场经营主体和市场交易进行较严格的监管，如对保险市场准入、偿付能力、业务范围、保单要素、保险费率、责任准备金提取、资金运用及其市场退出等都要进行监督管理，目的是维护保险交易的公平、保护被保险人的利益、维护保险市场秩序和促进保险市场的健康发展。

三、保险市场的分类

1. 以承保方式分类

根据承保方式的不同，保险市场可分为原保险市场与再保险市场。原保险市场上，投保人与保险人供需双方直接进行保险交易。再保险市场上，交易双方都是保险人，保险人之间通过洽谈、协商，达成再保险交易。再保险市场实质上是保险人之间分出、买进保险业务的交易市场。从风险分散的角度看，原保险市场是风险的初次分散，再保险市场是风险的进一步分散。通过同一国家或地区，甚至不同国家或地区保险人之间的再保险交易，使风险在更广的范围分散。

2. 以经营业务范围分类

依据经营业务范围的不同，可将保险市场分为财产保险市场和人身保险市场(国际上分为寿险市场和非寿险市场)。财产保险市场是指以各种财产与责任保险为对象，实现保险交易的场所。人身保险市场的交易对象是各种人身保险产品，包括人寿保险、健康保险、人身意外伤害保险等。两类市场的区别在于：第一，财产保险市场上买卖的产品一般都期限较短，而人身保险(特别是人寿保险)市场上买卖的产品一般期限较长。第二，人身保险市场承保的风险包括人的生老病死伤残，财产保险市场承保的风险种类繁多、千差万别。第三，人身保险市场承保的风险一般较为分散。与人身风险比较，财产保险的风险较集中。因为，财产保险市场承保了一些高额保险，如飞机保险、人造卫星保险等，其保险金额较高，保险事故一旦发生，保险人要支出巨额的保险赔款；此外，财产保险市场还承保了一些巨灾风险，如洪水、风暴等，这些风险一旦发生，会使大量的保险标的同时受损，导致保险人的赔偿剧增。由于财产风险的集中性，为了分散风险，保证保险经营的稳定，再保险对财产保险而言是必需的。

3. 以市场地域分类

根据保险人所处地域的不同，保险市场又可分为国内保险市场和国际保险市场。专门为本国境内提供各种保险产品交易的市场称为国内保险市场，按照经营区域范围分为全国性保险市场和区域性保险市场。国际间进行各种保险和再保险交易的市场称为国际保险

市场。

4. 其他分类

可以按投保者性质的不同把保险市场分为个人保险(personal insurance)市场和商务保险(commercial insurance)市场，前者以个人和家庭的人身、财产、责任和信用为保障对象；后者以企业、组织、机关和社团等营利性或非营利性机构的财产、责任、信用和员工的人身风险为保障对象。

按保险经营的目的可以把保险市场分为政策性保险市场和非政策性保险市场，政府利用前者以达到某种政策性目标，如扶持和保护农业发展的农业保险市场、以刺激和推动出口为目标的出口信用保险市场、以稳定金融业为目标的存款保险市场等。

第二节　保险市场的供求及其影响因素

保险供给与保险需求的关系，向来就是一种相互依存、相互作用的过程。一方面，保险供给因保险需求的变化而变化，不断满足保险需求的需要，不断提高保险供给的水平；另一方面，保险供给又拉动着保险需求的产生，不断促进保险需求的实现，推动保险需求的发展。保险需求的存在是保险供给得以实现的前提，潜在的保险需求决定着有效保险供给的发展规模。反过来，保险供给是保险需求的实现条件，保险供给能力影响着保险需求的实现程度。

一、保险需求及其主要影响因素

保险需求是指在特定的历史时期内，社会组织和个人对保险经济保障的需要量。这种需求是以支付能力和购买愿望为前提的。保险需求有两种表现形式：

第一，有形的经济保障，体现在物质方面，即在人们遭受意外事故和自然灾害时，投保的个人或单位所得到的经济补偿和给付。

第二，无形的经济保障，体现在精神方面，即在获得保险经济保障之后，投保的个人或单位由于转嫁了意外损失风险、获得保险保障而得到的心理上的安全感。

1. 风险因素

保险承保的对象是风险，风险的存在是保险需求存在的前提，即所谓"没有风险就没有保险"。保险需求总量与风险的大小成正比：风险发生造成的损害越大，或者损害发生的频率越高，保险需求的总量就越大；反之，保险需求量就越小。

2. 经济因素

保险业的发展与经济的发展密切相关。经济发展的规模和水平决定着保险业发展的规模和水平。国内生产总值或个人可支配收入与保险需求呈正相关关系，同时，经济发展水平越高，社会财富越集中、存量也越多，保险资源也更为丰富。从其他国家发展的经验看，人均 GDP 在 1 000～3000 美元，是一个国家经济社会发展重大结构性变化的时期，居民的消费行为、社会结构、金融结构等都会出现明显的变化。同时，该阶段也是保险业快速发展的时期，保险业在国民经济、居民生活以及金融体系中将发挥越来越重要的作用。

3. 人口因素

人口因素对保险需求的影响主要体现在两个方面：第一，社会的抚养率越高，保险的需求就越大。因为抚养率高时，家庭内部的抚养负担必须外部化、社会化。在此意义上讲，世界范围的老龄化趋势为世界保险业的发展提供了巨大的市场空间。第二，人生的不同阶段，人们的保险需求侧重各有不同。婴儿和儿童阶段，健康险十分必要；少年和青年阶段，教育保险则是最主要的需求；人到中年，各种人身和财产责任险都不可缺少；而到了中年后期和老年初期，养老和健康险又成为保险需求的主体；而对于意外伤害保险，则人生的各个阶段、各个家庭似乎都不可或缺。我国的人口总量大，已明显出现老龄化趋势，同时人口的年龄结构、家庭结构、受教育结构等也出现了明显变化，人口因素的这些变化对我国保险业发展有重要的影响。

4. 保险替代品

保险是个人金融理财的一个渠道(尤其是人寿保险)，个人和家庭还同时面对着其他金融理财产品，尽管其他渠道和产品不能完全替代保险，但其他产品的价格、功能和回报率也影响着个人和家庭的资金流向。

5. 强制保险因素

强制保险是国家和政府以法律或行政的手段强制实施的保险保障方式。凡在规定的范围内，不论被保险人是否愿意，都必须参加的保险都属于强制保险。强制保险的实施，人为地扩大了保险需求。表 10-1 所示是一些国家或地区保险法规定的强制性保险。

表 10-1　一些国家或地区保险法规定的强制性保险[①]

险　种	巴西	加拿大	德国	日本	韩国	中国台湾	英国	美国
汽车第三者责任保险	√	√	√	√	√	√	√	√
航空责任保险	√		√	√	√	√	√	
船舶油污险	√		√	√	√	√	√	√
核反应堆责任保险	√		√	√	√	√	√	

---

① 资料来源：Crockford(1996)，转引自小哈罗德·斯凯博. 国际风险与保险. 北京：机械工业出版社，1999.

续表

险　种	巴西	加拿大	德国	日本	韩国	中国台湾	英国	美国
火灾责任险	√		√			√	√	
员工责任险	√		√	√	√	√		√

二、保险供给及其影响因素

保险供给是指在一定社会经济条件下，国家和从事保险经营的企业所能提供的并已实现的保险种类和保险总量。同保险需求一样，保险供给形式也体现为两种。

一是有形的经济保障，体现在物质方面，即保险人对遭受损失或损害的投保人，按保险合同的规定，给予一定数量的经济补偿和给付。

二是无形的经济保障，即对全体投保人提供心理上的安全保障。对投保人来说，参加保险，发生保险责任范围内的事故，可得到补偿和给付，这或多或少地减轻了投保人心理上的压力，使他们有更多的精力投入到事业中去。这种心理上的安全感是通过保险组织提供保险供给实现的。

1. 保险供给主体因素

保险产品是由保险公司和其他保险组织提供的。保险公司经营保险业务，首先，必须有一定数量的经营资本，其供给市场的总业务量受到资本总额的限制。一般而言，社会上的保险资本量越大，保险供给者的数量越多，保险供给量就越大。其次，保险供给者的经营管理水平，如有好的新险种开发能力、服务水平、销售渠道、风险管理能力和资金运用能力等，可有效地促进保险需求，从而扩大保险供给。保险供给者的数量和质量与保险供给成正比例关系。

2. 市场环境因素

市场环境因素包括的内容很多，既包括整体国际、国内经济环境因素，也包括国家的税收优惠、社会保障制度等政策环境因素，保险市场声誉等社会环境因素，立法、司法和执法等法律环境因素，同时还包括保险市场本身是否存在垄断机构和垄断行为以及保险公估、保险代理和保险经纪等中介机构的发展状况等竞争环境因素。

3. 保险监管因素

保险监管在很大程度上决定着一个国家保险业的现状和未来，决定着保险经营企业的性质和保险市场竞争的性质，也决定着保险业的声誉和保险功能是否能够发挥。

第三节　保险市场的经营主体

一、公司制的经营主体

公司制企业具有以下特征：首先，公司是企业法人。公司拥有独立财产、组织机构，能以自己的名义独立地进行经济活动，享有民事权利和承担民事义务。其次，追求利润最大化。第三，公司是联合体，公司是由两个或多个投资者共同投资进行生产经营活动的经济组织。投资者既可以是自然人，也可以是法人。公司具有"人合"和"资合"两大特点。公司是社团法人，它是以人的结合作为其成立的基础，各国公司法对各类公司股东人数的最低限度都有明确规定，一般至少在两个以上。此外，公司还具有资合性，即公司的股东必须出资，是资本的结合。第四，所有权与经营权相分离。

1. 国有独资保险公司

国有独资保险公司是指经国家保险监管机关批准设立，经营保险业务的有限责任公司。我国《公司法》规定，国有独资公司是指国家单独出资、由国务院或者地方人民政府授权本级人民政府国有资产监督管理机构履行出资人职责的有限责任公司。国有独资保险公司曾是我国保险公司的主要组织形式，曾经在我国保险市场上占有主导地位。但是，随着中国人民保险公司、中国人寿保险公司、中国再保险公司等国有独资公司股份制改革的完成，国有独资保险公司这类组织形式在我国将逐步消失。国有独资保险公司通过股份制改造，以实现股权主体多元化、股权结构科学化和股份运作市场化，建立产权清晰、权责分明、政企分开、管理科学的、规范的现代企业制度，成为真正意义上的市场竞争主体。在此基础上形成科学、高效的公司治理结构，健全内部制度，创新管理体制，为公司的可持续发展提供了制度保障。

2. 保险股份有限公司

保险股份有限公司是世界各国保险业广泛采取的一种组织形式，也得到各国保险法的认可。保险股份有限公司是指由国家保险监管机关批准设立，由一定数量的股东依法成立的，经营保险业务的公司。全部资本分为等额的股份，其成员以其认购的股份金额为限对公司的债务承担责任。股份有限公司是我国保险公司的主要组织形式，改革开放后我国新设立的中资保险公司基本上采取这种组织形式。

保险股份有限公司具有以下优势。

(1) 筹资的优越性。保险股份有限公司的股东仅以其认购的股份承担有限责任，并且在公司股票获准上市交易后，其资产又能保持较高的流动性。因此，采用这种组织形式在筹资方面具有巨大的优越性。从国际保险业发展趋势来看，股份有限公司是保险公司最主

要的组织形式。

(2) 公司规模大，有利于分散风险。保险股份有限公司能积聚大量闲散资金，财力雄厚，经营规模较大，经营效率较高，使保险风险能在较广的范围内分散，满足保险经营的基本原则。

(3) 灵活的经营机制。保险股份有限公司的经营以盈利为目标，促使其不断开发新产品，努力降低保险经营成本，具有较强的市场竞争力。

(4) 采用固定保费制。保险股份有限公司采用相对固定的保费制度，使被保险人没有增加额外负担的忧虑，有利于保险业务的拓展。

3. 相互保险公司

相互保险公司是所有参加保险的人为自己办理保险而合作成立的法人组织。它是保险业特有的公司组织形态，也是相互制保险组织中最主要的组织形式。相互保险公司没有股东，投保人根据公司章程的规定可作为法人的组成人员(会员)，以向公司交纳保险费，公司根据合同约定进行赔付的形式，从事相互保险活动。也就是说，公司会员是保险人和被保险人的统一体。当保险合同终止时，会员与公司的保险关系随之消失。一般而言，相互制保险公司主要由成员代表大会、董事会、监事会及经理层组成。

1) 相互保险公司的特点

(1) 相互保险公司没有股东，保单持有人兼具投保人与保险人的双重身份，因而相互保险公司的最高权力机构为会员大会而不是股东大会。只要缴纳保费，投保人就可以成为公司会员，而保险合同一旦解除，会员资格随之消失。公司清算时，在偿付完其他债务后，剩余财产归全体投保人所有。

(2) 相互保险公司没有资本金，也不能发行股票。风险基金来源于会员缴纳的保险费，营运资金由外部筹措。相互保险公司对公司债权人不直接承担义务，会员对公司的债务责任以缴纳的保费为限。

(3) 相互保险公司是不以营利为目的的法人，在经营上对被保险人的利益较为重视。名义上公司不通过对外经营获得利润，而是在会员内部之间开展相互保险。保费收入在支付赔款和经营费用之后，盈余部分完全由会员共享。通常的做法是，一部分盈余分配给保单持有人，另一部分作为公积金或准备金，转入下一会计年度的风险基金。

(4) 相互保险公司保单持有人的权利不能转让，但公司可以通过终止保险合同来终止保单持有人的权益。而股份保险公司的股东不一定持有公司保单，股份作为所有权的标志可相互转让，股东与公司的关系只有在出售了公司的股份后才得以终止。

2) 相互保险公司的优势

首先，相互保险形式适用于道德风险较高的保险。相互保险公司的投保人同时为保险人，成员的利益同时就是投保人和保险公司的利益，可以有效地避免保险人的不当经营和被保险人的欺诈所导致的道德风险。其次，相互保险成本较低，为经济条件相对较差的人们寻求保险保障提供了机会。相互保险不以营利为目的，所有的资产和盈余都用于被保险人的福利和保障。相互保险公司通过所有权关系取代了市场交易，这为降低费率提供了条件。同时，由于没有为股东盈利的压力，使得相互保险公司更为重视那些对被保险人有利的长期保险项目。第三，由于相互保险公司的投保人具有双重性，因此，公司可以灵活地调整保险费率，从而可以有效地避免利差损、费差损等问题。

当然，任何事物都具有两面性，相互保险公司在具有诸多优势的同时，也存在一些劣势。最突出的是利用资本市场的能力有限。相互保险公司不能以发行股票的形式向社会募集资金，主要依靠留存盈余来扩大承保能力。不能充分地利用资本市场使它的发展速度受到一定的限制。基于这个原因，自 20 世纪 90 年代末起，寿险领域部分相互保险公司出现了转制为股份制公司的趋势。转制的主要原因是为了向社会募集资金、提升公司的核心竞争力和偿付能力。这是公司经营达到一定规模，在一定的市场条件下内在扩张冲动的自然反应。

二、非公司制的经营主体

1. 保险合作社

保险合作社也是一种非盈利的保险组织。保险合作社由社员共同出资入股设立，被保险人只能是社员。社员对保险合作社的权利以其认购的股金为限。社员一方面全部为保险合作社的股东；另一方面又作为保险合作社的被保险人，保险合作社是保险人。社员关系为社团关系，而保险关系依据保险合同而产生。要作为保险合作社的社员才有可能作为被保险人，但社员可以不与保险合作社建立保险关系。也就是说，保险关系的建立必须以社员为条件，但社员却不一定必须建立保险关系。保险关系的消灭既不影响社员关系的存在，也不丧失社员的身份。

2. 个人保险组织

个人保险组织就是个人充当保险人的组织。这种组织形式在各国都比较少见，迄今为止，以英国伦敦的劳合社最典型。劳合社是从劳埃德咖啡馆演变而来的，目前是世界上最大的个人保险组织。劳合社不是保险公司，本身并不承保业务，而是一个保险社团组织，只向其成员提供保险交易场所和各种服务，它实质上是一个保险市场，从事水险、非水险、航空险和汽车险业务。以上各种保险均由其承保社员以个人名义承保，并由其保险经纪人进行斡旋成交。劳合社的每个社员就是一个保险人。他们常常组成承保小组，以组为单位对外承保，每个成员以其全部财产承担保险责任。现在，劳合社已开始接纳法人作为保险人，并承担有限责任。

三、保险中介人

保险中介人是指介于保险人与投保人之间或保险人之间，专门从事保险业务咨询与招揽、风险管理与安排、标的价值衡量与评估、损失鉴定与理算等中介服务活动，并从中依法获取佣金或手续费的单位或个人。

保险中介人的种类主要分为保险代理人、保险经纪人和保险公估人。此外，其他一些专业领域的单位或个人也可以从事某些特定的保险中介服务，如保险精算师事务所、事故调查机构和律师等。

保险中介人是随着保险市场的发展而产生的，是保险市场分工细化的结果，一个健全的保险市场离不开保险中介组织的存在。保险中介人的出现和发展推动了保险市场的发展，它是沟通保险买卖双方的桥梁，为双方提供专业服务，既满足了投保人的需要，又有利于保险业务的拓展和降低保险公司的经营成本，同时对于提高保险市场的运行效率、降低社会交易成本具有重要意义。

1. 保险代理人

保险代理人是根据保险人的委托，向保险人收取代理手续费，并在保险人授权的范围内代为办理保险业务的单位或者个人(《保险法》第一百二十五条)。

保险人委托保险代理人代为办理保险业务的，应当与保险代理人签订委托代理协议，依法约定双方的权利和义务及其他代理事项。保险代理人的行为，通常视为被代理的保险人的行为。在保险人的授权范围内，保险代理人的行为对其所代理的保险人有法律约束力。保险代理人根据保险人的授权代为办理保险业务的行为，由保险人承担责任。为保障被保险人的合法权益，我国《保险法》第一百二十八条第二款规定："保险代理人为保险人代为办理保险业务，有超越代理权限行为，投保人有理由相信其有代理权，并已订立保险合同的，保险人应当承担保险责任；但是保险人可以依法追究越权的保险代理人的责任。"

我国保险市场上有三种保险代理人，即专业代理人、兼业代理人和个人代理人(也称为保险营销员)。保险代理人的基本业务范围是代理推销保险产品、代理收取保险费。个人代理人在代理人中起步较早、规模较大，尤其是在一些单一业务量较小、业务面较广的分散性险种上，个人保险代理人发挥着独特的优势。2007 年，个人代理人数量有 201 多万人，全国兼业代理机构有 14 万家，保险专业代理公司有 1 755 家。

2. 保险经纪人

保险经纪人是基于投保人的利益，为投保人与保险人订立保险合同提供中介服务，并依法收取佣金的单位(《保险法》第一百二十六条)。

保险经纪人主要是投保人利益的代表。保险经纪人的法律地位与保险代理人截然不同。

因保险经纪人在办理保险业务中的过错，给投保人、被保险人或其他委托人造成损失的，由保险经纪人承担赔偿责任。

保险经纪人一般可以经营下列业务：为投保人拟订投保方案、选择保险人、办理投保手续；协助被保险人或受益人进行索赔；再保险经纪业务；为委托人提供防灾、防损或风险评估、风险管理咨询服务；保险监督管理机构批准的其他业务。

3. 保险公估人

按照我国《保险法》的规定，保险人和被保险人可以聘请依法设立的独立的评估机构或者具有法定资格的专家，对保险事故进行评估和鉴定。在我国，保险公估人以保险公估机构的方式从事业务。保险公估机构是依法设立的，接受保险当事人委托，专门从事保险标的的评估、勘验、鉴定、估损、理算等业务的单位。保险公估人基于公正、独立的立场，凭借丰富的专业知识和技术，办理保险公估业务。保险公估人既可以接受保险人的委托，又可以接受被保险人的委托。保险公估人向委托人(保险人或被保险人)收取公估费用。保险公估人应当依法公正地执行业务。保险公估人因故意或者过失给保险人或者被保险人造成损害的，依法承担赔偿责任。

表 10-2 所示为 2007 年保险机构及从业人员数量一览表。

表 10-2　2007 年保险机构及从业人员数量一览表[①]

序　号	项　目	单位	数　量		
			小计	中资	外资
1	保险公司	家	110	67	43
1.1	其中：保险集团和控股公司	家	8	8	0
1.2	财产保险公司	家	42	27	15
1.3	人身保险公司	家	54	30	24
1.4	再保险公司	家	6	2	4
1.5	保险资产管理公司	家	10	10	0
2	专业保险中介公司	家	2331		
2.1	其中：保险代理公司	家	1755		
2.2	保险经纪公司	家	322		

---

① 吴定富. 中国保险市场发展报告(2008). 2008，5.

续表

序 号	项 目	单位	数 量		
			小计	中资	外资
2.3	保险公估公司	家	254		
3	保险兼业代理机构	万家	14.31		
4	保险从业人员	万人	257.43		
4.1	保险营销员	万人	201.49		

第四节 保险市场国际化与中国保险市场对外开放

一、保险市场国际化

保险市场国际化的基本含义是指保险市场经营要素在世界各国之间自由流动，各国保险市场联系日益加强，趋于一体化市场的过程和趋势。如保险公司的跨国经营、国内保险市场的全面开放、保险资本的国际化、保险监管的交流和合作等。

1. 保险市场国际化的背景

1) 经济全球化趋势是保险市场国际化的经济背景

经济全球化是指商品、服务、信息和生产要素在世界各国之间自由流动，各国经济相互依赖和相互依存日益加深，世界经济越来越趋于一体化的过程和趋势。

第二次世界大战以后，生产力水平的迅速提高，商品经济的高速发展，对商品生产打破国家疆域提出了客观要求；而科学技术的飞速进步，特别是交通运输手段和通讯工具的现代化，为在全球范围内组织生产和进行商品、劳务的迅速转移、交流，提供了条件和客观可能性，从而出现了生产要素在世界各国之间大规模流动，以及资源在全球范围内配置的趋势，即在全球范围内为世界各国生产商品的"国际生产时代"。从 20 世纪 80 年代中期起，这一现象被称之为"经济全球化"。推动经济全球化的主要力量是跨国公司。第二次世界大战以后，出于追逐最大利润(最大投入与产出比)的需要，发达国家的一些大企业根据生产要素最佳配置的原则，充分利用世界各国各自不同的资源和市场优势，在世界范围内选择生产某一产品或一个产品的某个部件的国家。这些大企业以其雄厚的财力在世界各地从事投资活动，从而出现了跨国公司。它们"以世界为工厂，以各国为车间"，促成了生产的国际化。生产的国际化造成了国与国之间的相互依赖的程度的增加。与此同时，服务贸易(包括银行、保险、运输、电信、旅游、信息服务、专利转让等)得到长足发展，成为国际贸易的重要组成部分。

2) 保险市场国际化的原因

随着经济全球化的发展，世界经济日益成为一个不可分割的整体，而风险也不再具有国界，迫切要求保险业能在全球为其提供服务。

(1) 保险业务本身具有的特点要求保险市场国际化。现代保险业起源于海上保险。从海上保险的发展历史来看，海上保险适应国际贸易发展的要求，主要是保障海上运输的船舶、货物、责任、运费等标的可能遭受的经济损失。这类保险业务往往跨越国界，因此，海上保险从本质上看是最具国际性的业务。从再保险业务看，直接保险公司把超过自己承保能力以外的风险分保给国内外其他保险公司或再保险公司承担，往往一笔保险业务由若干不同国别的保险公司或再保险公司承保。另外，再保险经纪人或再保险公司为了招揽不同国家的业务，经常穿梭于世界各地，他们通过自身努力，把保险业联结为一个国际性的大市场。这些都充分说明再保险业务具有很强的国际性。

(2) 跨国公司保险需求的国际化推动着保险市场的国际化。随着经济全球化和贸易全球化的发展，世界经济日益成为一个不可分割的整体，与经济相伴随的风险也不再有国界。世界各国生产者由于风险的无国界化，迫切要求为之服务的保险业能在全世界为其服务。尤其是跨国公司，对保险国际化的要求更为迫切。母公司为了保障其外国分公司或子公司的财产、责任、员工生命的安全，往往愿意购买母公司所在国保险公司的保险产品。在这种形势下，高效的保险市场和金融市场的重要性就显得更为突出。为了满足跨国公司发展产生的保险需求，自 20 世纪 90 年代以来，发达国家的保险公司开始在新兴市场上大力拓展保险业务。

(3) 保险市场的国际化是各国保险业发展不平衡的必然结果。由于保险业的产生在各国有先有后，并且各国的经济环境、历史条件等影响保险业发展的因素各不相同，因此，保险业在各个国家的发展是不平衡的。发达国家的保险业起步早，人们的风险意识较强，因而保险业发展迅速，保险市场发展水平高，保险深入到人们生活的各个领域，成为社会生活中不可缺少的一个重要组成部分。而发展中国家的保险市场则由于起步较晚，国家经济水平落后且发展迟缓。美国、英国等保险业发达国家的保险经营者，在国内市场日趋饱和的情况下，纷纷把目光转向新兴市场。亚洲、拉美和中东欧市场的强劲增长恰好为全球性保险公司提供了一个占领新市场的绝佳机会，从而确保未来潜在利润以实现公司价值的不断增长。

(4) 《服务贸易总协定》/世界贸易组织为保险市场国际化提供了制度安排。《服务贸易总协定——全球金融服务贸易协议》是世界贸易组织多边贸易体制中具有里程碑意义的文件，全球 95%以上的金融资产都在这个协议的调整范围内，标志着金融服务成为《服务贸易总协定》的框架内诸多服务领域中自由化程度较高的一个领域。金融服务贸易总协议的签署，对保险市场自由化进行了规定，构造了保险市场国际化的制度框架，并成为保险市场国际化的制度依据。

另外，随着世界贸易组织的发展，保险国际化的速度也将大大加快，跨国保险公司在国外设立的分公司和子公司越来越多，来自海外的保险费收入也越来越多。跨国保险公司在全球的发展，对全球保险市场格局形成新的冲击力，影响着全球保险市场格局的变化与发展。各国保险产业发展政策对本国保险市场的形成与发展发挥作用的力量受到限制，本国保险业发展目标受到全球保险市场发展的制约。

2. 保险市场国际化的方式

(1) 投资外国保险市场。这是保险市场国际化的主流方式，通过在外国建立分公司或子公司的方式，向外国保险市场渗透。子公司不仅包括全资子公司，还包括合资公司。但是，由于世界各国保险市场开放程度不同，开放方式各异，因此，设立分公司或子公司的难易程度也不相同。有些国家限制外国保险公司的经营地域；有些国家虽然允许外国保险公司以建立合资公司的方式进入保险市场，不限制经营地域，但限制外国保险公司在合资公司中的参股比例。

(2) 开放本国保险市场。逐步开放本国保险市场，允许外国保险公司参与本国保险市场，实现国内保险市场经营主体的国际化和本国风险管理的国际化。在这种情况下，允许外国保险公司向本国保险业参股，以资本投资的方式向本国保险业渗透。

(3) 投资国外资本市场。保险公司将保险资金运用到外国资本市场，以分散投资风险，寻求投资收益。这种方式一般受本国保险法关于保险公司资金运用规定的限制。

(4) 再保险输出。采取向他国出售再保险保障的方式向该国保险市场渗透。这种方式，对于保险业发展相对落后、国内保险业总承保险能力和保险公司承保能力相对较小，以及国内保险公司合作精神较差的国家来说，具有较强的渗透力。由于再保险业务渗透能力取决于再保险公司的资本实力和技术实力，也就是再保险公司对风险的综合分析和处理能力，一般输出方向是由发达国家向发展中国家流动。所以，为了减弱发达国家再保险对本国保险市场的渗透能力，保护民族保险业的发展，一些发展中国家规定了法定再保险或要求保险公司优先向国内分保。

二、中国保险市场的对外开放

经济全球化是不可阻挡的世界潮流，经济全球化的最大好处是实现了世界资源的最优配置。全球化既是机遇，又是挑战。我国经济的发展，包括保险业的发展，必须积极融入到经济全球化中去，充分利用世界的资源和市场。全球化促使各国经济及其各个行业积极采取对外开放政策，这已经成为必然趋势。因此，开放保险市场是当代经济全球化的必然趋势，是我国对外开放的必然要求，更是我国加入世贸组织的必然选择。

2001 年 12 月 11 日，我国正式加入世界贸易组织(WTO)，这标志着我国对外开放进入了一个新的阶段。2004 年 12 月 11 日，按照入世协议，保险业的入世过渡期结束，中国保险业全面对外开放，我国保险业面临着新的发展机遇与挑战。

1. 中国保险市场对外开放的进程

改革开放以来,我国保险市场对外开放主要经历了以下四个阶段。

(1) 准备阶段(1980—1992 年)。开始允许一些境外保险公司在我国设立代表处,主要从事沟通母公司与中国内地保险业的联系,对中国内地保险市场进行考察调研。外资保险代表处为增进中外保险业的相互了解与合作发挥了积极作用,为外资保险公司下一步进入中国市场奠定了基础。

(2) 试点阶段(1992—2001 年)。选择上海作为第一个保险业对外开放城市。1992 年 7 月,中国人民银行颁布了《上海外资保险机构暂行管理办法》,对外资保险公司设立的条件、业务范围、资金运用以及对外资保险公司的监管等作出了较为明确的规定。1992 年 9 月,美国友邦保险公司成为第一家外资保险公司在上海设立分公司,标志着我国保险业开始实施对外开放。

(3) 过渡阶段(2001—2004 年)。2001 年年底,我国正式加入世贸组织,这标志着我国保险业对外开放进入了一个新的阶段。按照世贸组织原则和中国的入世承诺,国务院于 2001 年 12 月颁布了《外资保险公司管理条例》,为进一步扩大保险市场对外开放、加强对外资保险公司的管理提供了法律依据。2002 年,全国人大常委会通过了对《保险法》的修改,于 2003 年 1 月 1 日正式实施。同年,保监会清理了《保险公司管理规定》中与世贸原则和入世承诺不相符的有关条款,并对其进行了整体的修订和完善,以更好地适应入世后我国保险业发展的需要。

(4) 全面开放阶段(2004 年至今)。2004 年 12 月 11 日,保险业"入世"过渡期基本结束,标志着我国保险业进入全面对外开放的新时期。我国保险业对外资保险公司开放全部地域和除有关法定保险以外的全部保险业务。目前,除了外资在合资寿险公司中的股比不得超过 50%、外资产险公司不得经营有关法定保险业务以及对外资保险经纪股比和业务等若干限制外,保险业已按照加入世贸组织承诺基本实现全面对外开放。

2. 中国保险市场对外开放承诺的主要内容

根据《服务贸易总协定——全球金融服务贸易协议》,中国加入世界贸易组织后,保险业对外开放的承诺内容主要有以下几点。

1) 企业设立形式

- 中国在加入 WTO 时,允许外国非寿险公司在中国设立分公司或合资公司,合资公司外资股比可以达到 51%;中国加入后两年内,允许外国非寿险公司设立独资子公司,即没有企业设立形式限制。

- 加入时,允许外国寿险公司在中国设立合资公司,外资股比不超过 50%,外方可以自由选择合资伙伴。

- 合资企业投资方可以自由订立合资条款,只要其在减让表所作承诺范围内。

- 加入时，合资保险经纪公司外资股比可以达到50%；中国加入后三年内，外资股比不超过51%；加入后五年内，允许设立全资外资子公司。
- 随着地域限制的逐步取消，经批准，允许外资保险公司设立分支机构。内设分支机构不再适用首次设立的资格条件。

2) 地域限制

- 加入时，允许外国寿险公司、非寿险公司在上海、广州、大连、深圳、佛山提供服务；中国加入后两年内，允许外国寿险公司、非寿险公司在北京、成都、重庆、福州、苏州、厦门、宁波、沈阳、武汉和天津提供服务；中国加入后三年内，取消地域限制。

3) 业务范围

- 加入时，允许外国非寿险公司从事没有地域限制的"统括保单"和大型商业险保险；允许外国非寿险公司提供境外企业的非寿险服务、在中国外商投资企业的财产险、与之相关的责任险和信用险服务；中国加入后两年内，允许外国非寿险公司向中国和外国客户提供全面的非寿险服务。
- 允许外国寿险公司向外国公民和中国公民提供个人(非团体)寿险服务；中国加入后三年内，允许外国寿险公司向中国公民和外国公民提供健康险、团体险和养老金/年金险服务。
- 加入时，允许外国(再)保险公司以分公司、合资公司或独资子公司的形式提供寿险和非寿险的再保险业务，且没有地域限制或发放营业许可的数量限制。

4) 营业许可

- 加入时，营业许可的发放不设数量限制。申请设立外资保险机构的资格条件为：第一，投资者应为在WTO成员国超过30年经营历史的外国保险公司；第二，必须在中国设立代表处连续两年；第三，在提出申请前一年年末总资产不低于50亿美元。

5) 其他

(1) 关于大型商业险。

- 大型商业险的定义，是指对大型工商企业的保险。其标准为：中国入世时企业年保费超过80万元人民币，而且投资额超过2亿元；入世后一年，企业年保费超过60万元，而且投资额超过1.8亿元；入世后两年，企业年保费超过40万元，而且投资额超过1.5亿元。

(2) 关于法定保险的范围。

- 中国承诺，中外直接保险公司目前向中国再保险公司进行20%分保的比例，在中国加入WTO时不变，加入后一年降至15%；加入后两年降至10%；加入后三年降至5%；加入后四年取消比例法定保险。但是，外资保险公司不允许经营机动车辆第三者责任险、公共运输车辆和商业用车司机和承运人责任险等法定保险业务。

(3) 关于保险"统括保单"经纪业务。

- 将实行国民待遇。但是,外资保险经纪公司地域范围也应按照外资保险公司地域限制的过渡期逐步放开,即加入时在上海、广州、大连、深圳、佛山范围内办理业务;加入后两年,增加开放十个城市;加入后三年,无地域限制。
- 关于保险经纪公司申请资格,除上述 30 年经营历史和连续两年代表处要求外,对其资产规模要求:加入时,超过 5 亿美元;加入后一年内,超过 4 亿美元;加入后两年内,超过 3 亿美元;加入后四年内,超过 2 亿美元。

此外,中国政府根据《服务贸易总协定》,对保险服务中跨境交付等方式作出承诺为:

中国政府针对跨境交付,除国际海运、航空、货运险和再保险,以及大型商业险和再保险经纪业务外,不作承诺;针对境外消费,除保险经纪不作承诺外,其他未做限制;针对自然人流动,除跨行业的水平承诺(即包含保险行业在内的普遍承诺)外,对其他没有承诺。

3. 中国保险市场对外开放的策略

(1) 加强中资保险公司建设,提高其市场竞争力。与外资保险公司相比,中资保险公司在经营理念、产品创新、内部管理、经营技术等方面都存在差距,竞争优势明显不足。我们应该立足于长远发展,从加强公司治理结构、探索推进保险营销体制改革、提高技术创新水平、加强风险防范能力上着手,加快中资保险公司的建设和发展。

(2) 坚持"引进来"与"走出去"并重。一方面,有选择地引进优秀外资保险公司进入中国市场或成立中外合资保险公司,可以引入国外资金、先进的管理制度和技术人才,有助于国内保险公司改善公司治理结构、提高经营管理水平、增强业务发展和产品创新能力、提升承保能力和风险防范能力。另一方面,要鼓励"走出去"。鼓励民族保险业走出国门,设立海外保险机构,大力拓展海外保险市场,开展国际保险和再保险业务。对于有条件的中资保险公司鼓励其到国际资本市场上市,主动参与国际竞争。提高按国际规则办事的能力,在与国际化大公司的竞争中提高自身的经营管理水平,尽快缩短同西方发达国家保险业的差距。

(3) 有效引导外资保险公司的发展。我国保险市场在发展过程中呈现出区域和结构不平衡的发展局面。外资保险公司主要集中在北京、上海、深圳等先开放城市,中西部地区保险业发展较缓慢;部分保险产品竞争激烈,产品结构不合理。对于资金实力和产品开发能力都具有很大优势的外资保险公司,应引导其积极参与发展技术含量高、经营管理难度大的责任保险、信用保险、农业保险、再保险和新险种等保险业务。鼓励和支持外资保险公司在保险业发展相对落后的中西部地区设立机构,开展业务。

(4) 加强保险监管,有效防范对外开放风险。对中外资保险公司实施统一监管,健全防范化解风险的长效机制,创造公平竞争的环境,促进共同发展。严密监控国际保险市场动向,防止外资保险公司传导国际金融保险风险,维护我国的金融安全。

复习思考题

1. 什么是保险市场？其构成要素有哪些？
2. 保险市场有什么特征？
3. 分析保险市场的供求及其影响因素。
4. 分析比较相互保险公司与保险股份公司的差异及其各自的优势。
5. 分析保险市场国际化的原因及其方式，并对我国保险市场对外开放进行评价。

附录

附录一 中华人民共和国保险法

(1995 年 6 月 30 日第八届全国人民代表大会常务委员会第十四次会议通过，根据 2002 年 10 月 28 日第九届全国人民代表大会常务委员会第三十次会议《关于修改〈中华人民共和国保险法〉的决定》修正，2009 年 2 月 28 日第十一届全国人民代表大会常务委员会第七次会议修订，自 2009 年 10 月 1 日起施行。)

目 录

第一章 总 则

第一条 为了规范保险活动，保护保险活动当事人的合法权益，加强对保险业的监督管理，维护社会经济秩序和社会公共利益，促进保险事业的健康发展，制定本法。

第二条 本法所称保险，是指投保人根据合同约定，向保险人支付保险费，保险人对于合同约定的可能发生的事故因其发生所造成的财产损失承担赔偿保险金责任，或者当被保险人死亡、伤残、疾病或者达到合同约定的年龄、期限等条件时承担给付保险金责任的商业保险行为。

第三条 在中华人民共和国境内从事保险活动，适用本法。

第四条 从事保险活动必须遵守法律、行政法规，尊重社会公德，不得损害社会公共利益。

第五条 保险活动当事人行使权利、履行义务应当遵循诚实信用原则。

第六条 保险业务由依照本法设立的保险公司以及法律、行政法规规定的其他保险组织经营，其他单位和个人不得经营保险业务。

第七条 在中华人民共和国境内的法人和其他组织需要办理境内保险的，应当向中华人民共和国境内的保险公司投保。

第八条 保险业和银行业、证券业、信托业实行分业经营、分业管理，保险公司与银行、证券、信托业务机构分别设立。国家另有规定的除外。

第九条 国务院保险监督管理机构依法对保险业实施监督管理。

国务院保险监督管理机构根据履行职责的需要设立派出机构。派出机构按照国务院保险监督管理机构的授权履行监督管理职责。

第二章 保 险 合 同

第一节 一般规定

第十条 保险合同是投保人与保险人约定保险权利义务关系的协议。

投保人是指与保险人订立保险合同，并按照合同约定负有支付保险费义务的人。

保险人是指与投保人订立保险合同，并按照合同约定承担赔偿或者给付保险金责任的保险公司。

第十一条 订立保险合同，应当协商一致，遵循公平原则确定各方的权利和义务。

除法律、行政法规规定必须保险的外，保险合同自愿订立。

第十二条 人身保险的投保人在保险合同订立时，对被保险人应当具有保险利益。

财产保险的被保险人在保险事故发生时，对保险标的应当具有保险利益。

人身保险是以人的寿命和身体为保险标的的保险。

财产保险是以财产及其有关利益为保险标的的保险。

被保险人是指其财产或者人身受保险合同保障，享有保险金请求权的人。投保人可以为被保险人。

保险利益是指投保人或者被保险人对保险标的具有的法律上承认的利益。

第十三条 投保人提出保险要求，经保险人同意承保，保险合同成立。保险人应当及时向投保人签发保险单或者其他保险凭证。

保险单或者其他保险凭证应当载明当事人双方约定的合同内容。当事人也可以约定采用其他书面形式载明合同内容。

依法成立的保险合同，自成立时生效。投保人和保险人可以对合同的效力约定附条件或者附期限。

第十四条 保险合同成立后，投保人按照约定交付保险费，保险人按照约定的时间开始承担保险责任。

第十五条 除本法另有规定或者保险合同另有约定外，保险合同成立后，投保人可以解除合同，保险人不得解除合同。

第十六条 订立保险合同，保险人就保险标的或者被保险人的有关情况提出询问的，投保人应当如实告知。

投保人故意或者因重大过失未履行前款规定的如实告知义务，足以影响保险人决定是否同意承保或者提高保险费率的，保险人有权解除合同。

前款规定的合同解除权，自保险人知道有解除事由之日起，超过三十日不行使而消灭。自合同成立之日起超过两年的，保险人不得解除合同；发生保险事故的，保险人应当承担赔偿或者给付保险金的责任。

投保人故意不履行如实告知义务的，保险人对于合同解除前发生的保险事故，不承担赔偿或者给付保险金的责任，并不退还保险费。

投保人因重大过失未履行如实告知义务，对保险事故的发生有严重影响的，保险人对于合同解除前发生的保险事故，不承担赔偿或者给付保险金的责任，但应当退还保险费。

保险人在合同订立时已经知道投保人未如实告知的情况的，保险人不得解除合同；发生保险事故的，保险人应当承担赔偿或者给付保险金的责任。

保险事故是指保险合同约定的保险责任范围内的事故。

第十七条 订立保险合同，采用保险人提供的格式条款的，保险人向投保人提供的投保单应当附格式条款，保险人应当向投保人说明合同的内容。

对保险合同中免除保险人责任的条款，保险人在订立合同时应当在投保单、保险单或者其他保险凭证上作出足以引起投保人注意的提示，并对该条款的内容以书面或者口头形式向投保人作出明确说明；未作提示或者明确说明的，该条款不产生效力。

第十八条 保险合同应当包括下列事项：

(一)保险人的名称和住所；

(二)投保人、被保险人的姓名或者名称、住所，以及人身保险的受益人的姓名或者名称、住所；

(三)保险标的；

(四)保险责任和责任免除；

(五)保险期间和保险责任开始时间；

(六)保险金额；

(七)保险费以及支付办法；

(八)保险金赔偿或者给付办法；

(九)违约责任和争议处理；

(十)订立合同的年、月、日。

投保人和保险人可以约定与保险有关的其他事项。

受益人是指人身保险合同中由被保险人或者投保人指定的享有保险金请求权的人。投保人、被保险人可以为受益人。

保险金额是指保险人承担赔偿或者给付保险金责任的最高限额。

第十九条 采用保险人提供的格式条款订立的保险合同中的下列条款无效:

(一)免除保险人依法应承担的义务或者加重投保人、被保险人责任的;

(二)排除投保人、被保险人或者受益人依法享有的权利的。

第二十条 投保人和保险人可以协商变更合同内容。

变更保险合同的,应当由保险人在保险单或者其他保险凭证上批注或者附贴批单,或者由投保人和保险人订立变更的书面协议。

第二十一条 投保人、被保险人或者受益人知道保险事故发生后,应当及时通知保险人。故意或者因重大过失未及时通知,致使保险事故的性质、原因、损失程度等难以确定的,保险人对无法确定的部分,不承担赔偿或者给付保险金的责任,但保险人通过其他途径已经及时知道或者应当及时知道保险事故发生的除外。

第二十二条 保险事故发生后,按照保险合同请求保险人赔偿或者给付保险金时,投保人、被保险人或者受益人应当向保险人提供其所能提供的与确认保险事故的性质、原因、损失程度等有关的证明和资料。

保险人按照合同的约定,认为有关的证明和资料不完整的,应当及时一次性通知投保人、被保险人或者受益人补充提供。

第二十三条 保险人收到被保险人或者受益人的赔偿或者给付保险金的请求后,应当及时作出核定;情形复杂的,应当在三十日内作出核定,但合同另有约定的除外。保险人应当将核定结果通知被保险人或者受益人;对属于保险责任的,在与被保险人或者受益人达成赔偿或者给付保险金的协议后十日内,履行赔偿或者给付保险金义务。保险合同对赔偿或者给付保险金的期限有约定的,保险人应当按照约定履行赔偿或者给付保险金义务。

保险人未及时履行前款规定义务的,除支付保险金外,应当赔偿被保险人或者受益人因此受到的损失。

任何单位和个人不得非法干预保险人履行赔偿或者给付保险金的义务,也不得限制被保险人或者受益人取得保险金的权利。

第二十四条 保险人依照本法第二十三条的规定作出核定后,对不属于保险责任的,应当自作出核定之日起三日内向被保险人或者受益人发出拒绝赔偿或者拒绝给付保险金通知书,并说明理由。

第二十五条 保险人自收到赔偿或者给付保险金的请求和有关证明、资料之日起六十日内,对其赔偿或者给付保险金的数额不能确定的,应当根据已有证明和资料可以确定的数额先予支付;保险人最终确定赔偿或者给付保险金的数额后,应当支付相应的差额。

第二十六条 人寿保险以外的其他保险的被保险人或者受益人,向保险人请求赔偿或者给付保险金的诉讼时效期间为两年,自其知道或者应当知道保险事故发生之日起计算。

人寿保险的被保险人或者受益人向保险人请求给付保险金的诉讼时效期间为五年,自其知道或者应当知道保险事故发生之日起计算。

第二十七条 未发生保险事故，被保险人或者受益人谎称发生了保险事故，向保险人提出赔偿或者给付保险金请求的，保险人有权解除合同，并不退还保险费。

投保人、被保险人故意制造保险事故的，保险人有权解除合同，不承担赔偿或者给付保险金的责任；除本法第四十三条规定外，不退还保险费。

保险事故发生后，投保人、被保险人或者受益人以伪造、变造的有关证明、资料或者其他证据，编造虚假的事故原因或者夸大损失程度的，保险人对其虚报的部分不承担赔偿或者给付保险金的责任。

投保人、被保险人或者受益人有前三款规定行为之一，致使保险人支付保险金或者支出费用的，应当退回或者赔偿。

第二十八条 保险人将其承担的保险业务，以分保形式部分转移给其他保险人的，为再保险。

应再保险接受人的要求，再保险分出人应当将其自负责任及原保险的有关情况书面告知再保险接受人。

第二十九条 再保险接受人不得向原保险的投保人要求支付保险费。

原保险的被保险人或者受益人不得向再保险接受人提出赔偿或者给付保险金的请求。

再保险分出人不得以再保险接受人未履行再保险责任为由，拒绝履行或者迟延履行其原保险责任。

第三十条 采用保险人提供的格式条款订立的保险合同，保险人与投保人、被保险人或者受益人对合同条款有争议的，应当按照通常理解予以解释。对合同条款有两种以上解释的，人民法院或者仲裁机构应当作出有利于被保险人和受益人的解释。

第二节 人身保险合同

第三十一条 投保人对下列人员具有保险利益：

(一)本人；

(二)配偶、子女、父母；

(三)前项以外与投保人有抚养、赡养或者扶养关系的家庭其他成员、近亲属；

(四)与投保人有劳动关系的劳动者。

除前款规定外，被保险人同意投保人为其订立合同的，视为投保人对被保险人具有保险利益。

订立合同时，投保人对被保险人不具有保险利益的，合同无效。

第三十二条 投保人申报的被保险人年龄不真实，并且其真实年龄不符合合同约定的年龄限制的，保险人可以解除合同，并按照合同约定退还保险单的现金价值。保险人行使合同解除权，适用本法第十六条第三款、第六款的规定。

投保人申报的被保险人年龄不真实，致使投保人支付的保险费少于应付保险费的，保险人有权更正并要求投保人补交保险费，或者在给付保险金时按照实付保险费与应付保险费的比例支付。

投保人申报的被保险人年龄不真实，致使投保人支付的保险费多于应付保险费的，保险人应当将多收的保险费退还投保人。

第三十三条　投保人不得为无民事行为能力人投保以死亡为给付保险金条件的人身保险，保险人也不得承保。

父母为其未成年子女投保的人身保险，不受前款规定限制。但是，因被保险人死亡给付的保险金总和不得超过国务院保险监督管理机构规定的限额。

第三十四条　以死亡为给付保险金条件的合同，未经被保险人同意并认可保险金额的，合同无效。

按照以死亡为给付保险金条件的合同所签发的保险单，未经被保险人书面同意，不得转让或者质押。

父母为其未成年子女投保的人身保险，不受本条第一款规定限制。

第三十五条　投保人可以按照合同约定向保险人一次支付全部保险费或者分期支付保险费。

第三十六条　合同约定分期支付保险费，投保人支付首期保险费后，除合同另有约定外，投保人自保险人催告之日起超过三十日未支付当期保险费，或者超过约定的期限六十日未支付当期保险费的，合同效力中止，或者由保险人按照合同约定的条件减少保险金额。

被保险人在前款规定期限内发生保险事故的，保险人应当按照合同约定给付保险金，但可以扣减欠交的保险费。

第三十七条　合同效力依照本法第三十六条规定中止的，经保险人与投保人协商并达成协议，在投保人补交保险费后，合同效力恢复。但是，自合同效力中止之日起满二年双方未达成协议的，保险人有权解除合同。

保险人依照前款规定解除合同的，应当按照合同约定退还保险单的现金价值。

第三十八条　保险人对人寿保险的保险费，不得用诉讼方式要求投保人支付。

第三十九条　人身保险的受益人由被保险人或者投保人指定。

投保人指定受益人时须经被保险人同意。投保人为与其有劳动关系的劳动者投保人身保险，不得指定被保险人及其近亲属以外的人为受益人。

被保险人为无民事行为能力人或者限制民事行为能力人的，可以由其监护人指定受益人。

第四十条　被保险人或者投保人可以指定一人或者数人为受益人。

受益人为数人的，被保险人或者投保人可以确定受益顺序和受益份额；未确定受益份额的，受益人按照相等份额享有受益权。

第四十一条　被保险人或者投保人可以变更受益人并书面通知保险人。保险人收到变更受益人的书面通知后，应当在保险单或者其他保险凭证上批注或者附贴批单。

投保人变更受益人时须经被保险人同意。

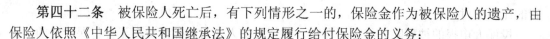

第四十二条　被保险人死亡后，有下列情形之一的，保险金作为被保险人的遗产，由保险人依照《中华人民共和国继承法》的规定履行给付保险金的义务：

(一)没有指定受益人，或者受益人指定不明无法确定的；

(二)受益人先于被保险人死亡，没有其他受益人的；

(三)受益人依法丧失受益权或者放弃受益权，没有其他受益人的。

受益人与被保险人在同一事件中死亡，且不能确定死亡先后顺序的，推定受益人死亡在先。

第四十三条　投保人故意造成被保险人死亡、伤残或者疾病的，保险人不承担给付保险金的责任。投保人已交足二年以上保险费的，保险人应当按照合同约定向其他权利人退还保险单的现金价值。

受益人故意造成被保险人死亡、伤残、疾病的，或者故意杀害被保险人未遂的，该受益人丧失受益权。

第四十四条　以被保险人死亡为给付保险金条件的合同，自合同成立或者合同效力恢复之日起二年内，被保险人自杀的，保险人不承担给付保险金的责任，但被保险人自杀时为无民事行为能力人的除外。

保险人依照前款规定不承担给付保险金责任的，应当按照合同约定退还保险单的现金价值。

第四十五条　因被保险人故意犯罪或者抗拒依法采取的刑事强制措施导致其伤残或者死亡的，保险人不承担给付保险金的责任。投保人已交足二年以上保险费的，保险人应当按照合同约定退还保险单的现金价值。

第四十六条　被保险人因第三者的行为而发生死亡、伤残或者疾病等保险事故的，保险人向被保险人或者受益人给付保险金后，不享有向第三者追偿的权利，但被保险人或者受益人仍有权向第三者请求赔偿。

第四十七条　投保人解除合同的，保险人应当自收到解除合同通知之日起三十日内，按照合同约定退还保险单的现金价值。

第三节　财产保险合同

第四十八条　保险事故发生时，被保险人对保险标的不具有保险利益的，不得向保险人请求赔偿保险金。

第四十九条　保险标的转让的，保险标的的受让人承继被保险人的权利和义务。

保险标的转让的，被保险人或者受让人应当及时通知保险人，但货物运输保险合同和另有约定的合同除外。

因保险标的的转让导致危险程度显著增加的，保险人自收到前款规定的通知之日起三十日内，可以按照合同约定增加保险费或者解除合同。保险人解除合同的，应当将已收取的保险费，按照合同约定扣除自保险责任开始之日起至合同解除之日止应收的部分后，退还投保人。

被保险人、受让人未履行本条第二款规定的通知义务的，因转让导致保险标的的危险程度显著增加而发生的保险事故，保险人不承担赔偿保险金的责任。

第五十条 货物运输保险合同和运输工具航程保险合同，保险责任开始后，合同当事人不得解除合同。

第五十一条 被保险人应当遵守国家有关消防、安全、生产操作、劳动保护等方面的规定，维护保险标的的安全。

保险人可以按照合同约定对保险标的的安全状况进行检查，及时向投保人、被保险人提出消除不安全因素和隐患的书面建议。

投保人、被保险人未按照约定履行其对保险标的的安全应尽责任的，保险人有权要求增加保险费或者解除合同。

保险人为维护保险标的的安全，经被保险人同意，可以采取安全预防措施。

第五十二条 在合同有效期内，保险标的的危险程度显著增加的，被保险人应当按照合同约定及时通知保险人，保险人可以按照合同约定增加保险费或者解除合同。保险人解除合同的，应当将已收取的保险费，按照合同约定扣除自保险责任开始之日起至合同解除之日止应收的部分后，退还投保人。

被保险人未履行前款规定的通知义务的，因保险标的的危险程度显著增加而发生的保险事故，保险人不承担赔偿保险金的责任。

第五十三条 有下列情形之一的，除合同另有约定外，保险人应当降低保险费，并按日计算退还相应的保险费：

(一)据以确定保险费率的有关情况发生变化，保险标的的危险程度明显减少的；

(二)保险标的的保险价值明显减少的。

第五十四条 保险责任开始前，投保人要求解除合同的，应当按照合同约定向保险人支付手续费，保险人应当退还保险费。保险责任开始后，投保人要求解除合同的，保险人应当将已收取的保险费，按照合同约定扣除自保险责任开始之日起至合同解除之日止应收的部分后，退还投保人。

第五十五条 投保人和保险人约定保险标的的保险价值并在合同中载明的，保险标的发生损失时，以约定的保险价值为赔偿计算标准。

投保人和保险人未约定保险标的的保险价值的，保险标的发生损失时，以保险事故发生时保险标的的实际价值为赔偿计算标准。

保险金额不得超过保险价值。超过保险价值的，超过部分无效，保险人应当退还相应的保险费。

保险金额低于保险价值的，除合同另有约定外，保险人按照保险金额与保险价值的比例承担赔偿保险金的责任。

第五十六条 重复保险的投保人应当将重复保险的有关情况通知各保险人。

重复保险的各保险人赔偿保险金的总和不得超过保险价值。除合同另有约定外，各保险人按照其保险金额与保险金额总和的比例承担赔偿保险金的责任。

重复保险的投保人可以就保险金额总和超过保险价值的部分，请求各保险人按比例返还保险费。

重复保险是指投保人对同一保险标的、同一保险利益、同一保险事故分别与两个以上保险人订立保险合同，且保险金额总和超过保险价值的保险。

第五十七条 保险事故发生时，被保险人应当尽力采取必要的措施，防止或者减少损失。

保险事故发生后，被保险人为防止或者减少保险标的的损失所支付的必要的、合理的费用，由保险人承担；保险人所承担的费用数额在保险标的损失赔偿金额以外另行计算，最高不超过保险金额的数额。

第五十八条 保险标的发生部分损失的，自保险人赔偿之日起三十日内，投保人可以解除合同；除合同另有约定外，保险人也可以解除合同，但应当提前十五日通知投保人。

合同解除的，保险人应当将保险标的的未受损失部分的保险费，按照合同约定扣除自保险责任开始之日起至合同解除之日止应收的部分后，退还投保人。

第五十九条 保险事故发生后，保险人已支付了全部保险金额，并且保险金额等于保险价值的，受损保险标的的全部权利归于保险人；保险金额低于保险价值的，保险人按照保险金额与保险价值的比例取得受损保险标的的部分权利。

第六十条 因第三者对保险标的的损害而造成保险事故的，保险人自向被保险人赔偿保险金之日起，在赔偿金额范围内代位行使被保险人对第三者请求赔偿的权利。

前款规定的保险事故发生后，被保险人已经从第三者取得损害赔偿的，保险人赔偿保险金时，可以相应扣减被保险人从第三者已取得的赔偿金额。

保险人依照本条第一款规定行使代位请求赔偿的权利，不影响被保险人就未取得赔偿的部分向第三者请求赔偿的权利。

第六十一条 保险事故发生后，保险人未赔偿保险金之前，被保险人放弃对第三者请求赔偿的权利的，保险人不承担赔偿保险金的责任。

保险人向被保险人赔偿保险金后，被保险人未经保险人同意放弃对第三者请求赔偿的权利的，该行为无效。

被保险人故意或者因重大过失致使保险人不能行使代位请求赔偿的权利的，保险人可以扣减或者要求返还相应的保险金。

第六十二条 除被保险人的家庭成员或者其组成人员故意造成本法第六十条第一款规定的保险事故外，保险人不得对被保险人的家庭成员或者其组成人员行使代位请求赔偿的权利。

第六十三条 保险人向第三者行使代位请求赔偿的权利时，被保险人应当向保险人提供必要的文件和所知道的有关情况。

第六十四条 保险人、被保险人为查明和确定保险事故的性质、原因和保险标的的损失程度所支付的必要的、合理的费用，由保险人承担。

第六十五条 保险人对责任保险的被保险人给第三者造成的损害，可以依照法律的规定或者合同的约定，直接向该第三者赔偿保险金。

责任保险的被保险人给第三者造成损害，被保险人对第三者应负的赔偿责任确定的，根据被保险人的请求，保险人应当直接向该第三者赔偿保险金。被保险人怠于请求的，第三者有权就其应获赔偿部分直接向保险人请求赔偿保险金。

责任保险的被保险人给第三者造成损害，被保险人未向该第三者赔偿的，保险人不得向被保险人赔偿保险金。

责任保险是指以被保险人对第三者依法应负的赔偿责任为保险标的的保险。

第六十六条 责任保险的被保险人因给第三者造成损害的保险事故而被提起仲裁或者诉讼的，被保险人支付的仲裁或者诉讼费用以及其他必要的、合理的费用，除合同另有约定外，由保险人承担。

第三章 保 险 公 司

第六十七条 设立保险公司应当经国务院保险监督管理机构批准。

国务院保险监督管理机构审查保险公司的设立申请时，应当考虑保险业的发展和公平竞争的需要。

第六十八条 设立保险公司应当具备下列条件：

(一)主要股东具有持续盈利能力，信誉良好，最近三年内无重大违法违规记录，净资产不低于人民币二亿元；

(二)有符合本法和《中华人民共和国公司法》规定的章程；

(三)有符合本法规定的注册资本；

(四)有具备任职专业知识和业务工作经验的董事、监事和高级管理人员；

(五)有健全的组织机构和管理制度；

(六)有符合要求的营业场所和与经营业务有关的其他设施；

(七)法律、行政法规和国务院保险监督管理机构规定的其他条件。

第六十九条 设立保险公司，其注册资本的最低限额为人民币二亿元。

国务院保险监督管理机构根据保险公司的业务范围、经营规模，可以调整其注册资本的最低限额，但不得低于本条第一款规定的限额。

保险公司的注册资本必须为实缴货币资本。

第七十条 申请设立保险公司，应当向国务院保险监督管理机构提出书面申请，并提交下列材料：

(一)设立申请书，申请书应当载明拟设立的保险公司的名称、注册资本、业务范围等；

(二)可行性研究报告；

(三)筹建方案；

(四)投资人的营业执照或者其他背景资料，经会计师事务所审计的上一年度财务会计报告；

(五)投资人认可的筹备组负责人和拟任董事长、经理名单及本人认可证明；

(六)国务院保险监督管理机构规定的其他材料。

第七十一条　国务院保险监督管理机构应当对设立保险公司的申请进行审查，自受理之日起六个月内作出批准或者不批准筹建的决定，并书面通知申请人。决定不批准的，应当书面说明理由。

第七十二条　申请人应当自收到批准筹建通知之日起一年内完成筹建工作；筹建期间不得从事保险经营活动。

第七十三条　筹建工作完成后，申请人具备本法第六十八条规定的设立条件的，可以向国务院保险监督管理机构提出开业申请。

国务院保险监督管理机构应当自受理开业申请之日起六十日内，作出批准或者不批准开业的决定。决定批准的，颁发经营保险业务许可证；决定不批准的，应当书面通知申请人并说明理由。

第七十四条　保险公司在中华人民共和国境内设立分支机构，应当经保险监督管理机构批准。

保险公司分支机构不具有法人资格，其民事责任由保险公司承担。

第七十五条　保险公司申请设立分支机构，应当向保险监督管理机构提出书面申请，并提交下列材料：

(一)设立申请书；

(二)拟设机构三年业务发展规划和市场分析材料；

(三)拟任高级管理人员的简历及相关证明材料；

(四)国务院保险监督管理机构规定的其他材料。

第七十六条　保险监督管理机构应当对保险公司设立分支机构的申请进行审查，自受理之日起六十日内作出批准或者不批准的决定。决定批准的，颁发分支机构经营保险业务许可证；决定不批准的，应当书面通知申请人并说明理由。

第七十七条　经批准设立的保险公司及其分支机构，凭经营保险业务许可证向工商行政管理机关办理登记，领取营业执照。

第七十八条　保险公司及其分支机构自取得经营保险业务许可证之日起六个月内，无正当理由未向工商行政管理机关办理登记的，其经营保险业务许可证失效。

第七十九条　保险公司在中华人民共和国境外设立子公司、分支机构、代表机构，应当经国务院保险监督管理机构批准。

第八十条　外国保险机构在中华人民共和国境内设立代表机构，应当经国务院保险监督管理机构批准。代表机构不得从事保险经营活动。

第八十一条　保险公司的董事、监事和高级管理人员，应当品行良好，熟悉与保险相关的法律、行政法规，具有履行职责所需的经营管理能力，并在任职前取得保险监督管理机构核准的任职资格。

保险公司高级管理人员的范围由国务院保险监督管理机构规定。

第八十二条 有《中华人民共和国公司法》第一百四十七条规定的情形或者下列情形之一的，不得担任保险公司的董事、监事、高级管理人员：

(一)因违法行为或者违纪行为被金融监督管理机构取消任职资格的金融机构的董事、监事、高级管理人员，自被取消任职资格之日起未逾五年的；

(二)因违法行为或者违纪行为被吊销执业资格的律师、注册会计师或者资产评估机构、验证机构等机构的专业人员，自被吊销执业资格之日起未逾五年的。

第八十三条 保险公司的董事、监事、高级管理人员执行公司职务时违反法律、行政法规或者公司章程的规定，给公司造成损失的，应当承担赔偿责任。

第八十四条 保险公司有下列情形之一的，应当经保险监督管理机构批准：

(一)变更名称；

(二)变更注册资本；

(三)变更公司或者分支机构的营业场所；

(四)撤销分支机构；

(五)公司分立或者合并；

(六)修改公司章程；

(七)变更出资额占有限责任公司资本总额百分之五以上的股东，或者变更持有股份有限公司股份百分之五以上的股东；

(八)国务院保险监督管理机构规定的其他情形。

第八十五条 保险公司应当聘用经国务院保险监督管理机构认可的精算专业人员，建立精算报告制度。

保险公司应当聘用专业人员，建立合规报告制度。

第八十六条 保险公司应当按照保险监督管理机构的规定，报送有关报告、报表、文件和资料。

保险公司的偿付能力报告、财务会计报告、精算报告、合规报告及其他有关报告、报表、文件和资料必须如实记录保险业务事项，不得有虚假记载、误导性陈述和重大遗漏。

第八十七条 保险公司应当按照国务院保险监督管理机构的规定妥善保管业务经营活动的完整账簿、原始凭证和有关资料。

前款规定的账簿、原始凭证和有关资料的保管期限，自保险合同终止之日起计算，保险期间在一年以下的不得少于五年，保险期间超过一年的不得少于十年。

第八十八条 保险公司聘请或者解聘会计师事务所、资产评估机构、资信评级机构等中介服务机构，应当向保险监督管理机构报告；解聘会计师事务所、资产评估机构、资信评级机构等中介服务机构，应当说明理由。

第八十九条　保险公司因分立、合并需要解散，或者股东会、股东大会决议解散，或者公司章程规定的解散事由出现，经国务院保险监督管理机构批准后解散。

经营有人寿保险业务的保险公司，除因分立、合并或者被依法撤销外，不得解散。

保险公司解散，应当依法成立清算组进行清算。

第九十条　保险公司有《中华人民共和国企业破产法》第二条规定情形的，经国务院保险监督管理机构同意，保险公司或者其债权人可以依法向人民法院申请重整、和解或者破产清算；国务院保险监督管理机构也可以依法向人民法院申请对该保险公司进行重整或者破产清算。

第九十一条　破产财产在优先清偿破产费用和共益债务后，按照下列顺序清偿：

(一)所欠职工工资和医疗、伤残补助、抚恤费用，所欠应当划入职工个人账户的基本养老保险、基本医疗保险费用，以及法律、行政法规规定应当支付给职工的补偿金；

(二)赔偿或者给付保险金；

(三)保险公司欠缴的除第(一)项规定以外的社会保险费用和所欠税款；

(四)普通破产债权。

破产财产不足以清偿同一顺序的清偿要求的，按照比例分配。

破产保险公司的董事、监事和高级管理人员的工资，按照该公司职工的平均工资计算。

第九十二条　经营有人寿保险业务的保险公司被依法撤销或者被依法宣告破产的，其持有的人寿保险合同及责任准备金，必须转让给其他经营有人寿保险业务的保险公司；不能同其他保险公司达成转让协议的，由国务院保险监督管理机构指定经营有人寿保险业务的保险公司接受转让。

转让或者由国务院保险监督管理机构指定接受转让前款规定的人寿保险合同及责任准备金的，应当维护被保险人、受益人的合法权益。

第九十三条　保险公司依法终止其业务活动，应当注销其经营保险业务许可证。

第九十四条　保险公司，除本法另有规定外，适用《中华人民共和国公司法》的规定。

第四章　保险经营规则

第九十五条　保险公司的业务范围：

(一)人身保险业务，包括人寿保险、健康保险、意外伤害保险等保险业务；

(二)财产保险业务，包括财产损失保险、责任保险、信用保险、保证保险等保险业务；

(三)国务院保险监督管理机构批准的与保险有关的其他业务。

保险人不得兼营人身保险业务和财产保险业务。但是，经营财产保险业务的保险公司经国务院保险监督管理机构批准，可以经营短期健康保险业务和意外伤害保险业务。

保险公司应当在国务院保险监督管理机构依法批准的业务范围内从事保险经营活动。

第九十六条　经国务院保险监督管理机构批准，保险公司可以经营本法第九十五条规定的保险业务的下列再保险业务：

(一)分出保险;

(二)分入保险。

第九十七条 保险公司应当按照其注册资本总额的百分之二十提取保证金,存入国务院保险监督管理机构指定的银行,除公司清算时用于清偿债务外,不得动用。

第九十八条 保险公司应当根据保障被保险人利益、保证偿付能力的原则,提取各项责任准备金。

保险公司提取和结转责任准备金的具体办法,由国务院保险监督管理机构制定。

第九十九条 保险公司应当依法提取公积金。

第一百条 保险公司应当缴纳保险保障基金。

保险保障基金应当集中管理,并在下列情形下统筹使用:

(一)在保险公司被撤销或者被宣告破产时,向投保人、被保险人或者受益人提供救济;

(二)在保险公司被撤销或者被宣告破产时,向依法接受其人寿保险合同的保险公司提供救济;

(三)国务院规定的其他情形。

保险保障基金筹集、管理和使用的具体办法,由国务院制定。

第一百零一条 保险公司应当具有与其业务规模和风险程度相适应的最低偿付能力。保险公司的认可资产减去认可负债的差额不得低于国务院保险监督管理机构规定的数额;低于规定数额的,应当按照国务院保险监督管理机构的要求采取相应措施达到规定的数额。

第一百零二条 经营财产保险业务的保险公司当年自留保险费,不得超过其实有资本金加公积金总和的四倍。

第一百零三条 保险公司对每一危险单位,即对一次保险事故可能造成的最大损失范围所承担的责任,不得超过其实有资本金加公积金总和的百分之十;超过的部分应当办理再保险。

保险公司对危险单位的划分应当符合国务院保险监督管理机构的规定。

第一百零四条 保险公司对危险单位的划分方法和巨灾风险安排方案,应当报国务院保险监督管理机构备案。

第一百零五条 保险公司应当按照国务院保险监督管理机构的规定办理再保险,并审慎选择再保险接受人。

第一百零六条 保险公司的资金运用必须稳健,遵循安全性原则。

保险公司的资金运用限于下列形式:

(一)银行存款;

(二)买卖债券、股票、证券投资基金份额等有价证券;

(三)投资不动产;

(四)国务院规定的其他资金运用形式。

保险公司资金运用的具体管理办法,由国务院保险监督管理机构依照前两款的规定制定。

第一百零七条 经国务院保险监督管理机构会同国务院证券监督管理机构批准，保险公司可以设立保险资产管理公司。

保险资产管理公司从事证券投资活动，应当遵守《中华人民共和国证券法》等法律、行政法规的规定。

保险资产管理公司的管理办法，由国务院保险监督管理机构会同国务院有关部门制定。

第一百零八条 保险公司应当按照国务院保险监督管理机构的规定，建立对关联交易的管理和信息披露制度。

第一百零九条 保险公司的控股股东、实际控制人、董事、监事、高级管理人员不得利用关联交易损害公司的利益。

第一百一十条 保险公司应当按照国务院保险监督管理机构的规定，真实、准确、完整地披露财务会计报告、风险管理状况、保险产品经营情况等重大事项。

第一百一十一条 保险公司从事保险销售的人员应当符合国务院保险监督管理机构规定的资格条件，取得保险监督管理机构颁发的资格证书。

前款规定的保险销售人员的范围和管理办法，由国务院保险监督管理机构规定。

第一百一十二条 保险公司应当建立保险代理人登记管理制度，加强对保险代理人的培训和管理，不得唆使、诱导保险代理人进行违背诚信义务的活动。

第一百一十三条 保险公司及其分支机构应当依法使用经营保险业务许可证，不得转让、出租、出借经营保险业务许可证。

第一百一十四条 保险公司应当按照国务院保险监督管理机构的规定，公平、合理拟订保险条款和保险费率，不得损害投保人、被保险人和受益人的合法权益。

保险公司应当按照合同约定和本法规定，及时履行赔偿或者给付保险金义务。

第一百一十五条 保险公司开展业务，应当遵循公平竞争的原则，不得从事不正当竞争。

第一百一十六条 保险公司及其工作人员在保险业务活动中不得有下列行为：

(一)欺骗投保人、被保险人或者受益人；

(二)对投保人隐瞒与保险合同有关的重要情况；

(三)阻碍投保人履行本法规定的如实告知义务，或者诱导其不履行本法规定的如实告知义务；

(四)给予或者承诺给予投保人、被保险人、受益人保险合同约定以外的保险费回扣或者其他利益；

(五)拒不依法履行保险合同约定的赔偿或者给付保险金义务；

(六)故意编造未曾发生的保险事故、虚构保险合同或者故意夸大已经发生的保险事故的损失程度进行虚假理赔，骗取保险金或者牟取其他不正当利益；

(七)挪用、截留、侵占保险费；

(八)委托未取得合法资格的机构或者个人从事保险销售活动；

(九)利用开展保险业务为其他机构或者个人牟取不正当利益；

(十)利用保险代理人、保险经纪人或者保险评估机构，从事以虚构保险中介业务或者编造退保等方式套取费用等违法活动；

(十一)以捏造、散布虚假事实等方式损害竞争对手的商业信誉，或者以其他不正当竞争行为扰乱保险市场秩序；

(十二)泄露在业务活动中知悉的投保人、被保险人的商业秘密；

(十三)违反法律、行政法规和国务院保险监督管理机构规定的其他行为。

第五章　保险代理人和保险经纪人

第一百一十七条　保险代理人是根据保险人的委托，向保险人收取佣金，并在保险人授权的范围内代为办理保险业务的机构或者个人。

保险代理机构包括专门从事保险代理业务的保险专业代理机构和兼营保险代理业务的保险兼业代理机构。

第一百一十八条　保险经纪人是基于投保人的利益，为投保人与保险人订立保险合同提供中介服务，并依法收取佣金的机构。

第一百一十九条　保险代理机构、保险经纪人应当具备国务院保险监督管理机构规定的条件，取得保险监督管理机构颁发的经营保险代理业务许可证、保险经纪业务许可证。

保险专业代理机构、保险经纪人凭保险监督管理机构颁发的许可证向工商行政管理机关办理登记，领取营业执照。

保险兼业代理机构凭保险监督管理机构颁发的许可证，向工商行政管理机关办理变更登记。

第一百二十条　以公司形式设立保险专业代理机构、保险经纪人，其注册资本最低限额适用《中华人民共和国公司法》的规定。

国务院保险监督管理机构根据保险专业代理机构、保险经纪人的业务范围和经营规模，可以调整其注册资本的最低限额，但不得低于《中华人民共和国公司法》规定的限额。

保险专业代理机构、保险经纪人的注册资本或者出资额必须为实缴货币资本。

第一百二十一条　保险专业代理机构、保险经纪人的高级管理人员，应当品行良好，熟悉保险法律、行政法规，具有履行职责所需的经营管理能力，并在任职前取得保险监督管理机构核准的任职资格。

第一百二十二条　个人保险代理人、保险代理机构的代理从业人员、保险经纪人的经纪从业人员，应当具备国务院保险监督管理机构规定的资格条件，取得保险监督管理机构颁发的资格证书。

第一百二十三条　保险代理机构、保险经纪人应当有自己的经营场所，设立专门账簿记载保险代理业务、经纪业务的收支情况。

第一百二十四条　保险代理机构、保险经纪人应当按照国务院保险监督管理机构的规定缴存保证金或者投保职业责任保险。未经保险监督管理机构批准，保险代理机构、保险经纪人不得动用保证金。

第一百二十五条　个人保险代理人在代为办理人寿保险业务时，不得同时接受两个以上保险人的委托。

第一百二十六条　保险人委托保险代理人代为办理保险业务，应当与保险代理人签订委托代理协议，依法约定双方的权利和义务。

第一百二十七条　保险代理人根据保险人的授权代为办理保险业务的行为，由保险人承担责任。

保险代理人没有代理权、超越代理权或者代理权终止后以保险人名义订立合同，使投保人有理由相信其有代理权的，该代理行为有效。保险人可以依法追究越权的保险代理人的责任。

第一百二十八条　保险经纪人因过错给投保人、被保险人造成损失的，依法承担赔偿责任。

第一百二十九条　保险活动当事人可以委托保险公估机构等依法设立的独立评估机构或者具有相关专业知识的人员，对保险事故进行评估和鉴定。

接受委托对保险事故进行评估和鉴定的机构和人员，应当依法、独立、客观、公正地进行评估和鉴定，任何单位和个人不得干涉。

前款规定的机构和人员，因故意或者过失给保险人或者被保险人造成损失的，依法承担赔偿责任。

第一百三十条　保险佣金只限于向具有合法资格的保险代理人、保险经纪人支付，不得向其他人支付。

第一百三十一条　保险代理人、保险经纪人及其从业人员在办理保险业务活动中不得有下列行为：

(一)欺骗保险人、投保人、被保险人或者受益人；

(二)隐瞒与保险合同有关的重要情况；

(三)阻碍投保人履行本法规定的如实告知义务，或者诱导其不履行本法规定的如实告知义务；

(四)给予或者承诺给予投保人、被保险人或者受益人保险合同约定以外的利益；

(五)利用行政权力、职务或者职业便利以及其他不正当手段强迫、引诱或者限制投保人订立保险合同；

(六)伪造、擅自变更保险合同，或者为保险合同当事人提供虚假证明材料；

(七)挪用、截留、侵占保险费或者保险金；

(八)利用业务便利为其他机构或者个人牟取不正当利益；

(九)串通投保人、被保险人或者受益人，骗取保险金；

(十)泄露在业务活动中知悉的保险人、投保人、被保险人的商业秘密。

第一百三十二条 保险专业代理机构、保险经纪人分立、合并、变更组织形式、设立分支机构或者解散的，应当经保险监督管理机构批准。

第一百三十三条 本法第八十六条第一款、第一百一十三条的规定，适用于保险代理机构和保险经纪人。

第六章 保险业监督管理

第一百三十四条 保险监督管理机构依照本法和国务院规定的职责，遵循依法、公开、公正的原则，对保险业实施监督管理，维护保险市场秩序，保护投保人、被保险人和受益人的合法权益。

第一百三十五条 国务院保险监督管理机构依照法律、行政法规制定并发布有关保险业监督管理的规章。

第一百三十六条 关系社会公众利益的保险险种、依法实行强制保险的险种和新开发的人寿保险险种等的保险条款和保险费率，应当报国务院保险监督管理机构批准。国务院保险监督管理机构审批时，应当遵循保护社会公众利益和防止不正当竞争的原则。其他保险险种的保险条款和保险费率，应当报保险监督管理机构备案。

保险条款和保险费率审批、备案的具体办法，由国务院保险监督管理机构依照前款规定制定。

第一百三十七条 保险公司使用的保险条款和保险费率违反法律、行政法规或者国务院保险监督管理机构的有关规定的，由保险监督管理机构责令停止使用，限期修改；情节严重的，可以在一定期限内禁止申报新的保险条款和保险费率。

第一百三十八条 国务院保险监督管理机构应当建立健全保险公司偿付能力监管体系，对保险公司的偿付能力实施监控。

第一百三十九条 对偿付能力不足的保险公司，国务院保险监督管理机构应当将其列为重点监管对象，并可以根据具体情况采取下列措施：

(一)责令增加资本金、办理再保险；

(二)限制业务范围；

(三)限制向股东分红；

(四)限制固定资产购置或者经营费用规模；

(五)限制资金运用的形式、比例；

(六)限制增设分支机构；

(七)责令拍卖不良资产、转让保险业务；

(八)限制董事、监事、高级管理人员的薪酬水平；

(九)限制商业性广告；

(十)责令停止接受新业务。

第一百四十条　保险公司未依照本法规定提取或者结转各项责任准备金，或者未依照本法规定办理再保险，或者严重违反本法关于资金运用的规定的，由保险监督管理机构责令限期改正，并可以责令调整负责人及有关管理人员。

第一百四十一条　保险监督管理机构依照本法第一百四十条的规定作出限期改正的决定后，保险公司逾期未改正的，国务院保险监督管理机构可以决定选派保险专业人员和指定该保险公司的有关人员组成整顿组，对公司进行整顿。

整顿决定应当载明被整顿公司的名称、整顿理由、整顿组成员和整顿期限，并予以公告。

第一百四十二条　整顿组有权监督被整顿保险公司的日常业务。被整顿公司的负责人及有关管理人员应当在整顿组的监督下行使职权。

第一百四十三条　整顿过程中，被整顿保险公司的原有业务继续进行。但是，国务院保险监督管理机构可以责令被整顿公司停止部分原有业务、停止接受新业务，调整资金运用。

第一百四十四条　被整顿保险公司经整顿已纠正其违反本法规定的行为，恢复正常经营状况的，由整顿组提出报告，经国务院保险监督管理机构批准，结束整顿，并由国务院保险监督管理机构予以公告。

第一百四十五条　保险公司有下列情形之一的，国务院保险监督管理机构可以对其实行接管：

(一)公司的偿付能力严重不足的；

(二)违反本法规定，损害社会公共利益，可能严重危及或者已经严重危及公司的偿付能力的。

被接管的保险公司的债权债务关系不因接管而变化。

第一百四十六条　接管组的组成和接管的实施办法，由国务院保险监督管理机构决定，并予以公告。

第一百四十七条　接管期限届满，国务院保险监督管理机构可以决定延长接管期限，但接管期限最长不得超过二年。

第一百四十八条　接管期限届满，被接管的保险公司已恢复正常经营能力的，由国务院保险监督管理机构决定终止接管，并予以公告。

第一百四十九条　被整顿、被接管的保险公司有《中华人民共和国企业破产法》第二条规定情形的，国务院保险监督管理机构可以依法向人民法院申请对该保险公司进行重整或者破产清算。

第一百五十条　保险公司因违法经营被依法吊销经营保险业务许可证的，或者偿付能力低于国务院保险监督管理机构规定标准，不予撤销将严重危害保险市场秩序、损害公共利益的，由国务院保险监督管理机构予以撤销并公告，依法及时组织清算组进行清算。

第一百五十一条　国务院保险监督管理机构有权要求保险公司股东、实际控制人在指定的期限内提供有关信息和资料。

第一百五十二条 保险公司的股东利用关联交易严重损害公司利益，危及公司偿付能力的，由国务院保险监督管理机构责令改正。在按照要求改正前，国务院保险监督管理机构可以限制其股东权利；拒不改正的，可以责令其转让所持的保险公司股权。

第一百五十三条 保险监督管理机构根据履行监督管理职责的需要，可以与保险公司董事、监事和高级管理人员进行监督管理谈话，要求其就公司的业务活动和风险管理的重大事项作出说明。

第一百五十四条 保险公司在整顿、接管、撤销清算期间，或者出现重大风险时，国务院保险监督管理机构可以对该公司直接负责的董事、监事、高级管理人员和其他直接责任人员采取以下措施：

(一)通知出境管理机关依法阻止其出境；

(二)申请司法机关禁止其转移、转让或者以其他方式处分财产，或者在财产上设定其他权利。

第一百五十五条 保险监督管理机构依法履行职责，可以采取下列措施：

(一)对保险公司、保险代理人、保险经纪人、保险资产管理公司、外国保险机构的代表机构进行现场检查；

(二)进入涉嫌违法行为发生场所调查取证；

(三)询问当事人及与被调查事件有关的单位和个人，要求其对与被调查事件有关的事项作出说明；

(四)查阅、复制与被调查事件有关的财产权登记等资料；

(五)查阅、复制保险公司、保险代理人、保险经纪人、保险资产管理公司、外国保险机构的代表机构以及与被调查事件有关的单位和个人的财务会计资料及其他相关文件和资料；对可能被转移、隐匿或者毁损的文件和资料予以封存；

(六)查询涉嫌违法经营的保险公司、保险代理人、保险经纪人、保险资产管理公司、外国保险机构的代表机构以及与涉嫌违法事项有关的单位和个人的银行账户；

(七)对有证据证明已经或者可能转移、隐匿违法资金等涉案财产或者隐匿、伪造、毁损重要证据的，经保险监督管理机构主要负责人批准，申请人民法院予以冻结或者查封。

保险监督管理机构采取前款第(一)项、第(二)项、第(五)项措施的，应当经保险监督管理机构负责人批准；采取第(六)项措施的，应当经国务院保险监督管理机构负责人批准。

保险监督管理机构依法进行监督检查或者调查，其监督检查、调查的人员不得少于二人，并应当出示合法证件和监督检查、调查通知书；监督检查、调查的人员少于二人或者未出示合法证件和监督检查、调查通知书的，被检查、调查的单位和个人有权拒绝。

第一百五十六条 保险监督管理机构依法履行职责，被检查、调查的单位和个人应当配合。

第一百五十七条 保险监督管理机构工作人员应当忠于职守，依法办事，公正廉洁，不得利用职务便利牟取不正当利益,不得泄露所知悉的有关单位和个人的商业秘密。

第一百五十八条　国务院保险监督管理机构应当与中国人民银行、国务院其他金融监督管理机构建立监督管理信息共享机制。

保险监督管理机构依法履行职责,进行监督检查、调查时,有关部门应当予以配合。

第七章　法　律　责　任

第一百五十九条　违反本法规定,擅自设立保险公司、保险资产管理公司或者非法经营商业保险业务的,由保险监督管理机构予以取缔,没收违法所得,并处违法所得一倍以上五倍以下的罚款;没有违法所得或者违法所得不足二十万元的,处二十万元以上一百万元以下的罚款。

第一百六十条　违反本法规定,擅自设立保险专业代理机构、保险经纪人,或者未取得经营保险代理业务许可证、保险经纪业务许可证从事保险代理业务、保险经纪业务的,由保险监督管理机构予以取缔,没收违法所得,并处违法所得一倍以上五倍以下的罚款;没有违法所得或者违法所得不足五万元的,处五万元以上三十万元以下的罚款。

第一百六十一条　保险公司违反本法规定,超出批准的业务范围经营的,由保险监督管理机构责令限期改正,没收违法所得,并处违法所得一倍以上五倍以下的罚款;没有违法所得或者违法所得不足十万元的,处十万元以上五十万元以下的罚款。逾期不改正或者造成严重后果的,责令停业整顿或者吊销业务许可证。

第一百六十二条　保险公司有本法第一百一十六条规定行为之一的,由保险监督管理机构责令改正,处五万元以上三十万元以下的罚款;情节严重的,限制其业务范围、责令停止接受新业务或者吊销业务许可证。

第一百六十三条　保险公司违反本法第八十四条规定的,由保险监督管理机构责令改正,处一万元以上十万元以下的罚款。

第一百六十四条　保险公司违反本法规定,有下列行为之一的,由保险监督管理机构责令改正,处五万元以上三十万元以下的罚款:

(一)超额承保,情节严重的;

(二)为无民事行为能力人承保以死亡为给付保险金条件的保险的。

第一百六十五条　违反本法规定,有下列行为之一的,由保险监督管理机构责令改正,处五万元以上三十万元以下的罚款;情节严重的,可以限制其业务范围、责令停止接受新业务或者吊销业务许可证:

(一)未按照规定提存保证金或者违反规定动用保证金的;

(二)未按照规定提取或者结转各项责任准备金的;

(三)未按照规定缴纳保险保障基金或者提取公积金的;

(四)未按照规定办理再保险的;

(五)未按照规定运用保险公司资金的;

(六)未经批准设立分支机构或者代表机构的;

(七)未按照规定申请批准保险条款、保险费率的。

第一百六十六条 保险代理机构、保险经纪人有本法第一百三十一条规定行为之一的,由保险监督管理机构责令改正,处五万元以上三十万元以下的罚款;情节严重的,吊销业务许可证。

第一百六十七条 保险代理机构、保险经纪人违反本法规定,有下列行为之一的,由保险监督管理机构责令改正,处二万元以上十万元以下的罚款;情节严重的,责令停业整顿或者吊销业务许可证:

(一)未按照规定缴存保证金或者投保职业责任保险的;

(二)未按照规定设立专门账簿记载业务收支情况的。

第一百六十八条 保险专业代理机构、保险经纪人违反本法规定,未经批准设立分支机构或者变更组织形式的,由保险监督管理机构责令改正,处一万元以上五万元以下的罚款。

第一百六十九条 违反本法规定,聘任不具有任职资格、从业资格的人员的,由保险监督管理机构责令改正,处二万元以上十万元以下的罚款。

第一百七十条 违反本法规定,转让、出租、出借业务许可证的,由保险监督管理机构处一万元以上十万元以下的罚款;情节严重的,责令停业整顿或者吊销业务许可证。

第一百七十一条 违反本法规定,有下列行为之一的,由保险监督管理机构责令限期改正;逾期不改正的,处一万元以上十万元以下的罚款:

(一)未按照规定报送或者保管报告、报表、文件、资料的,或者未按照规定提供有关信息、资料的;

(二)未按照规定报送保险条款、保险费率备案的;

(三)未按照规定披露信息的。

第一百七十二条 违反本法规定,有下列行为之一的,由保险监督管理机构责令改正,处十万元以上五十万元以下的罚款;情节严重的,可以限制其业务范围、责令停止接受新业务或者吊销业务许可证:

(一)编制或者提供虚假的报告、报表、文件、资料的;

(二)拒绝或者妨碍依法监督检查的;

(三)未按照规定使用经批准或者备案的保险条款、保险费率的。

第一百七十三条 保险公司、保险资产管理公司、保险专业代理机构、保险经纪人违反本法规定的,保险监督管理机构除分别依照本法第一百六十一条至第一百七十二条的规定对该单位给予处罚外,对其直接负责的主管人员和其他直接责任人员给予警告,并处一万元以上十万元以下的罚款;情节严重的,撤销任职资格或者从业资格。

第一百七十四条 个人保险代理人违反本法规定的,由保险监督管理机构给予警告,可以并处二万元以下的罚款;情节严重的,处二万元以上十万元以下的罚款,并可以吊销其资格证书。

未取得合法资格的人员从事个人保险代理活动的，由保险监督管理机构给予警告，可以并处二万元以下的罚款；情节严重的，处二万元以上十万元以下的罚款。

第一百七十五条 外国保险机构未经国务院保险监督管理机构批准，擅自在中华人民共和国境内设立代表机构的，由国务院保险监督管理机构予以取缔，处五万元以上三十万元以下的罚款。

外国保险机构在中华人民共和国境内设立的代表机构从事保险经营活动的，由保险监督管理机构责令改正，没收违法所得，并处违法所得一倍以上五倍以下的罚款；没有违法所得或者违法所得不足二十万元的，处二十万元以上一百万元以下的罚款；对其首席代表可以责令撤换；情节严重的，撤销其代表机构。

第一百七十六条 投保人、被保险人或者受益人有下列行为之一，进行保险诈骗活动，尚不构成犯罪的，依法给予行政处罚：

(一)投保人故意虚构保险标的，骗取保险金的；

(二)编造未曾发生的保险事故，或者编造虚假的事故原因或者夸大损失程度，骗取保险金的；

(三)故意造成保险事故，骗取保险金的。

保险事故的鉴定人、评估人、证明人故意提供虚假的证明文件，为投保人、被保险人或者受益人进行保险诈骗提供条件的，依照前款规定给予处罚。

第一百七十七条 违反本法规定，给他人造成损害的，依法承担民事责任。

第一百七十八条 拒绝、阻碍保险监督管理机构及其工作人员依法行使监督检查、调查职权，未使用暴力、威胁方法的，依法给予治安管理处罚。

第一百七十九条 违反法律、行政法规的规定，情节严重的，国务院保险监督管理机构可以禁止有关责任人员一定期限直至终身进入保险业。

第一百八十条 保险监督管理机构从事监督管理工作的人员有下列情形之一的，依法给予处分：

(一)违反规定批准机构的设立的；

(二)违反规定进行保险条款、保险费率审批的；

(三)违反规定进行现场检查的；

(四)违反规定查询账户或者冻结资金的；

(五)泄露其知悉的有关单位和个人的商业秘密的；

(六)违反规定实施行政处罚的；

(七)滥用职权、玩忽职守的其他行为。

第一百八十一条 违反本法规定，构成犯罪的，依法追究刑事责任。

第八章 附 则

第一百八十二条 保险公司应当加入保险行业协会。保险代理人、保险经纪人、保险公估机构可以加入保险行业协会。

保险行业协会是保险业的自律性组织，是社会团体法人。

第一百八十三条 保险公司以外的其他依法设立的保险组织经营的商业保险业务，适用本法。

第一百八十四条 海上保险适用《中华人民共和国海商法》的有关规定；《中华人民共和国海商法》未规定的，适用本法的有关规定。

第一百八十五条 中外合资保险公司、外资独资保险公司、外国保险公司分公司适用本法规定；法律、行政法规另有规定的，适用其规定。

第一百八十六条 国家支持发展为农业生产服务的保险事业。农业保险由法律、行政法规另行规定。

强制保险，法律、行政法规另有规定的，适用其规定。

第一百八十七条 本法自 2009 年 10 月 1 日起施行。

附录二 中国人寿保险公司国寿千禧理财 两全保险(分红型)条款

(中国保险监督管理委员会备案号：012000010)

第一条 保险合同构成

国寿千禧理财两全保险(分红型)合同(以下简称本合同)由保险单及所附条款、声明、批注、批单以及与本合同有关的投保单、复效申请书、健康声明书和其他书面协议共同构成。

第二条 投保范围

凡出生满三十日以上、六十五周岁以下，身体健康者均可作为被保险人，由本人或对其具有保险利益的人作为投保人向中国人寿保险公司(以下简称本公司)投保本保险。

第三条 保险责任开始

本合同自本公司同意承保、收取首期保险费并签发保险单的次日开始生效。除另有约定外，本合同生效的日期为本公司开始承担保险责任的日期。

第四条 保险期间

本合同的保险期间为本合同生效之日起至被保险人身故时止。

第五条 保险责任

在本合同有效期间内，本公司负以下保险责任：

一、被保险人于本合同生效之日起，生存至每三周年的生效对应日，本公司按保险单载明的保险金额的5%给付生存保险金。

二、被保险人身故，本公司按下列规定给付身故保险金，本合同终止。

被保险人在交费期间内身故：身故保险金=保险单载明的保险金额×{1+0.05×(保单年度-1)}；

被保险人在交费期满后身故：身故保险金=保险单载明的保险金额×(1+0.05×交费年数)。

第六条 红利事项

在本合同有效期内，在符合保险监管部门规定的前提下，本公司每年根据上一会计年度分红保险业务的实际经营状况确定红利分配方案。如果本公司决定本合同有红利分配，则该红利将分配给投保人。

投保人在投保时可选择以下任何一种红利处理方式：

一、现金领取；

二、累积生息：红利保留在本公司以复利方式累积生息，红利累积利率每年由本公司宣布。

若投保人在投保时没有选定红利处理方式，本公司按累积生息方式办理。

第七条 责任免除

因下列情形导致被保险人身故，本公司不负保险责任：

一、投保人或受益人对被保险人的故意行为；

二、被保险人故意犯罪、拒捕；

三、被保险人服用、吸食或注射毒品；

四、被保险人在本合同生效(或复效)之日起二年内自杀；

五、被保险人酒后驾驶、无有效驾驶执照驾驶，或驾驶无有效行驶证的机动交通工具；

六、被保险人感染艾滋病病毒(HIV 呈阳性)或患艾滋病(AIDS)期间；

七、被保险人在本合同生效(或复效)之日起一百八十日内因疾病身故；

八、战争、军事行动、暴乱或武装叛乱；

九、核爆炸、核辐射或核污染及由此引起的疾病。

无论上述何种情形发生，本合同终止。投保人已交足二年以上保险费的，本公司退还本合同现金价值；投保人未交足二年保险费的，本公司在扣除手续费后，退还保险费。

第八条 保险费

保险费的交付方式分为年交、半年交和月交，保险费的交费期间分为十年交、二十年交和三十年交，由投保人在投保时选择。

第九条 首期后保险费的交付、宽限期间及合同效力中止

首期后的分期保险费应按照如下规定向本公司交付：

一、年交保险费的交付日期为本合同每年的生效对应日；

二、半年交保险费的交付日期为本合同每半年的生效对应日；

三、月交保险费的交付日期为本合同每月的生效对应日。

投保人如未按上述规定日期交付保险费的，自次日起六十日为宽限期间；在宽限期间内发生保险事故，本公司仍负保险责任；超过宽限期间仍未交付保险费的，本合同效力自宽限期间届满的次日起中止。本合同在效力中止期间不享有本公司红利的分配。

第十条 合同效力恢复

在本合同效力中止之日起二年内，投保人可填写复效申请书，并提供被保险人的健康声明书或本公司指定或认可的医疗机构出具的体检报告书，申请恢复合同效力，经本公司审核同意，自投保人补交所欠的保险费及利息、借款及利息的次日起，本合同效力恢复。

自本合同效力中止之日起二年内双方未达成协议的，本公司有权解除本合同。投保人已交足二年以上保险费的，本公司退还本合同现金价值；投保人未交足二年保险费的，本公司在扣除手续费后，退还保险费。

第十一条 如实告知

订立本合同时，本公司应向投保人明确说明本合同的条款内容，特别是责任免除条款，并可以就投保人、被保险人的有关情况提出书面询问，投保人应当如实告知。恢复本合同效力时，投保人应如实告知被保险人当时的健康状况。

投保人故意隐瞒事实，不履行如实告知义务的，或因过失未履行如实告知义务，足以影响本公司决定是否同意承保或者提高保险费率的，本公司有权解除本合同。

投保人故意不履行如实告知义务的，本公司对本合同解除前发生的保险事故，不承担给付保险金的责任，并不退还保险费。投保人因过失未履行如实告知义务，对保险事故的发生有严重影响的，本公司对本合同解除前发生的保险事故，不承担给付保险金的责任，但可以退还保险费。

第十二条 受益人的指定和变更

被保险人或投保人可指定一人或数人为身故保险金受益人。受益人为数人的，可以确定受益顺序和受益份额；未确定受益份额的，受益人按照相等份额享有受益权。

被保险人或投保人可以变更身故保险金受益人，但需书面通知本公司，经本公司在保险单上批注后方能生效。

投保人指定或变更身故保险金受益人时须经被保险人书面同意。

生存保险金的受益人为被保险人本人，本公司不受理其他指定和变更。

第十三条 保险事故通知

投保人、被保险人或受益人应于知悉保险事故发生之日起十日内以书面形式通知本公司，否则，投保人或受益人应承担由于通知迟延致使本公司增加的查勘、调查费用，但因不可抗力导致迟延的除外。

第十四条 保险金的申请

一、在本合同有效期内被保险人身故的，由受益人作为申请人，填写保险金给付申请书，并提交下列证明、资料：

1. 保险合同及最近一次保险费的交费凭证；

2. 受益人的户籍证明与身份证件；

3. 公安部门或县级以上(含县级)医院出具的被保险人死亡证明书；

4. 被保险人的户籍注销证明；

5. 本公司要求提供的与确认保险事故的性质、原因等相关的证明、资料。

二、在本合同有效期内，被保险人生存至每三周年的生效对应日，由被保险人作为申请人，填写保险金给付申请书，并提交下列证明、资料：

1. 保险合同及最近一次保险费的交费凭证；

2. 被保险人的户籍证明与身份证件。

三、本公司收到申请人的保险金给付申请书及上述证明、资料后，对核定属于保险责任的，本公司在与申请人达成有关给付保险金协议后十日内，履行给付保险金的义务；对不属于保险责任的，本公司向申请人发出拒绝给付保险金通知书。

四、被保险人或受益人对本公司请求给付保险金的权利自其知道保险事故发生之日起五年不行使而消灭。

第十五条 借款

在本合同有效期内，如果本合同当时已经具有现金价值，投保人可以书面形式向本公司申请借款，但最高借款金额不得超过本合同当时的现金价值扣除欠交保险费、借款及利息后余额的百分之七十，且每次借款期限不得超过六个月。

借款及利息应在借款期限届满日偿还。未能按期偿还的，则所有利息将被并入原借款金额中，视同重新借款。

当本合同当时的现金价值不足以抵偿欠交的保险费、借款及利息时，本合同效力中止。

第十六条 欠款扣除

本公司在给付保险金、派发红利、退还本合同现金价值或保险费时，如投保人有欠交保险费或保险单借款未还清者，本公司有权先扣除欠款及其应付利息。

第十七条 合同内容变更

在本合同有效期内，投保人可填写变更申请书提出变更本合同的有关内容，经本公司审核同意后，由本公司出具批单，或与投保人订立变更的书面协议。

第十八条 住所或通讯地址变更

投保人的住所或通讯地址变更时，应及时以书面形式通知本公司。投保人未以书面形式通知的，本公司按所知最后的投保人住所或通讯地址发送有关通知。

第十九条 年龄计算及错误处理

被保险人的投保年龄按周岁计算。投保人应在投保本保险时将被保险人的真实年龄在投保单上填明，如果发生错误，本公司按照下列规定办理。

一、投保人申报的被保险人年龄不真实，并且其真实年龄不符合本合同约定的年龄限制的，本公司可以解除本合同，并在扣除手续费后向投保人退还保险费，但是自本合同生效之日起逾二年的除外。

二、投保人申报的被保险人年龄不真实，致使投保人实付保险费少于应付保险费的，本公司有权更正并要求投保人补交保险费及利息，或在给付保险金时按照实付保险费与应付保险费的比例给付。

三、投保人申报的被保险人年龄不真实，致使投保人实付保险费多于应付保险费的，本公司应将多收的保险费无息退还投保人。

四、如果因申报的被保险人年龄不真实导致红利分配不足，本公司将不予任何补偿；如果实际分配的红利超过根据其真实年龄所应分配的红利，本公司有权追回超额部分的红利。

第二十条　投保人解除合同的处理

本合同成立后，投保人可以要求解除本合同。投保人要求解除本合同时，应填写解除合同申请书，并提交保险合同、最近一次保险费交费凭证和投保人的户籍证明与身份证件。

本合同自本公司接到解除合同申请书时终止。投保人于签收保险单后十日内要求解除合同的，本公司退还已收全部保险费，但经本公司体检的，应扣除体检费。投保人已交足二年以上保险费的，本公司退还本合同现金价值；投保人未交足二年保险费的，本公司扣除手续费后退还保险费。

第二十一条　争议处理

本合同争议的解决方式，由当事人在合同中约定从下列两种方式中选择一种：

一、因履行本合同发生的争议，由当事人协商解决，协商不成的，提交仲裁委员会仲裁；

二、因履行本合同发生的争议，由当事人协商解决，协商不成的，依法向保险单签发地有管辖权的人民法院提起诉讼。

第二十二条　释义

本条款有关名词释义如下。

生效对应日：生效日每年(或半年、月)的对应日为本合同每年(或半年、月)的生效对应日。

会计年度：自公历一月一日起至十二月三十一日止。

艾滋病：是指获得性免疫缺陷综合征(AIDS)。

艾滋病病毒：是指人类免疫缺陷病毒(HIV)。获得性免疫缺陷综合征的定义应按世界卫生组织制定的定义为准，如在血清学检验中 HIV 抗体呈阳性，则可认定为感染艾滋病病毒或患艾滋病。

不可抗力：是指不能预见、不能避免并不能克服的客观情况。

利息：是指补交保险费或借款的利息，按补交保险费或借款的数额、经过日数和利率依复利方式计算。利率由本公司每年度公布一次。

手续费：是指每张保险单平均承担的营业费用、佣金以及本公司对该保险单已承担的保险责任所收取的费用总和。

附录三 中国太平洋保险公司太平盛世——长发两全保险(万能型)条款

第一条 保险合同的构成

本保险合同由保险单及所附条款、投保单、合法有效的声明、体检报告书、批注、附贴批单及其他有关书面文件构成。

第二条 投保范围

一、投保人:

凡年满18周岁,具有完全民事行为能力且对被保险人具有保险利益的人,均可作为投保人投保本保险。

二、被保险人:

凡16至64周岁,身体健康,能正常劳动或工作的人,均可作为本保险的被保险人。

第三条 保险责任

在合同约定有效期内,保险人对被保险人负下列保险责任:

一、 满期给付:

被保险人生存至保险期满,保险人给付满期保险金,金额为满期日被保险人个人账户余额的全数,本合同终止。

二、身故或全残保障:

(一)被保险人在本合同生效 180 天内因疾病身故或全残,保险人给付身故或全残保险金,给付金额为即时保险金额的10%与保险事故发生日个人账户余额之和,本合同终止。

(二)被保险人因意外伤害身故或全残,或者于合同生效 180 天后因疾病身故或全残,保险人给付身故或全残保险金,给付金额为即时保险金额与保险事故发生日个人账户余额之和,本合同终止。

第四条 责任免除

因下列情形之一,导致被保险人身故或全残的,保险人不负给付保险金责任:

一、投保人、受益人对被保险人的故意杀害、伤害;

二、被保险人违法、故意犯罪或拒捕,故意自伤、醉酒、斗殴;

三、被保险人服用、吸食或注射毒品;

四、被保险人在本合同成立之日起 2 年内自杀;

五、被保险人无证驾驶、酒后驾驶及驾驶无行驶证的机动交通工具;

六、艾滋病或感染艾滋病病毒期间所患疾病;

七、因意外伤害、自然灾害事故以外的原因失踪而被法院宣告死亡的;

八、战争、军事行动、暴乱或武装叛乱;

九、核爆炸、核辐射或核污染。

发生第一项情形时，本合同终止，保险人不退还保险费或现金价值，但保单生效满二年且合同约定有其他受益人的，保险人向其他受益人退还保险单的现金价值。发生其余各项情形时，保险人将退还保险单的现金价值，本合同终止。

第五条　保险期间

本合同为定期保险，保险期间分 10 年、15 年、20 年、25 年、至被保险人 55 周岁、至被保险人 60 周岁和至被保险人 65 周岁 7 种，供投保时选定。

本合同的保险责任自保险人同意承保并收到首期保险费的次日零时开始，至本合同列明的终止性保险事件发生时止。保险人签发保险单作为保险凭证。

第六条　保险金额和保险费

一、保险人与投保人在投保时约定保险金额，最低为人民币 10 000 元。

二、在保险期满日之前，投保人可约定定期或不定期、定额或不定额地缴纳保险费，每次缴费最少为人民币 1 000 元。

三、经保险人审核同意，投保人可申请增加保险金额，但必须经被保险人书面同意；投保人可申请减少保险金额，但减少后的保险金额最低以人民币 10 000 元为限；保险金额的调整必须以人民币 1 000 元为最小调整单位，每年仅限一次。

四、本保险的保障费用标准视被保险人的性别、年龄而定(详见保障费用表)。

第七条　被保险人账户

保险人为被保险人建立个人账户，第一次缴费在扣除手续费、当季管理费用和当季保障费用(包括附加保险的保障费用)后计入个人账户，本合同生效后的续缴保险费在扣除手续费后计入个人账户。本合同承诺最低保证利率为结算日当日中国人民银行颁布的两年期居民定期储蓄存款利率(年利率均转换为日利率，下同)，每年 3 月 31 日、6 月 30 日、9 月 30 日和 12 月 31 为被保险人个人账户的结算日，保险人对被保险人上季个人账户余额，与本季计入个人账户的保险费，按此结算日的结算利率和经过天数累积，并在扣除下季管理费用和下季保障费用后计算该个人账户余额，直至该个人账户撤销，本合同终止。被保险人在结算日前任一日期账户余额为其上一结算日的账户余额按上一结算日的结算利率累积到该日的本利和及本季所缴保险费扣除手续费后按上一结算日的结算利率累积到该日的本利和之和。

本合同生效满 2 年，投保人可向保险人申请提取部分个人账户余额(每年仅限 1 次)，每次最低以人民币 100 元为限，最高以不超过上个结算日个人账户余额的 50% 为限，被保险人一次领取账户余额在 10 000 元以上的，需有二到七天的预约期。若个人账户余额不足以支付其一年的保障费用，保险人不允许提取部分个人账户余额。投保人要求提取部分个人账户余额时须填写提取部分个人账户余额申请书，并凭本合同、最后一次缴费凭证、个人账户余额对账单和申请人的户籍证明或身份证明办理。

若被保险人的账户余额不足以支付下季的管理费用及保障费用时，应续缴保险费。从该日起 30 日内保险人仍承担保险责任，但在给付保险金时扣除当季保障费用的不足部分。30 日后若被保险人未及时续缴，其个人账户自动撤销，本合同终止。

保险人在每年一月份向投保人或被保险人寄送上一年度个人账户余额对账单，以通报其账户余额和过去一年的保险金额、手续费、管理费用、保障费用、续缴保险费和提取金额等情况。

附录四　中国人民财产保险股份有限公司
财产＿险(2009 版)投保单

投保单号码：

尊敬的投保人：在您填写本投保单前请先详细阅读《中国人民财产保险股份有限公司财产＿险保险条款》，阅读条款时请您特别注意条款中的保险责任、责任免除、投保人被保险人义务、赔偿处理等内容并听取保险人就条款(包括前述需特别注意的内容)所作的说明。

投保人	单位名称				
	通讯地址			邮编：	
	组织机构代码	联系人		联系电话	
被保险人	单位名称				
	通讯地址			邮编：	
	组织机构代码	联系人		联系电话	
行业类别：		行业代码：			
保险标的地址个数：共　个，详见《财产＿＿险(2009 版)投保标的项目清单》					
保险标的地址：			邮编：		
被保险人资产及营业额状况					
注册资本：		总资产：		上一年度实际营业额：	
投保主险险种：□基本险　□综合险　□一切险					
有关保险标的投保信息，详见《财产＿险(2009 版)投保标的项目清单》；有关附加险条款投保信息，请见《财产＿险(2009 版)附加险条款投保清单》。上述投保清单为本投保单的组成部分。					
除另有约定本保险合同的每次事故免赔额为＿＿元，或损失金额的＿＿%，二者以高者为准。					

是否有其他有关保险合同：□有 □无 如有，请说明标的项目、保险金额、免赔额、保险公司名称以及其他相关信息：	

是否为续保合同	□是 □否
总保险金额：人民币(大写)：	(小写)：
保险期间：月，自 年 月 日零时起至 年 月 日二十四时止	
总保险费：	人民币(大写)： (小写)：
保险费交付时间： 年 月 日	
保险合同争议解决方式：□诉讼□提交___仲裁委员会仲裁	
特别约定：	

投保人声明	保险人已向本人提供并详细介绍了《中国人民财产保险股份有限公司财产__险条款(2009 版)》及其附加险条款(若投保附加险)内容，并对其中免除保险人责任的条款(包括但不限于责任免除、投保人被保险人义务、赔偿处理、其他事项等)，以及本保险合同中付费约定和特别约定的内容向本人做了明确说明，本人已充分理解并接受上述内容，同意以此作为订立保险合同的依据，自愿投保本保险。 投保人签章： 年 月 日

(以下公司内部作业栏，客户无须填写)		
初 审 情 况	业务来源： □直接业务□ 个人代理 □专业代理□ 兼业代理 □经纪人 □ 网上业务 代理(经纪)人名称： 业务员签字： 年 月 日	核 保 意 见
		核保人签字： 年 月 日

中国人民财产保险股份有限公司
财产＿＿险(2009 版)投保标的项目清单

本清单为财产＿＿＿险(2009 版)投保单的有效组成部分。

投保单号码：　　共　页　第　页

1. 保险标的地址：　　　　　　　　　　　　　　　　　　　　　　邮编：

2. 保险标的地址内被保险人所从事的生产经营活动的简要描述：

＿

＿

国民经济行业分类代码：＿＿＿＿＿＿＿(此信息由保险人填写)

3. 保险标的项目投保信息

序号	保险标的名称	单　位	数　量	保险金额/赔偿限额	以何种方式确定保险价值	备注
1						
2						
3						
4						
5						
6						
7						
8						
9						
10						
11						
12						
13						

注：投保标的为特约标的时，请在备注栏中注明"特约"字样。

投保人(盖章)

年　月　日

附录五　机动车交通事故责任强制保险条款

特别提示：为充分保障您的权益，请您仔细阅读本条款。机动车交通事故责任强制保险向您提供的是因交通事故造成的对受害人损害赔偿责任风险的基本保障。每辆机动车只需投保一份机动车交通事故责任强制保险，请不要重复投保。

在投保本保险后，您可以投保其他机动车保险。

机动车交通事故责任强制保险条款

总　　则

第一条　根据《中华人民共和国道路交通安全法》、《中华人民共和国保险法》、《机动车交通事故责任强制保险条例》等法律、行政法规，制定本条款。

第二条　机动车交通事故责任强制保险(以下简称交强险)合同由本条款与投保单、保险单、批单和特别约定共同组成。凡与交强险合同有关的约定，都应当采用书面形式。

第三条　交强险费率实行与被保险机动车道路交通安全违法行为、交通事故记录相联系的浮动机制。

签订交强险合同时，投保人应当一次支付全部保险费。保险费按照中国保险监督管理委员会(以下简称保监会)批准的交强险费率计算。

定　　义

第四条　交强险合同中的被保险人是指投保人及其允许的合法驾驶人。

投保人是指与保险人订立交强险合同，并按照合同负有支付保险费义务的机动车的所有人、管理人。

第五条　交强险合同中的受害人是指因被保险机动车发生交通事故遭受人身伤亡或者财产损失的人，但不包括被保险机动车本车车上人员、被保险人。

第六条　交强险合同中的责任限额是指被保险机动车发生交通事故，保险人对每次保险事故所有受害人的人身伤亡和财产损失所承担的最高赔偿金额。责任限额分为死亡伤残赔偿限额、医疗费用赔偿限额、财产损失赔偿限额以及被保险人在道路交通事故中无责任的赔偿限额。其中无责任的赔偿限额分为无责任死亡伤残赔偿限额、无责任医疗费用赔偿限额以及无责任财产损失赔偿限额。

第七条　交强险合同中的抢救费用是指被保险机动车发生交通事故导致受害人受伤时，医疗机构对生命体征不平稳和虽然生命体征平稳但如果不采取处理措施会产生生命危险，或者导致残疾、器官功能障碍，或者导致病程明显延长的受害人，参照国务院卫生主管部门组织制定的交通事故人员创伤临床诊疗指南和国家基本医疗保险标准，采取必要的处理措施所发生的医疗费用。

保 险 责 任

第八条 在中华人民共和国境内(不含港、澳、台地区),被保险人在使用被保险机动车过程中发生交通事故,致使受害人遭受人身伤亡或者财产损失,依法应当由被保险人承担的损害赔偿责任,保险人按照交强险合同的约定对每次事故在下列赔偿限额内负责赔偿:

(一)死亡伤残赔偿限额为 110 000 元;

(二)医疗费用赔偿限额为 10 000 元;

(三)财产损失赔偿限额为 2 000 元;

(四)被保险人无责任时,无责任死亡伤残赔偿限额为 11 000 元;无责任医疗费用赔偿限额为 1 000 元;无责任财产损失赔偿限额为 100 元。

死亡伤残赔偿限额和无责任死亡伤残赔偿限额项下负责赔偿丧葬费、死亡补偿费、受害人亲属办理丧葬事宜支出的交通费用、残疾赔偿金、残疾辅助器具费、护理费、康复费、交通费、被扶养人生活费、住宿费、误工费,被保险人依照法院判决或者调解承担的精神损害抚慰金。

医疗费用赔偿限额和无责任医疗费用赔偿限额项下负责赔偿医药费、诊疗费、住院费、住院伙食补助费,必要的、合理的后续治疗费、整容费、营养费。

垫付与追偿

第九条 被保险机动车在本条(一)至(四)之一的情形下发生交通事故,造成受害人受伤需要抢救的,保险人在接到公安机关交通管理部门的书面通知和医疗机构出具的抢救费用清单后,按照国务院卫生主管部门组织制定的交通事故人员创伤临床诊疗指南和国家基本医疗保险标准进行核实。对于符合规定的抢救费用,保险人在医疗费用赔偿限额内垫付。被保险人在交通事故中无责任的,保险人在无责任医疗费用赔偿限额内垫付。对于其他损失和费用,保险人不负责垫付和赔偿。

(一)驾驶人未取得驾驶资格的;

(二)驾驶人醉酒的;

(三)被保险机动车被盗抢期间肇事的;

(四)被保险人故意制造交通事故的。

对于垫付的抢救费用,保险人有权向致害人追偿。

责 任 免 除

第十条 下列损失和费用,交强险不负责赔偿和垫付:

(一)因受害人故意造成的交通事故的损失;

(二)被保险人所有的财产及被保险机动车上的财产遭受的损失;

(三)被保险机动车发生交通事故,致使受害人停业、停驶、停电、停水、停气、停产、通讯或者网络中断、数据丢失、电压变化等造成的损失以及受害人财产因市场价格变动造成的贬值、修理后因价值降低造成的损失等其他各种间接损失；

(四)因交通事故产生的仲裁或者诉讼费用以及其他相关费用。

保 险 期 间

第十一条 除国家法律、行政法规另有规定外，交强险合同的保险期间为一年，以保险单载明的起止时间为准。

投保人、被保险人义务

第十二条 投保人投保时，应当如实填写投保单，向保险人如实告知重要事项，并提供被保险机动车的行驶证和驾驶证复印件。重要事项包括机动车的种类、厂牌型号、识别代码、号牌号码、使用性质和机动车所有人或者管理人的姓名(名称)、性别、年龄、住所、身份证或者驾驶证号码(组织机构代码)、续保前该机动车发生事故的情况以及保监会规定的其他事项。

投保人未如实告知重要事项，对保险费计算有影响的，保险人按照保单年度重新核定保险费计收。

第十三条 签订交强险合同时，投保人不得在保险条款和保险费率之外，向保险人提出附加其他条件的要求。

第十四条 投保人续保的，应当提供被保险机动车上一年度交强险的保险单。

第十五条 在保险合同有效期内，被保险机动车因改装、加装、使用性质改变等导致危险程度增加的，被保险人应当及时通知保险人，并办理批改手续。否则，保险人按照保单年度重新核定保险费计收。

第十六条 被保险机动车发生交通事故，被保险人应当及时采取合理、必要的施救和保护措施，并在事故发生后及时通知保险人。

第十七条 发生保险事故后，被保险人应当积极协助保险人进行现场查勘和事故调查。

发生与保险赔偿有关的仲裁或者诉讼时，被保险人应当及时书面通知保险人。

赔 偿 处 理

第十八条 被保险机动车发生交通事故的，由被保险人向保险人申请赔偿保险金。被保险人索赔时，应当向保险人提供以下材料：

(一)交强险的保险单；

(二)被保险人出具的索赔申请书；

(三)被保险人和受害人的有效身份证明、被保险机动车行驶证和驾驶人的驾驶证；

(四)公安机关交通管理部门出具的事故证明，或者人民法院等机构出具的有关法律文书及其他证明；

(五)被保险人根据有关法律法规规定选择自行协商方式处理交通事故的，应当提供依

照《交通事故处理程序规定》规定的记录交通事故情况的协议书;

(六)受害人财产损失程度证明、人身伤残程度证明、相关医疗证明以及有关损失清单和费用单据;

(七)其他与确认保险事故的性质、原因、损失程度等有关的证明和资料。

第十九条 保险事故发生后,保险人按照国家有关法律法规规定的赔偿范围、项目和标准以及交强险合同的约定,并根据国务院卫生主管部门组织制定的交通事故人员创伤临床诊疗指南和国家基本医疗保险标准,在交强险的责任限额内核定人身伤亡的赔偿金额。

第二十条 因保险事故造成受害人人身伤亡的,未经保险人书面同意,被保险人自行承诺或支付的赔偿金额,保险人在交强险责任限额内有权重新核定。

因保险事故损坏的受害人财产需要修理的,被保险人应当在修理前会同保险人检验,协商确定修理或者更换项目、方式和费用。否则,保险人在交强险责任限额内有权重新核定。

第二十一条 被保险机动车发生涉及受害人受伤的交通事故,因抢救受害人需要保险人支付抢救费用的,保险人在接到公安机关交通管理部门的书面通知和医疗机构出具的抢救费用清单后,按照国务院卫生主管部门组织制定的交通事故人员创伤临床诊疗指南和国家基本医疗保险标准进行核实。对于符合规定的抢救费用,保险人在医疗费用赔偿限额内支付。被保险人在交通事故中无责任的,保险人在无责任医疗费用赔偿限额内支付。

合同变更与终止

第二十二条 在交强险合同有效期内,被保险机动车所有权发生转移的,投保人应当及时通知保险人,并办理交强险合同变更手续。

第二十三条 在下列三种情况下,投保人可以要求解除交强险合同:

(一)被保险机动车被依法注销登记的;

(二)被保险机动车办理停驶的;

(三)被保险机动车经公安机关证实丢失的。

交强险合同解除后,投保人应当及时将保险单、保险标志交还保险人;无法交回保险标志的,应当向保险人说明情况,征得保险人同意。

第二十四条 发生《机动车交通事故责任强制保险条例》所列明的投保人、保险人解除交强险合同的情况时,保险人按照日费率收取自保险责任开始之日起至合同解除之日止期间的保险费。

附 则

第二十五条 因履行交强险合同发生争议的,由合同当事人协商解决。

协商不成的,提交保险单载明的仲裁委员会仲裁。保险单未载明仲裁机构或者争议发生后未达成仲裁协议的,可以向人民法院起诉。

第二十六条　交强险合同争议处理适用中华人民共和国法律。

第二十七条　本条款未尽事宜，按照《机动车交通事故责任强制保险条例》执行。

机动车交通事故责任强制保险基础费率表

(2008 版)

单位：人民币元

车辆大类	序　号	车辆明细分类	保　费
一、家庭自用车	1	家庭自用汽车 6 座以下	950
	2	家庭自用汽车 6 座及以上	1 100
二、非营业客车	3	企业非营业汽车 6 座以下	1 000
	4	企业非营业汽车 6-10 座	1 130
	5	企业非营业汽车 10-20 座	1 220
	6	企业非营业汽车 20 座以上	1 270
	7	机关非营业汽车 6 座以下	950
	8	机关非营业汽车 6-10 座	1 070
	9	机关非营业汽车 10-20 座	1 140
	10	机关非营业汽车 20 座以上	1 320
三、营业客车	11	营业出租租赁 6 座以下	1 800
	12	营业出租租赁 6-10 座	2 360
	13	营业出租租赁 10-20 座	2 400
	14	营业出租租赁 20-36 座	2 560
	15	营业出租租赁 36 座以上	3 530
	16	营业城市公交 6-10 座	2 250
	17	营业城市公交 10-20 座	2 520
	18	营业城市公交 20-36 座	3 020
	19	营业城市公交 36 座以上	3 140
	20	营业公路客运 6-10 座	2 350
	21	营业公路客运 10-20 座	2 620
	22	营业公路客运 20-36 座	3 420
	23	营业公路客运 36 座以上	4 690
四、非营业货车	24	非营业货车 2 吨以下	1 200
	25	非营业货车 2-5 吨	1 470
	26	非营业货车 5-10 吨	1 650
	27	非营业货车 10 吨以上	2 220

续表

车辆大类	序 号	车辆明细分类	保 费
五、营业货车	28	营业货车 2 吨以下	1 850
	29	营业货车 2-5 吨	3 070
	30	营业货车 5-10 吨	3 450
	31	营业货车 10 吨以上	4 480
六、特种车	32	特种车一	3 710
	33	特种车二	2 430
	34	特种车三	1 080
	35	特种车四	3 980
七、摩托车	36	摩托车 50CC 及以下	80
	37	摩托车 50CC-250CC(含)	120
	38	摩托车 250CC 以上及侧三轮	400
八、拖拉机	39	兼用型拖拉机 14.7KW 及以下	按保监产险[2007]53 号实行地区差别费率
	40	兼用型拖拉机 14.7KW 以上	
	41	运输型拖拉机 14.7KW 及以下	
	42	运输型拖拉机 14.7KW 以上	

1. 座位和吨位的分类都按照"含起点不含终点"的原则来解释。

2. 特种车一：油罐车、汽罐车、液罐车；

特种车二：专用净水车、特种车一以外的罐式货车，以及用于清障、清扫、清洁、起重、装卸、升降、搅拌、挖掘、推土、冷藏、保温等的各种专用机动车；

特种车三：装有固定专用仪器设备从事专业工作的监测、消防、运钞、医疗、电视转播等的各种专用机动车；

特种车四：集装箱拖头。

3. 挂车根据实际的使用性质并按照对应吨位货车的 30%计算。

4. 低速载货汽车参照运输型拖拉机 14.7kw 以上的费率执行。

附录六 中国人民财产保险股份有限公司机动车第三者责任保险条款

总 则

第一条 机动车第三者责任保险合同(以下简称本保险合同)由本条款、投保单、保险单、批单和特别约定共同组成。凡涉及本保险合同的约定，均应采用书面形式。

第二条 本保险合同中的机动车是指在中华人民共和国境内(不含港、澳、台地区)行驶，以动力装置驱动或者牵引，上道路行驶的供人员乘用或者用于运送物品以及进行专项作业的轮式车辆(含挂车)、履带式车辆和其他运载工具(以下简称被保险机动车)，但不包括摩托车、拖拉机和特种车。

第三条 本保险合同中的第三者是指因被保险机动车发生意外事故遭受人身伤亡或者财产损失的人，但不包括被保险机动车本车上人员、投保人、被保险人和保险人。

保险责任

第四条 保险期间内，被保险人或其允许的合法驾驶人在使用被保险机动车过程中发生意外事故，致使第三者遭受人身伤亡或财产直接损毁，依法应当由被保险人承担的损害赔偿责任，保险人依照本保险合同的约定，对于超过机动车交通事故责任强制保险各分项赔偿限额以上的部分负责赔偿。

责任免除

第五条 被保险机动车造成下列人身伤亡或财产损失，不论在法律上是否应当由被保险人承担赔偿责任，保险人均不负责赔偿：

(一)被保险人及其家庭成员的人身伤亡、所有或代管的财产的损失；

(二)被保险机动车本车驾驶人及其家庭成员的人身伤亡、所有或代管的财产的损失；

(三)被保险机动车本车上其他人员的人身伤亡或财产损失。

第六条 下列情况下，不论任何原因造成的对第三者的损害赔偿责任，保险人均不负责赔偿：

(一)地震；

(二)战争、军事冲突、恐怖活动、暴乱、扣押、收缴、没收、政府征用；

(三)竞赛、测试、教练，在营业性维修、养护场所修理、养护期间；

(四)利用被保险机动车从事违法活动；

(五)驾驶人饮酒、吸食或注射毒品、被药物麻醉后使用被保险机动车；

(六)事故发生后，被保险人或其允许的驾驶人在未依法采取措施的情况下驾驶被保险机动车或者遗弃被保险机动车逃离事故现场，或故意破坏、伪造现场、毁灭证据；

(七)驾驶人有下列情形之一者：

1. 无驾驶证或驾驶证有效期已届满；

2. 驾驶的被保险机动车与驾驶证载明的准驾车型不符；

3. 实习期内驾驶公共汽车、营运客车或者载有爆炸物品、易燃易爆化学物品、剧毒或者放射性等危险物品的被保险机动车，实习期内驾驶的被保险机动车牵引挂车；

4. 持未按规定审验的驾驶证，以及在暂扣、扣留、吊销、注销驾驶证期间驾驶被保险机动车；

5. 使用各种专用机械车、特种车的人员无国家有关部门核发的有效操作证，驾驶营运客车的驾驶人无国家有关部门核发的有效资格证书；

6. 依照法律法规或公安机关交通管理部门有关规定不允许驾驶被保险机动车的其他情况下驾车。

(八)非被保险人允许的驾驶人使用被保险机动车；

(九)被保险机动车转让他人，未向保险人办理批改手续；

(十)除另有约定外，发生保险事故时被保险机动车无公安机关交通管理部门核发的行驶证或号牌，或未按规定检验或检验不合格；

(十一)被保险机动车拖带未投保机动车交通事故责任强制保险的机动车(含挂车)或被未投保机动车交通事故责任强制保险的其他机动车拖带。

第七条 下列损失和费用，保险人不负责赔偿：

(一)被保险机动车发生意外事故，致使第三者停业、停驶、停电、停水、停气、停产、通讯或者网络中断、数据丢失、电压变化等造成的损失以及其他各种间接损失；

(二)精神损害赔偿；

(三)因污染(含放射性污染)造成的损失；

(四)第三者财产因市场价格变动造成的贬值、修理后价值降低引起的损失；

(五)被保险机动车被盗窃、抢劫、抢夺期间造成第三者人身伤亡或财产损失；

(六)被保险人或驾驶人的故意行为造成的损失；

(七)仲裁或者诉讼费用以及其他相关费用。

第八条 应当由机动车交通事故责任强制保险赔偿的损失和费用，保险人不负责赔偿。

保险事故发生时，被保险机动车未投保机动车交通事故责任强制保险或机动车交通事故责任强制保险合同已经失效的，对于机动车交通事故责任强制保险各分项赔偿限额以内的损失和费用，保险人不负责赔偿。

第九条 保险人在依据本保险合同约定计算赔款的基础上，在保险单载明的责任限额内，按下列免赔率免赔：

(一)负次要事故责任的免赔率为 5%，负同等事故责任的免赔率为 10%，负主要事故责任的免赔率为 15%，负全部事故责任的免赔率为 20%；

(二)违反安全装载规定的，增加免赔率 10%；

(三)投保时指定驾驶人，保险事故发生时为非指定驾驶人使用被保险机动车的，增加免赔率 10%；

(四)投保时约定行驶区域，保险事故发生在约定行驶区域以外的，增加免赔率 10%。

第十条 其他不属于保险责任范围内的损失和费用。

责 任 限 额

第十一条 每次事故的责任限额，由投保人和保险人在签订本保险合同时按保险监管部门批准的限额档次协商确定。

第十二条　主车和挂车连接使用时视为一体，发生保险事故时，由主车保险人和挂车保险人按照保险单上载明的机动车第三者责任保险责任限额的比例，在各自的责任限额内承担赔偿责任，但赔偿金额总和以主车的责任限额为限。

保 险 期 间

第十三条　除另有约定外，保险期间为一年，以保险单载明的起讫时间为准。

保险人义务

第十四条　保险人在订立保险合同时，应向投保人说明投保险种的保险责任、责任免除、保险期间、保险费及支付办法、投保人和被保险人义务等内容。

第十五条　保险人应及时受理被保险人的事故报案，并尽快进行查勘。

保险人接到报案后 48 小时内未进行查勘且未给予受理意见，造成财产损失无法确定的，以被保险人提供的财产损毁照片、损失清单、事故证明和修理发票作为赔付理算依据。

第十六条　保险人收到被保险人的索赔请求后，应当及时作出核定。

(一) 保险人应根据事故性质、损失情况，及时向被保险人提供索赔须知。审核索赔材料后认为有关的证明和资料不完整的，应当及时通知被保险人补充提供有关的证明和资料；

(二) 在被保险人提供了各种必要单证后，保险人应当迅速审查核定，并将核定结果及时通知被保险人；

(三) 对属于保险责任的，保险人应在与被保险人达成赔偿协议后 10 日内支付赔款。

第十七条　保险人对在办理保险业务中知道的投保人、被保险人的业务和财产情况及个人隐私，负有保密的义务。

投保人、被保险人义务

第十八条　投保人应如实填写投保单并回答保险人提出的询问，履行如实告知义务，并提供被保险机动车行驶证复印件、机动车登记证书复印件，如指定驾驶人的，应当同时提供被指定驾驶人的驾驶证复印件。

在保险期间内，被保险机动车改装、加装或被保险家庭自用汽车、非营业用汽车从事营业运输等，导致被保险机动车危险程度增加的，应当及时书面通知保险人。否则，因被保险机动车危险程度增加而发生的保险事故，保险人不承担赔偿责任。

第十九条　除另有约定外，投保人应当在本保险合同成立时交清保险费；保险费交清前发生的保险事故，保险人不承担赔偿责任。

第二十条　发生保险事故时，被保险人应当及时采取合理的、必要的施救和保护措施，防止或者减少损失，并在保险事故发生后 48 小时内通知保险人。否则，造成损失无法确定或扩大的部分，保险人不承担赔偿责任。

第二十一条　发生保险事故后，被保险人应当积极协助保险人进行现场查勘。

被保险人在索赔时应当提供有关证明和资料。

引起与保险赔偿有关的仲裁或者诉讼时，被保险人应当及时书面通知保险人。

赔 偿 处 理

第二十二条 被保险人索赔时，应当向保险人提供与确认保险事故的性质、原因、损失程度等有关的证明和资料。

被保险人应当提供保险单、损失清单、有关费用单据、被保险机动车行驶证和发生事故时驾驶人的驾驶证。

属于道路交通事故的，被保险人应当提供公安机关交通管理部门或法院等机构出具的事故证明、有关的法律文书(判决书、调解书、裁定书、裁决书等)及其他证明。

属于非道路交通事故的，应提供相关的事故证明。

第二十三条 因保险事故损坏的第三者财产，应当尽量修复。修理前被保险人应当会同保险人检验，协商确定修理项目、方式和费用。否则，保险人有权重新核定；无法重新核定的，保险人有权拒绝赔偿。

第二十四条 保险人依据被保险机动车驾驶人在事故中所负的事故责任比例，承担相应的赔偿责任。

被保险人或被保险机动车驾驶人根据有关法律法规规定选择自行协商或由公安机关交通管理部门处理事故未确定事故责任比例的，按照下列规定确定事故责任比例：

被保险机动车方负主要事故责任的，事故责任比例为70%；

被保险机动车方负同等事故责任的，事故责任比例为50%；

被保险机动车方负次要事故责任的，事故责任比例为30%。

第二十五条 保险事故发生后，保险人按照国家有关法律、法规规定的赔偿范围、项目和标准以及本保险合同的约定，在保险单载明的责任限额内核定赔偿金额。

保险人按照国家基本医疗保险的标准核定医疗费用的赔偿金额。

未经保险人书面同意，被保险人自行承诺或支付的赔偿金额，保险人有权重新核定。不属于保险人赔偿范围或超出保险人应赔偿金额的，保险人不承担赔偿责任。

第二十六条 被保险机动车重复保险的，保险人按照本保险合同的责任限额与各保险合同责任限额的总和的比例承担赔偿责任。

其他保险人应承担的赔偿金额，保险人不负责赔偿和垫付。

第二十七条 保险人受理报案、现场查勘、参与诉讼、进行抗辩、要求被保险人提供证明和资料、向被保险人提供专业建议等行为，均不构成保险人对赔偿责任的承诺。

第二十八条 保险人支付赔款后，对被保险人追加的索赔请求，保险人不承担赔偿责任。

第二十九条 被保险人获得赔偿后，本保险合同继续有效，直至保险期间届满。

保险费调整

第三十条 保险费调整的比例和方式以保险监管部门批准的机动车保险费率方案的规定为准。

本保险及其附加险根据上一保险期间发生保险赔偿的次数,在续保时实行保险费浮动。

合同变更和终止

第三十一条 本保险合同的内容如需变更,须经保险人与投保人书面协商一致。

第三十二条 在保险期间内,被保险机动车转让他人的,投保人应当书面通知保险人并办理批改手续。

第三十三条 保险责任开始前,投保人要求解除本保险合同的,应当向保险人支付应交保险费 5%的退保手续费,保险人应当退还保险费。

保险责任开始后,投保人要求解除本保险合同的,自通知保险人之日起,本保险合同解除。保险人按短期月费率收取自保险责任开始之日起至合同解除之日止期间的保险费,并退还剩余部分保险费。

短期月费率表

保险期间/月	1	2	3	4	5	6	7	8	9	10	11	12
短期月费率(年保险费的百分比)/%	10	20	30	40	50	60	70	80	85	90	95	100

注:保险期间不足一个月的部分,按一个月计算。

争 议 处 理

第三十四条 因履行本保险合同发生的争议,由当事人协商解决。

协商不成的,提交保险单载明的仲裁机构仲裁。保险单未载明仲裁机构或者争议发生后未达成仲裁协议的,可向人民法院起诉。

第三十五条 本保险合同争议处理适用中华人民共和国法律。

附 则

第三十六条 本保险合同(含附加险)中下列术语的含义:

竞赛:指被保险机动车作为赛车参加车辆比赛活动,包括以参加比赛为目的进行的训练活动。

测试:指对被保险机动车的性能和技术参数进行测量或试验。

教练:指尚未取得合法机动车驾驶证,但已通过合法教练机构办理正式学车手续的学员,在固定练习场所或指定路线,并有合格教练随车指导的情况下驾驶被保险机动车。

污染:指被保险机动车正常使用过程中或发生事故时,由于油料、尾气、货物或其他污染物的泄漏、飞溅、排放、散落等造成的污损、状况恶化或人身伤亡。

被盗窃、抢劫、抢夺期间：指被保险机动车被盗窃、抢劫、抢夺过程中及全车被盗窃、抢劫、抢夺后至全车被追回。

家庭自用汽车：指在中华人民共和国境内(不含港、澳、台地区)行驶的家庭或个人所有，且用途为非营业性运输的客车。

非营业用汽车：指在中华人民共和国境内(不含港、澳、台地区)行驶的党政机关、企事业单位、社会团体、使领馆等机构从事公务或在生产经营活动中不以直接或间接方式收取运费或租金的自用汽车，包括客车、货车、客货两用车。

营业运输：指经由交通运输管理部门核发营运证书，被保险人或其允许的驾驶人利用被保险机动车从事旅客运输、货物运输的行为。未经交通运输管理部门核发营运证书，被保险人或其允许的驾驶人以牟利为目的，利用被保险机动车从事旅客运输、货物运输的，视为营业运输。

转让：指以转移所有权为目的，处分被保险机动车的行为。被保险人以转移所有权为目的，将被保险机动车交付他人，但未按规定办理转移(过户)登记的，视为转让。

第三十七条 保险人按照保险监管部门批准的机动车保险费率方案计算保险费。

第三十八条 在投保机动车第三者责任保险的基础上，投保人可投保附加险。

附加险条款未尽事宜，以本条款为准。

附录七　中国人民财产保险股份有限公司
家庭自用汽车损失保险条款

总　则

第一条 家庭自用汽车损失保险合同(以下简称本保险合同)由本条款、投保单、保险单、批单和特别约定共同组成。凡涉及本保险合同的约定，均应采用书面形式。

第二条 本保险合同中的家庭自用汽车是指在中华人民共和国境内(不含港、澳、台地区)行驶的家庭或个人所有，且用途为非营业性运输的客车(以下简称被保险机动车)。

第三条 本保险合同为不定值保险合同。保险人按照承保险别承担保险责任，附加险不能单独承保。

保　险　责　任

第四条 保险期间内，被保险人或其允许的合法驾驶人在使用被保险机动车过程中，因下列原因造成被保险机动车的损失，保险人依照本保险合同的约定负责赔偿：

(一) 碰撞、倾覆、坠落；

(二) 火灾、爆炸；

(三) 外界物体坠落、倒塌；

(四) 暴风、龙卷风；

(五) 雷击、雹灾、暴雨、洪水、海啸；

(六) 地陷、冰陷、崖崩、雪崩、泥石流、滑坡；

(七) 载运被保险机动车的渡船遭受自然灾害(只限于驾驶人随船的情形)。

第五条 发生保险事故时，被保险人为防止或者减少被保险机动车的损失所支付的必要的、合理的施救费用，由保险人承担，最高不超过保险金额的数额。

责 任 免 除

第六条 下列情况下，不论任何原因造成被保险机动车损失，保险人均不负责赔偿：

(一)地震；

(二)战争、军事冲突、恐怖活动、暴乱、扣押、收缴、没收、政府征用；

(三)竞赛、测试，在营业性维修、养护场所修理、养护期间；

(四)利用被保险机动车从事违法活动；

(五)驾驶人饮酒、吸食或注射毒品、被药物麻醉后使用被保险机动车；

(六)事故发生后，被保险人或其允许的驾驶人在未依法采取措施的情况下驾驶被保险机动车或者遗弃被保险机动车逃离事故现场，或故意破坏、伪造现场、毁灭证据；

(七)驾驶人有下列情形之一者：

1. 无驾驶证或驾驶证有效期已届满；

2. 驾驶的被保险机动车与驾驶证载明的准驾车型不符；

3. 持未按规定审验的驾驶证，以及在暂扣、扣留、吊销、注销驾驶证期间驾驶被保险机动车；

4. 依照法律法规或公安机关交通管理部门有关规定不允许驾驶被保险机动车的其他情况下驾车。

(八)非被保险人允许的驾驶人使用被保险机动车；

(九)被保险机动车转让他人，未向保险人办理批改手续；

(十)除另有约定外，发生保险事故时被保险机动车无公安机关交通管理部门核发的行驶证或号牌，或未按规定检验或检验不合格。

第七条 被保险机动车的下列损失和费用，保险人不负责赔偿：

(一)自然磨损、朽蚀、腐蚀、故障；

(二)玻璃单独破碎，车轮单独损坏；

(三)无明显碰撞痕迹的车身划痕；

(四)人工直接供油、高温烘烤造成的损失；

(五)自燃以及不明原因火灾造成的损失；

(六)遭受保险责任范围内的损失后，未经必要修理继续使用被保险机动车，致使损失扩大的部分；

(七)因污染(含放射性污染)造成的损失；

(八)市场价格变动造成的贬值、修理后价值降低引起的损失；

(九)标准配置以外新增设备的损失；

(十)发动机进水后导致的发动机损坏；

(十一)被保险机动车所载货物坠落、倒塌、撞击、泄漏造成的损失；

(十二)被盗窃、抢劫、抢夺，以及因被盗窃、抢劫、抢夺受到损坏或车上零部件、附属设备丢失；

(十三)被保险人或驾驶人的故意行为造成的损失；

(十四)应当由机动车交通事故责任强制保险赔偿的金额。

第八条 保险人在依据本保险合同约定计算赔款的基础上，按照下列免赔率免赔：

(一)负次要事故责任的免赔率为 5%，负同等事故责任的免赔率为 8%，负主要事故责任的免赔率为 10%，负全部事故责任或单方肇事事故的免赔率为 15%；

(二)被保险机动车的损失应当由第三方负责赔偿的，无法找到第三方时，免赔率为 30%；

(三)被保险人根据有关法律法规规定选择自行协商方式处理交通事故，不能证明事故原因的，免赔率为 20%；

(四)投保时指定驾驶人，保险事故发生时为非指定驾驶人使用被保险机动车的，增加免赔率 10%；

(五)投保时约定行驶区域，保险事故发生在约定行驶区域以外的，增加免赔率 10%。

第九条 其他不属于保险责任范围内的损失和费用。

保 险 金 额

第十条 保险金额由投保人和保险人从下列三种方式中选择确定，保险人根据确定保险金额的不同方式承担相应的赔偿责任：

(一)按投保时被保险机动车的新车购置价确定。

本保险合同中的新车购置价是指在保险合同签订地购置与被保险机动车同类型新车的价格(含车辆购置税)。

投保时的新车购置价根据投保时保险合同签订地同类型新车的市场销售价格(含车辆购置税)确定，并在保险单中载明，无同类型新车市场销售价格的，由投保人与保险人协商确定。

(二)按投保时被保险机动车的实际价值确定。

本保险合同中的实际价值是指新车购置价减去折旧金额后的价格。

投保时被保险机动车的实际价值根据投保时的新车购置价减去折旧金额后的价格确定。

被保险机动车的折旧按月计算，不足一个月的部分，不计折旧。9 座以下客车月折旧率为 0.6%，10 座以上客车月折旧率为 0.9%，最高折旧金额不超过投保时被保险机动车新车购置价的 80%。

折旧金额=投保时的新车购置价×被保险机动车已使用月数×月折旧率

(三)在投保时被保险机动车的新车购置价内协商确定。

保 险 期 间

第十一条 除另有约定外，保险期间为一年，以保险单载明的起讫时间为准。

保 险 人 义 务

第十二条 保险人在订立保险合同时，应向投保人说明投保险种的保险责任、责任免除、保险期间、保险费及支付办法、投保人和被保险人义务等内容。

第十三条 保险人应及时受理被保险人的事故报案，并尽快进行查勘。

保险人接到报案后 48 小时内未进行查勘且未给予受理意见，造成财产损失无法确定的，以被保险人提供的财产损毁照片、损失清单、事故证明和修理发票作为赔付理算依据。

第十四条 保险人收到被保险人的索赔请求后，应当及时作出核定。

(一)保险人应根据事故性质、损失情况，及时向被保险人提供索赔须知。审核索赔材料后认为有关的证明和资料不完整的，应当及时通知被保险人补充提供有关的证明和资料；

(二)在被保险人提供了各种必要单证后，保险人应当迅速审查核定，并将核定结果及时通知被保险人；

(三)对属于保险责任的，保险人应在与被保险人达成赔偿协议后 10 日内支付赔款。

第十五条 保险人对在办理保险业务中知道的投保人、被保险人的业务和财产情况及个人隐私，负有保密的义务。

投保人、被保险人义务

第十六条 投保人应如实填写投保单并回答保险人提出的询问，履行如实告知义务，并提供被保险机动车行驶证复印件、机动车登记证书复印件，如指定驾驶人的，应当同时提供被指定驾驶人的驾驶证复印件。

在保险期间内，被保险机动车改装、加装或从事营业运输等，导致被保险机动车危险程度增加的，应当及时书面通知保险人。否则，因被保险机动车危险程度增加而发生的保险事故，保险人不承担赔偿责任。

第十七条 投保人应当在本保险合同成立时交清保险费；保险费交清前发生的保险事故，保险人不承担赔偿责任。

第十八条 发生保险事故时，被保险人应当及时采取合理的、必要的施救和保护措施，防止或者减少损失，并在保险事故发生后 48 小时内通知保险人。否则，造成损失无法确定或扩大的部分，保险人不承担赔偿责任。

第十九条 发生保险事故后，被保险人应当积极协助保险人进行现场查勘。

被保险人在索赔时应当提供有关证明和资料。

发生与保险赔偿有关的仲裁或者诉讼时，被保险人应当及时书面通知保险人。

第二十条 因第三方对被保险机动车的损害而造成保险事故的，保险人自向被保险人赔偿保险金之日起，在赔偿金额范围内代位行使被保险人对第三方请求赔偿的权利，但被保险人必须协助保险人向第三方追偿。

由于被保险人放弃对第三方的请求赔偿的权利或过错致使保险人不能行使代位追偿权利的，保险人不承担赔偿责任或相应扣减保险赔偿金。

赔 偿 处 理

第二十一条 被保险人索赔时，应当向保险人提供与确认保险事故的性质、原因、损失程度等有关的证明和资料。

被保险人应当提供保险单、损失清单、有关费用单据、被保险机动车行驶证和发生事故时驾驶人的驾驶证。

属于道路交通事故的，被保险人应当提供公安机关交通管理部门或法院等机构出具的事故证明、有关的法律文书(判决书、调解书、裁定书、裁决书等)和通过机动车交通事故责任强制保险获得赔偿金额的证明材料。

属于非道路交通事故的，应提供相关的事故证明。

第二十二条 被保险人或被保险机动车驾驶人根据有关法律法规规定选择自行协商方式处理交通事故的，应当立即通知保险人，协助保险人勘验事故各方车辆、核实事故责任，并依照《交通事故处理程序规定》签订记录交通事故情况的协议书。

第二十三条 因保险事故损坏的被保险机动车，应当尽量修复。修理前被保险人应当会同保险人检验，协商确定修理项目、方式和费用。否则，保险人有权重新核定；无法重新核定的，保险人有权拒绝赔偿。

第二十四条 被保险机动车遭受损失后的残余部分由保险人、被保险人协商处理。

第二十五条 保险人依据被保险机动车驾驶人在事故中所负的事故责任比例，承担相应的赔偿责任。

被保险人或被保险机动车驾驶人根据有关法律法规规定选择自行协商或由公安机关交通管理部门处理事故未确定事故责任比例的，按照下列规定确定事故责任比例：

被保险机动车方负主要事故责任的，事故责任比例为70%；

被保险机动车方负同等事故责任的，事故责任比例为50%；

被保险机动车方负次要事故责任的，事故责任比例为30%。

第二十六条 保险人按下列方式赔偿：

(一)按投保时被保险机动车的新车购置价确定保险金额的：

1. 发生全部损失时，在保险金额内计算赔偿，保险金额高于保险事故发生时被保险机动车实际价值的，按保险事故发生时被保险机动车的实际价值计算赔偿。

保险事故发生时被保险机动车的实际价值根据保险事故发生时的新车购置价减去折旧金额后的价格确定。

保险事故发生时的新车购置价根据保险事故发生时保险合同签订地同类型新车的市场销售价格(含车辆购置税)确定，无同类型新车市场销售价格的，由被保险人与保险人协商确定。

折旧金额＝保险事故发生时的新车购置价×被保险机动车已使用月数×月折旧率

2. 发生部分损失时，按核定修理费用计算赔偿，但不得超过保险事故发生时被保险机动车的实际价值。

(二)按投保时被保险机动车的实际价值确定保险金额或协商确定保险金额的:

1. 发生全部损失时，保险金额高于保险事故发生时被保险机动车实际价值的，以保险事故发生时被保险机动车的实际价值计算赔偿；保险金额等于或低于保险事故发生时被保险机动车实际价值的，按保险金额计算赔偿。

2. 发生部分损失时，按保险金额与投保时被保险机动车的新车购置价的比例计算赔偿，但不得超过保险事故发生时被保险机动车的实际价值。

(三)施救费用赔偿的计算方式同本条(一)、(二)，在被保险机动车损失赔偿金额以外另行计算，最高不超过保险金额的数额。

被施救的财产中，含有本保险合同未承保财产的，按被保险机动车与被施救财产价值的比例分摊施救费用。

第二十七条　被保险机动车重复保险的，保险人按照本保险合同的保险金额与各保险合同保险金额的总和的比例承担赔偿责任。

其他保险人应承担的赔偿金额，保险人不负责赔偿和垫付。

第二十八条　保险人受理报案、现场查勘、参与诉讼、进行抗辩、要求被保险人提供证明和资料、向被保险人提供专业建议等行为，均不构成保险人对赔偿责任的承诺。

第二十九条　下列情况下，保险人支付赔款后，本保险合同终止，保险人不退还家庭自用汽车损失保险及其附加险的保险费:

(一)被保险机动车发生全部损失；

(二)按投保时被保险机动车的实际价值确定保险金额的，一次赔款金额与免赔金额之和(不含施救费)达到保险事故发生时被保险机动车的实际价值；

(三)保险金额低于投保时被保险机动车的实际价值的，一次赔款金额与免赔金额之和(不含施救费)达到保险金额。

保险费调整

第三十条　保险费调整的比例和方式以保险监管部门批准的机动车保险费率方案的规定为准。

本保险及其附加险根据上一保险期间发生保险赔偿的次数，在续保时实行保险费浮动。

合同变更和终止

第三十一条 本保险合同的内容如需变更，须经保险人与投保人书面协商一致。

第三十二条 在保险期间内，被保险机动车转让他人的，投保人应当书面通知保险人并办理批改手续。

第三十三条 保险责任开始前，投保人要求解除本保险合同的，应当向保险人支付应交保险费 5%的退保手续费，保险人应当退还保险费。

保险责任开始后，投保人要求解除本保险合同的，自通知保险人之日起，本保险合同解除。保险人按短期月费率收取自保险责任开始之日起至合同解除之日止期间的保险费，并退还剩余部分保险费。

短期月费率表

保险期间/月	1	2	3	4	5	6	7	8	9	10	11	12
短期月费率(年保险费的百分比)/%	10	20	30	40	50	60	70	80	85	90	95	100

注：保险期间不足一个月的部分，按一个月计算。

争 议 处 理

第三十四条 因履行本保险合同发生的争议，由当事人协商解决。

协商不成的，提交保险单载明的仲裁机构仲裁。保险单未载明仲裁机构或者争议发生后未达成仲裁协议的，可向人民法院起诉。

第三十五条 本保险合同争议处理适用中华人民共和国法律。

附 则

第三十六条 本保险合同(含附加险)中下列术语的含义。

不定值保险合同：指双方当事人在订立保险合同时不预先确定保险标的的保险价值，而是按照保险事故发生时保险标的的实际价值确定保险价值的保险合同。

碰撞：指被保险机动车与外界物体直接接触并发生意外撞击、产生撞击痕迹的现象。包括被保险机动车按规定载运货物时，所载货物与外界物体的意外撞击。

倾覆：指意外事故导致被保险机动车翻倒(两轮以上离地、车体触地)，处于失去正常状态和行驶能力、不经施救不能恢复行驶的状态。

坠落：指被保险机动车在行驶中发生意外事故，整车腾空后下落，造成本车损失的情况。非整车腾空，仅由于颠簸造成被保险机动车损失的，不属坠落责任。

火灾：指被保险机动车本身以外的火源引起的、在时间或空间上失去控制的燃烧(即有热、有光、有火焰的剧烈的氧化反应)所造成的灾害。

暴风：指风速在 28.5 米/秒(相当于 11 级大风)以上的大风。风速以气象部门公布的数据为准。

地陷：指地壳因为自然变异、地层收缩而发生突然塌陷以及海潮、河流、大雨侵蚀时，地下有孔穴、矿穴，以致地面突然塌陷。

玻璃单独破碎：指未发生被保险机动车其他部位的损坏，仅发生被保险机动车前后风挡玻璃和左右车窗玻璃的损坏。

车轮单独损坏：指未发生被保险机动车其他部位的损坏，仅发生轮胎、轮辋、轮毂罩的分别单独损坏，或上述三者之中任意二者的共同损坏，或三者的共同损坏。

竞赛：指被保险机动车作为赛车参加车辆比赛活动，包括以参加比赛为目的进行的训练活动。

测试：指对被保险机动车的性能和技术参数进行测量或试验。

自燃：指在没有外界火源的情况下，由于本车电器、线路、供油系统、供气系统等被保险机动车自身原因发生故障或所载货物自身原因起火燃烧。

污染：指被保险机动车正常使用过程中或发生事故时，由于油料、尾气、货物或其他污染物的泄漏、飞溅、排放、散落等造成被保险机动车污损或状况恶化。

营业运输：指经由交通运输管理部门核发营运证书，被保险人或其允许的驾驶人利用被保险机动车从事旅客运输、货物运输的行为。未经交通运输管理部门核发营运证书，被保险人或其允许的驾驶人以牟利为目的，利用被保险机动车从事旅客运输、货物运输的，视为营业运输。

单方肇事事故：指不涉及与第三方有关的损害赔偿的事故，但不包括因自然灾害引起的事故。

转让：指以转移所有权为目的，处分被保险机动车的行为。被保险人以转移所有权为目的，将被保险机动车交付他人，但未按规定办理转移(过户)登记的，视为转让。

第三十七条 保险人按照保险监管部门批准的机动车保险费率方案计算保险费。

第三十八条 在投保家庭自用汽车损失保险的基础上，投保人可投保附加险。

附加险条款未尽事宜，以本条款为准。

主要参考文献

1. 孙蓉，兰虹. 保险学原理(第三版)[M]. 成都：西南财经大学出版社，2010

2. 魏华林，李继熊. 保险专业知识与实务(中级)[M]. 北京：经济管理出版社，2000

3. 兰虹. 保险学基础(第二版)[M]. 成都：西南财经大学出版社，2005

4. 上海财经大学保险教研室. 保险学原理[M]. 上海：百家出版社，1991

5. 刘茂山. 保险学原理[M]. 天津：南开大学出版社，1998

6. 吴小平. 保险原理与实务[M]. 北京：中国金融出版社，2002

7. 许谨良. 保险学原理[M]. 上海：上海财经大学出版社，1997

8. 魏华林，林宝清. 保险学[M]. 北京：高等教育出版社，1999

9. 江生忠，郭颂平. 保险专业知识与实务(初级)[M]. 北京：经济管理出版社，2000

10. 潘履孚. 保险学概论[M]. 北京：中国经济出版社，1995

11. 陈朝先. 保险学[M]. 成都：西南财经大学出版社，2000

12. 唐运祥. 保险经纪理论与实务[M]. 北京：中国社会科学出版社，2000

13. 张洪涛，郑功成. 保险学[M]. 北京：中国人民大学出版社，1999

14. 孙祁祥. 保险学[M]. 北京：北京大学出版社，2003

15. 全国保险业标准化技术委员会. 保险行业标准：保险术语[M]. 北京：中国财政经济出版社，2007

16. 林义. 风险管理[M]. 成都：西南财经大学出版社，1990

17. 林义，周伏平. 风险管理与人身保险[M]. 北京：中国财政经济出版社，2004

18. 陈秉正. 公司整体化风险管理[M]. 北京：清华大学出版社，2003

19. 王一佳，马泓，陈秉正. 寿险公司风险管理[M]. 北京：中国金融出版社，2003

20. 郑子云，司徒永富. 企业风险管理[M]. 北京：商务印书馆，2002

21. 卓志. 风险管理理论研究[M]. 北京：中国金融出版社，2006

22. 中国保监会保险教材编写组. 风险管理与保险[M]. 北京：高等教育出版社，2007

23. 叶奕德，吴越等. 中国保险史[M]. 北京：中国金融出版社，1998

24. 中国保险学会，中国保险报. 中国保险业二百年[M]. 北京：当代世界出版社，2005

25. 王育宪，王巍. 保险经济论[M]. 北京：中国经济出版社，1987

26. 裴光. 中国保险业监管研究[M]. 北京：中国金融出版社，1999

27. 兰虹. 财产保险[M]. 成都：西南财经大学出版社，2001

28. 郑功成，孙蓉. 财产保险[M]. 北京：中国金融出版社，1999

29. 林增余. 财产保险[M]. 北京：中国金融出版社，1993

30. 孙蓉，杨立旺. 农业保险新论[M]. 成都：西南财经大学出版社，1994

31. 韦生琼. 人身保险[M]. 成都：西南财经大学出版社，2005

32. 刘冬娇. 人身保险[M]. 北京：中国金融出版社，2001

33. 陈朝先. 人身保险[M]. 北京：中国金融出版社，1998

34. 魏迎宁. 人身保险[M]. 成都：西南财经大学出版社，1997

35. 刘子操，陶阳. 健康保险[M]. 北京：中国金融出版社，2001

36. 陈滔. 健康保险[M]. 成都：西南财经大学出版社，2002

37. 张笑天，王保真. 医疗保险原理与方法[M]. 北京：中国人口出版社，1996

38. 卓志. 保险经营风险防范机制研究[M]. 成都：西南财经大学出版社，1998

39. 曾庆敏. 精编法学辞典[M]. 上海：上海辞书出版社，2000

40. 孙蓉. 保险法概论[M]. 成都：西南财经大学出版社，2004

41. 覃有土. 保险法概论[M]. 北京：北京大学出版社，2001

42. 尹田. 中国保险市场的法律调控[M]. 北京：社会科学文献出版社，2000

43. 吴定富. 中华人民共和国保险法释义[M]. 北京：中国财政经济出版社，2009

44. 方乐华. 保险法论(第二版)[M]. 上海：立信会计出版社，2006

45. 王海柱，何孝允. 保险管理学[M]. 成都：西南财经大学出版社，1993

46. 郭复初，黄卓夫. 财务管理学[M]. 成都：西南财经大学出版社，1995

47. 赵苑达. 再保险学[M]. 北京：中国金融出版社，2003

48. 陈朝先. 保险企业论[M]. 成都：四川大学出版社，1994

49. 张旭初. 保险经营学[M]. 武汉：武汉大学出版社，1986

50. 江生忠. 保险会计学[M]. 北京：中国金融出版社，2000

51. 周咏梅. 社会保险基金会计研究[M]. 大连：东北财经大学出版社，2001

52. 戴国强. 基金管理学[M]. 上海：上海三联书店，1997

53. 吴小平. 非寿险业务准备金评估实务指南[M]. 北京：中国财政经济出版社，2005

54. 中华人民共和国财政部. 企业会计准则[M]. 北京：中国财政经济出版社，2006

55. 王国军. 保险经济学[M]. 北京：北京大学出版社，2006

56. 马永伟. 保险知识读本[M]. 北京：中国金融出版社，2000

57. 裴光. 中国保险业竞争力研究[M]. 北京：中国金融出版社，2002

58. 平新乔. 微观经济学. 十八讲[M]. 北京：北京大学出版社，2001

59. 李扬，陈文辉. 国际保险监管的核心原则—理念、规则及中国实践[M]. 北京：经济管理出版社，2006

60. 傅安平. 寿险公司偿付能力监管[M]. 北京：中国社会科学出版社，2007

61. 牛国良. 现代企业制度[M]. 北京：中国人民大学出版社，2002

62. 陈朝先. 保险市场论[M]. 成都：西南财经大学出版社，1993

63. 蒋志青. 企业组织结构设计与管理[M]. 北京：电子工业出版社，2004

64. 万峰. 寿险公司经营与管理[M]. 北京：中国金融出版社，2002

65. 董昭江. 现代保险企业管理[M]. 北京：人民出版社，2003

66. 中国保险监督管理委员会. 中国保险市场年报[M]. 北京：中国金融出版社，2009

67. 江生忠. 中国保险业发展报告(2003)[M]. 天津：南开大学出版社，2003

68. 吴定富. 中国保险业发展蓝皮书(2006)[M]. 北京：新华出版社，2007

69. 吴定富. 中国保险市场发展报告(2008)[M]. 北京：电子工业出版社，2008

70. 陈云中. 保险学[M]. 台北：五南图书出版有限公司，1993

71. 桂裕. 保险法论[M]. 台北：三民书局，1981

72. 施文森. 保险法判例研究[M]. 台北：三民书局，1974

73. 杨立旺. 保险公司市场行为及其监管研究——基于中国保险市场行为变异的研究视角. 西南财经大学博士论文，2006

74. 杨馥. 中国保险公司治理监管制度研究. 西南财经大学博士论文，2009

75. 蒋海，刘少波. 金融监管理论及其新进展. 经济评论，2003(1)

76. 郭宏彬. 论保险监管的理论根源. 中国政法大学学报，2004(7)

77. 王铮. 长期护理保险的产品设计. 上海保险，1999(6)

78. 曾卓. 商业健康保险的定义及分类研究. 保险研究. 论坛，2003(4)

79. 黄炜. 四大策略：应对保险业全面开放，中国保险报，2006-8-30

80. [美]特瑞斯·普雷切特，琼·丝米特，海伦·多平豪斯，詹姆斯·艾瑟林. 风险管理与保险[M]. 北京：中国社会科学出版社，1998

81. [美]普拉卡什 A.希马皮. 整合公司风险管理[M]. 北京：机械工业出版社，2003

82. [美]布莱克，斯基博. 人寿与健康保险. 北京：科学出版社，2003

83. [美]肯尼思. 哈罗德. 人寿与健康保险. 北京：经济科学出版社，2003

84. [美]高盛公司，瑞银华宝. 风险管理实务[M]. 北京：中国金融出版社，2000

85. [美]米歇尔·科罗赫，丹·加莱，罗伯特·马克. 风险管理[M]. 北京：中国财政经济出版社，2005

86. [美]尼尔·A. 多尔蒂. 综合风险管理——控制公司风险的技术与策略[M]. 北京：经济科学出版社，2005

87. 托马斯·L. 巴顿(Thomas L. Barton)，威廉·G. 申克(William G. Shenkir)，保罗·L. 沃克(Paul L. Walker). 企业风险管理[M]. 北京：中国人民大学出版社，2004

88. [美]小阿瑟·威廉姆斯，理查德·M. 汉斯. 风险管理与保险[M]. 北京：中国商业出版社，1990

89. [英]S. R. 戴康. 保险经济学[M]. 北京：新时代出版社，1990

90. [美]缪里尔·L. 克劳福特. 人寿与健康保险[M]. 北京：经济科学出版社，2000

91. [德]法尼. 保险企业管理学(第3版)[M]. 北京：经济科学出版社，2002

92. [美]哈罗德·孔茨，海因茨·韦里克. 管理学(第10版)[M]. 北京：经济科学出版社，1998

93. Scott E. Harrington，Gregory R. Niehaus. 风险管理与保险[M]. 北京：清华大学出版社，2001

94. Hey，John D. 微观经济学前沿问题[M]. 北京：中国税务出版社，2000

95. Hirshleifer，J. and John G·Riley. 不确定性与信息分析[M]. 北京：中国社会科学出版社，2000

96. Mas-Colell，Andreu，M. D. Whinston and J. R. Green. 微观经济学[M]. 北京:中国社会科学出版社，2001

97. Borch，Karl H. 保险经济学[M]. 北京：商务印书馆，1999

98. Dionne，Georges，edited，"Handbook of Insurance"，Kluwer Academic Publishers，2000

99. Posner，R. A. Theories of Economic Regulation. The Bell Journal of Economics and Management Science. Vol. 5，No. 2. (Autumn,1974)

100. Daniel Staib:"World Insurance in 2007:Emerging Markets Leading the Way"，《Sigma》，2008(3)

101. Rudolf Enz，Krut Karl et al:" Natural Catastrophes and Man-Made Disasters in 2007: High Losses in Europe"，《Sigma》，2008(1)